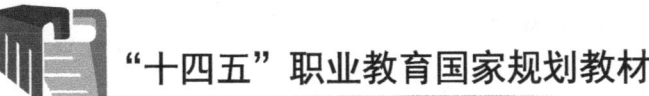"十四五"职业教育国家规划教材

互联网运营实战
——从入门到精通

陈维贤 主 编
蔡钰莹 副主编

电子工业出版社
Publishing House of Electronics Industry
北京·BEIJING

内 容 简 介

本书分为 8 个项目，既包括运营基础知识的介绍（项目 1 运营基础认知），也包括运营技能的应用（项目 2 文案创意、项目 3 内容创作、项目 4 活动策划、项目 5 社群运营、项目 6 数据分析），还包括职业技能的培养（项目 7 运营的自我修养、项目 8 互联网运营校招求职攻略）。从运营岗位必须掌握的文案创意、内容创作和活动策划等基本技能入手，到提升核心竞争力的社群运营和数据分析技能，通过底层方法论与大量案例、课堂讨论、任务实训相结合的教学方式，帮助零基础的学习者成长为有能力的互联网运营人才。

本书是典型的产教融合型教材，通过企业与学校的高度融合，将企业课程融入课堂教学之中。

本书既可作为高等职业院校和普通高等学校电子商务类、市场营销类、数字传媒类、经济管理类相关专业的"互联网运营""新媒体运营"等课程的教材，也可作为有意从事互联网运营工作的人员的入门指导书，还可作为相关行业的运营人员的参考书。

未经许可，不得以任何方式复制或抄袭本书之部分或全部内容。
版权所有，侵权必究。

图书在版编目（CIP）数据

互联网运营实战：从入门到精通 / 陈维贤主编. —北京：电子工业出版社，2019.8
ISBN 978-7-121-36564-5

Ⅰ.①互… Ⅱ.①陈… Ⅲ.①互联网络－应用－企业管理－运营管理－高等学校－教材 Ⅳ.①F273-39

中国版本图书馆 CIP 数据核字（2019）第 092855 号

责任编辑：朱干支
印　　刷：北京七彩京通数码快印有限公司
装　　订：北京七彩京通数码快印有限公司
出版发行：电子工业出版社
　　　　　北京市海淀区万寿路 173 信箱　　邮编 100036
开　　本：787×1 092　1/16　印张：22.5　字数：576 千字
版　　次：2019 年 8 月第 1 版
印　　次：2025 年 9 月第 12 次印刷
定　　价：59.00 元

凡所购买电子工业出版社图书有缺损问题，请向购买书店调换。若书店售缺，请与本社发行部联系，联系及邮购电话：（010）88254888，88258888。
质量投诉请发邮件至 zlts@phei.com.cn，盗版侵权举报请发邮件至 dbqq@phei.com.cn。
本书咨询联系方式：（010）88254573，zgz@phei.com.cn。

前　　言

近年来，互联网从增量市场进入存量市场，流量的获取变得越来越难，产品之间的差异化也变得越来越小。如何避免用户流失？如何沉淀用户？如何做好精细化运营？这些都是企业面临的难题。在这种情况下，运营成为了一类核心而关键的工作岗位。

针对学生使用的互联网运营图书，市场一直比较缺乏。虽然市面上有不少优秀的运营书籍，但大多数不太适合在校学生使用，主是原因是：有的缺乏系统性和进阶性，不利于学生学习和教师授课；有的不了解学校的教学规律，不够系统，案例过时等。因此，编者结合多年的互联网运营经验编写了本书。

本书的主要内容如下图所示。

- 项目1 运营基础认知
  - 任务1.1 运营发展史
  - 任务1.2 运营必备的6大核心技能
  - 任务1.3 职场晋升通道与运营岗位的选择
- 项目2 文案创意
  - 任务2.1 运营工作中的文案使用场景
  - 任务2.2 文案写作第一步：寻找产品的爆款卖点
  - 任务2.3 提高文案的转化率
  - 任务2.4 案例：通过一篇图文，3天卖出5 000台无人机
- 项目3 内容创作
  - 任务3.1 选题是打造爆款内容第一步
  - 任务3.2 内容框架是写作的基础
  - 任务3.3 如何寻找文章写作素材
  - 任务3.4 文章细节决定文章的质量
  - 任务3.5 用标题提升文章的阅读量
  - 任务3.6 案例：分析热点文章，总结追热点的方法
- 项目4 活动策划
  - 任务4.1 活动策划书的10个要素
  - 任务4.2 用TIP模型策划有效的活动形式
  - 任务4.3 如何引爆一场优质活动
  - 任务4.4 案例：运营人年终聚会的策划、推广和落地
- 项目5 社群运营
  - 任务5.1 什么样的业务适合做社群
  - 任务5.2 如何利用社群裂变拉新
  - 任务5.3 提升社群活跃度的3种方法
  - 任务5.4 社群变现与转化
  - 任务5.5 案例：2天2万社群用户，我是如何裂变的
- 项目6 数据分析
  - 任务6.1 为什么要学习数据分析
  - 任务6.2 促进业务增长的数据指标有哪些
  - 任务6.3 选择数据指标和数据分析流程
  - 任务6.4 案例：通过数据分析，将阅读量翻3倍
- 项目7 运营的自我修养
  - 任务7.1 整理：运营必备的工具推荐
  - 任务7.2 沟通：让项目顺利进行的秘诀
  - 任务7.3 忍耐：高情商运营的性格特征
  - 任务7.4 细心：每个运营人都要有的初心
- 项目8 互联网运营校招求职攻略
  - 任务8.1 职业决策：就业城市与就业公司的选择
  - 任务8.2 简历制作：打造高通过率的简历
  - 任务8.3 简历投递：别让你的简历石沉大海
  - 任务8.4 应试攻略：笔试和面试技巧
  - 任务8.5 科学谈薪：怎样谈到合适的薪资

本书的主要特色及创新点如下。

1．产教融合，校企共同育人

本书是典型的产教融合型教材，学校通过与企业的高度融合，将企业课程融入学校的课堂教学中。校企共同研究制定人才培养方案：企业按照"实用、够用"的原则，将新知识、新技术、新技能纳入教学标准和教学内容；学校强化学生实训，对重要知识点设置任务实训，使学生能够学以致用。既注重知识和应用技能的培养，又注重职业素质的培养。

2．实战性强，企业核心技术与院校教学体系相结合

本书由具有多年互联网运营经验的企业人员和具有丰富教学经验的老师共同编写。在共同研究教材内容的前提下，企业根据行业需求提炼核心知识点和技能点，学校根据教学需求设置教学计划、课堂讨论、任务实训等教学环节。同时，企业提供相关师资培训，解决院校师资力量不足等问题。

3．理实结合，底层方法论与技能实操融为一体

本书既注重底层方法论和技能应用技巧，也注重技能实训。书中设置了 8 个教学项目、35 个教学任务、51 个课堂讨论、34 个任务实训，在让学生掌握运营知识的同时，引导学生主动思考，从而达到学以致用、突出应用技能的目的。

4．体例新颖，"项目+任务"的编写方式

本书采用"项目+任务"的编写方式，对互联网运营的知识进行全面讲解，非常适合学校以职业技能为培养目标的教学特色。

本书由陈维贤担任主编，蔡钰莹、徐宏亮、曹佳慧担任副主编。编写分工如下：项目 1 由徐宏亮、蔡钰莹共同编写；项目 2、项目 3 由陈维贤、蔡钰莹共同编写；项目 4、项目 5 由陈维贤、曹佳慧共同编写；项目 6 由徐宏亮编写；项目 7 由陈维贤、徐宏亮共同编写；项目 8 由曹佳慧、蔡钰莹共同编写。

本书提供丰富的教学资源包，包括教学大纲、教学课件、实训任务资料包等，需要者可登录华信教育资源网（www.hxedu.com.cn）免费下载。为了拓展知识面和方便教学，本书还提供部分案例和阅读材料，读者可以通过扫描书中的二维码进行阅读。

在本书编写过程中，公众号"深夜发媸"主编阿芙分享了文案创意技能的实操经验，运营研究社内容编辑杨奕琪对内容创作提供了宝贵意见，运营研究社的部分同事为本书的出版提供了帮助，在此对他们深表谢意。

由于编者的学识和能力有限，书中难免存在疏漏与不足之处，恳请广大读者批评指正。

编者联系邮箱：429786061@qq.com。

陈维贤
2019 年 8 月

目　录

项目1　运营基础认知 ... 1

任务1.1　运营发展史 ... 2
- 1.1.1　PC互联网时代 ... 4
- 1.1.2　移动互联网时代 ... 12
- 1.1.3　微信时代 ... 18
- 1.1.4　运营的发展规律 ... 25
- 实训1.1　运营发展典型平台体验 ... 27

任务1.2　运营必备的6大核心技能 ... 29
- 1.2.1　文案创意 ... 29
- 1.2.2　内容创作 ... 30
- 1.2.3　活动策划 ... 31
- 1.2.4　用户运营 ... 32
- 1.2.5　社群运营 ... 33
- 1.2.6　数据分析 ... 34
- 实训1.2　运营6大核心技能特色提取 ... 35

任务1.3　职场晋升通道与运营岗位的选择 ... 37
- 1.3.1　互联网公司的职场晋升通道 ... 37
- 1.3.2　选择合适的运营岗位 ... 40
- 实训1.3　运营能力自我剖析及学习目标的制定 ... 41

项目2　文案创意 ... 43

任务2.1　运营工作中的文案使用场景 ... 44
- 2.1.1　App推送文案 ... 45
- 2.1.2　Banner文案 ... 47
- 2.1.3　社群文案 ... 49
- 2.1.4　公众号图文 ... 50
- 2.1.5　朋友圈文案 ... 52
- 2.1.6　商品详情页 ... 54
- 实训2.1　文案使用场景案例收集及拆解 ... 55

任务2.2　文案写作第一步：寻找产品的爆款卖点 ... 57
- 2.2.1　什么是产品的功效 ... 57
- 2.2.2　如何挖掘产品的功效 ... 58
- 2.2.3　两招筛选出爆款卖点 ... 60
- 实训2.2　拆解公众号文案的爆款卖点 ... 62

任务2.3　提高文案的转化率 ... 64

2.3.1　用爆款卖点引起用户的注意 66
　　2.3.2　用场景化的设置指明用户的需求 67
　　2.3.3　用产品卖点满足用户的需求 68
　　2.3.4　用技巧增强产品文案的说服力 69
　　2.3.5　用诱因让用户产生购买动机 71
　　实训 2.3　AIDA 延伸模式拆解商品详情页 72
　任务 2.4　案例：通过一篇图文，3 天卖出 5 000 台无人机 73
　　实训 2.4　转化文案综合实战 81

项目 3　内容创作 84

　任务 3.1　选题是打造爆款内容第一步 85
　　3.1.1　选题的灵感来源 85
　　3.1.2　选题的两种类型 88
　　3.1.3　选题的评判标准 92
　　实训 3.1　公众号内容选题打造 93
　任务 3.2　内容框架是写作的基础 94
　　3.2.1　3W 结构 94
　　3.2.2　SCQA 结构 94
　　3.2.3　金字塔结构 96
　　3.2.4　故事文结构 97
　　实训 3.2　公众号内容框架的搭建 98
　任务 3.3　如何寻找文章写作素材 100
　　3.3.1　找什么 100
　　3.3.2　去哪找 102
　　实训 3.3　公众号文章素材收集 103
　任务 3.4　文章细节决定文章的质量 105
　　3.4.1　如何写好开头 105
　　3.4.2　如何写好内文 108
　　3.4.3　如何写好结尾 110
　　实训 3.4　公众号内容创作实战 113
　任务 3.5　用标题提升文章的阅读量 114
　　实训 3.5　公众号文章标题的制作 116
　任务 3.6　案例：分析热点文章，总结追热点的方法 118
　　实训 3.6　公众号文章热点优化及内容分发实战 124

项目 4　活动策划 127

　任务 4.1　活动策划书的 10 个要素 128
　　实训 4.1　用 64 宫格挖掘法及甘特图策划零食产品活动 141
　任务 4.2　用 TIP 模型策划有效的活动形式 143
　　4.2.1　有效的营销工具：如何让用户疯狂地买买买 144
　　4.2.2　有趣的互动场景：如何让用户更愿意参与活动 145

4.2.3　有料的内容包装：如何让用户产生消费需求…………147
　　　实训 4.2　TIP 模型拆解支付宝春节集五福活动…………149
　任务 4.3　如何引爆一场优质活动…………150
　　　4.3.1　9 大主流活动推广渠道…………150
　　　4.3.2　3 种站内推广资源…………156
　　　4.3.3　3 种绝佳的活动推广方式…………160
　　　实训 4.3　归纳总结活动推广方式的特点…………163
　任务 4.4　案例：运营人年终聚会的策划、推广和落地…………165
　　　实训 4.4　结合学院特色策划 9 月份的迎新活动…………171

项目 5　社群运营…………173

　任务 5.1　什么样的业务适合做社群…………174
　　　实训 5.1　收集适合做社群的业务…………176
　任务 5.2　如何利用社群裂变拉新…………177
　　　5.2.1　社群裂变的底层原理…………177
　　　5.2.2　社群裂变的流程…………179
　　　实训 5.2　公众号拉新社群裂变实战…………184
　任务 5.3　提升社群活跃度的 3 种方法…………186
　　　5.3.1　24 小时让用户爱上社群…………186
　　　5.3.2　让用户产生关系连接…………189
　　　5.3.3　话题策划引导用户互动…………191
　　　实训 5.3　提升公众号社群活跃度的方案策划…………194
　任务 5.4　社群变现与转化…………195
　　　5.4.1　了解社群的用户…………195
　　　5.4.2　获取用户的信任…………196
　　　5.4.3　营造抢购的氛围…………197
　　　5.4.4　促销攻略提升转化…………198
　　　5.4.5　充分私聊沟通…………199
　　　5.4.6　情感销售引导购买…………200
　　　实训 5.4　策划公众号社群变现与转化的方案…………201
　任务 5.5　案例：2 天 2 万社群用户，我是如何裂变的…………202
　　　实训 5.5　打卡社群运营实战…………207

项目 6　数据分析…………210

　任务 6.1　为什么要学习数据分析…………211
　　　实训 6.1　了解学习数据分析的理由…………213
　任务 6.2　促进业务增长的数据指标有哪些…………214
　　　6.2.1　数据字段的概念及数据指标的分类…………214
　　　6.2.2　4 个运营必懂的产品拉新指标…………217
　　　6.2.3　5 个运营必懂的产品活跃指标…………219
　　　6.2.4　2 个运营必懂的产品留存指标…………220

        6.2.5　13个运营必懂的产品转化指标 ·· 221
        6.2.6　2个运营必懂的产品传播指标 ·· 224
        实训6.2　促进业务增长的数据指标 ··· 225
    任务6.3　选择数据指标和数据分析流程 ·· 226
        6.3.1　你该如何选择业务数据指标 ··· 226
        6.3.2　数据分析的流程是怎样的 ·· 228
        实训6.3　制定活动的数据分析流程 ··· 232
    任务6.4　案例：通过数据分析，将阅读量翻3倍 ·· 233
        6.4.1　公众号的数据指标 ··· 234
        6.4.2　评估内容的整体运营状况 ·· 243
        6.4.3　如何用数据提升运营效果 ·· 246
        实训6.4　基本的公众号数据分析 ··· 250

项目7　运营的自我修养 ·· 256

    任务7.1　整理：运营必备的工具推荐 ·· 257
        7.1.1　运营必备的8个免费图片网站 ··· 257
        7.1.2　运营常用的4个技术工具 ·· 260
        7.1.3　获取创意和灵感的5种方法 ··· 263
        7.1.4　数据分析实用的6个工具 ·· 267
        实训7.1　运营必备的工具整理及建立收藏夹 ······································ 273
    任务7.2　沟通：让项目顺利进行的秘诀 ··· 275
        7.2.1　如何与产品经理进行良好的沟通 ·· 276
        7.2.2　如何与UI设计师进行良好的沟通 ··· 277
        7.2.3　如何与技术人员进行良好的沟通 ·· 278
        7.2.4　运营必学的邮件沟通技巧 ·· 279
        实训7.2　与各部门沟通诀窍及活动申请实战 ······································ 283
    任务7.3　忍耐：高情商运营的性格特征 ··· 285
        7.3.1　被领导批评，要忍耐 ··· 285
        7.3.2　想到好创意，要忍耐 ··· 286
        7.3.3　做推广，要忍耐 ··· 287
    任务7.4　细心：每个运营人都要有的初心 ·· 288
        7.4.1　案例：1天销量过万的卖货复盘 ··· 288
        7.4.2　策划：让产品拥有爆款特征 ··· 289
        7.4.3　执行：注意细节才能做得更好 ·· 290
        7.4.4　复盘：收获永远都在项目外 ··· 293
        实训7.3　从策划、执行、复盘这3个角度，讲述一个案例证明自己的细心 ······ 294

项目8　互联网运营校招求职攻略 ··· 296

    任务8.1　职业决策：就业城市与就业公司的选择 ·· 297
        8.1.1　城市选择：去大城市还是小城市 ·· 297
        8.1.2　公司选择：去大公司还是小公司 ·· 300

实训 8.1　运营工具辅助就业抉择 …………………………………………… 304
任务 8.2　简历制作：打造高通过率的简历 …………………………………………… 306
　　8.2.1　简历的 5 个信息模块 …………………………………………………… 307
　　8.2.2　简历排版的 5 个技巧 …………………………………………………… 308
　　8.2.3　如何描述实习经历 ……………………………………………………… 310
　　8.2.4　运营写简历常见的 8 个问题 …………………………………………… 312
　　8.2.5　写简历时如何扬长避短 ………………………………………………… 316
　　实训 8.2　打造互联网行业高通过率的简历 …………………………………… 317
任务 8.3　简历投递：别让你的简历石沉大海 ………………………………………… 319
　　8.3.1　5 种靠谱的简历投递渠道 ……………………………………………… 320
　　8.3.2　规范的邮件格式是怎样的 ……………………………………………… 321
　　8.3.3　6 个简历投递技巧 ……………………………………………………… 323
　　8.3.4　HR 是如何筛选简历的 ………………………………………………… 324
　　8.3.5　4 个常见的投递问题 …………………………………………………… 325
　　实训 8.3　简历投递实战演练 …………………………………………………… 326
任务 8.4　应试攻略：笔试和面试技巧 ………………………………………………… 327
　　8.4.1　笔试攻略：攻下校招的第一道坎 ……………………………………… 327
　　8.4.2　面试攻略：如何拿下心仪的职位 ……………………………………… 330
　　实训 8.4　运营岗位面试情景模拟 ……………………………………………… 339
任务 8.5　科学谈薪：怎样谈到合适的薪资 …………………………………………… 340
　　8.5.1　调查行业/岗位的薪资水平 …………………………………………… 340
　　8.5.2　设置 4 条薪资基准线 …………………………………………………… 341
　　8.5.3　评估个人价值 …………………………………………………………… 342
　　8.5.4　了解企业的需求 ………………………………………………………… 342
　　8.5.5　如何说服 HR，满足你的薪资需求 …………………………………… 343
　　实训 8.5　科学谈薪：实现自我认知 …………………………………………… 344

附录 A　28 个常用的运营术语 ………………………………………………………… 346

项目 1

运营基础认知

项目导入

从1999年互联网门户时代开始,市场上慢慢出现一个新兴岗位——运营。随着互联网从门户时代到移动互联网时代再到微信时代,运营岗位已经有20年的发展历史了。

近年来,互联网从增量市场进入存量市场,流量的获取变得越来越难,如何避免用户流失?如何沉淀用户?如何做好精细化运营?这是企业面临的重要课题。在这种情况下,运营成为一个核心而关键的工作岗位。

那么,运营是什么呢?运营具体又包括哪些岗位,需要具备哪些技能呢?我们又该如何选择适合自己的岗位呢?本项目将从运营发展史、运营的核心技能、运营的职场晋升通道与运营岗位的选择这3个任务出发,带领大家了解运营。

任务 1.1 运营发展史

📒 任务目标

知识目标	了解 PC 互联网时代运营的特点
	了解移动互联网时代运营的特点
	了解微信时代运营的特点
技能目标	能够用思维导图软件画出运营发展史的思维导图
	掌握运营的发展规律,并能结合自己的特长定位运营职业方向

📒 任务导图

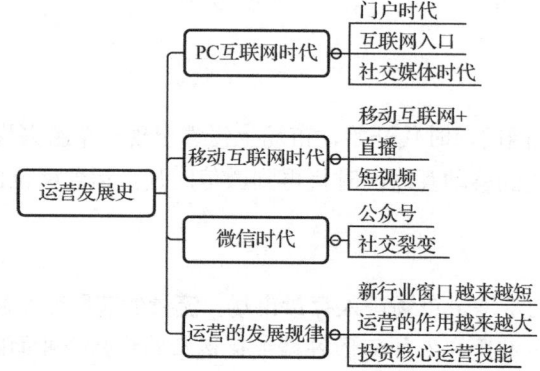

📒 任务实施

从农耕时代到信息时代,从蒸汽机的发明到人工智能的实现,技术的变革推动人类不断创造新的世界,开拓新的领域。互联网,以势不可当的力量掀起一场颠覆性的革命。

2019 年 2 月 28 日,中国互联网络信息中心(CNNIC)发布第 43 次《中国互联网络发展状况统计报告》(以下简称《报告》)。《报告》中提到,截至 2018 年 12 月,我国网民规模达 8.29 亿人,互联网普及率达 59.6%,网民规模和互联网普及率如图 1-1 所示;手机网民规模达 8.17 亿人,网民通过手机接入互联网的比例高达 98.6%,手机网民规模及其占整体网民比例如图 1-2 所示。

这些数据告诉我们,国内的互联网普及程度已经到达一个前所未有的高度。从低成本的获取信息,到快速地获得服务,都可以通过互联网实现。例如,有问题可以上网查,吃饭可以点外卖,出门可以网上约车,买菜可以足不出户……

互联网让我们的生活习惯发生了翻天覆地的变化。互联网的高速发展也衍生出许多新职业,互联网运营就是其中重要的一个。

项目 1　运营基础认知

图 1-1　网民规模和互联网普及率

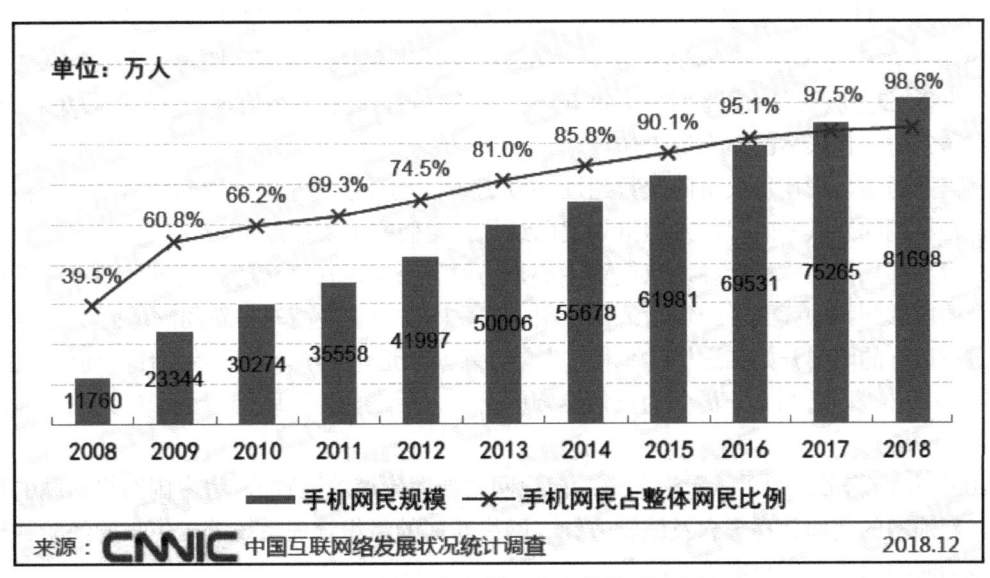

图 1-2　手机网民规模及其占整体网民比例

互联网运营作为互联网行业中较为普遍的新职业，被赋予"玄学"的称号。这是因为：一方面，它的地位越来越高，无论多大规模的企业都已开始关注互联网运营；另一方面，互联网运营的概念太广，很难定义，从撰写文案到与用户"聊天"，到做活动，再到填充审核内容，这些都可以归到"互联网运营"的范畴。

其实，在互联网发展初期，并没有互联网运营这个岗位，当时最接近互联网运营岗位的，一个是网络编辑，负责门户网站的内容编写，类似于现在的内容运营；另一个是 BBS（论坛）管理员，负责烘托社区里的交流气氛，给优秀帖加精，删除灌水帖，类似于现在大家熟知的社群运营。随着时间推移，这些职能逐渐被细分出来。

那么，互联网运营到底是什么呢？我们无法用一句话来定义。在这一任务里，将通过回顾互联网运营发展历史，让大家了解互联网运营是什么，互联网运营都有哪些岗位。

1.1.1 PC 互联网时代

1. 门户时代

如今已经成为"一点资讯"总裁的陈彤，1997 年 4 月还在北京理工大学读研究生，同时他也是"四通利方"论坛的体育沙龙版主。对于喜欢新闻、足球、上网的陈彤来说，这份"补贴上网费用"的兼职工作就像是为自己量身定做的一样：发帖，删帖，从 BBC、CNN 中获取信息。

说到陈彤，不得不提一篇爆款文章《大连金州不相信眼泪》。1997 年 10 月 31 日，中国足球队在大连金州参加世界杯亚洲十强赛，主场输给了卡塔尔。两天后，ID 为老榕（王峻涛）的网友在"四通利方"体育沙龙发布了这篇戳中千万中国球迷泪点的帖子，被称为"中国第一足球博文"。

这篇帖子在 48 小时内点击量超过两万次，两周后被影响力巨大的纸媒《南方周末》全文刊登。该帖不仅让老榕成为网红，也让大家关注到这个叫作"四通利方"的论坛。

1998 年 3 月，陈彤被邀请正式加入"四通利方"，成为这家公司的第一位网络编辑。

1998 年体育论坛有一件极其重要的大事——法国世界杯足球赛。陈彤在正式加入"四通利方"的第一时间就开始建设"法国 98 足球风暴"站点，负责总体协调、新闻的收集和选择、站点宣传、与合作媒体的联系等工作。

站点开通后，平均每天访问次数超过 200 万次，创造了当时中文网站的最高访问纪录。可见，在早期的互联网时代，专题策划就已经是编辑们的重要技能了。

在世界杯期间，陈彤前往北京国贸中心拜访惠普公司。在拜访等待的过程中，陈彤从惠普公司的内部刊物中读到了一句话：在美国，互联网访问量最高的是新闻频道而不是其他。

雷厉风行的陈彤开始推进"四通利方"创办新闻频道，当年 9 月开始担任新闻中心主编。1998 年年底，"四通利方"更名为我们熟知的新浪，后来成为互联网较具影响力的新闻门户网站。

2005 年，陈彤出版了《新浪之道：门户网站新闻频道的运营》，将中国网络新闻的历史沿革、新浪网的新闻传播理念及编辑方针、网络新闻的组织管理系统等十年来的经验整理成书，成为网络编辑人手一本的入门书。

时任中国人民大学新闻学院院长的高钢在该书的序言写道："处于这个时代的中国网络新闻工作者的荣幸远远不止于此，他们不仅目睹着中国正在发生的历史变迁，而且为这番变迁注入了自己的创造，在这番创造之间，他们也书写着自己的全新历史。"

1997 年 6 月，26 岁的丁磊创办了网易。网易凭借免费邮箱和个人主页服务实现了用户的快速增长，并且在 1998 年 9 月转型成为类似雅虎的门户网站。

与丁磊不谋而合的还有麻省理工"海归"博士张朝阳，他"克隆"出了中国版雅虎——搜狐，再加上新浪，门户网站的集体出现标志着互联网门户时代的到来。互联网门户时代"三巨头"如图 1-3 所示。

1999 年 1 月 13 日，《中华工商时报》公布了当时国内的十大商业网站，包含新浪、搜狐、网易等，基本都是新闻和资讯类的门户网站，评选标准为"访问量是最重要的，其次是内容，然后是美观"。

图1-3 互联网门户时代"三巨头"

新浪为什么能够在当时的排名中位居第一?在"信息是一切"的互联网时代,新浪保证了有足够多、足够快的内容。新浪新闻编辑的24小时值班制度,让其在突发新闻面前占据绝对优势。例如,中国驻南联盟大使馆被炸事件发生时,新浪在半小时后就发布了新闻,让诸多传统媒体望尘莫及。

2000年4月13日,王志东达成了新浪上市的愿望。同年7月份,网易和搜狐前后相差7天登陆纳斯达克。从此以后,中国的门户网站"三巨头"开始在美股沉浮。

跟随陈彤编辑脚步的还有李学凌,这个写出著名的"凌三篇"——《告诉你一个真实的搜狐》《告诉你一个真实的网易》《告诉你一个真实的新浪》的记者,曾经采访过丁磊、马云、雷军、周鸿祎、张朝阳、贝瑞特等互联网大佬,被称为"京城四大IT名记"之一。另一位"京城四大IT名记"叫作刘韧,创办了媒体DoNews。DoNews的总编辑是现在著名的独立IT评论人Keso(本名洪波)。2017年,Keso在36氪开办了付费内容专栏"Keso的互联网洞察",让马化腾发出"应该等我们微信的付费功能"的惋惜,收获了雷军"我看了Keso专栏十几年"的评论。

2002年,李学凌受邀担任搜狐IT主编,却在半年后离职。在2003年非典期间,李学凌被邀请担任网易总编辑。

可以说,李学凌是善于运用运营思维的编辑。在网易任职期间,他思考过如何不让编辑参与,通过网友互动来创作内容,最后策划出爆款产品"网易部落"。他把房产、游戏、汽车和科技4个频道独立出来,成立自负盈亏的公司,想以组织框架调整来发展网易的内容。网易却在2005年3月1日把房产频道卖给了搜房网。最终,李学凌离开了网易,创立了欢聚时代,并拿到了雷军100万美元的天使投资,开始像他曾经采访过的那些创业者一样奋斗拼杀。

门户时代是中国互联网的第一阶段,在这个阶段的竞争中,网络编辑们起到了重要作用,优秀的编辑给用户提供着这个阶段最稀缺、有价值的信息。在之后的20多年,网络编辑的工作内容虽然不断演化,但是其核心价值却未曾改变。

2. 互联网入口

1999年,虽然门户网站是最炙手可热的互联网产品,发展已经接近成熟期,但是也有一些与门户网站不沾边的互联网产品先后诞生。

1999年1月,51 job(前程无忧)成立;

1999年2月,马化腾带着OICQ(后更名QQ)闯入中国互联网;

1999年3月,马云在杭州城郊湖畔花园的家中创办了阿里巴巴;

1999年5月,因《大连金州不相信眼泪》在互联网上走红的老榕,移居北京创办了电子商务网站8848;

1999年6月,针对旅游业务的携程网诞生;

1999年11月,李国庆创办了"中国版亚马逊"当当网,陈天桥创办了上海盛大网络发展有限公司；

2000年，李彦宏放弃博士学位，从硅谷回到北京中关村，创建百度。

我们现在熟知的产品百花齐放般地进入中国互联网历史。而在它们日益崛起的过程中，中国网民数量也在快速增加，抢占用户成为各个领域产品的首要任务。那么在这段时间，又有哪些运营岗位相继出现，并开始发挥作用呢？

腾讯的创始人可能是做互联网活动策划的第一批人。1999年，OICQ的Logo在进行第三次版本升级时，内部争论是否要把寻呼机的样子换成企鹅图标。这时候，马化腾主导了一次线上活动，让用户投票选择Logo，最终生动的企鹅形象战胜了寻呼机，成为我们现在看到的QQ企鹅Logo的最初版本，如图1-4所示。

图1-4　QQ企鹅Logo的最初版本

除了线上活动，腾讯的线下活动也做得不错。1999年10月，深圳举办第一届中国国际高新技术成果交易会时，陈一丹准备了企鹅形象的陶瓷储钱罐作为活动物料，以吸引参会者。由于企鹅太瘦站不住，制作商擅自把企鹅变胖，又给企鹅们围上了围巾。结果企鹅储钱罐在会上大受欢迎，甚至从免费到售价10元一只，而且全部售罄。

腾讯的会员制和QQ秀，可以算是用户运营的早期雏形。2000年11月，腾讯推出了会员服务"QQ俱乐部"，付费用户可以享受网络收藏夹、好友列表、"靓号"等附加服务，虽然这项业务很快迎来了失败，但是为之后建设更加成熟的会员体系做了铺垫。

QQ秀，在当时拯救了困境中的腾讯。2002年，产品经理许良发现"网络化身"在韩国很火。一个叫作"阿凡达"的功能帮韩国社区网站（sayclub.com）一年转化了近150万付费用户。而这时候，网易泡泡、友联已经跟进了"网络化身"产品，腾讯当机立断成立"阿凡达小组"，在2003年1月推出QQ秀。

QQ秀推出时，为了冷启动（一个产品或新功能刚诞生的阶段），腾讯给会员们免费赠送了10Q币，让他们成为QQ秀的第一批种子用户，而非会员用户则先要购买Q币，然后再购买虚拟物品装饰自己。QQ秀不仅帮腾讯在半年内转化了500万付费用户，还让濒临死亡的会员制度活了起来。从此之后，腾讯开始不断建设会员体系：给予会员"特权"，并且让"特权"有等级差异。"特权+等级"体系的用户成长引导方法，即使在今天也非常值得学习和借鉴。

腾讯社交做得风生水起的同时，盛大和网易的"网游攻势"也不容小觑。

2001年，辞去CEO担任CTO（首席技术官）一职的丁磊在段永平的劝说下，决定投资开发网络游戏《大话西游》。遗憾的是，2001年10月底，网易自主研发的《大话西游》即使在发布前举办了有周星驰捧场的预热活动，上线后依旧反响平平。

当丁磊计划把《大话西游》改成图形聊天室时，一个叫叮当的普通程序员（后成为网易首席运营官）说服了丁磊开发《大话西游Ⅱ》。

2002年6月，因为拥有更完善的经济系统、7×24小时的客服值班和全新的"点卡交易系统"，《大话西游Ⅱ》上线后获得了极大的成功，并帮助网易上市之后首次实现盈利。在这个过程中，一方面出现了游戏运营的雏形；另一方面，由于点卡售卖依托线下渠道和代理商，渠道运营也显得愈发重要。

而在此之前，比《大话西游Ⅱ》更火爆的《盛大传奇》更是把渠道运营的作用发挥到了极致。2001 年底，盛大决定与不给力的渠道商"上海育碧"分手，自建经销商体系。

当时，天府热线（四川门户网站，下辖诸多网吧）的总经理苗伟在他管辖的网吧强烈推荐《传奇》，这个举动启发了陈天桥。他决定以网吧为中心建立销售渠道，把全国各地的网吧建立成自己的经销商。通过对网吧的"垄断"，盛大一跃成为中国头号网游运营商。

时至今日，虽然百度的"搜索引擎竞价排名"依旧被许多人诟病，但在 2001 年 10 月，李彦宏提出的这套广告策略却挽救了百度。中小企业只要肯花钱，就能让自己的网页排名靠前，获取更多的流量。随着百度成为"入口"级应用，诸多产品都意识到在"入口"获得更多曝光量的重要性，SEO（搜索引擎优化）和 SEM（搜索引擎管理）作为两种新型运营岗位诞生。百度 2002 年主页如图 1-5 所示。

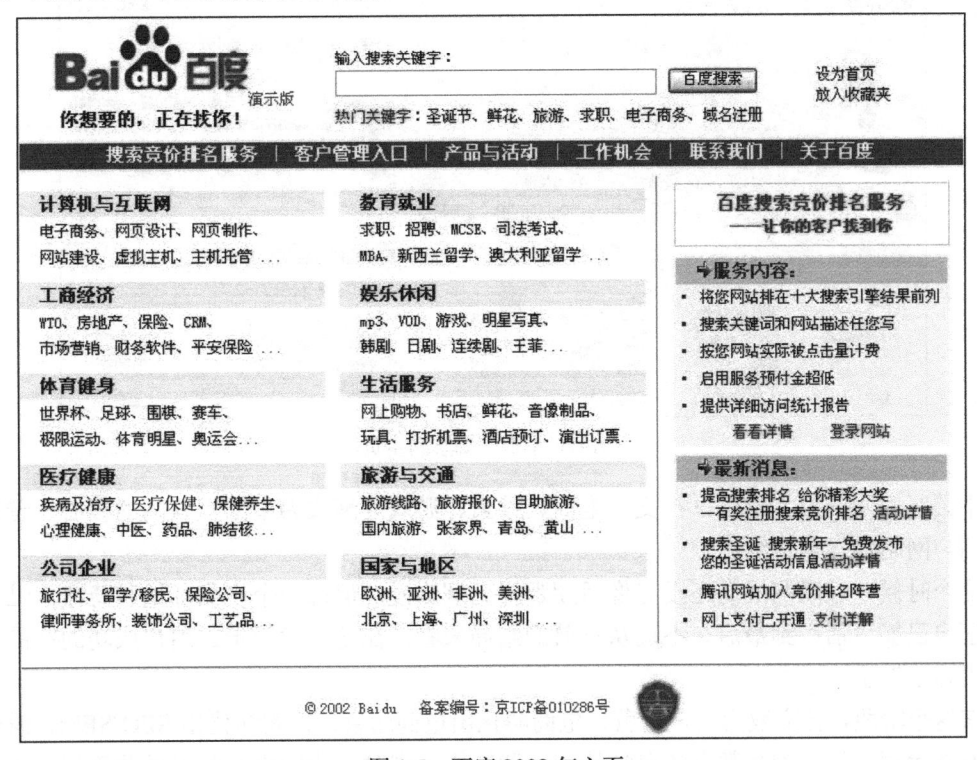

图 1-5　百度 2002 年主页

其实，比百度做"竞价排名"更早的是阿里巴巴。2000 年底，阿里巴巴销售团队发现不少客户都有"付费让自己的店铺展示靠前"的需求，于是马云和关明生（阿里巴巴前首席运营官）决定推出"中国供应商"项目，提供相应营销服务。

后来，推广该服务的直销团队改编成了强大、神秘的销售团队"中供铁军"。滴滴出行创始人程维、同程旅游 CEO 吴志祥、美团原 COO 干嘉伟、大众点评原 COO 吕广渝、赶集网原 COO 陈国环等人物都出自"中供铁军"。

2003 年，阿里巴巴上线淘宝网，如图 1-6 所示；2004 年，京东正式涉足电商领域。在这个"全新"的领域，全新的工作岗位也随之出现。入驻早期淘宝网的是江浙一带的民办工厂，想要在网上把商品卖出去，他们需要进行商品管理、供应商管理、商品分析、订货、价格更新、客户服务优化等工作。但是，工厂的老板们对网络不熟悉，也没有耐心琢磨，所以招聘了不少大学生来做这些工作，这些工作在日后也被统称为"电商运营"。

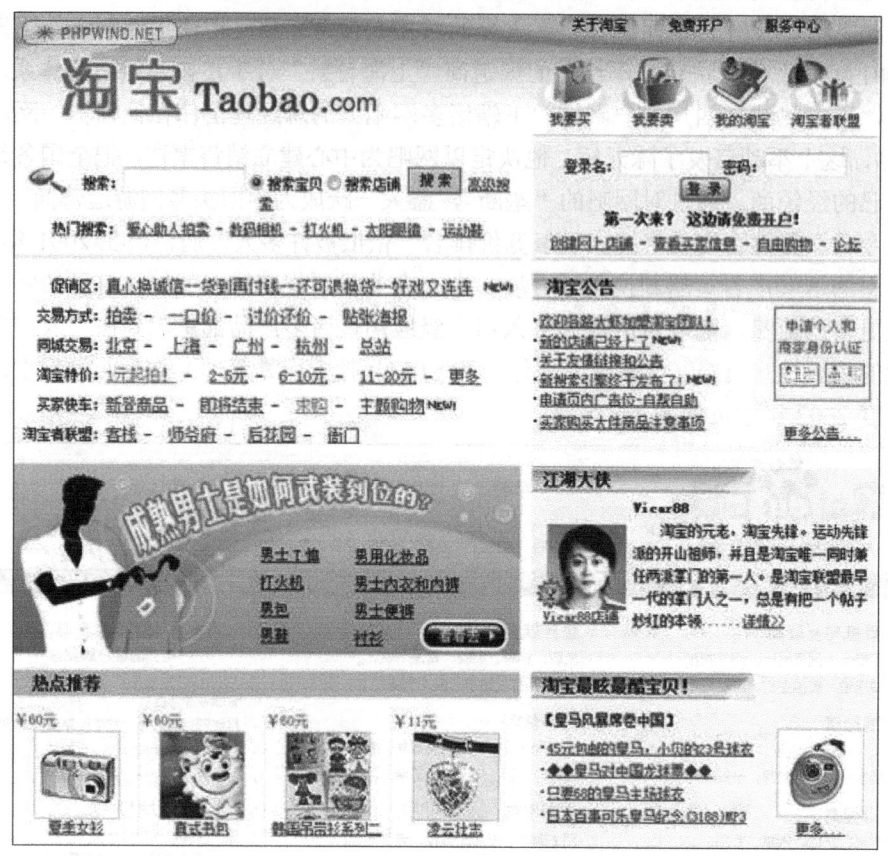

图1-6　早期的淘宝网主页

中国互联网的第二阶段，社交、电商、搜索、游戏逐渐成为中国互联网的核心，昔日火热的门户网站却日益边缘化。

这个时候，互联网战场还没有像后期那样硝烟弥漫，但每一个产品都如履薄冰，谁也不能保证自己能"活"到最后。不过从目前的结局来看，在这个时期抢占用户成功的产品，最终都"称王"了。

在这个阶段，社交发力用户运营，电商孵化出电商运营，搜索演化出SEO/SEM，游戏创造了游戏运营，每个领域都有各自独特的运营岗位。同时，我们也看到了活动策划、渠道运营的身影。运营正式登上中国互联网舞台，并开始在这个舞台上创造数不尽的价值。

3．社交媒体时代

互联网社交网络的兴起时间大约在2004年，当时Facebook刚刚上线，在哈佛等知名院校之间颇具知名度。放弃美国博士学位回国创业的王兴，还是一个租住在小民房里的创业者，并非如今身价百亿的美团CEO。

当时他瞄准国内市场SNS的空白，带着明确的计划回国，先后创立了多个SNS网站，但均以失败告终。接连的打击让他心灰意冷，心生一念"抄个现成的"。于是，曾经的"中国Facebook"：校内网（后来的人人网）诞生了，如图1-7所示。

项目1 运营基础认知

图1-7 曾经的中国Facebook：校内网

这个纯工科的团队，之前一直致力于研发产品而逃避产品推广，在深刻吸取了之前创业的经验，认定要走产品推广路线的时候，他们反而迸发出了强大的活动策划能力。

第一次活动策划的创意来自王兴——清华电子系"学生节"门票抽奖活动。清华大学的电子系是拥有上千人的大系，由于礼堂只能容纳几百人，每逢"学生节"，便一票难求。校内网拿了1 000元赞助"学生节"活动，换来100张门票在校内网上进行抽奖活动。校内网为了吻合他们要做真实关系社区的定位，在抽奖活动中要求注册者必须填写邮箱、姓名、专业并上传头像，这样一下子拉来了800多个真实用户，都是清华电子系的学生。

当时用互联网做社交是人人皆知的风口，然而三大门户网站搜狐、新浪、网易却都拥有了博客模式，新浪成为了头部。

2006年，新浪博客的活跃用户就已经超过了2 000万人，要知道当时全国的网民数量也只有约1.32亿人而已。巨大的流量涌入却因为商业模式上的缺陷，无法实现价值上的变现，导致其发展受到了阻碍。

2006年3月，杰克·多尔西和埃文·威廉姆斯在美国创办了推特，一个单次只能发送140个英文单词的微型博客问世。推特提供了一种更简单、更快捷的平台记录方式，并可以与好友即时分享。这种方式瞬间点燃了那些喜欢分享、热爱展示的人群的热情。

2006年，王兴忍痛把"前途光明"的校内网卖给了陈一舟（人人网创始人），并于2007年5月12日推出了饭否网，如图1-8所示。这个网站被称为中国版的Twitter，业界公认的微博鼻祖。"微信之父"张小龙也是他的第一批用户，张小龙在2007年6月4号就注册了一个叫allen的账号，并写了454条饭否。两年时间内，饭否的用户数量激增至百万人。2009年6月2日，惠普成为饭否首个企业付费用户，饭否开始获得第一笔收入。与此同时，陈丹青、艾未未等一批文化名人的加入，带动了饭否的快速成长，这也为后来微博的KOL运营策略起到了一定的示范作用。

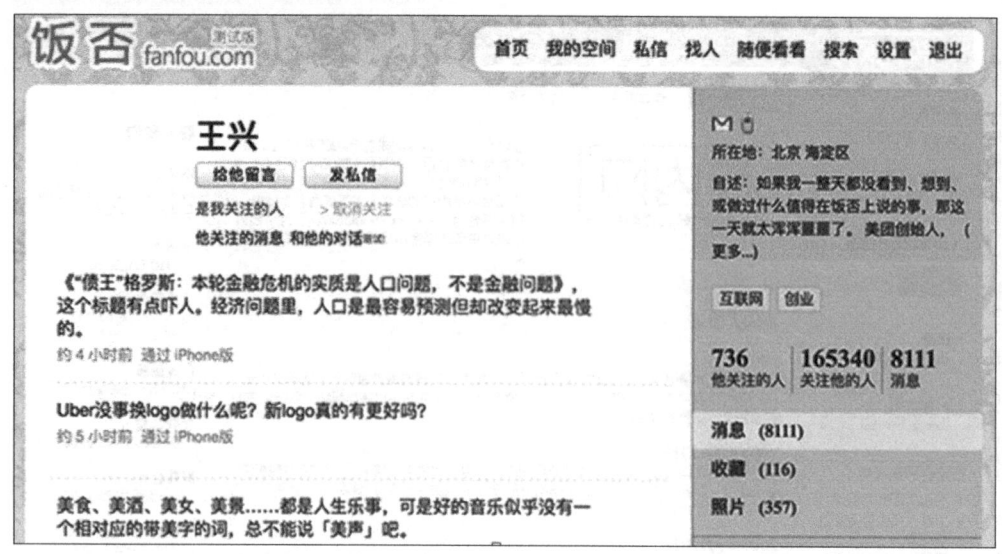

图1-8 王兴的饭否网首页

2009年5月的成都战略会上，新浪高层在选择"脸书"还是选择"推特"之间存在激烈的分歧。当时新浪更倾向做脸书式的平台，但明白人都知道，新浪在技术上是不存在优势的，也没有相关经验。并且，当时腾讯的QQ在影响力和数据上，已经扮演起征服者的角色，像一座大山一样难以逾越。而走"推特"模式，意味着又得重新开始，这未尝不是一次冒险。

时任CEO的曹国伟公布了最终决策，往推特方向发展。因为推特属于互联网社交媒体，而新浪也是做媒体出身，正好可以凭借这个优势进入社区模式。

而时任总编辑的陈彤则提出了不同的运营策略：同质化的内容，需要有自身的核心竞争力，新浪的优势不在于技术，主打高端路线，把目标放在明星、各领域名人、舆论领袖上（就是后来的KOL）才会走得更远。

2009年7月7日，王兴的饭否网因为涉及政治敏感事件被关闭，发展火爆的中国"推特"突然消失了。一个月后，一个功能类似的产品上线，被命名为新浪微博。这种机遇与百度正好遇上谷歌退出中国市场一样，可遇不可求，新浪微博迎来了自身发展的黄金时期。

在新浪网内部，上到高管下到基层员工，都被下达了"拉人"的指标。一位名叫姚晨的影视演员，受邀开通了账号，在新浪网的全力推广下，她凭借率真坦诚的个性获得了众多粉丝的喜爱，一度成为当时拥有最多粉丝数的"微博女王"，具有极高的影响力，如图1-9所示。

新浪微博作为继BAT（百度、阿里巴巴、腾讯）之后的互联网新入口，产生了微博运营这一岗位。它也促使用户创造大量优质内容与他人互动，并与世界紧密相连，实现了信息的即时分享。新浪微博的用户得到了指数级的增长，一年内就获得了5 000万注册用户，一举成为当时中国最为火爆的互联网社交产品。

新浪利用运营策略迅速吸引了大批用户后，网易、搜狐、腾讯等企业看到风头也相继推出各自的微博，但是大都发展得不是很好，最后只剩下新浪微博和腾讯微博两家PK，如图1-10所示。

门户网站出身的新浪网，内容运营和话题营销方面是强项，加上天生的社交媒体属性，采用的是由点到面的广场式传播。而腾讯则是利用熟人社交，更多的是点对点的传播，优势是潜在用户群体非常大。

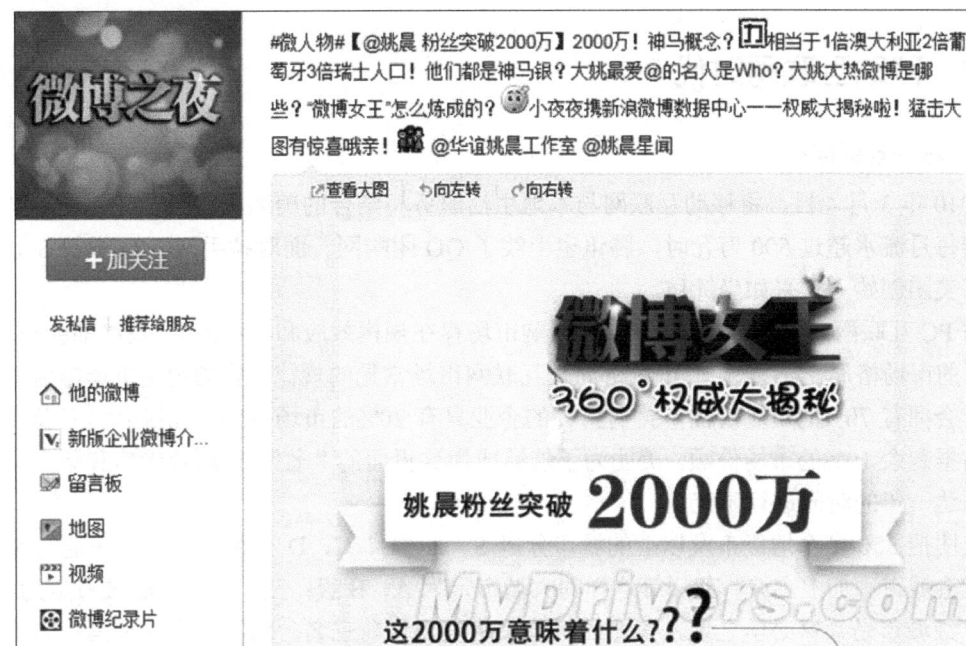

图1-9　2012年"微博女王"姚晨粉丝量突破2 000万

图1-10　新浪微博PK腾讯微博

腾讯微博当时创办的主要原因在于很多用户通过微博私信聊天，腾讯认为新浪微博威胁了QQ社交领域头部的地位。

虽然存在创办时间短、内容运营不占优势、名人用户稀少的劣势，但腾讯还是奋力一搏，马化腾邀请行业大咖成为腾讯微博用户。2011年，腾讯微博宣布用户达到一亿人。

这场微博之战以微信的问世而告终，这款现象级的产品（在短时间内突然爆红而被众所周知的产品）迅速帮助腾讯稳固住了阵脚。这一点可以在《腾讯传》一书里看到："腾讯与奇虎360的那场著名的战争刚刚尘埃落定，而新浪微博与腾讯微博正为争夺用户打得不可开交。马化腾告诉我，微信是腾讯新上线的一个产品，已经有3 000多万用户，并且每天新增20万。因为有微信，所以，微博的战争已经结束了。这是他对我说的最后一句话，语调低沉，不容置疑。"

这场社交媒体之战，衍生出KOL运营、微博运营等重要岗位，并催生了微信公众号运营的诞生，运营的地位也从之前的支持性职位上升到决定企业发展高度的职位。

◆课堂讨论1.1

分小组用思维导图软件画PC互联网时代运营发展史的思维导图，要求整体层级分为4层，同一类型的内容放在同一层级（如PC互联网时代为第一层级，门户时代等为第二层级，典型平台等为第三层级，典型平台创始人、发展及特色为第四层级）。

1.1.2 移动互联网时代

1. 移动互联网+

2010年3月4日，将移动互联网与本地生活服务相结合的美团团购网上线。当年7月，当美团每月流水超过500万元时，腾讯也上线了QQ团购网。面对拉手网、24券等5 000家对手，美团创始人王兴如坐针毡。

与PC互联网时代的很多领域一样，团购市场存在规模效应和网络效应，最终都会形成"七二一"的市场格局。"七二一"市场格局是互联网市场常见的规律，它指的是市场排名第一的企业，会拥有70%的市场份额，排名第二的企业只有20%的市场份额，而排名第三及以后的企业占据剩余10%的市场份额。美团为了能够成为这里面的"七"，在运营策略和站点扩张上花了长达一年的时间进行研究。

美团把350多个地级市及以上的城市分成S、A、B、C、D五级：北上广深定为S级；各省省会城市、加上宁波、苏州等这样的大城市定为A、B级；三、四、五线城市定为C、D级。S级城市是兵家必争之地，美团的运营策略是咬住前三名，而不去砸钱争第一名。把公司资源集中投向A、B级城市，直到取得毫无质疑的领先优势。而面对大量C、D级城市，美团的判断是这5 000多家团购公司，绝大部分会在一年之内出现问题，等其他公司出问题退出后，再去收割那些被培育过的市场。

2011年上半年，团购行业广告大战爆发，拉手网、24券铺天盖地地投放线下广告，甚至覆盖到了美团总部的电梯。美团作为唯一没有参与广告大战的一家企业，压力空前，一线地推人员在会议中直言："别扯虚的，我就问你们，到底投不投广告？"

在美团内部有着不同的意见。投可能效果差；不投是不是会漏掉许多用户。王兴和王慧文找到阿里巴巴前总裁关明生请教这个问题。

关明生明确指出，面向商家的品牌广告是无效的，在商家端投放再多的广告都不如有执行力的线下队伍。而面向消费者，他们通过一段时间的在线广告投放，已经发现线上广告性价比远大于线下广告。想清这两点后他们就释然了，坚定认为不该投线下广告。

美团在明确了运营重心后，加大了线下团队的执行力度。录入合同、填写项目交接表、销售经理签字、系统审核上架，这些都是美团线下拓展商家队伍每天需要做的工作，我们可以认为它是客户运营的前身。

2012年夏天，两个不起眼的人做出了对他们一生影响较大的产品。一位是来自福建龙岩的张一鸣，他是一位"连续创业者"，曾在王兴创办的校内网以合伙人的身份工作过一段时间，2012年他开始了第5次创业，当年8月推出了一款基于数据挖掘的信息推荐引擎产品——今日头条，这款产品在日后也把门户时代的内容编辑，从"CV工程师"提升到了一个新的高度，同时也让内容编辑变得更加的普遍。另一位是阿里巴巴前"中供员工"程维，他推出滴滴打车App。29岁的他花了8万元人民币开发出了非常粗糙的滴滴。上线当日，全北京的189家出租车公司中，只有16个司机使用了这款糟糕的产品，直到年底滴滴才做到每日1 000单，拿到了300万美元的融资。

2013年4月，快的打车获得阿里巴巴、经纬创投1 000万美元A轮融资，快滴与支付宝打通，成为全国唯一一家可以通过在线支付打车费用的打车App，快的在阿里巴巴的帮助下取得了短暂的市场领先地位。

2014年"千团大战"即将鸣金收兵，美团在"熬死"竞争对手之后，交易额达到了450亿元人民币，移动端交易额占比达90%以上，员工数量近万人。而另外一场更刺激的烧钱大战正在互联网打车行业开战，这一战将策略运营的价值体现得淋漓尽致。

2014年1月初，滴滴得到腾讯领投的1亿美元投资。弹药充足的程维想到了一个补贴策略：如果乘客和出租车司机使用滴滴打车，可以得到几元乃至十几元的补贴。这个想法，立即得到了马化腾的支持。滴滴与微信达成战略合作，开启微信支付打车费补贴活动。

在补贴政策推出的第一个星期，滴滴发出了1亿多元补贴，出行订单量暴涨50倍，原有的40台服务器根本撑不起来。程维连夜致电马化腾，腾讯调集一支精锐技术团队，一个晚上帮滴滴准备了1 000台服务器。

快的为了应对"战事"，从阿里巴巴集团再次融资1.2亿美元，双方进入拉锯战。快的补贴10元人民币，滴滴补贴11元人民币；滴滴补贴11元人民币，快的补贴12元人民币。快的宣称其打车奖励永远会比同行高出1元。滴滴迅速做出反击，宣布单笔补贴额随机，10～20元人民币不等。

直至2014年5月16日，在资本的调停下，双方同时宣布补贴暂告一个段落。这场互联网商业史上颇具教科书意义的补贴大战中，两家共补贴超过20亿元人民币，超过700万个出租车司机变成了滴滴和快的的用户。

停止补贴政策之后，销售出身的程维并不甘心，又想到了一个在当时很前卫的"拉新"打法。

他把微信春节发红包的创意直接嫁接到滴滴上，除了在乘车结束时提醒用户将红包分享到朋友圈以外，程维还请国内一线明星给用户发红包，利用明星效应推广产品。2014年8月TalkingData发布的《移动打车应用行业报告》显示，滴滴打车用户月活跃用户数量（简称月活）居首位，比补贴前月活跃用户数量增长688.1%。

2014年12月，滴滴和快的分别完成7亿美元和6亿美元的融资，就在大家都在等待第二次补贴大战"薅平台羊毛"时，2015年4月在资本运作下的滴滴和快的宣布合并，新公司占有了打车行业87%的市场份额。

移动互联网在经历了5年的高速扩容后，2015年中国市场的手机销量增长陷入停滞状态，销售量竟比2013年下降了10.5%。2015年开始，移动互联网行业进入洗牌并购期，这一年也被看成是中国互联网的合并之年。

2015年4月17日，分类信息行业的一对欢喜冤家58同城和赶集网宣布合并。

2015年10月8日，美团与大众点评网正式宣布合并，新公司估值达150亿美元。

2015年10月25日，携程与百度达成交易，以股票交换的方式成为去哪儿网的最大股东。

还记得在2012年开始自己第五次创业的张一鸣吗？远离市场纷争的他，带着投资人投入的数百万美元，一声不吭地在2015年4月将今日头条用户数量做到了2.4亿人，日活跃用户数量（简称日活）超过2 000万人，并于2013年上线了头条号。同时也让编辑们成为头条号入驻用户的赋能者，在制定内容标准的同时，帮助生产出好的内容。

在资讯分发这个领域站稳脚跟之后，张一鸣又将目标聚焦在了短视频上。

在大家都认为"互联网+"屹然不存在"风口"时，一个出生于1991年的北京大学前学生会主席，在2015年6月15日写了一篇《这2 000名北大人要干一票大的!》的网文，呼吁2 000名北大师生贡献出自己的自行车。他就是戴威，他正在热火朝天地筹备着自己的ofo。

正当ofo在北京高校流行起来的时候,曾在《新京报》《极客公园》做了将近10年的汽车领域女记者——胡玮炜推出了摩拜单车。2016年4月,摩拜单车上线,并在上海投入运营,单车押金为299元,很快资本如猎犬一样蜂拥而至。

与滴滴和快的补贴大战不同,共享单车开启的是难以收场的潘多拉魔盒,自行车如同投放了一台流动的吸储机,假设一辆车能够绑定10个用户,押金收入就是1 000~3 000元,在资本的教唆下活生生地把共享经济变成了一种分时租赁的金融玩法。

共享单车最火时,该"赛道"出现了不少于20种颜色的自行车,现如今废旧的自行车"尸横遍野",用户押金退款遥遥无期,只剩下"一地鸡毛"。

2. 直播

随着"移动互联网+服务"和"移动互联网+出行"狂潮的落幕,数万亿资本像饿狼一样到处觅食。在2016年这一年,除了共享单车,另外一个非常火爆的"赛道"是视频直播,在这一年还上演了"千播大战",如图1-11所示。

图1-11　2016年直播行业的"千播大战"

视频直播最早起于秀场,2008年,天鸽集团进军线上演艺市场,推出9158视频社区。由于模式新颖主播运营到位,当时的9158受到新浪网的追捧,新浪网将新浪SHOW并入到9158,共同打造天鸽集团,并于2014年在中国香港上市。

如今的"直播巨头"欢聚时代(YY),涉足直播的时间其实不算早。2011年,YY才在20个频道测试上线该业务,由于其在语音界雄厚的资历迅速成长起来,并成为9158、六间房的劲敌。2012年，欢聚时代在纳斯达克上市。

在人们都认为PC直播将是持久战时，4G网络重新点燃了直播行业，打擦边球的直播，在移动互联网的催化下火了起来。王思聪在2015年6月投资了直播平台17，这款应用上线3个月，就登顶了中国区苹果商店免费榜的榜首。然而，由于该平台直播低俗色情的内容，2017在9月30日被强行下架。

王思聪投资的直播应用被禁，不但没有遏制直播，反倒迅速催熟了这个产业。在接下来一年的时间里，全国出现了200多家直播公司，几乎可以说是"全民皆直播"。平台林立的背后，当然涌动无数的风险投资人。到2015年11月，已经有31家公司宣称自己拿到了天使轮或A轮融资。

紧接着，2016年成为了直播元年，"千播大战"被媒体各种报道，使直播行业达到顶峰。除创业公司外，几乎所有的大型互联网公司都迫不及待地推出了自己的直播产品，腾讯更是一口气开通及投资了9个直播平台，阿里巴巴推出淘宝直播和天猫直播，试图尝试"边看边买"的新购物模式。

这一年，直播平台为了与对手竞争，给出了高比例分成、诱人的底薪、高额的任务奖金。在这个过程中，直播公司之间互挖墙角，大打口水战。

为了留住平台上的主播和来之不易的用户，直播平台设立了公会运营和主播运营。为了激励主播多进行直播、用户多活跃"打赏"，活动策划也被纳入游戏直播的运营当中。拿到腾讯6.3亿美元独家投资的斗鱼，每年都会组织粉丝节活动，以直播类型做赛区划分，在初赛、复赛、决赛中让主播和他们的用户火力全开。斗鱼直播的粉丝节活动如图1-12所示。

图1-12 斗鱼直播的粉丝节活动

随着竞争的加剧，没有流量、没有资本的小平台渐渐扛不住压力，有的平台为了争夺资源、博人眼球，不惜铤而走险，以色情炒作。

2017年4月2日，中华人民共和国国家互联网信息办公室（简称网信办）依法关闭了18个传播低俗信息的直播类应用；苹果强行收取30%的"过路费"；BAT开始收割平台……这一切带来的结果是：2016年"千播大战"中的直播平台，如今不足百家。

"熊猫直播主站流浪计划，第一阶段开启。工程师请逐渐断开与母星连接。注意，请务必保持已连接的服务正常。"2019年3月8日，熊猫直播官方微博发布消息正式宣布停服。时隔4年，王思聪投资的第二家直播平台"熊猫直播"因为资金链断裂，宣布关停，如图1-13所示。

图 1-13　熊猫直播宣布关停

熊猫直播不是倒下的第一家，亦不是最后一家。但最终无论怎样，在直播的内容精品化和垂直化趋势下，主播用户、公会运营和赛事策划等新职业得以留存下来。

3. 短视频

2011 年正处于互联网发展的初期，智能手机还没有全面普及，当时的快手还不是短视频平台，而是一个工具性产品——GIF 快手。不过，那时候的 GIF 快手在微博上已经很火了，尤其是在何炅用快手拼了很多他和汪涵合照的 GIF 动图之后。

2012 年，快手转型短视频，而它的第一批种子用户就来自微博。这段时间的快手一直是放养式运营的模式，秉持"不干扰用户"的价值观，一直不温不火。

2013 年，马化腾看到 GIF 快手短视频做得不错，便推出了一个类似的短视频应用——腾讯微视；同年，秒拍上线，和微博合作成为其内嵌应用。

2014 年，4G 网络和智能手机在国内市场迅速蔓延，微信开始在朋友圈中加入短视频功能，美拍、秒拍、小红唇等短视频 App 迅速走进大众的视野。

那一年，"冰桶挑战"在美国流行，秒拍联合微博发起"跟明星大咖一起'冻'起来的活动"，并推出"冰桶挑战"话题。李彦宏、雷军、刘德华等名人大咖都纷纷将自己参加"冰桶挑战"的视频上传至秒拍，并"@"其他三位好友一同参与，在当时，相关视频的传播速度简直可以用疯狂来形容。秒拍的"冰桶挑战"活动如图 1-14 所示。

2015 年，短视频领域逐渐形成了秒拍和美拍两家独大的阵势，这一年被称为短视频的爆发年，也诞生了短视频运营岗位。就在他们"互相厮杀"的时候，秒拍的"孪生兄弟"小咖秀在短短两个月的时间内突然爆红。短视频获取种子用户惯用的运营手段，就是联合明星、KOL 一起进行运营。小咖秀的爆发证明，这招屡试不爽。

2015 年 7 月 6 日，王珞丹用小咖秀模仿金星的视频上了热搜。随后，微博上掀起一阵对口型模仿秀，金星的"橙汁"段子被无数明星、各行路人争相模仿；同一天"华妃"蒋欣在微博上利用小咖秀发布了一段视频，转发量达到 22 万次，不到 1 个小时，就迅速登上了微博热搜的榜首。

图1-14 秒拍的"冰桶挑战"活动

小咖秀的创始人韩坤谈到小咖秀火爆的原因时说：首先是我国台湾知名综艺节目《康熙来了》做了一期对嘴视频专题，但是没有提及专题的名字，很多用户看了之后到手机上去搜索；其次是那次和《快乐大本营》的合作，《快乐大本营》连续5期带上小咖秀，一天增加200多万用户。

归根结底，小咖秀的冷启动是躺在微博的流量温床上，借助明星效应、借势营销瞬间引爆的。

2015年，papi酱搭了小咖秀的热度做了短视频红人，然后又在秒拍上不断制作短视频。papi酱成为短视频红人的同时，也带火了秒拍。papi酱的一条关于"上海话+英语"主题的短视频在微博上成为爆款，浏览量超过百万次。从此，papi酱火了，不足半年，粉丝增长量超过千万人。

2016年开始，移动流量资费的降低，使得移动端开始出现短视频产品，比如火山小视频、梨视频及抖音。这一年以创业、新生公司为主的短视频内容生产及聚合平台开始遍地开花，比如papi酱创办的内容生产机构Papitube，以及蜂群文化、大禹网络、洋葱集团等。

2017年，土豆转型短视频，头条发布西瓜视频，腾讯重启微视，360快视频、百度好看视频等陆续上线。这一年是快手极其火爆的一年。马化腾给快手投去了3.5亿元资金。

随着快手的火爆和网络红人的成功，很多人看到了这条可以逆天改命、白手起家的道路，那一年"双击666""老铁没毛病"成了网络流行语，"铁锅炖自己"成了网络流行的新风尚。

同年11月，快手用户量突破了7亿人。然而，快手火爆的背后乱象丛生，很多人为了吸引眼球，开始做出一系列低俗的事情。比如二次元教父虎哥，好果汁贩卖者刀哥等，后来官方对这些账号做了封禁处理。2018年4月4日，快手被勒令整改。

而彼时的抖音正在积聚能量，蓄势待发。2017年初的抖音，首页的视频少得可怜，但足够精致。那时抖音的"手势舞"非常火，跟小咖秀的风格有点像，而当时的小咖秀已经开始走向没落了。

2017年3月，抖音进行了版本更新，主页更加个性化、信息更加丰富，开始引导用户产生联系、促进社交。

抖音的火爆开始于2017年"小岳岳"（岳云鹏）的一条微博，同年4月，胡彦斌用抖音发布新单曲《没有选择》，在微博上瞬间火了。

从抖音的运营事件中可以看出，短视频运营者们对于"用户注意力的争夺"已经越发明显。2017年开始，移动资费大幅下降、内容分发效率提高，促使短视频用户呈大幅上升。

2018年，抖音的日活用户在不到10个月就飙升至1.5亿以上，改变了快手在短视频行业一家独大的格局。多次得到腾讯投资的快手依旧"佛系"运营，抖音则格外注重内容运营和KOL运营；头条收购海外短视频平台Faceu，短视频再次爆发。而这次短视频两大势力不再是秒拍和美拍，而是抖音和快手。

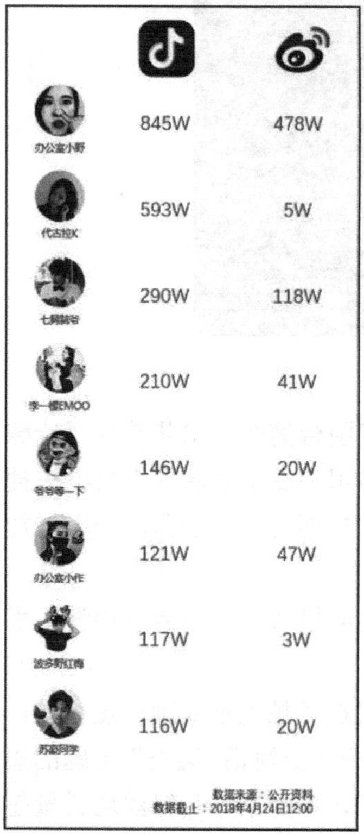

这一年，抖音里诞生了很多一夜爆红的网红，比如费启鸣、成都小甜甜、摩登兄弟刘宇宁、代古拉K等。

在这一次大战中，还衍生出短视频MCN机构。MCN是从国外引来的概念，短视频MCN指的是把视频博主联合起来，在公司资源和资本的支持下，进行专业的内容持续输出，最终实现商业的稳定变现。成立于2016年的洋葱集团，被外界称作打造超级达人IP的"黄埔军校"。洋葱集团部分抖音账号如图1-15所示，洋葱集团目前在抖音上已经打造出70多个IP，其中百万级达人IP超过10个，办公室小野、代古拉K等网红就来自这家MCN机构。

短视频运营者们每天的日常工作是：花很多时间精力与粉丝互动，产生用户黏性，培养忠实铁杆粉丝，并且从粉丝们的反馈、评论和UGC内容中不断地迭代自己的内容。

网络上总有人在说，短视频必然会取代图文。编者认为，没有谁会取代谁。同是以2012年为开端的图文时代，培养了多少用户的习惯，改变了多少人的命运，创造了多大的价值。从这一点就可以看出，图文也是具备无限生命力的。

图1-15　洋葱集团部分抖音账号

◆ **课堂讨论 1.2**

分小组用思维导图软件画出移动互联网时代运营发展史的思维导图，要求整体层级为4层，同一类型的内容放在同一层级。

1.1.3　微信时代

1．公众号

"微信之父"张小龙在《2019微信公开课》中提到，很多App的目标变成了争夺用户市场，这是违背常识的。他做微信公众号的初衷是，让用户自主选择订阅内容，而不是被动地接受。

回首公众号 6 年，期间诞生了很多新媒体运营，的确也做到让很多人体现了价值，改变了命运。

2012 年 8 月 17 号，微信公众平台上线，如图 1-16 所示。重大决定的背后，一定有很多反对的声音。正如当年快手从一个工具型产品转向了短视频社区一样，微信刚刚推出"微信公众平台"时，很多人并不看好。

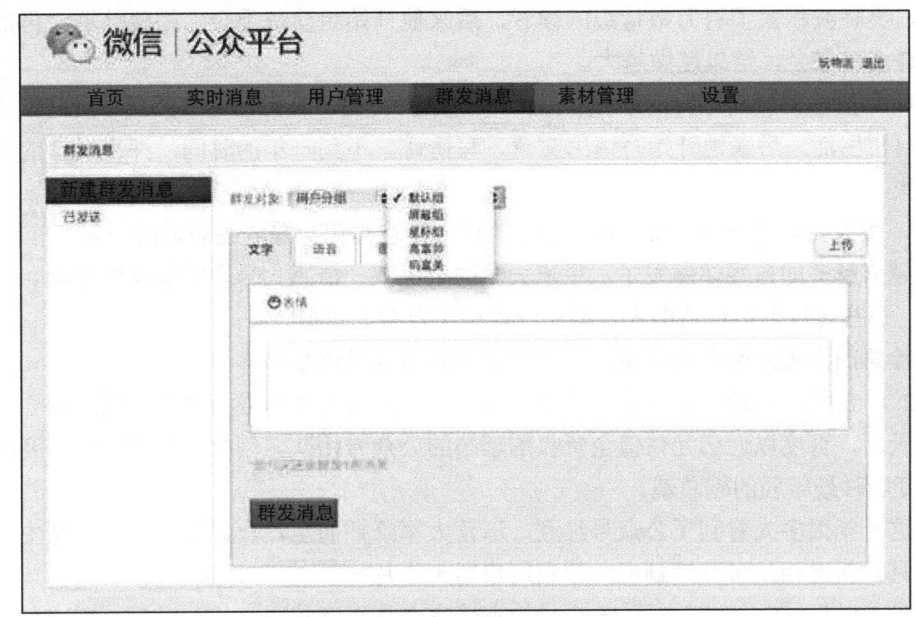

图 1-16　早期微信公众平台

而那一年，沙小皮、罗振宇等人或是出于尝试，或是窥见平台未来的机会，或是出于对行业的憧憬，纷纷注册了微信公众号。

沙小皮在视觉志发了第一张图，他不会想到，几年后他会跟"十点读书"的林少一起被称为内容创业江湖的"南林北沙"；罗振宇也在他的公众号罗辑思维发了一段语音，承诺他将每天发一条 60 秒语音，坚持十年。

2013 年，微信用户数量飙升，公众平台的影响力日渐增长。同年 8 月，微信订阅号消息被折叠，这被早期的公众号运营者视作第一次"红利期结束"。

一波红利的结束，其实也是一波新势力的崛起。

2013 年 4 月 5 日开始，张伟在公众号"世相"上坚持每晚分享一篇文章。林少在公众号"每日好书推荐"中每天坚持输出 8 篇高质量原创文章，无论双休、节假日，都会风雨无阻按时推送，而这一切都是林少在兼职的情况下完成的。

2014 年，微信公众号的阅读数、点赞数成为衡量文章传播效果的指标。

那一年，一个叫李靖的年轻人在公众号上发表了第一篇文章，当时这个年轻人还只是一个"武大经管院"大四的学生。

2014 年 5 月，财经专栏作家吴晓波开设了公众号吴晓波频道，这个公众号的第一篇文章叫作《骑到新世界的背上》，吴晓波在腾讯移动社群大会上透漏，他是用这种方式向原来的媒体生态告别。

2014 年 7 月 6 日，微信公众平台开始公测流量主和广告主服务，这意味着公众号运营者们可以利用公众号赚钱了，随之而来的是一个新的岗位——公众号运营。

随着用户量的暴增,"每日好书推荐"的林少索性辞职一心做公众号,将公众号更名为"十点读书"。林少身上执着的创业精神,深深感染了吴晓波,后来吴晓波拿出300万元投资了"十点读书"。

2015年1月22日,微信公众号原创声明功能上线,随后内链、评论、赞赏等一系列围绕原创保护和激励的新功能陆续推出。

在这一年,吴晓波积累了百万数量级的读者,后来他开始组建班委会,搭建社群;再后来就开始做吴晓波读书会,结果越做越大。

同年,1991年出生的徐妍选择辞职做公众号——深夜发媸。最初,这个公众号只是推送徐老师本人的日常生活,后来她开始写情感文章、写情诗。不到一年的时间,深夜发媸的粉丝数量开始暴涨。

2015年底,微信公众号数量突破1 000万个,这一年也是用户最容易获取的一年。

2016年,越来越多的自媒体爆发了,星座大号同道大叔、情感大号夜听等风生水起。正如张小龙所说,那些可以创造价值的人,都充分体现了自身的价值。

2016年,徐妍的深夜发媸开始转型,从情感账号转变为时尚账号。

2016年12月8日,同道大叔被美胜文化收购了,创始人蔡跃栋成为"内容创业者"的成功典范。21天后,百度以近亿元估值全资收购李靖的公众号团队,创始人李靖出任百度副总裁,成为百度当时最年轻的副总裁。

2017年,这一年很多人看到了公众号红利,运营大军蜂拥而至,自媒体行业乱象丛生。

2018年3月,新世相从事分销刷屏,招致用户骂声一片。

2018年4月18日,在百度工作了16个月的李靖宣布从百度辞职。从此以后,李靖在自媒体行业销声匿迹,其公众号的更新也停留在2017年2月14日。

一切仍在永不停息地变化着,2018年,微信公众号频繁改版,订阅号的陈列形式改为"信息流",很多公号表示打开率大大降低。这段时间出现了很多"唱衰"公众号的声音。殊不知,微信的这次操作别有用心。行业不断地进行洗牌,违背价值观的账号,最终难逃没落的结局。

2019年2月,一篇《停更"双微一抖"》的文章又在圈内掀起了不小的波澜,引发各大企业集体探讨是否应该停更"双微一抖"(微信、微博、抖音)。

暨停更"双微一抖"言论后,很多新媒体从业者都表示恐慌:微信公众号的红利期是不是过去了?2019年还要继续做公众号吗?

这是最好的时代,也是最坏的时代,这一切取决于你的判断和选择。但是可以肯定的是,公众号创造了非常多的运营就业机会。

2. 社交裂变

微信如今已经成为大多数人工作和生活中不可或缺的应用。微信官方2018年数据报告显示,它的月活跃用户已超过10亿人。微信时代的来临,带来了社交关系的汇集,微信的社交流量成为公认的最大流量池。

从企鹅智酷2017年发布的《中国互联网未来5年趋势白皮书(2017年版)》可以看出,早在2016年,移动网民的覆盖率就已经超过90%,网民"移动升级"的红利空间几乎触顶,如图1-17所示。这也意味着互联网进入下半场,从增量市场转换为存量市场。

在这样的背景下,互联网产品想要实现大规模的增长难上加难,摆在我们面前的只有两条路:一是深度挖掘和发挥存量流量的价值,尽可能地延长用户的生命周期;二是利用存量流量拓展新流量,也就是利用社交关系进行裂变式增长。

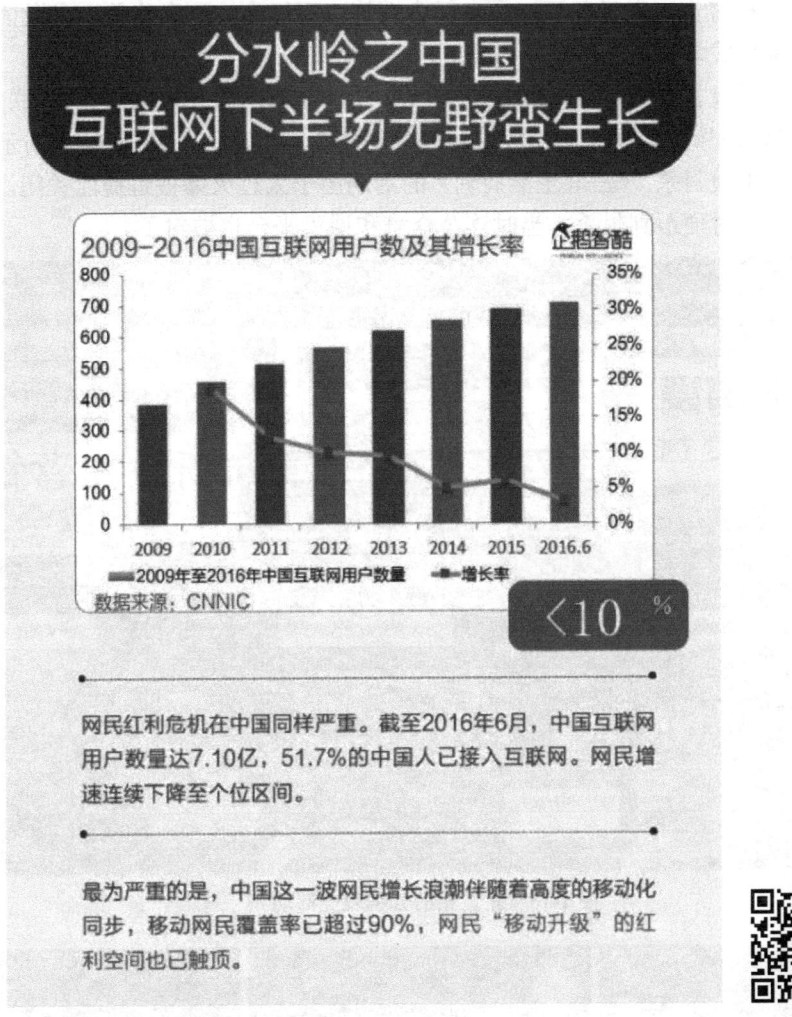

图1-17 《中国互联网未来5年趋势白皮书(2017年版)》节选

从2017年开始,尤其是在2018年,互联网行业对"用户增长"越来越重视,"增长"可以称得上是2018年运营圈最火的词。在运营人才市场上也催生出"增长黑客""首席增长官"这类新兴岗位,有很多互联网公司开始设立独立的增长部门,比如新世相。

2018年3月,新世相,曾经制造出"地铁丢书大作战""逃离北上广"等营销事件的营销增长明星,通过分销裂变再次成功刷屏朋友圈。那一天,朋友圈几乎都要被创始人张伟的头像淹没了。

分销裂变是2018年初非常流行的社交增长模式。以新世相的刷屏活动为例,用户将分销海报转发到朋友圈,每邀请一名好友报名营销课程,即可得到40%现金返现;如果邀请的好友同时邀请了一位朋友报名营销课程,也可获得10%的现金返现。新世相的分销裂变活动海报如图1-18所示。

新世相的这次分销裂变活动,仅一个上午的时间,就有近10万人付款。然而,这次分销裂变活动的结局并不理想,由于裂变社群缺少引导和维护,不少用户开始质疑课程并要求退款,业界也开始质疑和批评新世相"割韭菜"。

更严重的是，一个上午之后，新世相的活动就被微信封杀。微信官方还因此首次对这类刷屏事件进行表态和警告，表示严厉打击多级分销等违规行为。这意味着，在微信通过分销裂变实现刷屏和爆炸式增长，这条路基本走到尽头了。

论分销裂变，新世相并不是头号玩家。2018年初，就有网易开年大课、《三联生活周刊》悦听卡分销、千聊《创始人2018唯一大讲》等分销裂变刷屏事件，如图1-19所示。结果网易开年大课次日中午被封杀，《三联生活周刊》的活动由于太过火爆被迫提前关闭，千聊的分销课程开放不足1小时便遭到封杀，当时连公众号和课程平台也被封了。

图1-18 新世相的分销裂变活动

图1-19 2018年初的刷屏分销事件

除了官方的严令禁止，玩家们也面临着用户端的压力。一方面，几波刷屏事件下来，用户对分销裂变的模式已经免疫了，对朋友圈的分销海报很难产生兴趣。另一方面，裂变社群的管理也是大多数分销活动的软肋。多少裂变社群在活动结束后，转身变成广告群、死群。这完全就是对社群资源和社群价值的浪费。这样看来，通过分销海报和社群进行裂变，这种增长方式还是太粗放了。

在这样的背景下，一种新的裂变方式出现了。它并不像之前的"分销海报+社群裂变"的方式，一开始就要求用户分享海报，而是让用户免费、免分享进入课程群，在上课过程中转发自己的学习成果海报或链接到朋友圈。从2018年下半年开始，我们可以看到，越来越多这样的模式，取代分销海报出现在朋友圈，我们称之为"朋友圈打卡"，如图1-20所示。

图1-20 "朋友圈打卡"的分销裂变模式

瑞幸咖啡的CMO杨飞在《流量池》中提到："今天一个企业如果没有太多预算做广告并投放到媒体，我不会特别在意，但如果它的App或者微信中没有裂变营销，那是不可接受的。纵观这两年崛起的黑马公司，几乎都带有裂变营销的基因，其中也包括瑞幸咖啡。"

2018年1月5日，杨飞操盘的瑞幸咖啡"拉新赠杯"活动上线，当天新增用户量环比翻倍，订单环比提升了40%。在杨飞看来，咖啡是一种典型的社交饮品，加大用户补贴的投入，刺激老用户分享从而带来新用户，是核心的获客手段。

然而，2019年5月，微信官方发布了《关于利诱分享朋友圈打卡的处理公告》，点名批评了包括火箭单词、薄荷阅读、潘多拉英语等多款需要"朋友圈打卡"的英语学习产品，严令禁止利诱分享朋友圈打卡的行为。

自此，朋友圈打卡的裂变增长方式告一段落。这也意味着，企业需要寻求新的裂变方法和增长路径。

而在电商领域，也有不少 App 利用"社交"打出了自己的天地。2018 年移动购物 App 行业增长"黑马"如图 1-21 所示，由互联网专业数据机构 QuestMobile 出品的《中国移动互联网 2018 年度大报告》显示，2018 年电商类 App 增速 Top10 中，就有 5 家社交电商。

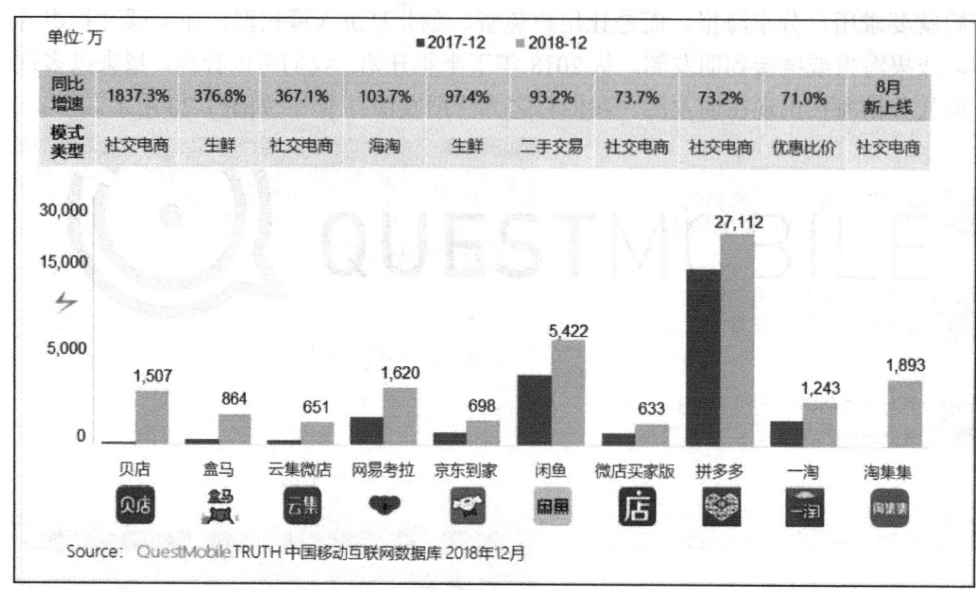

图 1-21　2018 年移动购物 App 行业增长"黑马"

在这些 App 中，拼多多可以说是来势最为迅猛的。从 2016 年正式发布 App，到 2018 年登陆纳斯达克，拼多多在两年时间里，创造了超 1 000 亿元的成交额，成功挤进电商领域头部，改写了电商历史。

时间回溯到 2015 年，马云在规划阿里巴巴未来 5～10 年的战略目标——国际化、农村电商、大数据云计算；刘强东关闭了京东的 C2C 模式业务——拍拍网，专注对标天猫的 C2B 模式。这一年，大家都以为，电商巨头格局尘埃落定。

实际上，在阿里巴巴和京东没有关注到的领域，一颗新星冉冉升起，拼多多开辟了一个专注于社交拼团的电商新模式。2015 年 9 月，拼多多上线了微信公众号，通过拼团裂变，两周后粉丝过百万人，问鼎微信支付前三名。

一年后，腾讯投资了拼多多，这也预示着腾讯准备把社交电商变现的任务交给拼多多。拼多多为什么能获得如此迅猛的成长，除了"低价战略"外，离不开微信生态的社交流量。拼多多的创始人黄峥曾说："通过微信上创造一个分享场景，是拼多多早期崛起的重要原因。"

2015 年春天，黄峥在上海筹划着自己的"社交拼团"项目；1 000 千米外的深圳，两个年轻人在一家咖啡馆商量着另一种社交电商的可能性，他们是云集的 CEO 肖尚略和 CTO 郝焕，一个是曾依附于阿里巴巴电商王国的淘宝卖家，一个是社交巨头微信的前员工。

作为微信内部前员工，郝焕表示，在微信体系内，电商交易流水可以达到万亿元级别，这说明，微信生态具备非常大的电商价值。

而肖尚略发现，微信上有许多这样的一群人，他们拥有大量闲暇时间，也想做生意。但是，底层微商的成本过高、利润过低，如果自己开店，又没有选货、进货、发货的能力。

基于这个层面的思考和摸索，最终他们建立了一个与拼多多完全不同的社交电商模式，即"自买省钱，开店赚钱"的分销电商平台——云集，而云集也在2019年5月于美国上市，被誉为"会员电商第一股"。

云集把那些想做生意的"闲人"聚集起来，为他们提供美妆、母婴、健康食品等货源，帮助他们解决进货、发货等问题。店主需要以社群、朋友圈等形式去聚合身边朋友，通过自己的社交力量售卖商品，从中获得佣金。

店主通过社交渠道卖货的方式，想必大家并不陌生，对于这些店主，我们有一个更熟悉的称呼——微商。2013年，微商在移动互联网异军突起，可以算是第一批社交电商的玩家了。但是，微商行业假货、"三无"产品频出，导致很长一段时间，微商卖家的口碑非常差。

云集给店主提供了专业的供应链，帮助他们解决了物流和客服问题，这不仅减轻了用户的分销压力，更是对微商行业的规范和专业化。

2018年，可以称为社交电商元年，短短一年时间，大量社交电商产品如春笋般拔地而起。目前，市面上的电商产品可以分为两派，一派是以拼团模式为核心的"拼多多们"，例如京东旗下的京东拼购；另一派则是以KOL分销模式为核心的"云集们"，例如小红书旗下的小红店、唯品会的云品仓、京东系的芬香社交电商等。

诞生于微信生态的社交电商，我们相信，也会像公众号那样带来很多新的运营岗位。在目前的行业中，可能大家还是将做社交电商的运营叫作"电商运营"，但其实社交电商的运营逻辑跟传统电商运营逻辑是不一样的。

迄今为止，还没能找到一个词来概括这个岗位，但总能收到很多企业的反馈，说缺乏社交电商相关的人才。相信在不久的将来，一个新兴的岗位就会诞生。

◆ **课堂讨论1.3**

根据本节所学知识，分小组进行讨论，公众号和社交裂变为什么能够依托于微信生态发展起来？除了本节所讲的案例，你还了解哪些企业是依托微信生态发展起来的？

1.1.4 运营的发展规律

从1998年到现在，互联网激荡二十多年，运营从创业者们不经意的小动作，到可抽象、可还原的专业技能，在商业战争中扮演的角色愈发的重要。回望这二十多年的发展历程，我们也发现了一些规律：到今天，到未来，对想要从事运营的人员，甚至是对互联网企业都是很有指导意义的。

1. 新行业窗口越来越短

纵观二十多年的互联网发展历史，可以很明显地发现互联网的更迭速度越来越快，技术变革衍生新行业时间窗口越来越小。

宏观来说，从1998年以"四通利方"为代表的论坛，到千禧年QQ的出现，到2003年以淘宝网为代表的电商平台，再到2011年微博的诞生，我们经历了漫长的门户时代。

而进入移动互联网时代后，从传统的图文形式过渡到短视频，不过就是几年时间。甚至，社交裂变仅仅在2年时间，就催生出多家上市级别的黑马公司。

从微观角度来看，赴美上市，阿里巴巴用了 15 年，京东用了 10 年，而拼多多只用了 3 年半。

技术带来了互联网行业的高速更迭，对企业和运营从业者来说，是好事，也是坏事。因为，这意味着行业对企业、对运营人的要求也越来越高。优胜劣汰的自然生存法则，在当前的互联网生态中越来越显著。身处互联网行业，每个运营从业者都应该及时了解行业新动向，抓住每一个新机遇。

2．运营的作用越来越大

今天大家应该感到庆幸，因为相比二十多年前，运营的作用已经越来越重要了。在早期的 PC 时代，没有什么运营岗位，甚至没有运营的概念。到后来，运营承担的更多是辅助角色，例如，帮助更新网站信息、帮助产品做搜索优化。而到今天，运营变成了企业的核心竞争力。

纵观二十多年的历史可以发现，在互联网行业形势越不好的时候，运营的作用就越为重要。门户网站霸主地位争夺中，陈彤带着编辑们帮助新浪一骑绝尘；SEO 和 SEM 在站长们为抢占搜索入口流量时，立下了汗马功劳；在滴滴和快的的拉锯战中，滴滴的胜利，离不开它当时前卫的拉新运营策略。

3．投资核心运营技能

作为个人来说，我们可以从互联网发展 20 年（1998—2018 年）的历史中得到哪些职业启发呢？

互联网发展 20 年衍生的运营岗位如图 1-22 所示，行业发展 20 年，带来了许多运营岗位。有的岗位昙花一现，可能随着某一个细分领域的没落而消失。当然，也有一些岗位，经过 20 年的时光洗礼，依旧常青。

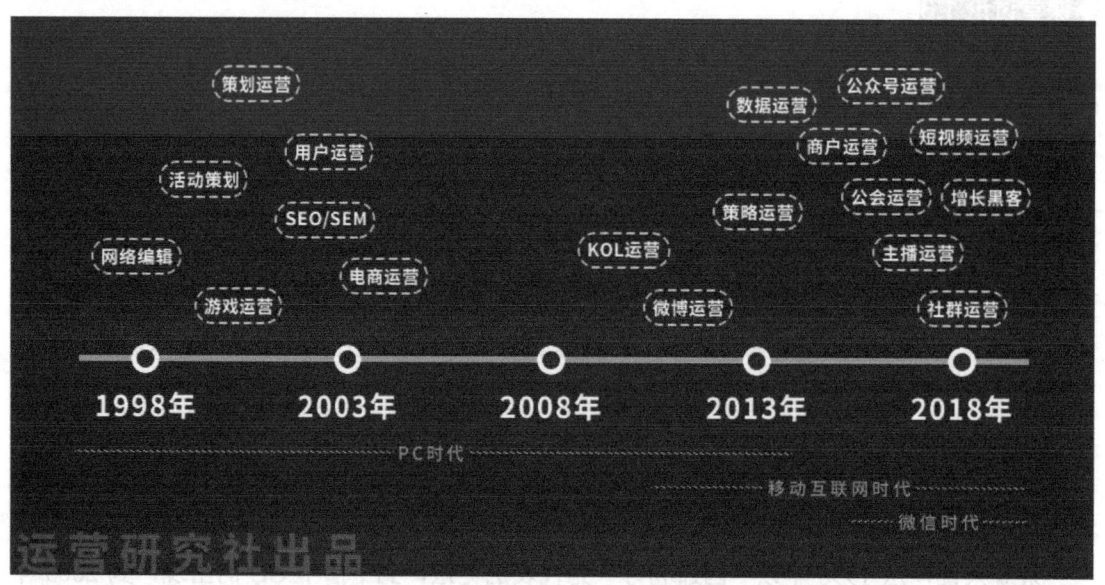

图 1-22　互联网发展 20 年衍生的运营岗位

比如内容运营，从门户时代的网络编辑，到移动互联网时代的内容编辑，再到微信时代的公众号运营，我们可以看到，"编辑"是一个常青职业，也是一项可迁移的技能。当然，随着行业的发展更替，编辑的职能也在不断扩充。

比如用户运营，在行业发展 20 年间，用户运营以多种形态出现在各个领域中，美团兴起带来的商户端运营、直播风口带来的直播运营和公会运营、网红经济带来的 KOL 运营，甚至在今天社交裂变大趋势下带来的增长黑客，其实他们的本质都是用户运营。

还有活动策划，例如美团冷启动的补贴活动，滴滴与快的拉锯战中用的"红包拉新活动"，甚至早在 QQ 创立之初马化腾的"投票选 Logo"线上活动。我们可以看到，活动策划一直都是产品快速提升数据的武器，对于产品的拉新、促活、留存甚至转化有至关重要的作用。

对于运营来说，如果想要选择一个稳妥的岗位，可以选择"内容编辑""用户运营""活动策划"这些岗位。如果想要抓住行业催生出来的风口岗位冲一把，可以选择如直播时代的直播运营、短视频时代的抖音运营。不过需要注意的是，在做这些岗位的同时，我们要思考这个岗位背后的核心能力是什么。比如直播运营的本质是用户运营、抖音运营的本质是内容运营。

在技能提升上，建议大家投资这些核心的技能。无论时代怎么变迁，行业如何变化，只要手握这些核心技能，就大可不必担心工作的问题。

任务实训

实训 1.1　运营发展典型平台体验

1. 任务描述及任务要求

相信大家对运营发展史已经有了一定的了解，循着历史的轨迹让我们去了解一下 PC 互联网时代、移动互联网时代、微信时代的特点。请分小组根据运营发展史，尝试找到不同时代的平台，并简要概述每个时代的特点。任务描述及任务要求如表 1-1 所示。

表 1-1　任务描述及任务要求

序　号	任　务　描　述	任　务　要　求
1	找到不同时代的典型平台	感受平台的特点
2	了解不同时代典型平台的功能及特色	能简要概述不同时代典型平台的功能及特色
3	根据运营发展史，总结运营的核心技能	能找出运营的核心技能

2. 实训内容

（1）分小组找到不同时代的典型平台并进行体验，大致了解其功能及特色。例如，下载抖音 App，观看 10 条短视频并留言和点赞，或者拍摄一条抖音短视频等。

（2）结合本任务所学知识完成表 1-2 所示的内容。

表 1-2　典型平台的功能及特色

运营发展时期	典　型　平　台	功能及特色
门户时代	新浪	
	搜狐	
	网易	

续表

运营发展时期	典型平台	功能及特色
互联网入口	51 job（前程无忧）	
	QQ	
	阿里巴巴	
	携程	
	百度	
	盛大网络	
	当当网	
社交媒体时代	新浪微博	
	人人网	
	微信	
移动互联网+	美团	
	今日头条	
	滴滴	
	ofo/摩拜	
直播	欢聚时代	
	斗鱼直播	
	淘宝直播	
短视频	快手	
	抖音	
微信时代	微信公众号	
	趣头条	
	拼多多	

（3）根据运营发展史，总结运营的核心技能包括哪些内容。

3．任务考核

运营发展典型平台体验任务考核表如表 1-3 所示，请根据表中所示的内容进行自评（A 代表优秀、B 代表优良、C 代表合格、D 代表不合格，本书的任务考核表自评办法类似，后面不再做说明）。

表1-3　运营发展典型平台体验任务考核表

序 号	考核内容	评级（A、B、C、D）	说 明
1	体验不同时代的典型平台		
2	能简要概述不同时代典型平台的特点		
3	能找出运营的核心技能		

任务 1.2　运营必备的 6 大核心技能

任务目标

知识目标	了解运营必备的 6 大核心技能
	了解企业运营人才的岗位职责
技能目标	能够总结运营必备的 6 大核心技能的技能要点

任务导图

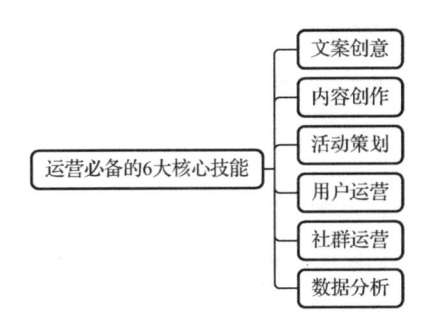

运营必备的6大核心技能
- 文案创意
- 内容创作
- 活动策划
- 用户运营
- 社群运营
- 数据分析

任务实施

在任务 1.1 中，我们了解了运营的发展史，也了解了在这个过程中衍生出来的运营岗位。在互联网发展的二十多年中，催生了许多运营岗位，不管岗位如何更新迭代，背后的核心技能是不变的。接下来给大家介绍运营必备的 6 大核心技能。

1.2.1　文案创意

文案来源于广告行业，是广告文案的简称。从使用场景来看，文案可以分为 App 推送文案、Banner 文案、社群文案、公众号图文、朋友圈文案和商品详情页。从目的来看，文案可以分为销售文案和传播文案。销售文案主要是以销售转化为目的的文案，比如广告软文、商品详情页、社群销售文案等；传播文案则是以扩大品牌影响力为目的的文案，比如品牌宣传海报文案、活动页面文案、渠道推广文案等。

不管是哪种类型的文案，最终的目的都是转化。为了让大家更加清晰地了解文案创意技能，这里给大家看看美的电商和社交电商平台云集的"文案策划"的岗位职责。美的电商"文案策划"的岗位职责如图 1-23 所示，云集"文案策划"的岗位职责如图 1-24 所示。

从它们的岗位职责中，可以总结出文案创意技能主要包括两个方面：卖点挖掘和文案写作。

卖点挖掘的核心是要求运营从产品的功效中，找出与用户需求相匹配的产品卖点。文案写作跟传统的写作不同，对文字功底的要求略低一些。它的难点在于，如何吸引用户浏览文案、激发用户需求及让用户相信产品功效的真实性，从而产生进一步行动。

```
岗位职责
1. 营销活动策划：负责统筹品牌/店铺的大型营销活动，与PR团队、运营团队等合作完成活动主题及营销方案的包装，负责活动过程的进度及方向把控，并监督跟进各环节的落地执行情况。
2. 产品品类策划：能合作完成新品营销方案的撰写，从用户角度进行产品包装；能独立完成产品文描的卖点挖掘、逻辑梳理、文案撰写及设计成品跟进。
3. 用户体验管理：品牌/店铺日常促销策划，资源管理/分配，以及持续的用户体验提升。
4. 跟进活动效果，从活动数据、经验方法沉淀等维度进行活动总结，持续优化后续活动，保证资源得到合理利用和围绕目标的最终产出。
5. 负责活动/产品相关的创意构思和文案，完成与设计团队沟通及后期的设计成品把控。
```

图 1-23　美的电商"文案策划"的岗位职责

```
岗位职责
1. 负责商品的文字、宣传、广告用语等文案素材输出；
2. 负责商品文案Demo，审核供应商提供的详情页是否符合平台标准，并定期更新商品详情页，不与"广告法"冲突；
3. 商品详情页的编辑；
4. 深入了解产品知识，根据商品促销力度与受众群体，提炼商品卖点，收集素材并编写培训文案；
5. 根据商品运营策划方案，提供与活动相关的图片、海报、视频、推送朋友圈文案等素材；
6. 定期审核维护更新商品素材，根据市场趋势，创建有吸引力的文字和图片，提高商品的曝光率。
```

图 1-24　云集"文案策划"的岗位职责

◆ **课堂讨论 1.4**

根据你所在的城市或向往的就业城市，结合本节所学知识，在智联招聘等招聘网站上查看"文案策划"岗位职责及职位薪酬，截图并分析其与文案创意技能相关的要求，将截图和分析结果保存在 Word 文档中。

1.2.2　内容创作

在了解内容创作这个技能之前，先来了解一下内容运营岗位。在任务 1.1 中我们了解到从互联网门户时代到移动互联网时代，再到微信时代，内容运营是一个常青职业，也是一种可迁移的技能。

就目前来说，内容运营是指通过创造、编辑、组织等方式呈现内容，从而提高互联网产品的内容价值，制造出对用户的黏性、活跃度、消费行为产生一定促进作用的内容。

微信的推文、抖音上的短视频、小红书的美妆笔记、虎扑上的帖子、电商的商品信息等，这些都是内容。只要是互联网产品，就一定是用内容进行填充的，都需要内容运营岗位。只不过不同形态的产品，内容类型不同、呈现形式不同，对运营从业者的要求也不同。

例如，小红书作为一个内容社区，它的内容运营职责为社区内容的规划和撰写，同时需要通过撬动站内达人生产内容，进一步提高社区的内容生产质量，活跃社区氛围。小红书内容运营的岗位职责如图 1-25 所示。

又如爱奇艺，作为一个视频平台，它主要的内容生产方式是拍摄视频。因此，其内容运营对从业者的拍摄能力有较高的要求。爱奇艺内容运营的岗位职责如图 1-26 所示。

岗位职责：
负责小红书社区生活品类的内容规划：
1. 把控用户需求和时事热点，规划内容选题；
2. 撬动站内达人用视频发布内容，活跃社区生活品类氛围；
3. 监控品类数据，通过分析不断迭代内容策略和方向。

图 1-25　小红书内容运营的岗位职责

岗位职责：
1. 负责短视频App的内容运营与热点运营；
2. 与节目组深度协作，为短视频App与节目寻找结合点；
3. 入驻节目组，拍摄所需的素材，沟通协调多方资源；
4. 配合短视频的运营计划，捕捉热点，制造话题。

图 1-26　爱奇艺内容运营的岗位职责

显而易见的是，尽管产品类型不同、呈现形式不同，但只要是内容运营岗位，都会十分重视"内容生产"能力。因此，内容创作能力显得格外重要。稀缺、有价值内容，不管它换成什么形式，放在什么类型的产品上，都是能够受到欢迎的。

想要创作出受欢迎的好内容，关键在于选题和标题。深夜发嫓的主编曾经说过，一个选题就像文章的生辰八字，一篇文章出来之前，只要看选题就能知道阅读量的多少。而标题更是决定了一篇文章的生死存亡。一篇文章写得再好，如果标题的吸引力不够，用户也不会点开。

跟传统写作相比，互联网环境下的内容创作要求我们从用户的角度出发，尽量降低内容的阅读门槛。例如，在传统写作中，写一个选题可能需要引经据典、有利有弊地去说明很多内容。但是，在互联网中，我们把一件事情通俗易懂地写明白就够了。另外，在传统写作中，大家特别喜欢用有深度的、华丽的语句。但在互联网中，这一点被弱化了，甚至有"尽量不要使用成语和专业术语"这样不成文的规定。

◆ 课堂讨论 1.5

根据你所在的城市或向往的就业城市，结合本节所学知识，在智联招聘等招聘网站上查看"内容运营"岗位职责及职位薪酬，截图并分析其与内容创作技能相关的要求，将截图和分析结果保存在 Word 文档中。

1.2.3　活动策划

活动策划是指针对不同目的、不同性质的活动进行的运营，包括策划、准备、实施和复盘。相比内容运营的"润物细无声"来说，活动策划则更具引爆性，能够在较短的时间内对目标数据进行提升。例如，2018 年国庆节期间，支付宝在微博举办的"2018 中国锦鲤"活动，给支付宝带来了 300 万次的转发量和 2 亿次的曝光量。

除了本身从事活动策划岗位的人员以外，像内容运营、电商运营等岗位也是需要具备活动策划技能的。屈臣氏活动策划的岗位职责如图 1-27 所示；虎扑识货内容运营的岗位职责如图 1-28 所示；全棉时代电商运营的岗位职责如图 1-29 所示。从图中所示的内容可以看出，产品类型和岗位职能不同，活动策划的目的也有所不同。例如，对内容运营来说，活动策划是引导用户积极互动起来；对电商运营来说，活动策划是刺激用户疯狂地购买。

活动策划的核心是提出创意和制定策略，形成可执行的方案，也就是我们常说的活动形式。在这个环节，策划需要思考的问题是用什么激励手段来刺激用户参与活动，在有限的活动预算下怎样尽可能多地让用户参与进来，以达到运营目的。常用的活动方式：当用户完成某个特定行为时可以参与抽奖；在某一个时间点登录产品，购买商品可以享受折扣；等等。

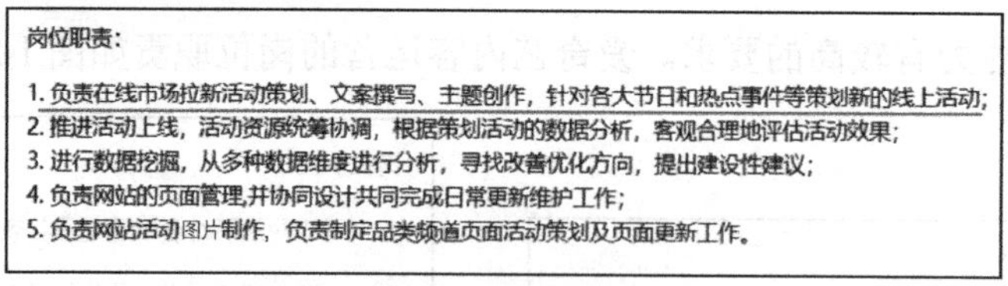

```
岗位职责：
1. 负责在线市场拉新活动策划、文案撰写、主题创作，针对各大节日和热点事件等策划新的线上活动；
2. 推进活动上线，活动资源统筹协调，根据策划的数据分析，客观合理地评估活动效果；
3. 进行数据挖掘，从多种数据维度进行分析，寻找改善优化方向，提出建设性建议；
4. 负责网站的页面管理，并协同设计共同完成日常更新维护工作。
5. 负责网站活动图片制作，负责制定品类频道页面活动策划及页面更新工作。
```

图 1-27　屈臣氏活动策划的岗位职责

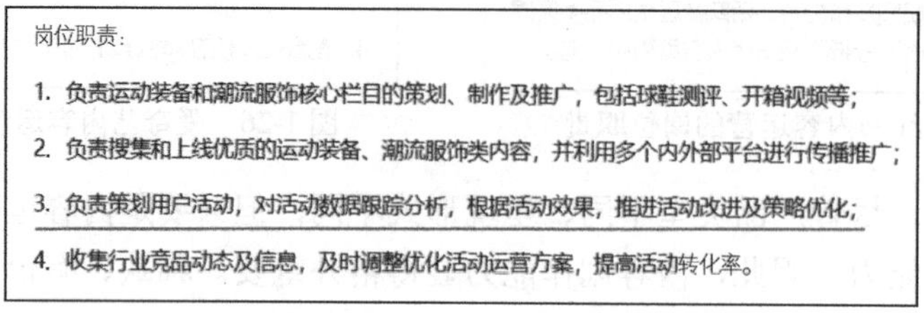

```
岗位职责：
1. 负责运动装备和潮流服饰核心栏目的策划、制作及推广，包括球鞋测评、开箱视频等；
2. 负责搜集和上线优质的运动装备、潮流服饰类内容，并利用多个内外部平台进行传播推广；
3. 负责策划用户活动，对活动数据跟踪分析，根据活动效果，推进活动改进及策略优化；
4. 收集行业竞品动态及信息，及时调整优化活动运营方案，提高活动转化率。
```

图 1-28　虎扑识货内容运营的岗位职责

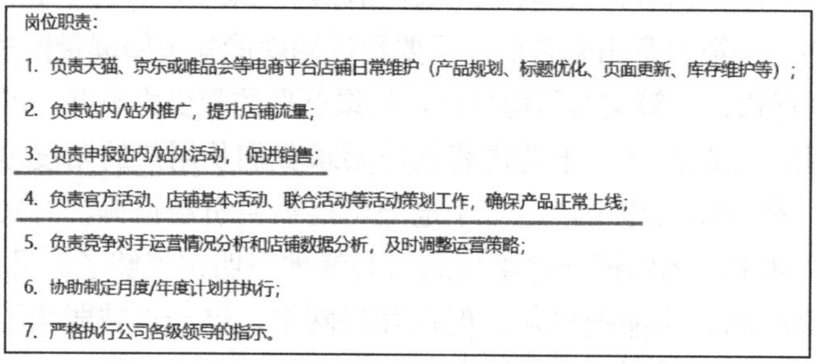

```
岗位职责：
1. 负责天猫、京东或唯品会等电商平台店铺日常维护（产品规划、标题优化、页面更新、库存维护等）；
2. 负责站内/站外推广，提升店铺流量；
3. 负责申报站内/站外活动，促进销售；
4. 负责官方活动、店铺基本活动、联合活动等活动策划工作，确保产品正常上线；
5. 负责竞争对手运营情况分析和店铺数据分析，及时调整运营策略；
6. 协助制定月度/年度计划并执行；
7. 严格执行公司各级领导的指示。
```

图 1-29　全棉时代电商运营的岗位职责

◆ 课堂讨论 1.6

根据你所在的城市或向往的就业城市，结合本节所学知识，在智联招聘等招聘网站上查看"活动策划""电商运营"等岗位职责及职位薪酬，截图并分析其与活动策划技能相关的要求，将截图和分析结果保存在 Word 文档中。

1.2.4　用户运营

用户运营须具备的能力，首先要有用户思维。用户思维是指为实现某种业务目的，在思考具体运营策略时，会优先从用户的角度出发。

在用户思维的影响下，为实现某种运营目的而做出的可执行的策略组合，就是用户运营。运营目的主要包括拉新、留存、促活和消费转化。策略组合则是指多种策略结合在一起。以拉新为例，除了可以策划"老拉新"的活动以外，还可以通过高质量的用户在线访谈或 KOL 的微课进行新用户的引入。

从用户运营的岗位职责来看，在执行层面，用户运营能力的两个核心就是确定目标用户和设计引导方案，实现用户价值最大化。具体而言，就是用数据找到不同层级的用户。针对不同类型的用户，使用适当的手段进行引导，以完成运营目标。这些手段包括社群运营、签到、积分、会员、红包等。有赞用户运营的岗位职责如图 1-30 所示；哔哩哔哩网站用户运营的岗位职责如图 1-31 所示。

项目 1　运营基础认知

> **岗位职责：**
> 1. 面向商家端，负责商家触达管道的管理和维护，能够结合商家生命周期不同阶段，挖掘商家需求，搭建触达管道，设计运营策略，整合各类资源提升商家活跃度，**帮助商家成功入驻**；
> 2. 了解互联网及社交电商的发展趋势，熟悉微信生态的用户运营方法。

图 1-30　有赞用户运营的岗位职责

> **岗位职责：**
> 1. 负责哔哩哔哩二次元电商/票务业务用户管理体系的建立和完善，制定用户运营策略和目标，并对用户转化、留存、促活、拉新工作负责；
> 2. 通过用户运营工作提升老用户的留存与活跃，增加用户黏性，整合产品运营、活动运营和站内外各类资源，提高电商/票务业务新客户数；
> 3. 通过对海量用户数据收集、分析、评估，构建用户画像，挖掘目标用户的特征与属性，建立用户分层机制，制定不同层级用户维护策略和活动，并跟进、落实，提升会员活跃度和忠诚度；
> 4. 不断探索、研究二次元文化与内容电商的融合方式，建立长期可持续发展的用户运营策略。

图 1-31　哔哩哔哩网站用户运营的岗位职责

◆ **课堂讨论 1.7**

根据你所在的城市或向往的就业城市，结合本节所学知识，在智联招聘等招聘网站上查看"用户运营"的岗位职责及职位薪酬，截图并分析其与用户运营技能相关的要求，将截图和分析结果保存在 Word 文档中。

1.2.5　社群运营

社群这个词，相信不用做过多的解释，QQ 群、微信群，还有知识星球、CCtalk 等专用社群软件，这些都是社群的形式。

沪江社群运营的岗位职责如图 1-32 所示；新东方社群运营的岗位职责如图 1-33 所示。从图中可以看出，社群运营不仅仅是在群里跟用户聊天，它是一项比较综合的能力，需要运营有目的地制定一些运营策略，引导用户达成目标。

> **岗位职责：**
> 1. 负责运营用户社群，吸引精准用户加入，策划线上活动，孵化、培养优质用户；
> 2. 定期做数据分析，调整运营策略，对每一次活动做出及时反馈，结案，汇报汇总；
> 3. 搭建、运营线上兼职团队，定期培训兼职人员，提出兼职团队的想法和建议；
> 4. 管理线上核心社群，激励用户产生优质 UGC，增加用户黏性；
> 6. 负责配合老师和营销转化团队用户运营工作，完成团队协作和每月运营指标。

图 1-32　沪江社群运营的岗位职责

> **岗位职责：**
> 1. 负责搭建和运营用户社群；
> 2. 吸引精准新用户加入社群；
> 3. 组建并运营用户社群，创建激励机制以提升成员留存率、复购率、转化率，挖掘、维护核心用户；
> 4. 定期组织策划社群活动（线上），推送信息至新老用户，关注社群内成员的交流内容；
> 5. 针对社群活动进行相关数据分析，对每一次活动做出及时反馈、结案、报告汇总等。

图 1-33　新东方社群运营的岗位职责

社群运营本质上也算是用户运营，可以帮助运营实现拉新、促活、留存和转化等运营目的。但是，社群运营能力的组成比用户运营更加复杂，它还要求从业者具备话题策划、沟通交流等能力。

◆ **课堂讨论 1.8**

根据你所在的城市或向往的就业城市，结合本节所学知识，在智联招聘等招聘网站上查看"社群运营"的岗位职责及职位薪酬，截图并分析其与社群运营技能相关的要求，将截图和分析结果保存在 Word 文档中。

1.2.6 数据分析

数据作为定量的衡量方式，能真实地反映产品运营的状况，帮助我们进一步了解产品、用户、渠道，进而优化运营策略。如果你不能衡量它，那么你就不能有效增长它。例如，内容运营需要通过分析文章的阅读量、分享率等数据来了解内容质量，优化内容；渠道运营需要通过分析不同渠道广告的点击率和转化率来比较渠道质量，选出性价比更高的渠道。

数据分析是每一个运营必备的技能。回顾前面几个核心技能相关的岗位可以发现，大多数都要求从业者具备数据分析的能力。甚至，有一些公司会专门设置数据分析岗位，可见数据分析的重要性。数据分析师岗位招聘情况如图 1-34 所示。

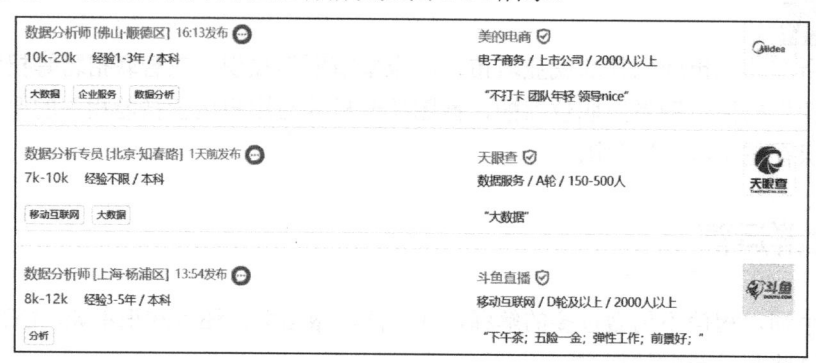

图 1-34 数据分析师岗位招聘情况

美的电商数据分析师的岗位职责如图 1-35 所示；美团点评数据分析师的岗位职责如图 1-36 所示。从数据分析师的岗位职责可以看出，数据分析的主要工作步骤是梳理业务、了解业务，然后确立数据指标并对其进行分析，最终输出数据报告，产出运营决策。

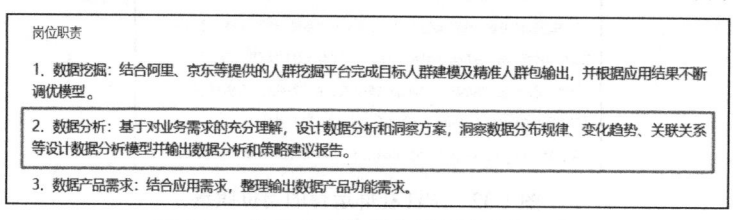

图 1-35 美的电商数据分析师的岗位职责

图 1-36 美团点评数据分析师的岗位职责

数据分析技能的核心在于业务思维。因为数据分析的数据指标和分析模型，都是基于业务需求而来的。以视频平台为例，如果我们想要了解不同年龄的用户喜好的视频内容，就需要对年龄和内容进行分类，然后看看不同年龄的用户在不同的内容分类上的搜索量和点击量。

更多的数据指标分析，我们会在项目 6 中详细说明。

◆课堂讨论 1.9

根据你所在的城市或向往的城市，结合本节所学知识，在智联招聘等招聘网站查看"数据分析"相关的岗位职责及职位薪酬并截图，分析其与数据分析技能相关的要求，将截图和分析结果保存在 Word 文档中。

任务实训

实训 1.2 运营 6 大核心技能特色提取

1. 任务描述及任务要求

了解了运营必备的 6 大技能以后，你对哪个技能比较感兴趣呢？是文案创意、内容创作、活动策划，还是用户运营、社群运营，或者是更高难度的数据分析呢？

要知道运营是一个"杂学"岗位，0～1 岁的"小白"可以先从单项技能突破，但越往后发展，仅仅在单项技能方向上发展是有局限性的。这也意味着文案只会从文案的角度思考问题，活动策划只会从活动策划的角度思考问题，没有形成全局观，无法从更深的层次去思考、预判或制定方案。

把知识当作技能的人，一到实战就犯晕；把经验当作技能的人，原地打转很难成长；技能过于单一的人，也难独当一面。

因此，想要找到成就感和自驱力，必须要去提升自己的"真"技能，"真"技能具有以下特征。

（1）可抽象：从具体琐碎的事情中抽离出来，去总结，才能看到背后更深层次的内容。从最热门的案例中提炼出它背后的抽象逻辑。

（2）可还原：还原到真实工作场景中去，解决工作中遇到的实际问题。

（3）可练习：能够有意识地去刻意运用方法论或原理进行多次练习。

（4）系统性：技能一定是有条理、框架的。

扫描二维码，一起来进行运营能力小测试，看看你的运营能力达到什么水平？

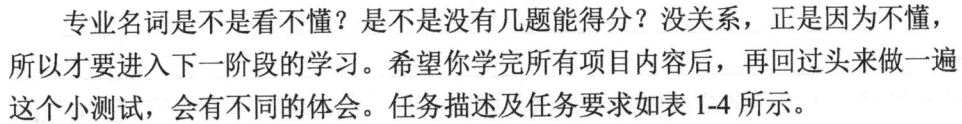

专业名词是不是看不懂？是不是没有几题能得分？没关系，正是因为不懂，所以才要进入下一阶段的学习。希望你学完所有项目内容后，再回过头来做一遍这个小测试，会有不同的体会。任务描述及任务要求如表 1-4 所示。

表 1-4 任务描述及任务要求

序 号	任 务 描 述	任 务 要 求
1	整合课堂讨论 1.4 至课堂讨论 1.9 的内容，分析运营必备的 6 大核心技能的特点，每个技能提出你想了解的 3 个问题	初步了解 6 大核心技能，能够根据技能特点提出你想了解的问题，并带着问题看书
2	提取 6 大核心技能的 9 个核心关键词	掌握每个技能的核心关键点
3	完成小测试，并对自己的运营技能进行初步的了解	能对自己的运营技能有初步的了解

2. 实训内容

（1）用 Word 软件整理课堂讨论 1.4 至课堂讨论 1.9 的内容，分析运营必备的 6 大核心技能特点，每个技能提出 3 个你想了解的问题，完成如表 1-5 所示的内容。

表 1-5　运营必备的 6 大核心技能问题收集表

技　能	想了解问题的内容
文案创意	
内容创作	
活动策划	
用户运营	
社群运营	
数据分析	

（2）参照文案创意技能的格式，分别提取其他 5 大核心技能的 9 个核心关键词。

文案创意（示例）：卖点挖掘，吸引用户，激发用户需求，文案写作，扩大品牌影响力，转化，广告文案，销售文案，传播文案……

内容创作：＿＿＿＿＿＿＿＿＿＿＿＿＿＿＿＿＿＿＿＿＿＿

活动策划：＿＿＿＿＿＿＿＿＿＿＿＿＿＿＿＿＿＿＿＿＿＿

用户运营：＿＿＿＿＿＿＿＿＿＿＿＿＿＿＿＿＿＿＿＿＿＿

社群运营：＿＿＿＿＿＿＿＿＿＿＿＿＿＿＿＿＿＿＿＿＿＿

数据分析：＿＿＿＿＿＿＿＿＿＿＿＿＿＿＿＿＿＿＿＿＿＿

（3）完成小测试。完成任务描述中的小测试并截图，看看自己现在的运营技能值多少钱？扫描右侧二维码查看问题解析。

3．任务考核

运营 6 大核心技能特色提取任务考核表如表 1-6 所示。

表 1-6　运营 6 大核心技能特色提取任务考核表

序　号	考核内容	评级 (A、B、C、D)	说　明
1	初步了解 6 大核心技能，能够提出想了解的问题		
2	掌握每个技能的核心关键点		
3	能对自己的运营技能有初步的了解		

任务 1.3 职场晋升通道与运营岗位的选择

任务目标

知识目标	了解职场的专业通道：P 序列
	了解职场的管理通道：M 序列
	了解互联网公司的职级评测体系
技能目标	掌握选择不同运营岗位的方法
	能够根据自己的特长定位未来的运营岗位

任务导图

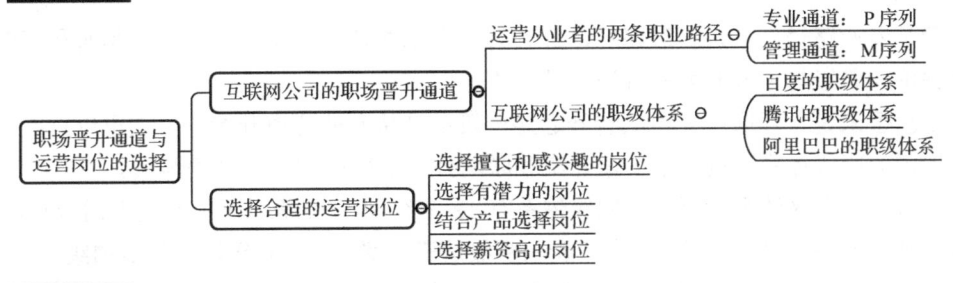

职场晋升通道与运营岗位的选择
- 互联网公司的职场晋升通道
  - 运营从业者的两条职业路径
    - 专业通道：P 序列
    - 管理通道：M 序列
  - 互联网公司的职级体系
    - 百度的职级体系
    - 腾讯的职级体系
    - 阿里巴巴的职级体系
- 选择合适的运营岗位
  - 选择擅长和感兴趣的岗位
  - 选择有潜力的岗位
  - 结合产品选择岗位
  - 选择薪资高的岗位

任务实施

在本项目的任务 1.2 中，我们既了解了运营有哪些不同方向的岗位，也了解了不同运营岗位需要的技能。那么，面对诸多的选择，如果想找一份合适的、靠谱的运营工作，应该如何决策呢？这是大家在决定从事运营工作后首先遇到的最大困扰。在掌握 4 种思路去做决策选择运营岗位之前，先来了解互联网公司的职场晋升通道。

1.3.1 互联网公司的职场晋升通道

1. 运营从业者的两条职业路径

运营从业者的职业路径可以分为 P 序列和 M 序列。P 序列指的是专业通道，通俗地说，就是成为运营领域的技术精英；M 序列指的是管理通道，也就是往管理者的方向发展。

（1）专业通道：P 序列。将专业通道作为个人的发展路径，适合只想专注业务的人员。这条通道不用参与团队的管理工作，只需做好手头的事情。它的发展路径是运营专员→高级运营→运营主管→项目经理→高级项目经理。

在大型的互联网企业，专业通道的职级通常用"P+数字"来表示。例如，百度的专业通道职级从 P1 到 P12 共 12 级，P3 级属于运营专员，能够在指导下完成运营工作即可；P4 级属于高级运营，需要能够独立完成领导安排的运营项目；P5 级则需要能发现产品存在的运营缺失，独立发起一个项目并完成。总之，数字越大，对运营的能力要求越高，相应地对公司的贡献也要越大。

在薪资方面，很多新人存在一个误区：认为专业通道的薪资比管理通道的低。其实，真实的情况是在核心产品的核心岗位,有不少从业者拿到的薪资比管理岗位高。所以,新加入运营的人员也不必有这样的顾虑,薪资还是要看实际情况的。

(2)管理通道:M序列。如果你走的是P序列的专业通道,做到项目经理后就可以把一部分工作分配给组员完成,但总的来说,走P序列职级再高也还是要亲自操刀做运营。你如果不喜欢一直做具体的执行工作,那么可以考虑走M序列的管理通道。

以运营岗位来说,M序列的管理通道发展路径是:运营专员→高级运营→运营经理(副)→运营经理→高级运营经理(副)→高级运营经理→运营总监(副)→运营总监→高级总监(副)→高级总监→COO(首席运营官)。当然,管理级别上可以一直做到高级副总裁。在一线互联网企业,会有统一的管理岗位职级标准:M1(M1a、M1b)/M2(M2a、M2b)/M3(M3a、M3b)/M4/M5等。

零基础的运营,想从事管理岗位,需要从专员做起,扎实地掌握基础运营技能,只有这样才能管理员工。

2. 互联网公司的职级体系

不管是专业路径,还是管理路径,都会有一个职级评测体系,这个体系是对员工能力和业绩的评价。职级与个人的薪资待遇息息相关。

对于新手来说,互联网公司的晋升之路一般都是从专业通道开始的。这里以百度、腾讯和阿里巴巴的职级体系为例,给大家介绍互联网公司P序列的职级评测体系。

(1)百度的职级体系。百度的职级体系有12个级别,P4级以下的都是入门级别,P5级是进阶级别,P6~P7级是高阶级别,P8~P9级是资深级别,P10级以上就是顶级。

应届毕业生是P3级。一般来说,入职一年后能够达到P4级。如果想要进入管理层,前提标准是达到P5级。

(2)腾讯的职级体系。在2019年6月之前,腾讯的职级体系共有6个级别,从P1~P6级对应的岗位级别分别是助理产品经理、产品经理、高级产品经理、专家、科学家、首席科学家。腾讯的职级体系如表1-7所示。

表1-7 腾讯的职级体系

级 别	岗 位
P1	助理产品经理
P2	产品经理
P3	高级产品经理
P4	专家
P5	科学家
P6	首席科学家

腾讯的职级体系中,每个职级又分为3个子级,比如,P3-1、P3-2和P3-3。校园招聘(简称校招)的新人一般是P1-2级和P1-3级。有意愿进入管理层的同学,必须达到P3-1级才有资格被任命。

2019年6月,腾讯更新了职级体系。新的职级体系由原来的6个等级18个子级(P1.1至P6.3级)变为14个等级(4级至17级);同时,去除了原来不同职级之间的专业标签,统一更新为"专业职级+职位称谓"。例如,原来的P3.1高级产品经理,现在对应的是9级产品经理。腾讯职级体系对比表(以产品通道为例)如表1-8所示。

表1-8 腾讯职级体系对比表（以产品通道为例）

职级体系（旧）		职级体系（新）	
专业职级	专业标签	专业职级	职位称谓
P6.3	首席科学家	17	17级产品经理
P6.2	首席科学家	17	17级产品经理
P6.1	首席科学家	17	17级产品经理
P5.3	科学家	16	16级产品经理
P5.2	科学家	15	15级产品经理
P5.1	科学家	15	15级产品经理
P4.3	专家	14	14级产品经理
P4.2	专家	13	13级产品经理
P4.1	专家	12	12级产品经理
P3.3	高级产品经理	11	11级产品经理
P3.2	高级产品经理	10	10级产品经理
P3.1	高级产品经理	9	9级产品经理
P2.3	产品经理	8	8级产品经理
P2.2	产品经理	7	7级产品经理
P2.1	产品经理	6	6级产品经理
P1.3	助理产品经理	5	5级产品经理
P1.2	助理产品经理	4	4级产品经理
P1.1	助理产品经理	4	4级产品经理

腾讯内部员工称，之前由P2.3级晋升至P3.1级需要经过面试环节，但新制度之下，只有11级晋升至12级（即原来的P3.3级晋升至P4.1级）才需要面试，晋级变得更加宽松了。

（3）阿里巴巴的职级体系。阿里巴巴的职级体系共有12个级别。P3级及以下级别的岗位为低端职能岗和外包岗，从P4～P12级对应的岗位级别分别是专员、高级专员、资深专员、专家、高级专家、资深专家、研究员/科学家、高级研究员/首席科学家、首席研究员。阿里巴巴的职级体系如表1-9所示。

表1-9 阿里巴巴的职级体系

级别	岗位
P3及以下	低端职能岗和外包岗
P4	专员
P5	高级专员
P6	资深专员
P7	专家
P8	高级专家
P9	资深专家
P10	研究员/科学家
P11	高级研究员/首席科学家
P12	首席研究员

一般来说，通过校招进入阿里巴巴的员工是 P4 级或 P5 级；通过社会招聘进入公司则是 P6 级，工作经验要求 2 年及以上。如果想要进入管理岗，前提标准就是达到 P6 级。

其实，互联网公司的专业通道级别本质上都差不多，只不过在职级序号的编排上稍有差别。对于运营从业者来说，职级体系能够让我们清晰地看到自己所处的阶段和能力水平。我们不能只在意表面的职级编号，更要深刻思考自己的瓶颈是什么，需要付出哪些努力才能达到下一个职级。同时，除了专业技能的提升，也要不断提高自己的思维能力和格局。

1.3.2 选择合适的运营岗位

1. 选择擅长和感兴趣的岗位

岗位的选择主要看它所需技能和自己的能力匹配度，再加上自己对此是否有兴趣。经验告诉我们，运营是一项极其讲究细节，同时又需要你能够把握最新用户观点的工作。如果你没有足够的兴趣就很难沉下心去深入进行，也就很难死抠细节把它做好。

下面列举 6 类常见运营岗位的核心能力和对兴趣特征的要求，运营从业者可以据此来选择自己擅长和感兴趣的岗位。6 类常见的运营岗位的核心能力和兴趣特征要求如表 1-10 所示。

表 1-10　6 类常见运营岗位的核心能力和兴趣特征要求

岗　位	核　心　能　力	兴　趣　特　征
新媒体运营	深厚的文字功底，"网感"强，关注网络热点较强的选题能力和采编能力	喜欢写东西，喜欢剖析热点，运营过自己的公众号或微博账号，好友多
内容运营		
文案策划		
活动策划	结构化分析能力 执行能力强 谈判能力强	喜欢分析各种刷屏活动或电商活动，目标感很强
用户运营	数据分析能力 了解用户生命周期 了解常用的运营手段	喜欢跟数据打交道 喜欢与人打交道 喜欢收集运营套路
社群运营		

如果对自己的能力和兴趣特征了解不够清晰，也可以通过职业性格测评工具了解自己。常见的职业性格测评工具有 MBTI 职业性格测试和霍兰德职业兴趣测评。

2. 选择有潜力的岗位

我们都喜欢从事自己擅长及感兴趣的工作，这是许多运营新人都会有的思维方式。实际上，有经验的运营从业者通常会考虑从事一些有挑战、有潜力的运营工作。想从事运营的人员可以通过知乎、在行、脉脉等平台去接触一些顶尖的运营，就各个岗位的前景进行咨询。一般而言，内容运营、用户运营、社群运营都是比较有潜力的岗位。

3. 结合产品选择岗位

不同的产品对不同运营岗位的需求程度不同。比如社区类产品对内容运营的需求量就大，电商产品对活动策划的需求量大。所以在选择岗位的时候，大家可以看看自己喜欢的产品类型，对哪种运营岗位更热衷，然后把它定义为自己想从事的运营岗位。

4. 选择薪资高的岗位

这一点很好理解，薪资高意味着我们的收入高，这是必不可少的考虑因素。从另一个角度来看，薪资高的工作岗位，往往意味着它能够带来的价值更大。在这样的岗位上工作，我们能够得到的锻炼机会更多，成长空间也更大。

任务实训

实训 1.3 运营能力自我剖析及学习目标的制定

1. 任务描述及任务要求

通过前面几个任务的学习，相信大家多少对自己感兴趣的运营岗位有所了解。如果还不清楚也没关系，通过本次任务实训，相信你能够清楚自己的定位。任务描述及任务要求如表 1-11 所示。

表 1-11 任务描述及任务要求

序号	任 务 描 述	任 务 要 求
1	进行 MBTI 职业性格测试或霍兰德职业兴趣测评	能够认识自我
2	对自己的性格、能力、爱好进行分析，寻找适合自己的运营岗位	能够根据运营岗位及能力要求进行运营岗位的自我剖析
3	制定本门课程的学习目标及未来意向就业的岗位	能够对本门课程有系统的认知

2. 实训内容

（1）分小组进行讨论，说说你认为自己适合哪个运营岗位，为什么？并在网上进行 MBTI 职业性格测试或霍兰德职业兴趣测评。

（2）对自己有清晰的定位，寻找真正适合自己的岗位，给自己设定一个小目标。如图 1-37 所示为 10 种岗位对应的 10 种能力分值，分值越高，代表对该项能力的要求越高。请根据图 1-37 所示的内容，分析自己的运营能力，并将答案填写在表 1-12 中。

	商家运营	供应链运营	活动运营	品牌运营	内容运营	用户运营	品类运营	游戏运营	新媒体运营	渠道运营
数据分析	5	5	4	5	4	5	5	4	4	4
策划能力	5	5	5	4	3	4	4	3	3	3
文案编辑	2	2	5	4	5	3	3	3	5	3
社群管理	4	4	5	4	3	3	1	1	4	1
项目管理	5	5	5	5	3	2	4	2	3	1
市场品牌	5	5	4	5	4	1	1	4	1	1
产品设计	5	5	2	2	2	3	4	2	2	2
用户分层	2	2	4	4	2	5	2	4	1	2
市场调研	4	4	4	4	2	2	3	5	3	3
商务谈判	5	5	2	2	2	2	4	5	2	5

图 1-37 10 种岗位对应的 10 种能力分值

表1-12 运营能力自我剖析表

问 题	运营能力自我剖析 （请对图中前三名运营能力进行排序，并写明原因）
1. 你最喜欢的岗位有哪些	
2. 抛开个人兴趣和爱好，你觉得最有发展前途的岗位有哪几个	
3. 你觉得自己最擅长哪些岗位的工作	
4. 你觉得最赚钱的岗位有哪些	
5. 对照58同城招聘、智联招聘、BOSS直聘等招聘网站上的运营岗位要求，综合分析你会找哪些岗位的工作	

（3）根据本项目的内容，结合自己的个人兴趣爱好和特长，为自己制定本门课程的学习目标及未来意向就业的岗位。

3. 任务考核

运营能力自我剖析及学习目标的制定任务考核表如表1-13所示。

表1-13 运营能力自我剖析及学习目标的制定任务考核表

序 号	考核内容	评级 （A、B、C、D）	说 明
1	能够认识自我		
2	能够根据运营岗位及能力要求进行运营岗位自我剖析		
3	能够对本门课程有系统的认知，能够制定自己的意向岗位		

项目小结

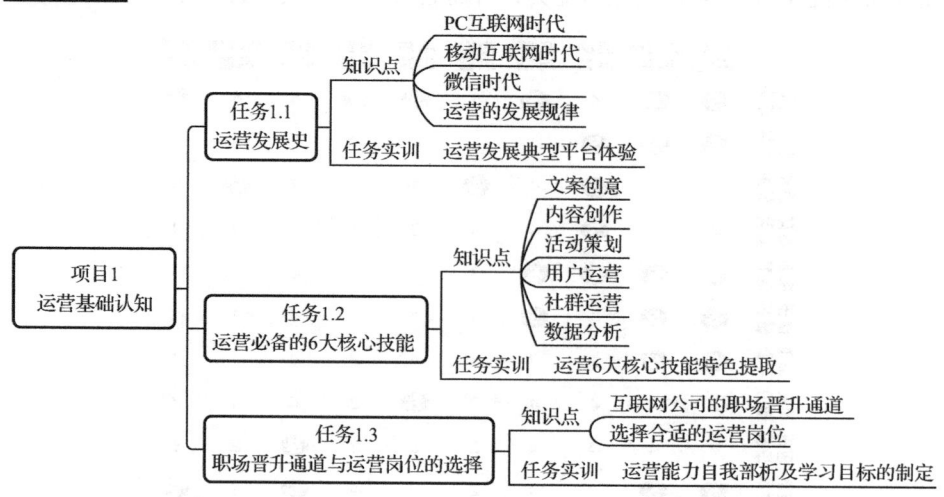

项目1 运营基础认知
- 任务1.1 运营发展史
  - 知识点
    - PC互联网时代
    - 移动互联网时代
    - 微信时代
    - 运营的发展规律
  - 任务实训 运营发展典型平台体验
- 任务1.2 运营必备的6大核心技能
  - 知识点
    - 文案创意
    - 内容创作
    - 活动策划
    - 用户运营
    - 社群运营
    - 数据分析
  - 任务实训 运营6大核心技能特色提取
- 任务1.3 职场晋升通道与运营岗位的选择
  - 知识点
    - 互联网公司的职场晋升通道
    - 选择合适的运营岗位
  - 任务实训 运营能力自我剖析及学习目标的制定

项目 2

文案创意

项目导入

从事互联网运营工作，目的不是单纯地获得用户和服务用户，更重要的是能为企业带来营收，即将用户流量转换为商业价值。想要高质量地实现商业转化，文案是非常重要的。如果文案不能吸引用户，那么前面的运营和推广工作就全都白费了。

经常听说有人在流量非常低的情况下，创造了几十万元甚至上百万元的营收。这些人之所以能取得这么好的成绩，除获得精准的流量以外，还有一个非常重要的原因是：他们对商品进行包装的文案的转化率非常高。

本项目将介绍运营工作中的文案使用场景，并且详细分析打造高转化率文案的方法和步骤。

任务 2.1　运营工作中的文案使用场景

任务目标

知识目标	了解 App 推送文案的类型
	了解公众号图文转化的选题方向
	了解商品详情页的内容构成
技能目标	能够区分 Banner 文案的类型
	掌握朋友圈文案的特点及应用
	掌握社群文案的 5 个要素

任务导图

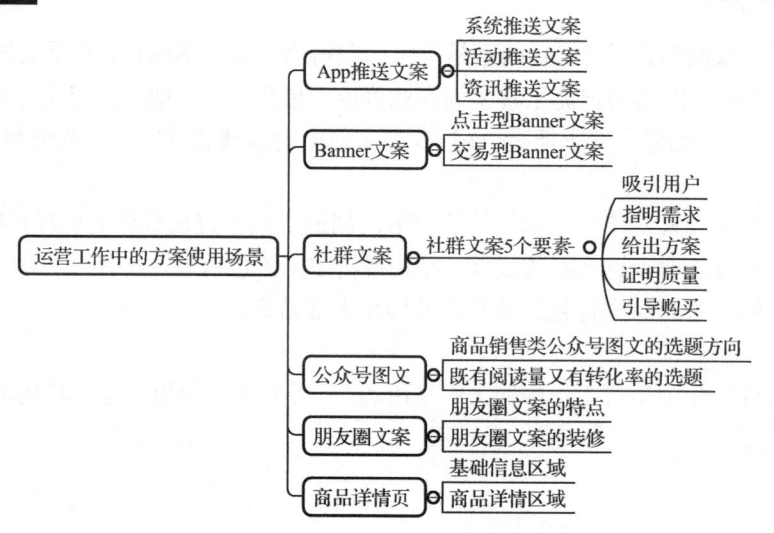

```
                           ┌─ 系统推送文案
            ┌─ App推送文案 ─┼─ 活动推送文案
            │              └─ 资讯推送文案
            │              ┌─ 点击型Banner文案
            ├─ Banner文案 ──┤
            │              └─ 交易型Banner文案
            │                              ┌─ 吸引用户
            │                              │  指明需求
运营工作中的 ┤─ 社群文案 ── 社群文案5个要素 ─┼─ 给出方案
方案使用场景 │                              │  证明质量
            │                              └─ 引导购买
            │              ┌─ 商品销售类公众号图文的选题方向
            ├─ 公众号图文 ──┤
            │              └─ 既有阅读量又有转化率的选题
            │              ┌─ 朋友圈文案的特点
            ├─ 朋友圈文案 ──┤
            │              └─ 朋友圈文案的装修
            │              ┌─ 基础信息区域
            └─ 商品详情页 ──┤
                           └─ 商品详情区域
```

对于运营从业者来说，文案的终极目标一般都是带来转化，也就是产生用户购买行为。用户从看到产品到购买产品的流程为：看到推广的产品→点击产品→查看产品详情→购买产品。

一个产品，会在不同的渠道进行推广。当用户看到推广的产品时，怎样才能让他成功被吸引，然后点击产品查看详情呢？我们需要对产品的渠道转化文案进行包装。当用户点击产品查看详情时，如何吸引更多的用户立即购买呢？我们需要对产品的详情页进行包装。运营工作中的文案转化如图 2-1 所示。

在运营的日常工作中，文案常见的使用场景有以下 6 种：App 推送文案、Banner 文案、社群文案、公众号图文、朋友圈文案、商品详情页。

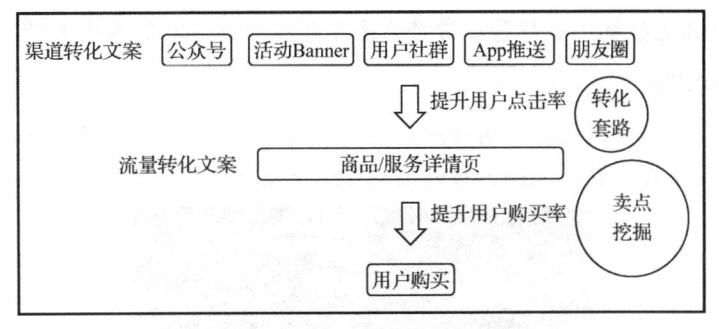

图2-1 运营工作中的文案转化

2.1.1 App 推送文案

App 推送是文案高效到达用户面前和影响用户的渠道之一。App 推送的优点是能立即提高活跃度、交易量和互动量等运营指标，缺点是容易导致用户反感甚至卸载 App 应用。衡量一个产品推送质量的核心指标有 3 个：送达量、到达率、打开率。送达量，即一次推送的终端数量；到达率，即推送到用户终端的成功率；打开率，即用户收到推送后点击文案的比率。其中，送达量跟注册用户数量有关，到达率主要受推送渠道和用户的网络环境影响，而打开率才是衡量运营价值的核心指标，跟打开率息息相关的就是 App 推送文案。

App 推送文案包括系统推送、活动推送、资讯推送 3 种类型。针对不同的推送类型，需要的文案能力也是有很大的区别的，下面针对这 3 种推送文案类型一一进行说明。

1. 系统推送文案

系统推送文案属于产品体系的文案，通常指提醒用户服务状态的消息文案。例如，使用美团打车时，它会从你叫到车的那一刻开始给你推送状态提醒消息，直到下车时告知你订单结算情况。美团打车的系统推送文案如图 2-2 所示。

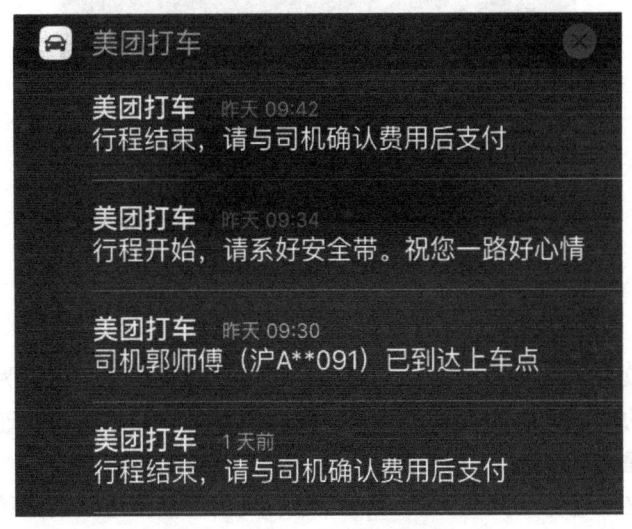

图 2-2 美团打车的系统推送文案

该类文案没有太多技巧，只需要准确地表达意思即可。当然，你也可以对文案进行美化，提升文案的亲切感，例如：

"您的快递包裹已经插上小翅膀非常努力地飞到您身边,准备签收哦!"

2. 活动推送文案

活动推送文案的核心价值在于引导用户点击并购买,通常指电商类 App 活动的预热、开售、返场、优惠状态等信息。美图美妆的活动推送文案如图 2-3 所示。

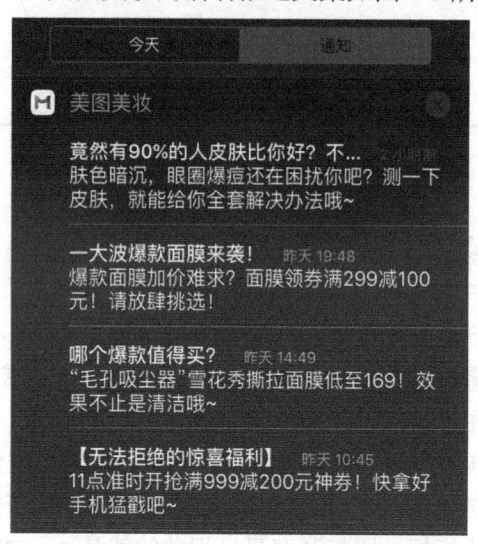

图 2-3　美图美妆的活动推送文案

3. 资讯推送文案

资讯推送文案类似今日头条、腾讯新闻、知乎、下厨房等内容型产品推送的文案,又细分为热点资讯推送文案和非热点资讯推送文案。腾讯新闻的资讯推送文案如图 2-4 所示。

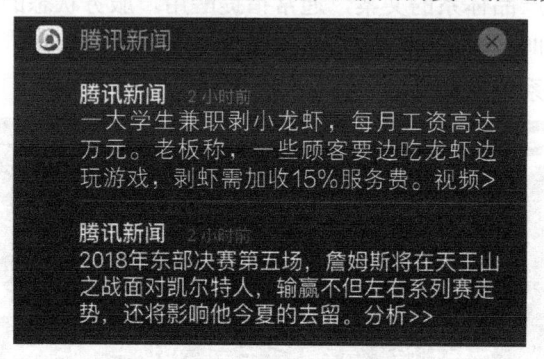

图 2-4　腾讯新闻的资讯推送文案

◆ 课堂讨论 2.1

本节 App 推送文案的 3 种类型中,无论哪一种文案的编写均可拆解为以下流程:(1)了解用户痛点及产品的功能特色;(2)明确此次推送的目的,列出需要传递的信息;(3)提炼需要传递信息的关键词;(4)编写不同风格的文案。

请以小组为单位,选择一款或多款 App,分别找出它们推送过的系统推送文案、活动推送文案、资讯推送文案各两条,并按上述流程尝试对其进行拆解。

完成本讨论参考使用的应用:小红书 App、淘宝 App、腾讯新闻 App、知乎 App、36 氪 App 等。

2.1.2 Banner 文案

策划一次常规活动，大概需要 2 周的时间去准备活动方案并落实执行；策划一次大促活动，则至少需要提前两个月的时间开始准备，包括方案的制定、商品的采购、线上线下的分工、活动的招商等。

可是，这些复杂的活动准备，用户一概不知。他们的耐心仅止于花 3 秒钟的时间浏览活动的 Banner 文案。因此，如果 Banner 文案没有办法吸引用户点击，就会导致用户活动参与度低，让活动前期一系列的努力都白费了。

按照活动追求的运营目标不同，可以将 Banner 文案分为点击型 Banner 文案和交易型 Banner 文案。

1. 点击型 Banner 文案

点击型 Banner 文案在内容型产品活动 Banner 和电商平台的部分活动 Banner 中经常见到，它是以用户点击量为核心诉求的。一个好的点击型 Banner 文案，需要能够吸引两类用户群体的关注：一类是对产品已经有一定认知的潜在用户群体；另一类是对产品没有认知和需求的普通的注册用户。Banner 文案吸引的用户群体如图 2-5 所示。

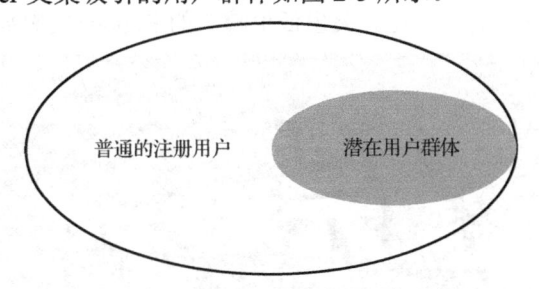

图 2-5　Banner 文案吸引的用户群体

针对对产品已经有一定认知的潜在用户群体，可以从价格和产品的优势等方面引起他们的点击欲望，比如"爱奇艺会员 5 折优惠"，就可以非常好地吸引本身就有会员购买需求的用户。爱奇艺会员的折扣活动 Banner 如图 2-6 所示。

图 2-6　爱奇艺会员的折扣活动 Banner

针对对产品没有认知和需求的普通的注册用户，需要用能够覆盖更多人群的 Banner 文案去吸引他们的注意，从而获得更高的点击量。例如，在《我不是药神》热映期间，"《我不是药神》上线！有一种人可以免费观看"这样的标题，就可以非常好地吸引"吃瓜群众"点击打开会员销售的活动页面。

2. 交易型 Banner 文案

交易型 Banner 文案的核心诉求是说服用户产生购买行为。根据交易指标的侧重点不同，可以将交易型 Banner 文案根据订单数、新客订单数、GMV 三个指标维度进行细分。

（1）订单数。订单数指的是用户点击 Banner 文案后，进入活动页面所产生的全部订单的数量。如果活动指标侧重于订单数量的增长，那么 Banner 文案需要突出爆款商品及有吸引力的价格。突出有吸引力价格的 Banner 文案如图 2-7 所示。

图 2-7　突出有吸引力价格的 Banner 文案

（2）新客订单数。新客订单数一般指首次在平台下单的用户数量，以新客为目标是活动策划中较难的部分，针对这部分活动的 Banner 文案，需要以"秒杀"、低价，甚至免费作为噱头，从而吸引新用户进行购买转化。突出低价噱头的 Banner 文案如图 2-8 所示。

图 2-8　突出低价噱头的 Banner 文案

（3）GMV。GMV 在电子商务里面指一定时间内拍下订单的总金额，包含已付款和未付款两个部分。如"双 11""双 12"京东会发布大促的战绩，指的就是 GMV。如果活动 Banner 文案的转化指标是 GMV，那么 Banner 文案则是以折扣、满减作为噱头。以折扣为噱头的 Banner 文案如图 2-9 所示。

图 2-9　以折扣为噱头的 Banner 文案

◆ 课堂讨论 2.2

以日常生活中常看到的 Banner 文案（网络购物或旅游产品）为例，分组讨论并列举能够吸引你点击的 10 个 Banner 文案，分析这些 Banner 文案属于哪种类型。

完成本讨论参考使用的网站：马蜂窝 https://www.mafengwo.cn/、去哪儿网 https://www.qunar.com/、携程旅行 https://www.ctrip.com/、淘宝 https://www.taobao.com/、京东 https://www.jd.com/等。

2.1.3 社群文案

如今，对于绝大部分企业来说，社群是微信生态下最好的营销阵地，背靠微信十亿级别的流量，稍微用一些裂变套路就可以非常快地拉起几千甚至上万的社群用户。

有人认为，能进社群的用户一般都是对产品或服务比较认可和关注的，所以在转化上应该也会比较容易一些。其实不然，社群用户好拉，转化却没有那么容易。

社群文案做转化，不是发个公告告诉大家"产品上线了，大家快来买"这么简单，一个高转化率的社群文案同样需要具备以下 5 个要素。

> 吸引用户：让用户想看你的社群转化文案。
> 指明需求：让用户知道有问题需要被解决。
> 给出方案：让用户知道你有解决方案。
> 证明质量：让用户相信你的方案是好的。
> 引导购买：让用户能够立即下单购买你的产品或服务。

这 5 个要素，基本上适用于所有使用场景的文案。所以，在后面的项目中我们会详细讲解。在这里，需要重点说明的是社群文案必须做好氛围引导。

社群是一个多人聚集的群体环境，有群体就会有"从众效应"。从众效应是指个人的行为受到群体的影响或施加的压力，从而在自己的判断和行为上向多数人看齐的一种行为。

因此，为了让用户更加从众并且产生购买行为，社群文案需要营造产品热卖的氛围，放大用户的从众心理。

当社群用户已经对新产品或服务有了基本了解，开始犹豫要不要购买时，可以在社群里营造用户购买的氛围。可以通过"信息接龙"的方式营造，例如：

全国英语四、六级特训营开始报名！报名通道×××，和北大、清华、南大的英语老师一起，30 天突击学习。报名接龙（含已报名）如下。

1. 陈维贤
2. 运营宝宝
3. 学霸宝宝
……

◆**课堂讨论 2.3**

以小组为单位找出你们认为写得比较好的 5 个社群文案，根据一个高转化率的社群文案需要具备的 5 个要素（吸引用户、指明需求、给出方案、证明质量、引导购买），分析其亮点。例如，通过如图 2-10 所示的文案示例（1），可以总结其亮点为大城市吃不到的美味吸引用户，给出下饭的解决方案河鱼酱，通过野味接龙的形式引导用户购买，烘托多人抢购的氛围；通过如图 2-11 所示的文案示例（2），可以总结其亮点为通过公司做抖音的话题进行群氛围引导，激发更多的用户点击文章。

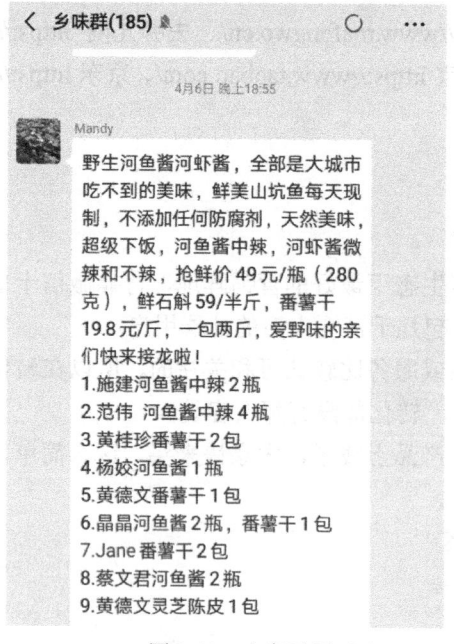

图 2-10　文案示例（1）　　　　图 2-11　文案示例（2）

2.1.4　公众号图文

1. 商品销售类公众号图文的选题方向

公众号图文的编写，其步骤跟写社群文案是一样的，无非就是吸引用户、指明需求、给出方案、证明质量和引导购买。

这里需要重点说明的是，公众号商品销售类的图文想要提高销量，最重要的是什么？不是你的写作功底，也不是你懂多少促销套路，而是公众号图文的选题。

如何确定公众号商品销售类图文的选题才能提高转化率？一般而言，该类图文的选题方向有两种：一种是直接销售商品，全篇都在说你的产品信息；一种是神转折式的，开头说一些与产品无关的内容，但都是用户喜欢看的，最后才表明推广产品的意图。

直接销售商品类的公众号图文，例如：

"6月课表|10天掌握用得上的运营技能""最后9个名额|社群运营技能训练营"等。

神转折式的公众号图文，例如：

开头为"机场街拍已经过时了，现在女明星的新战场是……"，结果目的是推广香水；开头为"我那做IT的老公，要出家了……"，结果目的是推广某科技大会。

读者可以猜一猜，哪种公众号图文的效果会更好？或者你愿意使用哪种方式？

如果主要看最终订单量，直接销售商品类的形式比较好，转化率更高；如果主要看图文的曝光量，就可以考虑神转折式的，不过要有低转化率的心理准备。

通常，神转折式的公众号图文转化率会低于千分之五，同时它适用于细分领域不是特别明显、对文章类型没有限制的公众号图文。

2. 既有阅读量又有转化率的选题

也许读者会问，有没有既有阅读量又有转化率的选题呢？其实是有的，那就是选题与产品的卖点高度关联和深度测评类的选题。

（1）与产品的卖点高度关联。如果一个产品本身具有较高的品质，那么，它的卖点就是选题方向。具体做法就是将产品能够帮助用户达成的效果和解决的问题作为选题方向。例如，运营研究社在推广"内容编辑训练营"时，就把内容编辑技能学习后可能会得到的结果当作一个选题，即"一个最容易让你进大厂的技能"。在图文开头突出内容编辑在互联网大厂的受欢迎程度，分享运营研究社的学员学习完内容编辑课程后进大厂的案例，用真实的内容来证明选题中的观点。又如：

公众号深夜发媸接过一个"女神派"App 的广告，该 App 是一个租借衣服的应用程序，有很多新衣服实时更新上架。只需要在 App 里包月或者是包年（一个月交两百多元或一年交几千元），App 里展示的衣服就随便穿、随便选，穿了两天之后退回去，就可以再借新的衣服。

这个产品的卖点非常突出，而且主打的是服装领域。结合当时的春节热点，深夜发媸团队想到，它可以解决用户过年穿新衣服的问题，所以就有了"过年必备的大红色，怎么穿才好看"这个选题。

图文内容直接是各种真人示范的大红色服装，有红色长款毛衣、带有破洞元素的红色卫衣、红色紧身连衣裙、红色开衩毛衣，等等。

当用户特别想买这些衣服的时候，深夜发媸就告诉她们在"女神派"App 上面就可以以非常便宜的价格租借这些红色的衣服，现在注册还能够领取 2 800 元的新年礼包，非常适合预算不太充足但又很想穿新衣服的女孩子。

（2）深度测评类的选题。很多人可能会认为，粉丝看到通篇都是广告的深度测评类选题会很排斥，但通过实践后发现不是这样的。例如：

深夜发媸曾接到 SKII 的神仙水的广告。该产品是一款护肤精华，相信很多女孩子们都知道。接到这个广告后，深夜发媸提出了这样一个选题："我用了四年的 SKII 神仙水，今天来和大家分享详细的使用感受。"

深夜发媸为什么会提出这个选题？

首先，这个产品和深夜发媸的公众号定位（美妆类）的相关度高。如果是个鸡汤类的账号，写自己使用 SKII 神仙水的感受就会很奇怪了。

其次，深夜发媸的粉丝本身就对 SKII 神仙水这种热门产品感兴趣，所以看到这类选题也不会产生违和感。尤其是点开文章的受众，通常都是对这款产品感兴趣的人，她们就想看看一个人如果真的用了 4 年的 SKII 神仙水，皮肤会发生什么样的变化，从而判断 SKII 神仙水是否适合自己。这种有理有据的测评图文，更容易促进产品的转化率。

最后，需要注意的是做测评类选题时，一定要是真实使用过的产品，深夜发媸在做这个选题时，确实有编辑用了 4 年这款产品。另外，深度测评这一类型的选题，更适合属性比较明晰的账号去使用，比如拥有时尚属性的深夜发媸、汽车属性的有车以后、互联网属性的运营研究社等。

◆**课堂讨论2.4**

分小组找出你们认为转化文案写得比较好的公众号，收集该公众号 30 篇转化图文的选题，并评断每篇公众号图文属于哪种类型的选题，以 Excel 表格的形式记录下来。选题类型登记格式如表 2-1 所示。

表 2-1 选题类型登记格式

与产品的卖点高度关联	深度测评类的选题
真人示范：堪比磨皮的遮瑕方法，痘印、黑眼圈一次性解决！	9款夏天持久粉底大测评！立刻给我"上车"！
1.	1.
2.	2.
……	……

完成本讨论参考使用的公众号：深夜发媸、丁香医生、最黑科技、企鹅吃喝指南、差评等。

2.1.5 朋友圈文案

1. 朋友圈文案的特点

朋友圈文案，就是在朋友圈发布的推广文案，它具有以下几个特点。

（1）发布成本低。无论是报纸、杂志，还是电视台、广播等，许多媒体的广告文案都具有严格的审核流程和较长的审核周期，朋友圈文案则发布快捷，只需要一部能够上网的终端就可以随时随地发布。

（2）形式多样化。朋友圈发布的文案形式是多种多样的，可以发布长文案或短文案，也可以发布单张图片或多张图片，还可以发布图文结合的文案。文案中既可以包含站外链接，还可以支持单独发布10秒以内的视频。朋友圈文案的内容形式非常丰富，运营者可以结合自己不同的运营目标，选择合适的形式进行发布。

（3）互动性强。作为文案发布者，可以随时与留言点赞者进行互动交流，还能利用点赞功能设置一些很好的玩法。

（4）目标人群精准。基本上自己发布的朋友圈文案都是自己接触圈里层次相近的人浏览。有时候，通过自己是否能被自己的文案所吸引，就能预测出文案大致的吸引程度。

（5）易于传播和再创作。如果能够创作出一份有趣并和用户相关的文案，往往能在朋友圈中引发病毒式传播。朋友圈文案示例如图2-12所示。

2. 朋友圈文案的装修

需要注意的是，朋友圈发布内容的美观度一定程度上会影响受众对朋友圈文案的好感程度。因此，运营者也需要注重对朋友圈文案的装修。朋友圈文案的装修主要体现在头像、名字和日常发布的内容上。

常见的微信头像分为风景类、萌宠类、卡通类、表情包类和本人头像类。这里推荐的头像类别是本人头像类，该类头像能体现发布者的自信，偏职业风格的照片也能体现干练的风格，更容易取得其他好友信任。

常见的微信名字方式也有很多，比如个人品牌命名、中英文结合命名、非主流风格命名、微商风格命名、"路人甲"风格命名等。这里推荐以个人品牌命名或中英文结合命名的方式，因为这样的名字更具辨识度，也更有利于打造个人品牌，比如运营社@小贤等。

在日常发布朋友圈时，要尽量发布一些让大家对自己印象加分的内容，比如职业职位的内容、个人的特长爱好、个人性格的体现、他人对自己的良好口碑、对热门事件的深刻思考等，这些都是一些加分项的内容。反之，要尽量减少发一些鸡汤文、低俗段子及视频、低质广告、无评论的转发文章等内容。

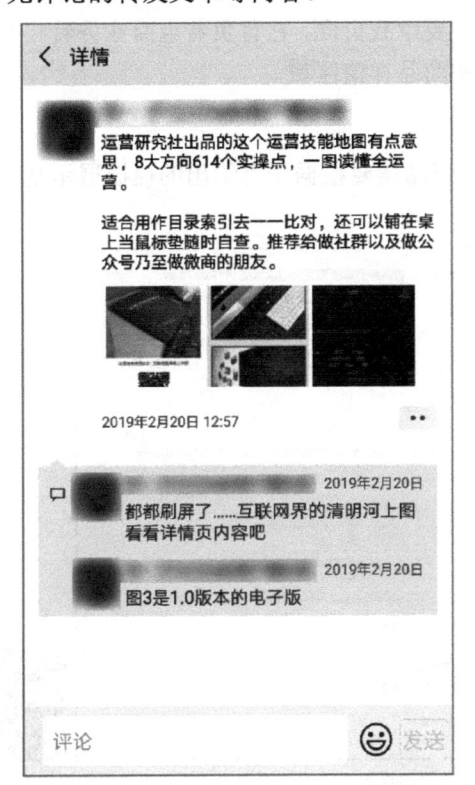

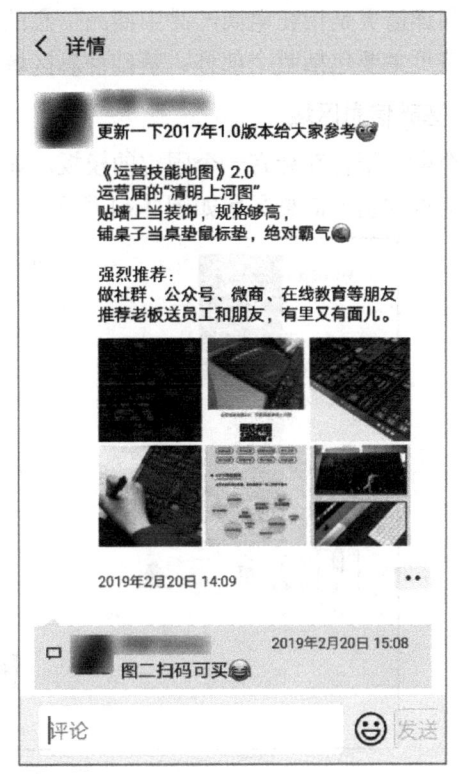

图 2-12　朋友圈文案示例

◆**课堂讨论 2.5**

分小组设计 3 个与旅游相关的朋友圈文案，要求互动性强、内容精准、能够吸引目标用户。参考案例：运营研究社"运营宝宝"的朋友圈文案，如图 2-13 所示。

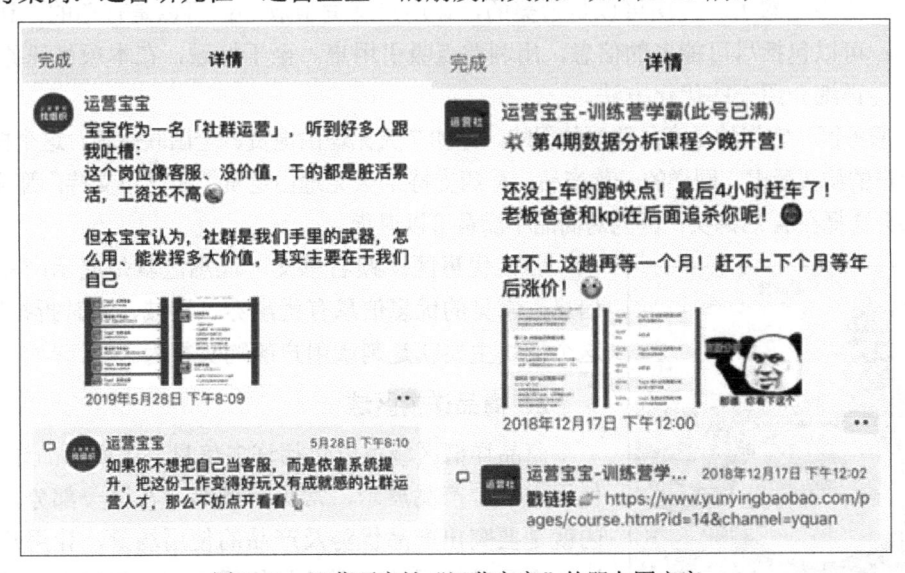

图 2-13　运营研究社"运营宝宝"的朋友圈文案

2.1.6 商品详情页

商品详情页是指在电商产品中商品信息的主要承载页面，它背负着电商业务转化的重任。商品详情页主要包括两个部分：基础信息区域和商品详情区域。

1. 基础信息区域

每个电商平台都会有一个固定的模板。每个商品需要根据平台给出的模板展示基础信息。商品详情页的基本信息区域如图2-14所示。

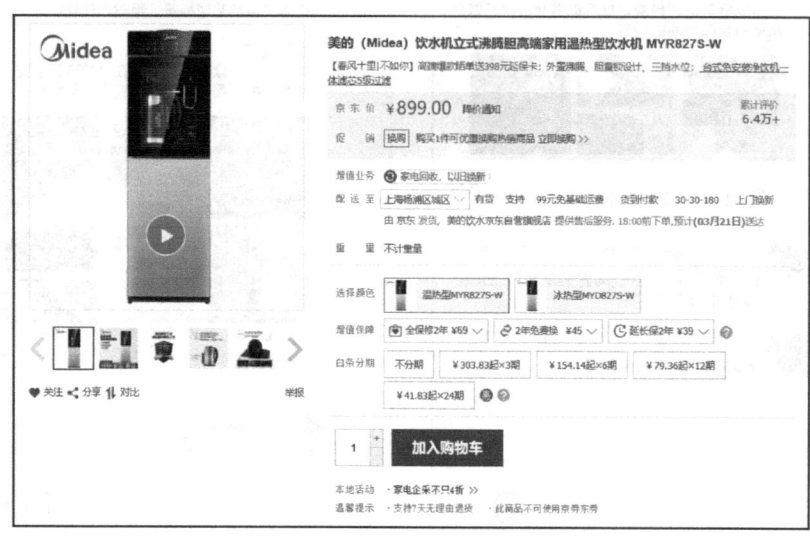

图2-14 商品详情页的基本信息区域

一般来说，基础信息区域需要涵盖以下内容。

（1）商品基本信息。它包括主图或视频、价格、标题、月销量、发货地和运费。其中，主图和标题是最重要的，因为它们是用户对产品的第一印象，如果在这里不能吸引用户的注意，转化就更不用想了。主图可以是精美的，让用户感觉很放心；可以是有趣的，让用户产生好奇心；可以包括尽可能多的信息，用利益点吸引用户。至于标题，在本项目任务2.4的案例中，会详细介绍一些优化方法。

（2）服务区。它指的是商品购买的保障，比如7天无理由退货、全国联保等。这个板块主要是打消用户的购买疑虑。同样的一款产品，A店支持7天无理由退货，B店不支持，那么，大多数人应该会选择在A店购买，因为对商品不满意可以退货。

（3）优惠区。顾名思义，优惠区就是展示产品的优惠信息。常见的优惠信息有优惠券、满减、限时折扣等信息，这个板块主要就是刺激用户的购买行为。

2. 商品详情区域

商品详情区域可以包括许多信息，比如商品详细信息、使用方法、产品展示、常见问题等。在这一部分，最重要的就是要突出产品优势及产品的使用场景，让用户感受到这款产品是好用的，而且是他需要的。某款水壶产品的使用场景如图2-15所示。

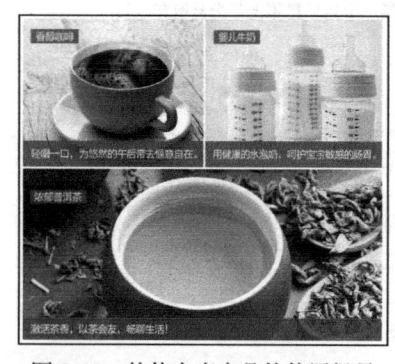

图2-15 某款水壶产品的使用场景

商品详情页跟其他文案使用场景不同，主要有以下两点。

（1）商品详情页形式以短文案为主。一般来说，需要把产品的卖点提炼成关键词，让用户能够快速看到产品的亮点，然后再用颜色更浅、字号更小的文字做详细描述。某款水壶产品的短文案设计如图 2-16 所示。

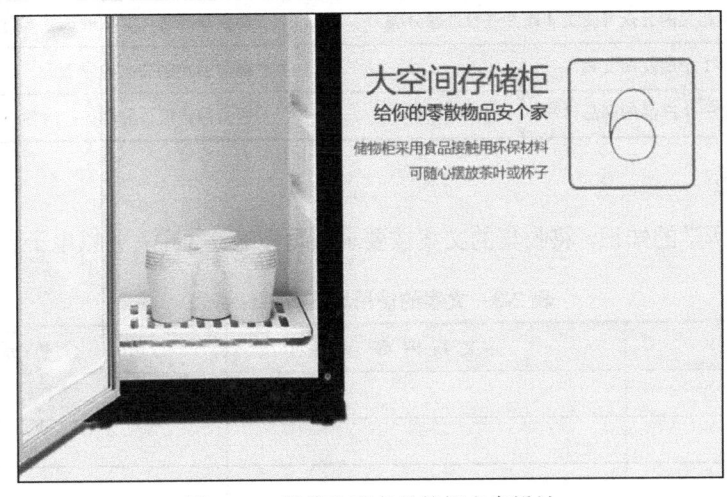

图 2-16　某款水壶产品的短文案设计

（2）商品详情页更注重视觉呈现，再多的文字都不如图片来得有说服力。在设计商品详情页时，需要拍摄更多图片进行展示，一般包括产品整体图、产品细节图和使用场景图。如果能够拍摄视频，那就更好了，因为视频的可观看性更强，而且能够全方位地展示产品。用视频展示产品如图 2-17 所示。

除了上面提到的 App 推送文案、Banner 文案、社群文案、公众号图文、朋友圈文案和商品详情页以外，文案其实还有不少使用场景。虽说基于不同平台、不同场景，具体的执行会有些许差别，但文案写作的方法基本都是一样的。从下一个任务开始，我们来详细分析文案写作的步骤。

图 2-17　用视频展示产品

实训 2.1　文案使用场景案例收集及拆解

1. 任务描述及任务要求

结合本任务所学的知识，选择一个 App 应用或电商平台，收集不同使用场景的文案。说明：可以选取网易云音乐的 App 推送文案、Banner 文案、社群文案、朋友圈文案、歌曲的详情页等（也可选取旅游行业的产品或平台）。任务描述及任务要求如表 2-2 所示。

表 2-2　任务描述及任务要求

序　号	任　务　描　述	任　务　要　求
1	收集 3 个不同类型的 App 推送文案	了解 App 推送文案的类型
2	收集 3 个 Banner 文案，并判断其属于点击型 Banner 文案还是交易型 Banner 文案	能区分 Banner 文案的类型

续表

序 号	任 务 描 述	任 务 要 求
3	收集 3 个社群文案,根据社群文案的 5 个要素进行拆解	了解社群文案的 5 个要素
4	收集相关的公众号图文 4 篇并进行选题分类	了解公众号转化文案的选题方向
5	收集 1 个朋友圈文案	掌握写朋友圈文案的方法
6	收集一个产品的商品详情页	了解商品详情页需涵盖的内容

2. 实训内容

结合本任务所学的知识,将收集的文案按要求填写在表 2-3 中,并以电子表格的方式提交。

表 2-3 文案的使用场景实训任务表

文案类型	文案内容	分析拆解
App 推送文案(3 个)		
Banner 文案(3 个)		
社群文案(3 个)		
公众号图文(4 篇)		
朋友圈文案(1 个)		
商品详情页(1 个)		

完成本实训参考使用工具及网站如下。

(1) App:网易云音乐、小红书、知乎、淘宝、腾讯新闻等。

(2) 网站:马蜂窝 https://www.mafengwo.cn/、去哪儿网 https://www.qunar.com/、携程网 https://www.ctrip.com/、淘宝网 https://www.taobao.com/、京东 https://www.jd.com/等。

(3) 公众号:深夜发媸、丁香医生、最黑科技、企鹅吃喝指南、差评等。

3. 实训考核

文案使用场景案例收集及拆解任务考核表如表 2-4 所示。

表 2-4 文案使用场景案例收集及拆解任务考核表

序 号	考 核 内 容	评 级(A、B、C、D)	说 明
1	App 推送文案类型的掌握情况		
2	能判断 Banner 文案的类型		
3	能用 5 个要素对社群文案进行拆解		
4	了解公众号图文的两大转化选题方向		
5	收集并拆解的朋友圈文案互动性强、目标用户清晰		
6	商品详情页的基础信息区域及商品详情区域文案完整		

任务 2.2　文案写作第一步：寻找产品的爆款卖点

📒 任务目标

知识目标	了解什么是产品的功效
	了解产品特色、体验、功效三者的差别
技能目标	会用"特色—功效"列表法挖掘产品的功效
	能用消费者需求筛选产品"功效"
	能用竞品卖点筛选产品"功效"
	能制作枝干需求与功效匹配表筛选爆款卖点

📒 任务导图

```
                        ┌─ 什么是产品的功效 ──── 产品功效就是产品给用户带来的预期结果或成效
方案写作第一步：          │
寻找产品的爆款卖点 ───────┼─ 如何挖掘产品的功效 ── "特色—功效"列表法
                        │                        ┌─ 通过用户需求筛选功效
                        └─ 两招筛选出"爆款卖点"─┤
                                                 └─ 通过竞品卖点筛选功效
```

📒 任务实施

假设你是一名"运营小编"，当收到领导布置的文案写作任务时，开展文案工作的第一步应该做什么？是去资料包里查找哪些文案模板可以套用，还是到网上查看哪些经典文案可以参考？坦白地说，如果这样开展自己转化文案的写作工作，95% 的可能性会被领导退回重写，至少最终的销售效果会很一般。

例如，2018 年 4 月份，编者为一家消费级的摄影无人机做商品详情页的优化，效果喜人，3 天就卖出了该产品 5 000 台，商品详情页转化率高出行业平均水平 2 倍多。在整个过程中，编者花费最大的精力在哪里？其实不在如何具体落地写文案，而是在带着无人机团队一起探究"用户为什么要买这款无人机"。

作为运营人员，无论是商品包装文案、公众号图文转化文案、Banner 文案、社群文案，还是朋友圈文案，在落笔具体写作之前，一定要思考并了解自己的产品卖点。

为了让运营人员能够真正掌握其中的诀窍，我们先看看产品卖点的源头——产品功效，它也是打造产品爆款的基础。

2.2.1　什么是产品的功效

很多人把产品功效和产品特色混为一谈，这里用一个小案例来说明，什么才是真正的产品功效。

编者参加过一个创业营，开营的第一节课，导师让所有人做自我介绍，当时我的介绍里边有这么一句话:"我在 26 岁时写了本互联网运营的书,卖了近 30 000 册,算是圈子里的畅销书了。"

原本以为会有人投来认可的眼光,结果他们在埋头玩手机。反而,我在结尾时说的一句不经意的话起到了效果,他们向我投来了肯定的眼神,课后都来找我聊天和咨询。

我说的这句话是:"我手上有 50 万的运营人员信息,我可以在半个月内帮你招到好的运营。"

如果把创业营的同学当作用户来看,那么,对于他们来说,"我写了一本畅销书"只是我的特色,这与用户无关,所以他们并不关心。"可以半个月内帮你招到好的运营"是功效,它指向的是我能够为用户做什么,我能够帮助他获得的结果。对于创业者来说,他们是有招聘需求的,所以他们自然会对我提到的这个点感兴趣。

因此,产品功效就是产品给用户带来的预期结果或成效。但是,"功效"是不是等于产品的爆款卖点呢?它是我们挖掘卖点的第一步,只能说它有可能是。

还是以"可以半个月内帮你招到好的运营"为例,面对创业者来说,这个功效就是卖点;面对在校学生来说,那就不是了。所以,在挖掘卖点时,运营人员需要思考:如何挖掘到能够吸引目标用户的产品功效?

2.2.2　如何挖掘产品的功效

产品功效是产品必须真实存在的,它是由特色延伸出来的。

例如,上一节提到的"我写了一本畅销书"只是特色,"可以半个月内帮你招到好的运营"是功效。之所以能够帮这些创业者招到好的运营人员,就是因为编者曾写过运营相关的书籍,积累了一批从事运营工作的用户资源。

再举个例子,运营研究社有一系列针对运营从业者的在线技能训练营课程,它的产品功效"学习见效快",就是由产品特色"10 天即可学完"延伸出来的。

那么,如何快速精准地挖掘出产品的功效呢?这里推荐一个简单的技巧,即"特色—功效"列表法。拿出一张纸,画出一张由两列组成的表格,左边列名称为"特色",右边列名称为"功效",如表 2-5 所示。

表 2-5　"特色—功效"表

特　色	功　效
—	—
—	—
—	—
—	—

这个技巧很简单,简单说明如下。

(1)尽可能多地列出产品的特色。通常来说,产品特色的信息来源主要是产品的说明书和技术工程师的口述。所以,为了尽可能多地挖掘产品特色,运营人员需要详细地阅读产品说明书,以及多与技术人员或产品负责人进行沟通。

在充分了解产品信息后,就可以开始在"特色—功效"的表格中填写产品特色了。为了高效、准确地写出产品特色,在填写表格时可以在心里默念这样的句式:我的产品特色是××××× 。

（2）将特色转换成产品功效。当"特色—功效"表格中填满了不少于 10 个产品特色时，接下来要做的就是将特色转换为功效。

功效，一般来自自己的亲身体验以及对用户的访谈，在将特色转换为功效的过程中，可以默念这样的句式：在用户×××××的情况下，可以帮助解决×××××问题。

这里以运营研究社的技能训练营为例，在左边列出了运营研究社技能训练营的 12 个服务特色，按照"特色—功效"的转化思路，在右边列出了这些特色对用户而言能够获得的功效（好处），如表 2-6 所示。

表 2-6　运营研究社技能训练营的"特色—功效"表

特　　色	功效（好处）
在线图文课程	案例更新快、知识点查阅方便
在线分班学习	坚持完成课程学习目标
10 天即可学完	可马上用于工作提升
作业点评	学习有实践、有反馈
案例丰富	0 基础学习课程内容
结合真实工作流程开发课程	学完就能够用上
场景教学	轻松掌握运营知识
知识颗粒度细	拥有独立思考能力，做到举一反三
均为运营必备技能	学完即可胜任某个岗位
价格在 500 元以内	花小钱上较好的技能训练营课程
由《跟小贤学运营》作者开发	学到全网较专业的运营课程
随课程赠送运营资料包	快速提升你的工作效率

在将产品特色转换成产品功效的过程中，有一个常见的误区，就是将产品的使用体验理解成了产品的功效。

比如，运营研究社技能训练营中有一个特色是"在线分班学习"，如果把它转换成"学习有人监督，学习有同伴 PK"，这样效果是不是更好呢？

其实是不好的，因为"学习有人监督，学习有同伴 PK"只是一种对训练营的体验。训练营对用户来说，真正的功效应该是"能够让你顺利完成课程学习"，它可以在学员想放弃学习，遇到困难的情况下，让他们能够坚持学完全部课程。运营研究社技能训练营的特色、体验、功效的差别如图 2-18 所示。

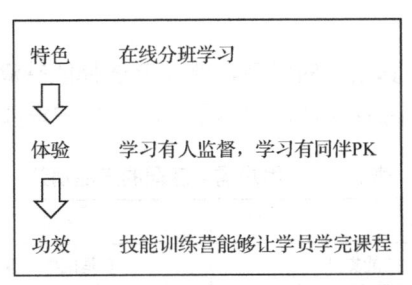

特色　　在线分班学习
⇓
体验　　学习有人监督，学习有同伴PK
⇓
功效　　技能训练营能够让学员学完课程

图 2-18　运营研究社技能训练营的特色、体验、功效的差别

所以，运营人员在思考产品卖点的时候，要找出真正的产品功效是什么，千万不要将特色或体验当成产品功效，一定要牢牢记住，你的产品特色带来的结果是什么。

当完成了"特色—功效"表格填写时,右边列出的这些功效,就是可以写到转化文案里的潜在卖点了。

那么,问题又来了:这么多功效到底应该把哪一个当作爆款卖点?在转化文案写作过程中,是否需要把每一个功效都写进去?如果不是,应该怎么合理的筛选这些功效呢?

关于卖点选择的方法和技巧,我们会在下一节中进行详细的说明。

2.2.3 两招筛选出爆款卖点

上一节学习了通过"特色—功效"列表法挖掘产品的功效,即可以基于产品特色列出数十个产品的产品功效,接下来我们要对这些功效进行评估,选出具备高转化率特质的"爆款卖点"。

在做功效筛选时,建议采取以下两个步骤进行。

1. 通过用户需求筛选功效

爆款卖点来自产品功效和用户消费者需求相交集的部分。所以,在做功效筛选时,需要确定用户的需求。爆款卖点的提取方法如图 2-19 所示。

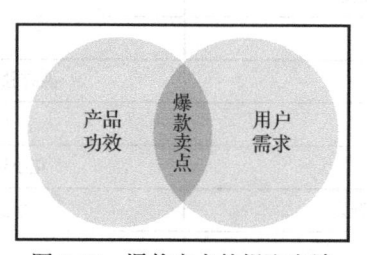

图 2-19 爆款卖点的提取方法

为了让读者掌握爆款卖点的提取方法,这里将运营研究社以用户需求做功效筛选的过程当作案例来进行讲解。

当有人说想学互联网运营的时候,你会觉得他是在撒谎,为什么?因为他们没有说出自己学习的真正目的。学习是一件需要持之以恒的事情,大部分人学习互联网运营最真实的目的有以下 4 种:

➢ 转行从事运营工作/"小白"技能提升;
➢ 解决具体业务问题;
➢ 提高职场竞争力;
➢ 跳槽/进大厂。

在了解运营从业者学习的真正目的以后,就需要选择能够满足用户以上 4 种需求功效的内容,来写运营研究社技能训练营的转化文案了。与用户需求匹配的产品功效如表 2-7 所示。

表 2-7 与用户需求匹配的产品功效

用 户 需 求	产 品 功 效
转行从事运营工作/"小白"技能提升	0 基础学习课程内容/可快速胜任运营岗位
解决具体业务问题	学完就能够用上/学习见效快
提高职场竞争力	拥有独立思考能力/能做到举一反三
跳槽/进大厂	学完即可胜任某个岗位

这些基于用户需求筛选出来的产品功效，就是最终的产品"爆款卖点"吗？

如果说，你所在的市场目前没有竞争对手，那么就可以从这些与用户需求相匹配的功效中，选一个市场规模大的作为卖点。不过，无竞争对手的市场现在基本不存在。所以，在做产品功效筛选时，还需要结合竞争对手主打的产品卖点进行考虑。

2. 通过竞品卖点筛选功效

一个产品没有区别于竞争对手的差异化功效，就如同白羊群里的一只白羊，很难被发现。反之，鲜明的产品差异化功效，则像白羊群中的一只黑羊，可以一枝独秀，如图 2-20 所示。

图 2-20　鲜明的产品差异化功效示例（白羊群中的一只黑羊）

如果在满足用户真实需求的产品功效中，存在与竞品有明显差异的功效，那就可以直接把这个功效当作爆款卖点。例如，海飞丝洗发水推崇的卖点是去屑，多芬推崇的卖点是护发。但是，如果那些满足用户真实需求的产品功效，已经在市场上被竞品使用了，那么该如何进一步筛选产品功效呢？

还是以运营研究社的技能训练营为例，目前，绝大部分教育产品的运营人员都会说，自己的课程能够帮助运营者提升技能或者帮助用户转行做运营，那么，运营研究社作为运营类教育产品中的一员，怎样去寻找自己的差异化卖点呢？

如果把课程能够"帮助用户提升技能"的需求称为"主干需求"。围绕提升技能这一主干需求，基于人群和市场细分出 4 个"枝干需求"，如图 2-21 所示。

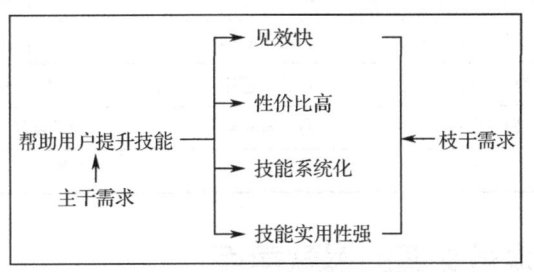

图 2-21　主干需求和枝干需求

接下来需要从这四个枝干需求中，选择一个与筛选出来的功效相匹配的内容即可，如表 2-8 所示。

表 2-8　枝干需求与功效匹配

枝干需求	特色	功效
见效快	10 天即可学完	10 天学完见效快，可马上用于工作提升
性价比高	价格在 500 元以内	花小钱上较好的技能训练营课程
	由《跟小贤学运营》作者开发	学到全网较专业的运营课程
	随课程赠送运营资料包	快速提升你的工作效率

续表

枝干需求	特色	功效
技能系统化	作业点评	学习有实践有反馈
	案例丰富	0基础学习课程内容
	场景教学	轻松掌握运营知识
	知识颗粒度细	拥有独立思考能力，做到举一反三
技能实用性强	均为运营必备技能	学完即可胜任某个岗位
	结合真实工作流程开发课程	学完就能用上

比如，运营研究社是较早站出来解决"见效快"枝干需求的，可以把"见效快"枝干需求与"10天学完见效快，可马上用于工作提升"的功效相结合，满足那些没太多时间学习的运营细分人群，进而形成最终主推的卖点"10天掌握用得上的运营技能"，这样就与竞品的"系统全面的运营课程"形成了有效的市场差异化。

总之，想要让自己写的文案转化率高，需要按照如下步骤寻找产品的卖点。

步骤1：罗列所有你能够想到的产品和服务的特色。

步骤2：将产品和服务的特色，按照"在用户×××××的情况下，可以帮助解决×××××问题"的格式转化为功效。

步骤3：结合用户真实需求做功效的第一轮筛选。

步骤4：在筛选出的功效中，结合竞品的市场卖点再做筛选，最终选出1～2个功效作为"爆款卖点"。

在本节最后，分享一份用户需求列表，如表2-9所示。读者在进行产品功效筛选时，可以按表2-9所示的内容进行筛选。

表2-9 用户需求列表

用户需求	用户需求	用户需求	用户需求	用户需求
为了得到乐趣	为了得到别人的欣赏	为了做正确的事	为了让工作轻松	为了健康
出于恐惧	为了省时间	为了被感谢	为了更性感	为了与众不同
为了得到知识	为了省钱	为了被喜欢	为了合群	为了好奇心
为了方便	为了挣钱	为了人脉	为了维护关系	为了舒适

实训2.2 拆解公众号文案的爆款卖点

1. 任务描述及任务要求

假如你是教育运营研究社公众号的运营人员，请扫描二维码并阅读"教育产品如何做用户需求收集？"一文，按照寻找产品的爆款卖点的4个步骤，拆解教育运营研究社该文案的功效和爆款卖点。要求列出特色—功效表、与用户需求匹配的产品功效表、枝干需求与功效匹配表，最后得出产品的爆款卖点（分小组完成）。任务描述及任务要求如表2-10所示。

表2-10　任务描述及任务要求

序　号	任　务　描　述	任　务　要　求
1	使用"特色—功效"列表法，寻找产品的爆款卖点	发挥想象力，尽可能多地列出产品特色
2	通过用户需求筛选功效	掌握通过用户需求筛选产品功效的方法
3	通过竞品卖点筛选功效	掌握通过竞品卖点筛选功效的方法
4	找出产品爆款卖点，制作枝干需求与功效匹配表	能筛选出1~2个功效作为"爆款卖点"

2．实训内容

根据本任务所学的知识，按任务描述及任务要求的内容完成如表2-11~表2-13所示内容，并以电子文档的形式提交。

表2-11　"特色—功效"表

特　　色	功　　效

表2-12　与用户需求匹配的产品功效表

用　户　需　求	产　品　功　效

表2-13　枝干需求与功效匹配表

枝　干　需　求	特　　色	功　　效

产品的爆款卖点：

_____

_____

3．实训考核

拆解公众号文案的爆款卖点任务考核表如表2-14所示。

表2-14　拆解公众号文案的爆款卖点任务考核表

序　号	考　核　内　容	评　级 (A、B、C、D)	说　　明
1	会用"特色—功效"列表法		
2	能通过用户需求筛选功效		
3	能通过竞品卖点筛选功效		
4	能制作枝干需求与功效匹配表，并筛选爆款卖点		

任务 2.3　提高文案的转化率

📝 任务目标

知识目标	了解提高文案的转化率的 5 个步骤
	了解用爆款卖点引起用户注意的方法
技能目标	会用场景化的设置指明用户的需求
	会用产品卖点满足用户的需求
	会用技巧增强产品文案的说服力
	会用诱因让用户产生购买动机

📝 任务导图

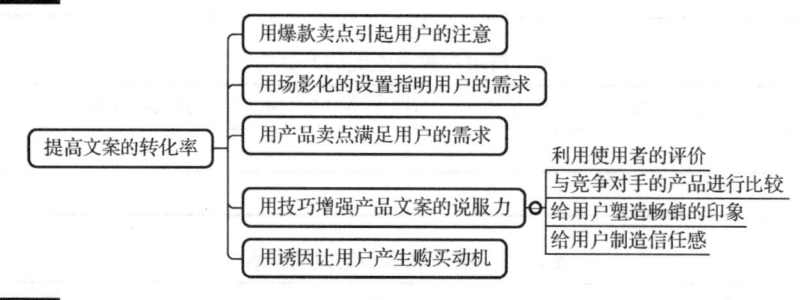

```
                    ┌─ 用爆款卖点引起用户的注意
                    ├─ 用场景化的设置指明用户的需求
                    ├─ 用产品卖点满足用户的需求
提高文案的转化率 ───┤                                  ┌─ 利用使用者的评价
                    ├─ 用技巧增强产品文案的说服力 ─────┤─ 与竞争对手的产品进行比较
                    │                                  ├─ 给用户塑造畅销的印象
                    │                                  └─ 给用户制造信任感
                    └─ 用诱因让用户产生购买动机
```

📝 任务实施

上一节详细分析了找到产品爆款卖点的方法。那么，有了产品的爆款卖点就意味着有转化了吗？

还是以运营研究社的技能训练营为例，当看到"10 天掌握用得上的运营技能"这一卖点时，可能很多用户只会心动，但是不会产生付费购买的想法，因为他们心中还是存在很多顾虑和疑问。比如，这个卖点到底是不是真的？这个技能训练营适合什么样的人参加？为什么我需要近期就加入学习？

为了发挥爆款卖点的真正的转化威力，在写文案时，还需要掌握一套基础的卖点包装技巧，让卖点真正实现高转化率。如果卖点包装套路不对，用户觉得"这事与我无关"，那么就算文案刷屏，也不能得到很好的转化效果。

2017 年 5 月，百雀羚的营销软文刷屏，不到一周的时间阅读量就达到 3 000 万次。百雀羚的营销软文如图 2-22 所示。

就在营销策划人员为之雀跃时，却发现这次营销的转化数据非常惨淡。300 万元左右的投放预算，得到 3 000 万次的阅读量，转化率不到 0.000 08%。这项数据将这篇刷屏的营销软文推向了另一种极端，也就有了大家熟知的标题为《哭了！百雀羚 3 000 万+ 阅读转化率不到 0.000 08%》的文章。业界关于百雀羚营销软文的看法如图 2-23 所示。

图 2-22 百雀羚的营销软文

图 2-23 业界关于百雀羚营销软文的看法

无独有偶，2018 年 5 月初，一篇标题为《我的失业 IT 老公，准备出家了……》的软文，由于作者的文笔出彩，在互联网从业者的朋友圈刷屏了，累计 30 万+的阅读量。

文章内容是围绕一位连续在某家公司工作了 10 年的程序员，因为项目不顺、工作压力大等原因决定辞职"做和尚"的故事展开的。

这篇软文是给腾讯云年度大会做营销的，文章快结尾时放了一张海报，如图 2-24 所示，最后再加上一句程序员和他妻子的对话，这篇软文就画上了句号。

图 2-24 文章快结尾时的海报

如果腾讯云这次软文营销的核心指标是品牌的曝光量，那么这篇文章的推广效果是没问题的。但如果是想提升大会的门票销售量，则这篇文案用下面 5 个步骤来优化，转化效果可能会更好。

- 吸引注意；
- 指明需求；
- 满足需求；
- 增强说服；
- 产生购买。

这 5 个步骤是从国际推销专家海英兹·姆·戈得曼总结的推销模式——AIDA 模式延伸而来。A 是指吸引注意（Attention）；I 是指诱发兴趣（Interest）；D 是刺激欲望（Desire）；最后一个 A 是促成购买（Action）。

这 5 个步骤不仅可以用在软文写作里，还可以用在商品包装文案、商品销售图文、App 推送文案、朋友圈文案、活动 Banner 文案、社群文案等地方。下面就结合软文《我的失业 IT 老公，准备出家了……》来给大家讲解怎样通过这 5 个步骤来优化。

2.3.1 用爆款卖点引起用户的注意

在订阅号、朋友圈里进行营销活动，是对用户注意力的争夺大战，不管是什么类型的文案，标题就要吸引用户！

经常在一些网站或朋友圈看到这样的标题："今日江湖，谁主沉浮""夏日大放价""中秋惠团圆"，它们可能会出现在软文中、活动海报文案上、活动 Banner 文案上。在当前的互联网环境中，这样的标题是非常不合适的。一方面，这类标题非常传统，用户已经没有新鲜感了；另一方面，这样的标题十分平淡，没有表现出产品独特的卖点。如果标题不能吸引人，用户很有可能不会阅读正文。

因此，运营人员需要通过一个好标题来吸引用户阅读文案，从而实现转化。编者在写朋友圈转化文案时，通常在写标题时就会戳中用户的痛点，例如，用"卖点都写了，产品为啥还是没人买？"来戳中那些文案写得不好的人的痛点。

《我的失业 IT 老公，准备出家了……》这篇软文，在标题上就已经引起用户的好奇心，是一个非常不错的标题，可以吸引包括 IT 行业在内的目标用户群。所以，从吸引用户注意力的角度来看，该标题可优化的空间不大。软文《我的失业 IT 老公，准备出家了……》的标题如图 2-25 所示。

图 2-25　软文《我的失业 IT 老公，准备出家了……》的标题

写出好标题与个人的写作能力有关，关于内容创作将在项目 3 中详细讲解。

2.3.2　用场景化的设置指明用户的需求

标题只是把用户吸引到文案中来的第一步，如果软文的内容不能吸引用户，或者说用户觉得没有需求，那么，他们很可能读到一半就离开了，更别提最后的购买转化了。

所有产品都可以在某种程度上解决用户某个问题或者是满足某种需求，例如，运营研究社能够解决运营人的运营技能等问题；空调能够让你避免在夏天汗流浃背的尴尬；含氟牙膏能帮助你预防蛀牙等。

然而，对大部分产品来说，消费者的需求可能并不明显或不紧急。因此，想要让文案有更高的转化率，就要向被标题吸引进来的用户指明，为什么他们需要我们的产品。

例如，如果想通过文案向用户推销榨汁机，直接说榨汁机质量多么好、价格多么优惠，转化率肯定不会高。因为这对用户来说是产品的特色，而不是他们的需求，跟他们的生活没有联系。推荐的做法是通过设置榨汁机的使用场景来指明购买它可以给家庭带来健康：早上起床榨胡萝卜汁用来养颜的场景；晚上下班回家榨西瓜汁用来解渴的场景；周末给孩子榨开胃的柠檬汁的场景等。设置榨汁机的使用场景如图 2-26 所示。

图 2-26　设置榨汁机的使用场景

在指明需求方面，软文《我的失业 IT 老公，准备出家了……》做得不太好，切入点非常突兀，而且描述需求的文字也非常少，只是在结尾处指出了需求：那个做 IT 老公为了做传统行业转型方案，打算到少林寺出家深入体验调研。软文《我的失业 IT 老公，准备出家了……》摘录（1）如图 2-27 所示。

他接着说道：

"这是我这三个月的学习成果，我和几个前同事合作，搞了个传统企业数字转型咨询团队，接了一个寺庙云化项目，我们正在做方案，咨询费很可观，现在到关键时期了。"

"所以，你要去出家？"

"嗯，我打算深入行业调研，让方案更接地气"

"就这么简单？!就这么纯粹？!"

"嗯。"

"那我提个建议，腾讯云有一个峰会，

这是邀请函，VIP通票哦，你可以去听听——"

图2-27　软文《我的失业IT老公，准备出家了……》摘录（1）

这种画风急转的需求呈现，会让许多读者感到"无厘头"，这样的场景就不容易让用户产生共鸣，更难以产生参加腾讯技术大会的需求。

> 头发也没能扛住地心引力，
> "无可奈何花落去。"

图2-28　软文《我的失业IT老公，准备出家了……》摘录（2）

反而是文章中间部分，程序员男朋友熬夜做技术方案的场景、压力过大脱发的场景，更能戳中大部分程序员的痛点，如"头发也没能扛住地心引力，'无可奈何花落去'"。软文《我的失业IT老公，准备出家了……》摘录（2）如图2-28所示。

所以，想要提升产品文案的转化率，关键点就是拿用户熟悉的场景来引导用户需求。例如，用编者写朋友圈文案作为例子，这样的工作场景是不是让你有更强的文案学习动力：每天挠破脑袋，思考如何用文案打动用户。加班熬夜做的产品销售文案，推出后转化率惨淡。老板骂，同事笑，开始自我怀疑……

◆ 课堂讨论2.6

1. 假设替一款蓝牙迷你音箱做商品转化文案，你会用哪些场景来引导用户需求？
2. 假设替一款小青柑茶做商品转化文案，你会用哪些场景来引导用户需求？

2.3.3　用产品卖点满足用户的需求

一旦目标用户开始相信自己确实有需求，你就得尽快指出，你的产品能够满足他的需求、回答他的问题及解决他的麻烦。但是，在用户需求与产品卖点相匹配的过程中，很容易出现以下两种问题。

（1）用户需求量大，产品卖点小。在这种情况下，用户就会觉得你的产品没办法有效满足他的需求，觉得你的产品不靠谱。

例如，罗永浩在发布TNT电脑工作站时，非常自信地说可以让用户提升20倍的工作效率，并且放言要颠覆Office办公软件……经过一系列的宣传和介绍，用户确实对该产品期待满满。结果，TNT的爆款卖点是采用"触控＋语音"相结合的方式，用户在按住屏幕的同时对着屏幕说话，就可以打开各种文案和应用程序。罗永浩认为，这种全新的交互方式，可以提升办公效率。但是，用户不以为然，他们认为"在办公室喊叫，是一种不雅的行为"。TNT电脑工作站需求与卖点的关系如图2-29所示。

（2）用户需求小，产品卖点大。在这种情况下，用户会觉得自己不需要产品，没必要购买。软文《我的失业 IT 老公，准备出家了……》就明显存在这个问题。腾讯云技术大会需求与卖点的关系如图 2-30 所示。数据调研需求是不足以让用户花几千元去广州参加技术大会的，真正能够让用户愿意花时间和精力参加腾讯技术大会的需求应该是：前沿的技术方案和可直接赋能业务增长的技术接口。

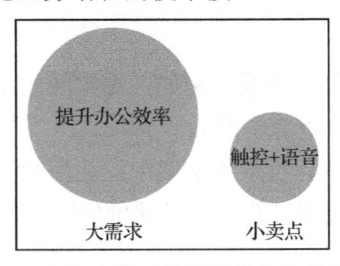

图 2-29　TNT 电脑工作站需求与卖点的关系 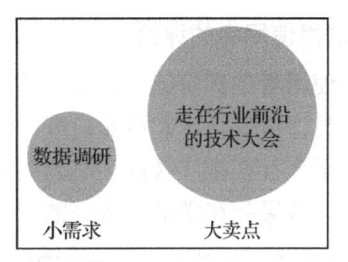　　　　图 2-30　腾讯云技术大会需求与卖点的关系

用户需求与产品卖点的匹配关系，理想状态应该是产品卖点略微大于用户需求，这样就可以给人一种超值的感觉。具体的做法是可以写一段典型用户的服务案例让用户感受。例如，运营研究社有一个"铁杆"会员的服务项目，其中有一个卖点是"个性化咨询"。在推广这项服务时，拿一个能体现"个性化咨询"的案例，与"个性化指导"的用户需求匹配。

有一位在成都从事新媒体运营工作的小伙伴，非常犹豫是否要到北京发展。编者对他进行开导，并给他讲了刚毕业时到北京闯荡的故事。后来，他非常坚决地到北京找工作，并且在我的指导下拿到了新浪的工作岗位。"个性化咨询"案例如图 2-31 所示。

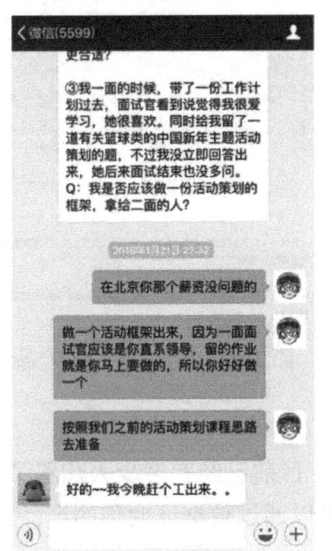

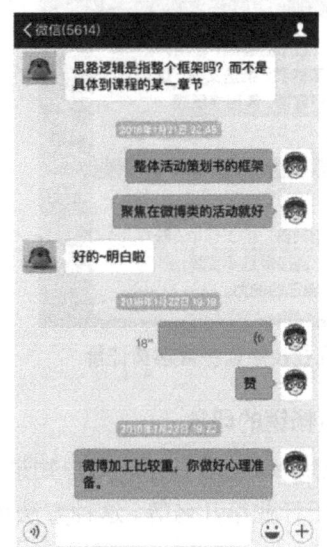

图 2-31　"个性化咨询"案例

总之，在匹配卖点和需求时，如果想要达到理想状态，一定要做到两点：一方面，要找到用户的实际需求，不要去创造需求；另一方面，找准用户的需求，再回过头看看卖点中有哪些是能够跟需求匹配上的。

2.3.4　用技巧增强产品文案的说服力

虽然用户的需求和产品的卖点成功地匹配了，但用户凭什么相信你说的是真的呢？

如果想让用户摒弃竞争对手选择你，将辛苦挣来的钱花在你的产品上，那么，只是宣称产品可以满足需求是不够的，还需要证明自己产品的实力。

如何展示自己产品优于竞争对手？如何让读者相信你说的话？这里给读者介绍几个经过验证的成功技巧。

1．利用使用者的评价

利用使用者的评价就是让客户用他们的话来称赞你的产品，例如，淘宝网的用户评价、课程的学员评价等。比起自卖自夸，来自使用者的评价更有说服力。

运营研究社在推广技能训练营时，经常会把学员的评价放到文案中，让用户更加了解训练营的学习效果和在学员中良好的口碑。运营研究社技能训练营学员评价如图2-32所示。

2．与竞争对手的产品进行比较

将产品的功效列出来，然后逐项解释为什么你的产品功效相对于竞争对手的产品功效更胜一筹。例如，丁香医生在推广一款枕头时，就列出了市面上常见枕头的优缺点。从它们的缺点入手，告诉用户这款枕头可以解决哪些问题，如图2-33所示。

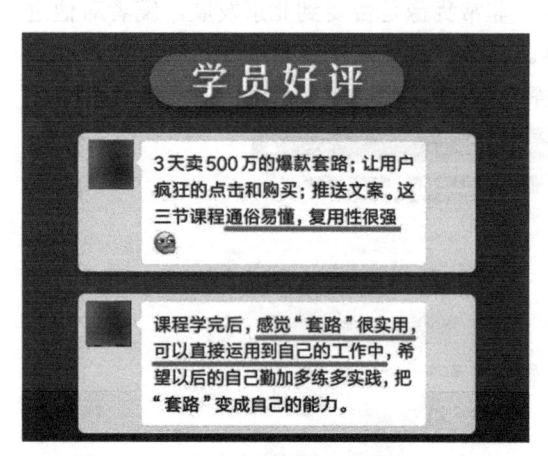

图2-32　运营研究社技能训练营学员评价　　图2-33　与竞争对手的产品进行比较

3．给用户塑造畅销的印象

给用户塑造畅销的印象就是要让用户知道，目前已经有多少人购买了该产品，该产品的销量连续多少年位于行业第几名等。这种方法可以通过数据证明你的产品是得到市场认可的，从而让读者相信你说的话。

例如，罗振宇团队在推广书籍《变量》的时候，就用到这种方法来吸引用户购买。罗辑思维给用户塑造畅销的印象推广书籍如图2-34所示。当然，塑造畅销印象的数据必须真实。

4．给用户制造信任感

给用户制造信任感，也就是说让用户知道你的公司是值得信赖的，而且会持续经营下去，比如提及公司的创始人背景、股东背景、员工人数和公司经营规模、公司获得的荣誉等。

运营研究社在推广技能训练营时，也会展示导师介绍，让用户感受到运营研究社的课程是有品质保证的，也是值得信赖的，运营研究社技能训练营导师介绍如图2-35所示。

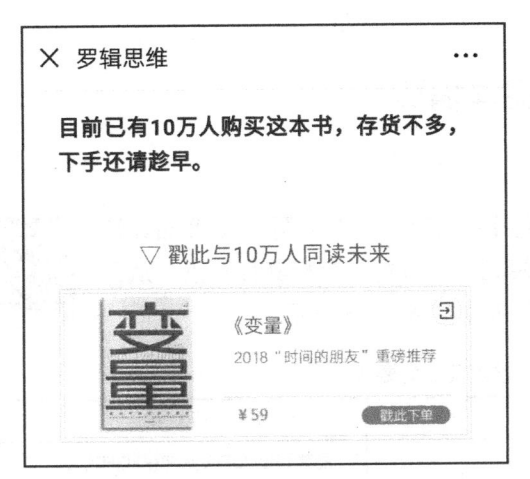

图 2-34 罗辑思维给用户塑造畅销的印象推广书籍 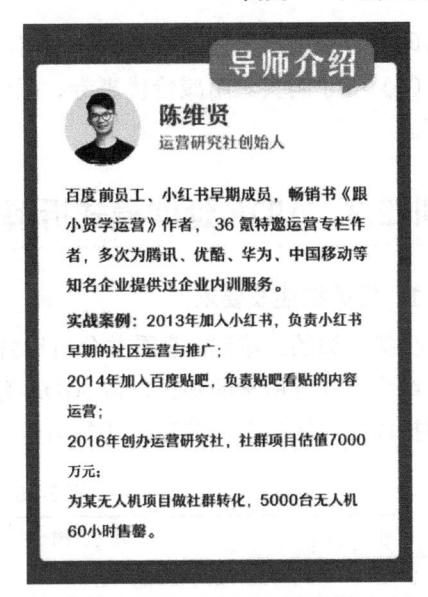　　图 2-35 运营研究社技能训练营导师介绍

所以，对于软文《我的失业 IT 老公，准备出家了……》来说，为了让潜在用户对腾讯云年度大会产生更强的报名欲望，可以在文案中添加目前大会已经有多少 IT 从业者报名了，有哪些知名企业的技术人员报名了，甚至可以把马化腾和姚劲波拿出来为大会站台背书。

◆课堂讨论 2.7

1. 分小组进行讨论，假设你是一位负责农产品 IP 打造的文案编辑，请任选一款农产品（柑橘、小青柑茶、番薯、陈皮等），尝试运用增强产品文案说服力的技巧（至少 2 种），写一段能够增强说服力、用户信任度的文案。

2. 除了使用本节提及的 4 种技巧以外，说说还有什么方式能够增强产品文案的说服力？

2.3.5　用诱因让用户产生购买动机

任何文案的最后，一定要引导用户产生购买动机。如果把上面几步做好了，离最后用户购买这一步也就不远了。

为了能够让用户立即购买，在写文案时还需要设置诱因，就是引导用户产生购买动机的因素。这里的诱因，可以是让用户觉得很划算，例如，可以是满减优惠券或前 1 000 个购买者另外赠送福利等；可以是让用户产生紧迫感，如限时限量或涨价在即等提醒语。

因此，想要让对腾讯云技术大会感兴趣的人尽快预订门票，可以在《我的失业 IT 老公，准备出家了……》文章中说明"报名入口将在 2 天后关闭"，这样给用户制造一种限时紧迫感，估计就会有不少用户马上报名了。

前面我们以刷屏朋友圈的软文《我的失业 IT 老公，准备出家了……》为案例，分析了卖点包装文案的基础写作框架，小结如下。

（1）吸引注意。在标题中放大产品卖点，用标题吸引用户的注意力。

（2）指明需求。对于用户需求并不强烈的产品，可以在文案中主动告知用户需要这种产品。

（3）满足需求。用案例证明自己的产品是可以满足用户需求的。

（4）增强说服力。通过利用使用者的评价、与竞争对手的产品进行比较、给用户塑造畅销的印象、给用户信任感等方法，证明产品功效的真实性，提升用户的信任感。

（5）引导购买。用减价优惠券、限时限量、前 1 000 订购有折扣等诱因，加快用户购买决策。

实训 2.3　AIDA 延伸模式拆解商品详情页

1．任务描述及要求

扫描右边的二维码，查看并分析运营研究社的《运营技能地图 2.0》商品详情页，结合本任务所学的知识，按 AIDA 延伸模式进行拆解并分析其优缺点，从而掌握提高文案转化率的技巧。任务描述及任务要求如表 2-15 所示。

表 2-15　任务描述及任务要求

序　号	任　务　描　述	任　务　要　求
1	了解 AIDA 延伸模式的内容	能够列出 AIDA 延伸模式的内容
2	分别找出该文案的爆款卖点，指出文案设置的场景，找出能够满足用户需求的卖点，说明使用了哪些技巧增强文案的说服力，使用了哪些诱因让用户产生购买动机	能够按 AIDA 延伸模式对文案进行拆解
3	分析《运营技能地图 2.0》商品详情页的优缺点	掌握 AIDA 延伸模式的应用技巧

2．实训内容

（1）AIDA 延伸模式包括哪些内容？

（2）结合 AIDA 延伸模式，分析《运营技能地图 2.0》商品详情页，完成如表 2-16 所示的内容。

表 2-16　商品详情页 AIDA 延伸模式拆解表

项　　目	内　　容
爆款卖点（1 个）	
设置的场景（2~3 个）	
满足用户需求的卖点（3 个以上）	
增强文案说服力的技巧	
让用户产生购买动机的诱因	

（3）《运营技能地图 2.0》商品详情页的优缺点分别是什么？

3．任务考核

AIDA 延伸模式拆解商品详情页任务考核表如表 2-17 所示。

表 2-17　AIDA 延伸模式拆解商品详情页任务考核表

序　号	考　核　内　容	评　级 （A、B、C、D）	说　明
1	了解 AIDA 延伸模式的内容		
2	能否使用 AIDA 延伸模式分析文案并对其进行拆解		
3	AIDA 延伸模式的应用技巧		

任务 2.4　案例：通过一篇图文，3 天卖出 5 000 台无人机

任务目标

知识目标	了解产品展示图片的类型
	理解商品详情页包装文案的步骤
技能目标	掌握卖点包装加工的方法
	掌握消除用户顾虑的方法
	掌握引导用户下单的方法
	掌握引爆用户需求的方法
	能够运用包装文案的 8 个步骤，对商品详情页进行简单的包装

任务导图

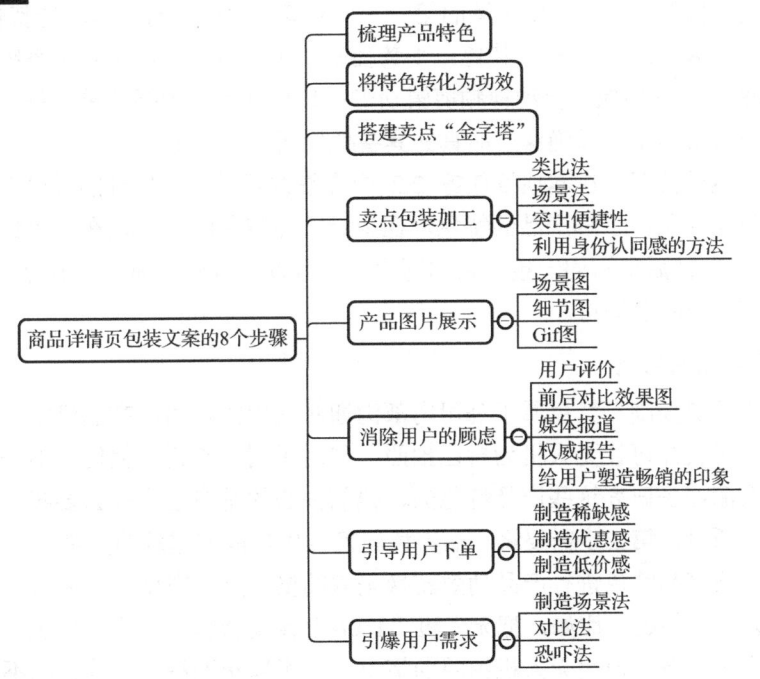

商品详情页包装文案的8个步骤
- 梳理产品特色
- 将特色转化为功效
- 搭建卖点"金字塔"
- 卖点包装加工
  - 类比法
  - 场景法
  - 突出便捷性
  - 利用身份认同感的方法
- 产品图片展示
  - 场景图
  - 细节图
  - Gif图
- 消除用户的顾虑
  - 用户评价
  - 前后对比效果图
  - 媒体报道
  - 权威报告
  - 给用户塑造畅销的印象
- 引导用户下单
  - 制造稀缺感
  - 制造优惠感
  - 制造低价感
- 引爆用户需求
  - 制造场景法
  - 对比法
  - 恐吓法

任务实施

本项目的前面几个任务既介绍了文案的使用场景，也从文案写作的核心——寻找卖点和提升文案转化率的方法入手，全面分析了文案的写作步骤。本任务想通过编者亲自操盘的一个案例，让读者深入了解转化文案产出的整个流程。按照这个流程去操作，相信你也可以做出一个高转化率的商品包装文案。

2018 年 4 月初，编者给一个从事无人机创业工作的朋友做商品包装文案，从策划到众筹上线整整用了近 40 天的时间。幸运的是，这款无人机上线后，仅通过公众号、社群、朋友圈

的渠道推广，3 天卖了 5 000 台，1 000%地完成了众筹目标。推广期间，从用户流量到用户付费的转化率在 2.7%左右，高出了行业平均水平的 2 倍多，无人机众筹页面如图 2-36 所示。

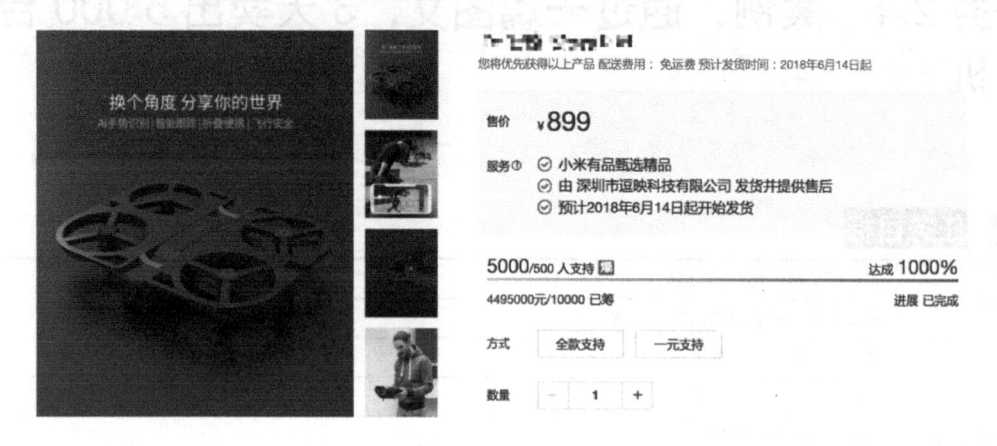

图 2-36　无人机众筹页面

这个项目主要是对无人机产品的商品详情页进行包装，是通过 8 个步骤完成文案包装的。

1. 梳理产品特色

在与无人机团队接触后，需要了解的第一个问题就是"产品有哪些功能特色"。该产品研发负责人列出了无人机的以下 9 个特色：手势控制；折叠设计；多重定位系统；外观炫酷；智能跟随；1 080P 高清摄像；自动视频剪辑功能；价格便宜；拍摄简单。每一条特色，编者都会让产品研发人员演示，以确保产品真的具备他们所说的特色。

关于产品特色的挖掘，在本项目任务 2.2 中详细讲解过，在执行的时候主要是对照产品说明书或咨询研发人员，了解产品的特色。在记录产品特色时，可以在心里默念"我的产品特色是××××"，然后把它们一条一条的写出来，可以尽可能多地写，不管写得好不好，只需要产品确实有这个特色即可。

2. 将特色转化为功效

该产品的"手势控制"特色属于公司内部沟通时使用的术语，产品研发人员知道它意味着用户无须操控手机即可让无人机为自己拍照，但对于用户来说，他们就不一定了解这个特色。用户是没有耐心去研究这些产品特色的，他们关心的是自己为什么要买，无人机能够为自己带来什么。所以，第二步需要将产品特色转换为用户能够理解的文字——产品功效。

在这一步，将产品特色进行产品功效转换采取的格式是：在用户××××的情况下，可以帮助解决××××问题。比如，把无人机"1 080P 高清摄像"的产品特色，按照上面的格式进行转化，变成"在用户用无人机拍照的情况下，可以帮助解决图片模糊不清、颜色暗淡的问题"，那么 1 080P 高清摄像的产品功效就是"可以拍出画质高清、颜色鲜明的照片"。

以此类推，将全部的产品特色转换成对用户有价值的产品功效。最后，将这款无人机的产品特色加工为"特色—功效"列表，如表 2-18 所示。

表 2-18　无人机的"特色—功效"列表

特　　色	功　　效
手势控制	可以非常自然地进行自拍
折叠设计	可以非常容易地收纳到书包里

续表

特 色	功 效
多重定位系统	可以非常安全地进行室内拍照
外观炫酷	可以得到多用户的喜欢
智能跟随	可以拍出构图非常完美的照片
1 080P 高清摄像	可以拍出画质高清、颜色鲜明的照片
自动视频剪辑功能	可以快速生成用于分享朋友圈的视频
价格便宜	可以满足那些追求价格便宜用户的需求
拍摄简单	可以适合老人、儿童使用

3. 搭建卖点"金字塔"

在经过第二步"特色—功效"的转换以后,就可以得到了这款无人机的全部潜在卖点。接下来,既需要决定哪一项功效才是爆款卖点,还需要决定哪些功效是可以放进产品包装文案里的,以及用什么样的方式对这些保留下来的产品功效进行呈现。

关于如何从产品功效中筛选出爆款卖点,在本项目的任务 2.2 已经进行了详细说明,这里直接给出最终选择的爆款卖点——"拍摄质量媲美大疆无人机的智能飞行器"。

确定完爆款卖点以后,接下来要做的就是梳理无人机的功效呈现方式了。当卖点数量超过 5 个时,推荐按照金字塔原理来做卖点的梳理:金字塔的顶部是核心卖点"拍摄质量媲美大疆无人机的千元无人机",往下分解出 3 个子卖点,分别是"智能拍摄""操作简单便携""飞行安全",然后将无人机的全部卖点都分配到这 3 个子卖点中。

其中,"智能拍摄"是最核心的子卖点,需要添加的卖点数量比较多;"飞行安全"为无人机行业的通用卖点,所以它的权重最低,且可以把一些边缘性的卖点添加在里面。

通过以上对卖点的梳理和优化,列出了无人机的卖点"金字塔",如图 2-37 所示。

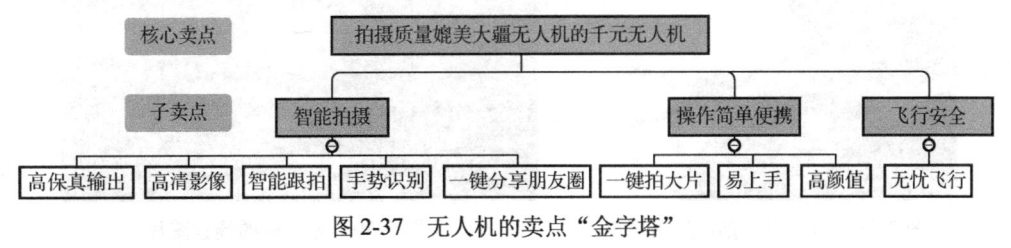

图 2-37 无人机的卖点"金字塔"

这里需要强调的是用"金字塔"方式列出商品卖点的好处:

- 能够清晰地看到核心卖点,以及各个卖点在图文中的分布情况;
- 当你想进行卖点调整时,也可以非常有逻辑地操作起来;
- 当把卖点"金字塔"搭建起来以后,就意味着有了商品包装图文的骨架,这时已经完成商品包装 50%的工作量了。

4. 卖点包装加工

在前面的三个步骤中,已经把这款无人机的卖点确定下来了。接下来,需要做的就是往这个卖点骨架中填充内容,让产品卖点实现更高的转化率。通过对小红书、天猫等电商平台爆款产品的观察,商品文案包装方法具体来说有以下 4 种。

(1)类比法。熟悉的东西在人们的脑海中已经存在认知,它能唤起人们特定的联想。所谓类比，就是用一个大家不是怎么熟悉的事物和大家熟知的事物进行比较，简单地说就是用熟悉的事物去给大家解释陌生的事物。下面来看一个运用类比法对商品进行卖点包装的案例。

如果说无人机具有便携性，机身折叠后的尺寸为226×144×48mm。如果用户对尺寸没有概念，就很难感觉到它的小巧。但是，如果用这样的文字进行描述呢？"无人机很小，比iPad Mini还轻。机身折叠后，只比普通笔记本稍大，随手把它塞进包里，一点也不增加出行负担。"将它与iPad Mini及笔记本做对比，是不是就能够非常直观地感受到这款无人机到底有多便携了。

再举一个例子，如果说南孚迷你充电宝非常小巧，尺寸只有92×23×23mm，用户应该感觉不到它到底有多小巧。但是，如果说"小如口红，就这么便携，随手放钱包，不占地方"，是不是就可以非常深刻地感觉到该产品到底有多小巧、便携了。南孚电池推广广告如图2-38所示。

（2）场景法。无人机具有"拍照质量媲美大疆无人机的千元无人机""智能拍摄""操作简单便携""飞行安全"等卖点，如果只是简单地把这些卖点进行陈列，用户给出反馈大多会是"哦，不错"。那么，怎样让客户真正感受到卖点的特色，进而让他们觉得"哇，厉害"呢？这个时候需要找到产品的使用场景，把自己当作用户去体验产品，然后用体验结果来包装产品的功效，从"听、看、闻、摸"多角度进行描述，让用户产生身临其境的感觉。

例如，针对包装无人机智能跟拍卖点的文案，可以运用这样的场景：想象一下，在夕阳西下的傍晚，你踏过空旷的原野，你身后的无人机，它不吵不闹，一路追随，在你身边转几个圈，咔嚓一下，拍下你最美的一瞬间。iDol智能跟拍，给你如影随形的陪伴，你走路，它静静跟着你，你朝它挥挥手做个手势，它就给你拍张照。再配合如图2-39所示的场景图片，用户就会给出不一样的反馈，"嗯，我近期正好有旅游打算，可以给我来一台。"

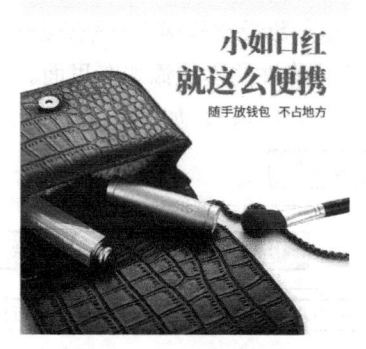

图2-38 南孚电池推广广告　　　　图2-39 无人机的场景图片

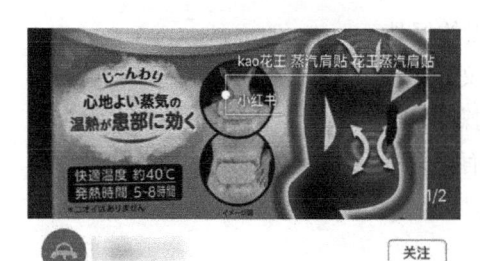

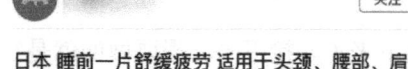

图2-40 小红书"蒸汽颈椎腰腹贴"产品的推广文案

消费者在进行网购时，通常无法亲身体验产品，这就需要用文字甚至是图片来帮助他们构建一个虚拟的使用场景，引起他们的场景联想，从而触发用户的购买欲望。例如，小红书售卖的蒸汽颈椎腰腹贴，文案把场景锁定在"睡前"，让消费者去感受这个商品在睡前的使用体验。消费者不自觉地被带入那个自己熟悉的场景，好像还没有用，就已经有了肩膀、腰部放松的感觉。小红书"蒸汽颈椎腰腹贴"产品的推广文案如图2-40所示。而一款香薰机的文案——"每天在香味中醒来"，把场景设定在卧室，让大家联想：如果每天能在香味中醒来，那是多么美妙的感觉，"起床气"应该也能缓解许多吧。

（3）突出便捷性。如果有两款无人机都能够满足你俯拍的需求，其中一款商品只需要简单一键操作就能够达成你想要的图片效果，另外一款则需要花很长时间调试才能够达成，你会选择哪款？相信大部分用户会选择操作简单的。这也就是目前大部分卖点包装方法中，用到最多的方式之一——突出便捷性。

所以，编者给无人机写出了这样的文案："此款无人机拥有一键起飞、一键冲天、45 度渐远、360 度环拍、自动返航等一系列预设好的操作指令，让毫无经验的你，也能轻松驾驭，从而拍出大片。"

在小红书平台里，也有运用便捷性来包装商品卖点的案例。例如，女生每天早上起来需要花很长时间打扮自己，如果有一个面膜产品文案说"早上 60 秒搞定护肤"，相信她们应该会动心，点开文案看看是否真的有这么神奇。

（4）利用身份认同感的方法。在心理学中，有一个概念叫作"理想自我"，也就是心目中自己将要成为的样子。对于运营来说，满足用户"理想自我"的需求，要比满足"现实自我"的需求有更大的驱动力。如果你的商品能够帮助用户达到理想的状态，那么在包装文案中就要尽可能地去描述这一状态。

例如，每个女性朋友理想中的自己都想拥有好皮肤，对此，小红书推出了一款牛奶身体乳的产品，卖点包括"养出嫩白牛奶肌"等，如图 2-41 所示；同样，每个女性朋友理想中的自己都想拥有好身材，对此，小红书就为其瘦身产品撰写了"瘦成一道闪电""抹出细嫩白腿"这样的文案。

在给无人机包装高"颜值"卖点时，把文案写成"灵魂与思想的碰撞，科技也可以很时尚"，如图 2-42 所示。因为每一个玩无人机的人都希望自己是与众不同的。

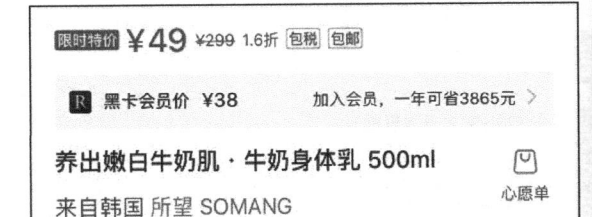

图 2-41　牛奶身体乳的产品卖点　　图 2-42　利用身份认同感的方法包装无人机商品文案

另外，运用身份认同感的方法中，有一个简单粗暴的做法——与明星同款，如果某个用户认可某个明星/KOL，那么这个明星用的任何东西都会让他感兴趣，甚至还能产生信任感。小红书在用"明星同款"的写作套路时，也是不遗余力地使用该方法，如×××明星推荐系列面膜、与×××明星一同感受亲肤舒缓、×××明星也在用的面膜等。

5．产品图片展示

"卖商品主要是卖图"，文案写得再好，不如一张图片有画面感和说服力。

Airbnb 网站的产品负责人曾经分享过一个数据，有高清房间照片的客栈，转化率比那些随意性强的照片的客栈高出 3 倍。因此，Airbnb 网站通过加大对摄影师的投入，快速提升了平台预订住宿的天数。

同样，想要让自己的商品包装文案有较高的转化率，产品的图片质量是关键。想拍出有说服力的产品图片，主要有以下 3 种拍摄方式。

（1）场景图。拍摄场景图的目的，其实跟用文字描述产品使用场景是一样的。但是，场景图能够更加直观地展示场景，增强用户对产品效果的感知度。例如，编者在做无人机产品的图片拍摄时，拍摄了一张家庭合照，来展示 iDol 无人机的手势识别功能，如图 2-43 所示。

如果你启动了 iDol 无人机的智能手势识别功能，当你向 iDol 无人机摆出手势时，它就可以轻松地完成合影拍照，再也不用喊路人帮忙了。

图 2-43　无人机的手势识别功能场景图

（2）细节图。除了用场景图吸引用户以外，用产品细节图来增强产品的说服力也是很有必要的。就好像大家买衣服的时候，除了在意这件衣服是否好看以外，也会在意衣服的车线齐不齐、会不会有很多线头、衣服会不会很容易掉色等。

细节是产品品质的体现，在做无人机产品包装时，就拍了一些细节图来展示它的功能和设计，如图 2-44 所示。

图 2-44　无人机的细节图

（3）GIF 图。相比于静态图片，GIF 图可以更加真实、生动地展示产品的使用流程和效果。例如，在做无人机产品包装时，就用 GIF 图来展示它折叠的过程。无人机的细节 GIF 图如图 2-45 所示（读者可以扫描二维码观看）。

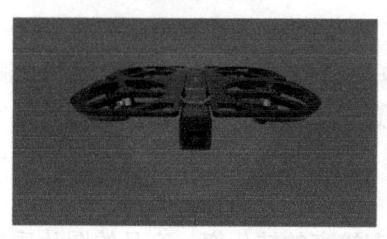

图 2-45　无人机的细节 GIF 图

6. 消除用户的顾虑

前面提到，编者在给无人机做的商品文案，是用在小米众筹平台上的。该平台有自己的包装格式和规则，不允许写商品以外的信息，所以在消除用户顾虑方面运用得比较少，但这并不影响对知识的讲解。下面从文案包装的角度，结合其他产品看看如何消除用户的顾虑，具体的操作方式包括以下 5 种。

（1）用户评价。比起"王婆卖瓜，自卖自夸"，来自用户的点评和使用反馈，更容易消除用户对产品的顾虑。不过这里需要注意，用户评价一定要有具体的使用心得，并且是针对用户顾虑的。例如，无人机商品，很多用户顾虑拍摄效果是否真的如商品包装文案所说的。因此，可以在商品详情页中放置与该项痛点相关的用户点评。

（2）前后对比效果图。产品的使用效果好不好，最简单的文案包装方式就是通过前后对比效果图来说明。例如，有一种瘦腿袜的商品，为了解除用户对瘦腿效果的顾虑，拍摄了一个穿瘦腿袜前后的对比效果图，如图 2-46 所示。

前后对比效果图的呈现方式除平面图片以外，还有 GIF 图。GIF 图不仅可观看性强、更有说服力，而且能够很好地提升用户对产品的信任度。

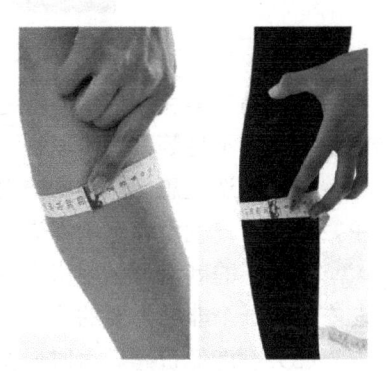

图 2-46 瘦腿袜前后对比效果图

（3）媒体报道。产品被一些知名的媒体报道后，可以进一步提升用户对产品的信任度。尤其当你的产品面向的是二、三、四线城市的用户的时候，就更需要有媒体报道了。因为这部分用户还是非常看重媒体的态度的。

（4）权威报告。化妆品、数码产品、食品、饮料等需要有权威机构的检测报告，用来证明品质是过关的。比如南孚电池在进行商品包装时，就会把防爆安全报告放在商品包装里面，以此来消除用户的顾虑。

（5）给用户塑造畅销的印象。人人都有从众心理，当用这些关键词来明示和暗示产品很畅销时，用户往往会情不自禁地购买，例如，"839 293 位女性已经购买""连续 11 年销量领导者""销售量突破 100 万瓶""卖断货""百年老牌""出街必备"等，这类文案会说服用户：别人都买了，我也得买！那么多人买的东西应该靠谱！当然，给用户塑造畅销的印象不能凭空捏造。

给用户塑造畅销的印象这种方法既能激发用户的购买欲望，又能赢得用户的信任，这种一箭双雕的方式，在写消除用户顾虑的文案时自然是要用上的。

7. 引导用户下单

当你完成前面 6 个步骤的商品包装文案时，你的工作已经完成了 90%。不过，另外 10% 也非常重要，毕竟只有用户下单了，你的商品包装文案才是最终有效的。

因此，在做商品文案包装时，要考虑怎样引导用户马上下单。例如，在给无人机进行包装文案时，采用了买赠的方式"众筹上线前 3 天买无人机，赠遥控手柄"，事实证明了引导购买的效果确实非常明显。关于如何引导用户下单，具体来说有以下 3 种方式。

（1）制造稀缺感。制造稀缺感的营销方式也称饥饿营销。这种营销方式的传播主要得益于小米手机的早期营销。饥饿营销也就是说商家采取大量广告促销宣传，引起顾客购买欲望，然后降低产量，制造出供不应求的现象，进而提高购买欲望，这样有利于产品提价销售或者为未来大量销售奠定客户基础。小米手机的商品包装如图2-47所示。

图2-47 小米手机的商品包装

在商品文案包装中，可以通过限时购买、限量购买、限量优惠、限时优惠、限人群优惠、展示剩余量不足等方式快速制造产品的稀缺感。

（2）制造优惠感。当用户对商品产生兴趣和信任时，如果增加一些优惠策略配合刺激下单，那么用户就没有理由不进行购买了。

优惠感的制造可以用优惠券，也可以用赠品。这次无人机商品包装页面的转化率达到2.7%左右，有一个非常重要的原因就是设置了买无人机送手柄的优惠活动。

（3）制造低价感。有时候由于资金预算的问题，不能够提供价格优惠，那么，怎么样在保持利润的基础上让用户感觉商品并不贵呢？

① 将价格进行拆分。例如，买一个化妆品可能需要花费600元，也许有些用户觉得价格贵，难以接受，但这种化妆品可以用200天。那么，在消除用户对价格的顾虑时，可以把600元分配到200天里面，即3元/天，是不是"一天的美丽只需要3元"，感觉很便宜！

② 进行价格对比。仍以600元的化妆品为例，可以与汽车保养进行对比：每个月花近千元在汽车的保养上，为何不能花600元保养自己的脸。相信有很多用户看到这里心里会想：我的脸比车更重要啊，才600元那必须得花。

③ 寻找大的心理账户。心理账户是行为经济学中的一个重要概念，由于消费者心理账户的存在，个体在做决策时往往会违背一些简单的经济运算法则，从而做出许多非理性的消费行为。例如，如果你看到一双限量版的球鞋或一套限量版的口红（价格大于1 000元），非常想买下来，可是想到自己的生活费，可能还是不会立刻产生购买行为。因为你的生活费是要满足日常开销的，这些产品相对来说有点贵了。但是，如果你刚好拿到了一笔1 000元的奖学金，那么你可能更愿意把他们买下来，当作对自己的奖励。之所以出现上面两种不同的结果，其原因就是大多数人的心理账户的问题，即大多数人的1 000元奖学金账户大于1 000元的生活费账户。

同样的商品，用户购买的出发点不同，他们感知的价格也是不一样的。为了消除用户的价格顾虑，可以寻找他们大的心理账户。在做无人机消除用户价格顾虑的文案包装时，把无人机包装成可以记录孩子成长的工具，用户也许会觉得这个不贵，毕竟去照相馆拍照也得要几百元钱。

8．引爆用户需求

需求是购买行为产生的关键。用户产生了购买需求，你在前面7步做的商品卖点挖掘与文案包装、信任引导、消除顾虑等工作才会发挥最终的效果。

所以，在商品包装工作接近尾声时，需要把思考的着重点放在产品包装详情页的开头部分，确保详情页一开始就能够让用户产生购买需求。

具体来说包含如下 3 种方法，其对用户购买需求的刺激程度依次由浅入深。

（1）制造场景法。制造场景法在前面的学习任务中反复强调过了，即可以给用户描述一个他们想要达成的场景，让他们产生购买需求。使用包装和痛点挖掘、服务对比，尽可能地引起用户的购买需求。

比如，在给无人机做商品文案包装时，就提出了"用不一样的视角，记录最美瞬间"的需求，用团队合影、情侣合影、家庭合影、旅行合影的场景来引出这个需求。

（2）对比法。对比法指的是将用过产品的效果和没用产品的效果进行对比，或者直接指出自己与同类商品差异化的优势。例如，南孚晓加牌迷你充电宝在引导用户需求时，用传统移动电源存在的问题"辛苦背了一天，才用掉一格电"，同自己产品的小巧便携功能做对比，成功的引出了用户购买小巧移动电源的需求。南孚晓加牌迷你充电宝的商品包装文案如图 2-48 所示。

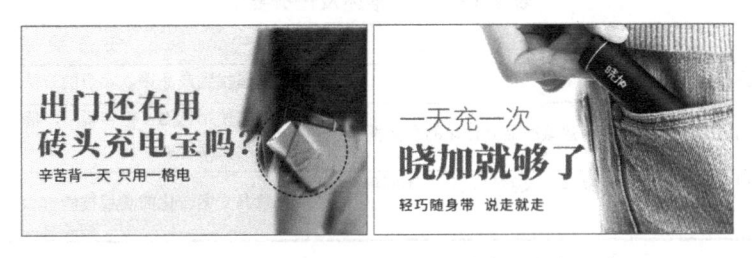

图 2-48 南孚晓加牌迷你充电宝的商品包装文案

（3）恐吓法。恐吓法是课程类产品非常喜欢用的套路，事实也证明它是有效的。例如，"不会写作的人，将失去这个时代的机会"，这句文案通过描述那些写作能力欠缺的人在职场和生活中的悲惨故事，来让你产生恐慌心理，在人不理性的时候，就推荐出了课程，然后给出部分学员学习课程成功的案例，以及其他课程服务说明来解除你的疑问。

总之，产品详情页的包装是一个非常复杂的工程，它需要由运营人员提供包装思路、拍摄人员提供拍照支持、设计人员帮助视觉化、市场人员征集用户反馈，等等。想要打造一个爆款的商品文案，花半个月、一个月的时间是非常正常的。

实训 2.4　转化文案综合实战

1. 任务描述及任务要求

以下任务二选一。

（1）假设你要给本书进行推广，可翻看本书《互联网运营实战——从入门到精通》前言部分，请结合本任务内容，按步骤挖掘出本书的爆款卖点，写出高转化的商品包装文案。

（2）请根据本任务所学知识及给出的资料，发挥你的想象，按步骤挖掘云门柑果树领养项目的爆款卖点，并写出此项目高转化的商品包装文案。项目说明如下。

云门柑果树领养项目，是结合韶关市乳源县云门山旅游文化、云门寺禅宗文化，依托"山水林瑶禅谷"、大南岭旅游特色的田园综合体为主要形态的乡村旅游扶贫项目。用户可通过线上领养，线下进行农业培育体验，360元/年即可领养一颗云门柑树。领养后所有收益归领养人所有。岭南职业技术学院"领养"的云门柑如图2-49所示。中央电视台大型纪录片《中国影像方志》广东卷乳源篇摄制组曾用镜头记录云门柑的丰收景象和云门柑采摘、陈皮晾晒的全过程，展示中国云门柑小镇特色农旅景观。韶关市市长也曾为云门柑代言（扫描二维码可以阅读详细内容）。

图2-49 岭南职业技术学院"领养"的云门柑

任务描述及任务要求如表2-19所示。

表2-19 任务描述及任务要求

序号	任务描述	任务要求
1	挖掘产品的爆款卖点	掌握找到产品爆款卖点的方法
2	根据AIDA延伸模式搭建该产品高转化的文案框架	熟悉使用AIDA延伸模型，能够用卖点"金字塔"写转化文案框架
3	写出一个高转化的商品包装文案以及两个不同渠道的文案	掌握文案转化的实战技能

2．实训内容

（1）利用"三步两招"法（三步是指梳理产品特色、将特色转化为功效、搭建卖点"金字塔"；两招是指通过用户需求筛选功效、通过竞品卖点筛选功效）找到本书或云门柑果树领养项目的爆款卖点，完成如表2-20所示的内容。

表2-20 产品的爆款卖点

枝干需求	特色	功效

你提炼的爆款卖点是：_____

（2）使用AIDA延伸模式，搭建本书或云门柑果树领养的转化文案框架，如表2-21所示。

表2-21 本书或云门柑树领养AIDA延伸模式拆解表

项目	内容
爆款卖点（1个）	
设置的场景（2~3个）	
满足用户需求的卖点（5个以上）	
增强文案说服力的技巧	
让用户产生购买动机的诱因	

（3）用流程图绘制软件画本书或云门柑树领养的卖点"金字塔"图（参考如图 2-37 所示的无人机的卖点"金字塔"）。

（4）写出本书或云门柑果树领养相关的一个高转化商品包装文案及两个不同渠道的文案，并尝试在自己的个人公众号上发布。

完成本实训参考使用工具及网站如下。

微信公众平台：https://mp.weixin.qq.com/。

排版器：135 编辑器、秀米、i 排版、新媒体管家。

流程图绘制工具：百度脑图 http://naotu.baidu.com/。

免费在线做图：https://www.processon.com/。

3. 任务考核

转化文案综合实战任务考核表如表 2-22 所示。

表 2-22 转化文案综合实战任务考核表

序　号	考　核　内　容	评级 （A、B、C、D）	说　　明
1	能用"三步两招"法找到产品的爆款卖点		
2	能熟练使用 AIDA 延伸模型和卖点"金字塔"搭建转化文案框架		
3	能写出一个高转化的商品包装文案，掌握文案转化的实战技能		

项目小结

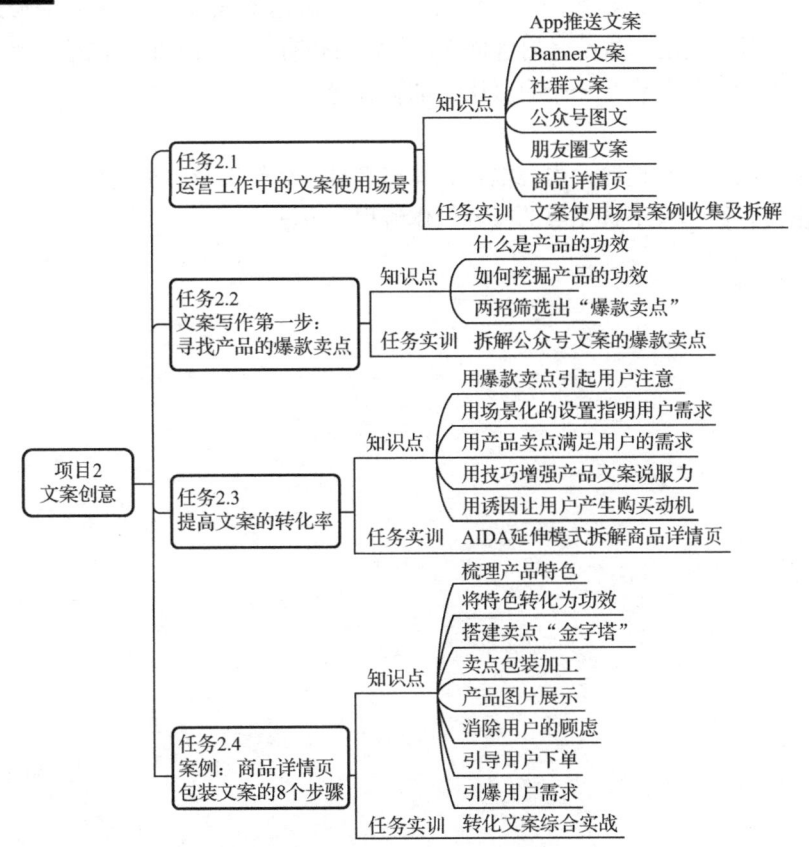

项目2 文案创意
- 任务2.1 运营工作中的文案使用场景
  - 知识点
    - App推送文案
    - Banner文案
    - 社群文案
    - 公众号图文
    - 朋友圈文案
    - 商品详情页
  - 任务实训 文案使用场景案例收集及拆解
- 任务2.2 文案写作第一步：寻找产品的爆款卖点
  - 知识点
    - 什么是产品的功效
    - 如何挖掘产品的功效
    - 两招筛选出"爆款卖点"
  - 任务实训 拆解公众号文案的爆款卖点
- 任务2.3 提高文案的转化率
  - 知识点
    - 用爆款卖点引起用户注意
    - 用场景化的设置指明用户需求
    - 用产品卖点满足用户的需求
    - 用技巧增强产品文案说服力
    - 用诱因让用户产生购买动机
  - 任务实训 AIDA延伸模式拆解商品详情页
- 任务2.4 案例：商品详情页包装文案的8个步骤
  - 知识点
    - 梳理产品特色
    - 将特色转化为功效
    - 搭建卖点"金字塔"
    - 卖点包装加工
    - 产品图片展示
    - 消除用户的顾虑
    - 引导用户下单
    - 引爆用户需求
  - 任务实训 转化文案综合实战

项目 3

内容创作

项目导入

从传统媒体到新媒体,从门户时代到移动互联网时代,内容为王的准则始终不变。深夜发媸的创始人徐妍曾说过,优质的内容在市场上永远都是稀缺的。这也从另一个角度说明了优秀的内容创作人才的需求量非常大。

从图文到视频,再到条漫(一种新兴的漫画表达形式),虽然内容的形式在不断变化,但是它们的本质都是内容创作,其背后也有一些共同的方法论,比如如何打造爆款选题、如何设计一个有吸引力的标题等。

本项目我们将从选题、内容框架、写作素材、写作细节、标题和热点写作这 6 个角度出发,给读者讲解完整的内容创作流程和方法。

任务 3.1 选题是打造爆款内容第一步

任务目标

知识目标	了解选题的灵感来源
	了解选题的评判标准
技能目标	掌握常规选题和热点选题的打造方法
	能够根据选题的评判标准打造爆款选题

任务导图

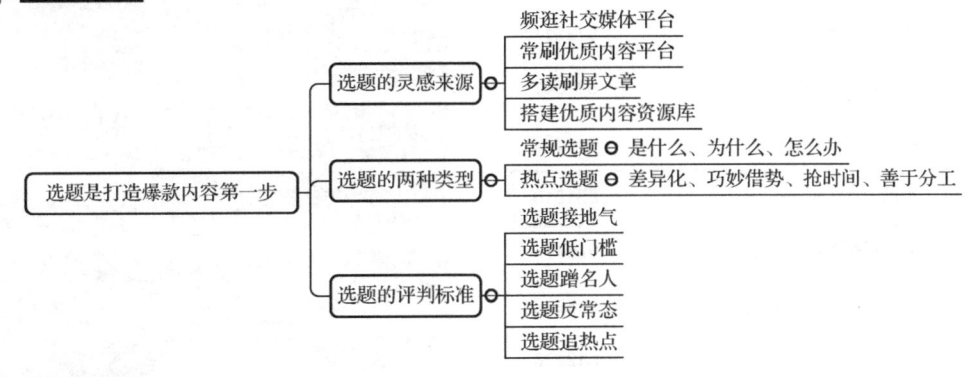

```
                          ┌─ 频逛社交媒体平台
              ┌ 选题的灵感来源 ─┼─ 常刷优质内容平台
              │           ├─ 多读刷屏文章
              │           └─ 搭建优质内容资源库
              │
选题是打造爆款内容第一步 ─┼ 选题的两种类型 ─┬─ 常规选题 ● 是什么、为什么、怎么办
              │           └─ 热点选题 ● 差异化、巧妙借势、抢时间、善于分工
              │
              │           ┌─ 选题接地气
              │           ├─ 选题低门槛
              └ 选题的评判标准 ┼─ 选题蹭名人
                          ├─ 选题反常态
                          └─ 选题追热点
```

任务实施

爆款内容,就是能够引起广泛传播的内容。想要打造爆款内容,选题是第一步,也是最核心的一步。

在了解选题之前,我们先来了解一下内容定位和内容话题。内容定位指的是一个账号的内容方向,如公众号深夜发媸的内容方向是时尚;内容话题指的是内容方向中可以写的内容角度,如美妆、穿搭、发型等。而选题就是由话题细分而来的某篇文章所表达的核心思想。在某些情况下,我们可以把一篇文章的标题看作是选题。例如:

"6盘超火国货眼影测评!40块就能'秒杀'大牌?""秋冬超美的4支口红出现了,怎么涂都好看!""10款网红粉底大测评|50元和1200元的粉底究竟有什么区别?"等。

试想一下,如果一篇文章的选题,或者说标题索然无味、没有任何吸引力,想必大家肯定也不会转发到朋友圈。那么,应该如何吸引用户对内容进行传播呢?接下来,我们将从选题的灵感来源、类型和评估标准这3个角度详细解答。

3.1.1 选题的灵感来源

选题,是写作前无法逃避的重要环节。好的选题,能够帮助我们写出质量高、用户爱看的内容。如果你的知识面不够广,看的东西不够多,信息来源渠道匮乏,就很可能找不到好的内容选题。

为了可以找到好的选题，你需要知道以下这 4 种常见的选题信息的灵感来源方法。

1. 频逛社交媒体平台

首先是浏览微博热搜、腾讯新闻热搜，看看平时关注的营销大号都发布了什么内容。还有百度风云榜、爱奇艺视频榜等榜单，看看目前都有哪些社会热点发生。比如 2019 年 3 月 25 日，一款专为情侣打造的社交聊天软件——爱情银行，因为社区存在违规内容被下架了，你知道吗？百度风云榜如图 3-1 所示。

图 3-1　百度风云榜

如果是做垂直领域的，也可以看看一些垂直领域的社区和新媒体账号都更新了什么内容。例如，小红书、懂球帝、36 氪等社区和账号。

2. 常刷优质内容平台

密切关注优质内容平台的动态。App 类的有红板报、轻芒、梨视频、ZAKER 新闻、果壳等；公众号类的有深夜发媸、虎嗅、有车以后等。通过关注这些优质内容平台的动态，及时发现他们的爆款选题方向。

傍晚的时候，看看新闻联播也是不错的选择，毕竟播出来的都是社会大事。

3. 多读刷屏文章

除了主动搜集，我们有时会在朋友圈被动看到一些刷屏内容，这些内容中也蕴含着为数不少的爆款选题。例如：

"第一批 90 后已经……了""月薪 5 万元，但我依旧选择逃离北上广""这种电影院爆款十年未见"等。

打开微信，执行"发现"→"看一看"→"精选"命令，打开微信"精选"页面，如图 3-2 所示。对公众号的图文按照阅读量和分享量做热度排序，可以通过这项功能找到关注领域目前的爆款文章。

4．搭建优质内容资源库

互联网平台上的高阅读量和高转发量的文章，都是被市场验证过的，你可以把它们的文章链接地址进行整理，形成优质内容资源库。

通过这些内容说不定你会产生非常多意想不到的选题灵感，比如"那些……的人，后来怎么样了？"就为很多账号提供了阅读量，点赞量明显高于往常的选题，例如：

"那个从来不加班的年轻人，后来怎么样了？""那些开会总往前坐主动表现的人，后来怎么样了？""那个租房结婚的姑娘，后来怎么样了？"等。

类似"你……的样子，真丑"，也产生了很多爆文，例如：

"你嫉妒我的样子，真丑""你死不放手的样子，真丑""你努力给别人看的样子，真丑"等。

这里推荐有道云笔记、收趣、微信读书等内容收集软件。这些软件提供图文自动抓取与归档的功能，可以方便快速地搭建选题资源库。

图 3-2 微信"精选"页面

根据这些灵感来源方式，你会想到非常多、非常有趣的内容选题。下面你就需要将想到的这些选题进行归类，分为提供服务价值的常规选题和增长流量的热点选题。

◆ **课堂讨论 3.1**

在日常工作、学习中，你是通过什么方式来获取信息的？你还能想到其他选题来源的渠道吗（通过来源渠道的使用频率进行排序）？

（1）分小组进行选题来源的渠道接龙游戏，分组队伍示例如下。

苏易队：微信群消息、微信公众号、博客。

柠檬队：群公告、文章、微博、朋友圈、今日头条。

饼干乐队：运营群分享、公司群分享、午餐交流、谷歌搜索。

小花队：目标用户微信群、相关 App、抖音、书籍、微信小程序。

……

（2）构建自己的内容资源库。从现在开始，专门新建自己的"养分"文件夹，随时收集看到的有趣、有创意、有想象力的句子、图片、视觉设计等内容。并且每隔一段时间进行整理，按自己的需求进行分类，如"我的笑话库""语录库""标题库""选题库""图片库""版式库"等（可用有道云笔记、收趣、印象笔记等应用程序）。构建自己的内容资源库示例如图 3-3 所示。

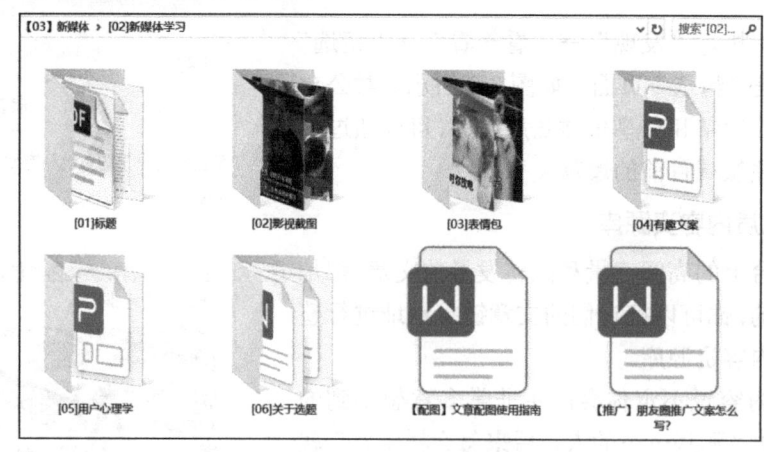

图 3-3　构建自己的内容资源库示例

（3）完成本讨论参考使用工具及网站：有道云笔记 http://note.youdao.com/、收趣 http://shouqu.me/、印象笔记 http://www.yinxiang.com。

3.1.2　选题的两种类型

1. 常规选题

常规选题是围绕产品本身的内容定位，为用户提供有价值、解决用户问题的内容。

常规选题不受热点等其他因素的影响。因此，做常规选题时，应该提前做好规划，而不是每天去想当天发布的内容。

例如，聚焦在医疗科普内容方向的公众号丁香医生，它有自己的一套常规选题规划，主要围绕心血管、神经、呼吸、骨科、儿科等相关生理现象的是什么、为什么、怎么办 3 个方向做选题。

（1）是什么方向的选题。例如：

"喝酒'断片儿'是怎么回事？""朋友圈的 13 种'死法'""健康体检前必须知道的 13 个问题"等。

（2）为什么方向的选题。例如：

"高血压不好好控制,会有什么后果？""天天用热水泡脚养生？开玩笑""抑郁症的 10 种表现，你中招了吗？"等。

（3）怎么办方向的选题。例如：

"远离高尿酸和痛风的七条饮食建议""适合糖尿病患者的十大健康食物""简单 4 套动作，教你远离颈椎病"等。

常规选题没有什么门道可言，最主要的是对自己所负责的内容方向足够了解，也足够热爱，喜欢去看各种与之相关的信息，然后让自己成为这方面的"达人"。

如果你对自己负责的内容方向不了解，又面临着领导给予的关键绩效指标（KPI）压力，这个时候可以考虑做热点选题。

◆ **延伸阅读**

选题难，写文章更难？这个办法，你一定要会！

——运营研究社

自从运营研究社训练营课程增添了贤哥答疑环节以后，小伙伴们纷纷跑来求助，问题五花八门，但却都是似曾相识，举例如下。

@勇者：微信公众号运营久了，会陷入没有话题可写的状态，任意选取一个话题，基本都能在历史文章中找到之前写过相类似的文章，尤其是宣传公司服务、品牌之类的，有时候会无从写起，要怎么才能走出这种状态？

@雨文：如果经常是写一个话题，怎么才能让用户保持阅读兴趣。比如，只要英国天气发生变化，某公众号总是会发布这一类的信息，有时会感觉写得太多，用户会不会疲倦……

其实，关于选题方向一般可以从3个方面来拓展。

（1）公众号定位垂直领域的话题，首先要去分析或者比较全面地去梳理整个产品和服务的功能、功效是什么，然后再去针对不同的功效，写不同的文章。

比如，一个专门写口红的公众号，可以写同一品牌的不同颜色、不同品牌的同一颜色、滋润度排行、成分介绍、不同场景的单品推荐、每支口红的来源、品牌故事等，列出产品的特点，然后进行排列组合来写，这样就可以有不少的选题方向。

（2）如果原有的知识点写得差不多了，还可以考虑从近期的一些行业热点、公司动态切入去写。其实，这里跟知识点无关，因为每个时间段用户的需求是不一样的，用户可能会因为某个新热点、新动态，然后就关注你的文章。

（3）尝试跨界去找选题，扩大选题范围，只要最终落地方向是在自己内容定位的范围内就可以。

如果运营研究社开始写情感话题，要怎么落地到运营这个点，是不是可以写用户生命周期比照情感周期，每个阶段的不同经营方法呢？

◆ **课堂讨论 3.2**

如果你是学校的新媒体运营编辑，请写出3个常规选题；如果你是当地美食账号的运营，请写出3个常规选题。

2. 热点选题

热点选题指的是用户当前最关心的话题，结合热点话题可以帮助我们有效提高内容的阅读量。就目前来说，热点可以分为常规热点和突发热点。

常规热点能够提前预判，比如情人节、圣诞节、淘宝"双11"等。对于这类热点，用户没有新鲜感、早就有心理准备，因此不容易追出刷屏级爆款选题。它跟常规选题一样拼的是文章质量。由于可以预判，准备周期长，如果好好准备，还是可以做出超过平常内容的小爆款选题。

例如，2018年的"双11"，运营研究社在十月中旬就开始策划天猫"双11"的选题，最终成功写出了一篇阅读量是平时8倍的文章《"双11"里，我们被淘宝、京东们歧视了》，转载情况也非常给力，达到了60次，而且还被36氪头条推送。

突发热点来势凶猛，追得好效果显著；同时它又来去匆匆，"过了这个村就没有这个店"。这类选题相对好做，主要讲究的是写作速度。

不过，当一个突发热点出现时，别急着马上去思考选题，要先判断它是真热点还是伪热点,下面两种情况,可能会导致你对"突发热点"产生误判。

(1)看见朋友圈刷屏的文章,就认为是热点。实际上,这可能只是特定圈子里的热点,而非你的目标用户圈子里的热点。比如2018年初"刷屏"的网易运营课,就只是在互联网从业者圈子里刷了屏。如果一个与体育内容相关的平台去跟这样的热点,阅读量一定不会高,甚至可能引起用户的反感。

(2)看见"微信指数"等指标上升,就认为是热点。其实,这可能是别人的热点,而非你的热点。比如2018年1月,区块链概念非常火,各家自媒体争相报道。但实际的情况是,文章确实铺天盖地,可惜在用户中间并没有造成很大的反响。这种热点,就只适合科技资讯类的自媒体去追。

这两种误判,共同的问题在于忽略了账号定位和用户需求。

不过,朋友圈和"微信指数",确实都是热点判断的重要参照依据。一般来说,当朋友圈出现刷屏文章,或者"微信指数"达到300万以上(多次实践总结出的临界值)时,你就需要关注该热点。

如果经过分析,确认该热点可以追,就可以采用下面4种追突发热点的方法。

(1)差异化。差异化是一个内容账号的立身之本,在热点红利中,差异化的效能更会被进一步放大。

例如,在追《旅行青蛙》这个热点时,各家自媒体竞相分析这款游戏"为什么好玩",而运营研究社则另辟蹊径,分析这款游戏"为什么会刷屏朋友圈",加上正值账号关注度的上升期,最终的效果数据很好,如图3-4所示。

图3-4 差异化热点文章示例

(2)巧妙借势。并非所有热点都适合追,不该追的热点不要强追——这是非常正确的认知,但也是比较初阶的认知。如果因此限制了自己的思维,导致错过本可以借势的热点,就非常可惜了。

实际上,如果思维够开阔,很多表面看起来不适合追的热点,也能够找到切入点,并进行巧妙借势。

例如,运营研究社作为一个互联网科技类的公众号,赵丽颖和冯绍峰官宣结婚这个热点能不能追呢?答案是能。我们采访了资深的粉丝团体运营,揭露了明星热点事件刷屏背后的秘密,阅读量比平时高出近2倍。巧妙借势热点文章示例如图3-5所示。

图3-5 巧妙借势热点文章示例

因此,不要强行追热点,但也不要轻易放过任何一个热点。只要你能从目标用户感兴趣的角度切入,那就是可以追的。

(3)抢时间。当有热点出现,势必会引起相关信息的海量涌现。对用户而言,很快就会出现信息过载、兴趣消退的现象。用户对热点话题关注度的变化趋势如图3-6所示。从图中可以看出，热点发生的 12 小时会达到最高关注度，随后关注度逐渐降低，甚至在 36 小时后比常规话题的关注度还低，因为此时热点话题已经被过度消费。所以，追热点的文章，最好在热点发生的 24 小时内完成。

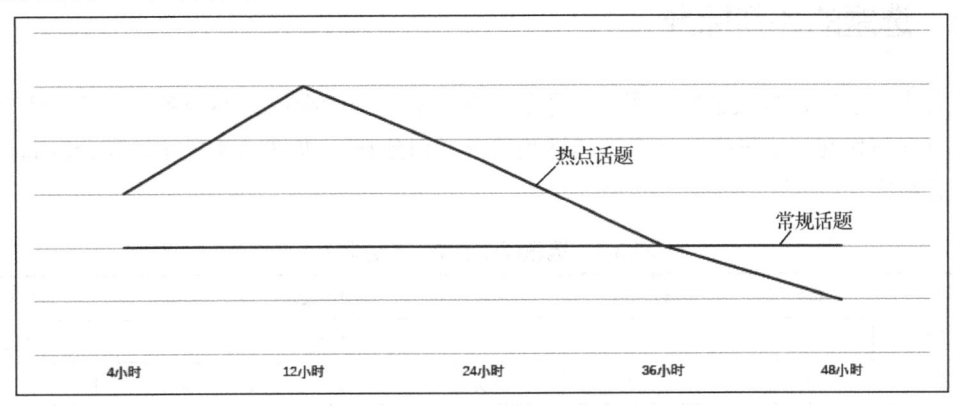

图 3-6 用户对热点话题关注度的变化趋势

例如，在追《旅行青蛙》这个热点时，运营研究社连续编辑了两篇文章来追这个热点。第一篇《〈旅行青蛙〉为什么会刷屏朋友圈？》的阅读量是第二篇《〈旅行青蛙〉是如何让你母爱泛滥的？》的近 3 倍，即使第二篇文章的内容深度和质量要高于第一篇。《旅行青蛙》热点文章对比如图 3-7 所示。

图 3-7 《旅行青蛙》热点文章对比

（4）善于分工。运营研究社追热点的速度非常快。比如 2018 年 3 月，新世相课程分销风波发生之后，我们一顿午饭的时间就写出了一篇点赞量、阅读量和转载量较高的文章《新世相刷屏背后，我有 10 点思考》，如图 3-8 所示。

图 3-8 《新世相刷屏背后，我有 10 点思考》热点文章

怎么做到的呢？非常简单，内容团队一起开会确定文章结构，然后分工去写结构里的内容，最后主编做汇总形成文章。

◆ 课堂讨论 3.3

扫描右边的二维码，阅读文章《〈都挺好〉，热点蹭得都挺好！》。假设你是不同领域的运营人员，请结合当前的时事热点，从下列 14 个领域中任选 6 个领域，分小组进行讨论并写出每个领域的 3 个热点选题。14 个领域：情感、明星八卦、时尚美妆、影视、职场、金融理财、房地产、健康养生、法制公安、美食、美容、家具装修、搞笑幽默、汽车。

3.1.3 选题的评判标准

经过常规选题、热点选题及爆款选题的裂变之后,一般会储备不少备用选题,到底用哪一个选题来写作呢,这里推荐一个选题评测清单(积分制),如表3-1所示。积分越高的选题优先进行编辑。

表 3-1 选题评测清单(积分制)

	接地气	低门槛	反常态	蹭名人	追热点	总分
选题1	5分	5分	5分	5分	5分	25分
选题2	5分	3分	3分	0分	0分	13分
选题3	4分	4分	0分	4分	3分	15分

1. 选题接地气

选题接地气指的是要针对潜在用户和目标用户关心的信息来确定文章的核心内容。例如,在2017年初乐视出事之后,大部分媒体关心都是贾跃亭。但作为把目标用户定位运营从业者的我们,如果去写乐视相关的文章,其实更应该围绕乐视员工的后续安置和补偿来进行选题规划,这样更容易引起共鸣、关注和转发。

2. 选题低门槛

选题低门槛指的是选题内容不包含专业知识,最好任何年龄段和用户层都可以看得懂。例如,一篇介绍黑松露酱的文章,如果选题不带上"老干妈"这一家喻户晓的品牌,估计很少人知道黑松露酱是一种非常好吃的调料。

3. 选题反常态

人们总是对颠覆自己认知和价值观的事情充满好奇心,进而也就更愿意阅读相关文章一探究竟。例如,类似"他毕业两年,月薪5 000,却在北京买了房"和"这家3平方米的小店,靠什么一年赚3个亿?"等选题就非常能够引起用户的好奇心。

4. 选题蹭名人

马云、马化腾、罗永浩、刘强东等科技圈和互联网圈的大咖,支付宝、携程、腾讯、京东等知名企业,这些名人和名企长期被社会关注,所以都是自带流量的。

例如,支付宝的微信指数一般都在300万+,而马云的微信指数则到了1 000万+,如果你选题能够找到和这些名人名企的关系,那么引起用户点击阅读的概率就更高(说明:微信指数会经常变动,这里的数据仅供参考)。

5. 选题追热点

在热点发生的36小时内,相关的文章都非常容易引起用户的关注。

例如,一个做时尚内容的账号,平时写穿搭可能只有几百次的阅读量。如果在赵丽颖和冯绍峰官宣结婚当天,写赵丽颖的穿搭盘点类的文章,阅读量一定是平时的几倍。

任务实训

实训 3.1 公众号内容选题打造

1. 任务描述及任务要求

自游鸟旅行平台——基于云酒店共享大数据开发的定制旅游、智能物联、旅游交友、旅游购物等,以自驾游、生态游为特色的互联网智慧旅游平台,是广东岭南职业技术学院联合4家企业共建的校企深度融合项目。作为该平台的自游鸟旅行公众号的运营,需要小组配合,建立其内容选题素材库,以及规划常规选题和热点选题。任务描述及任务要求如表3-2所示。

表3-2 任务描述及任务要求

序 号	任 务 描 述	任 务 要 求
1	建立你的内容选题素材库并进行分类	能对选题素材库进行分类
2	写出3个常规选题	选题必须适合在旅游类平台上发布
3	写出3个热点选题	掌握追热点的方法

2. 实训内容

(1)作为自游鸟旅行公众号的运营,需先建立其内容选题素材库(如课堂讨论3.1),将素材库截图至Word文档中并提交。

(2)如果想打造一篇爆款内容的选题,请结合旅游类平台的特点及当前的热点事件,分小组(4~8人为一组)讨论选题的内容,将讨论的结果填写在表3-3中。最后,派一名代表分享本组选题及评选标准。

表3-3 自游鸟旅行公众号选题登记表

选 题 类 别	选 题 名 称	评 选 标 准
常规选题		
热点选题		

(3)完成本实训参考使用的工具及网站:新浪微博热搜榜 https://s.weibo.com/top/summary?cate=realtimehot、百度搜索风云榜 http://top.baidu.com/、知乎热榜 https://www.zhihu.com/billboard、本地宝 http://gz.bendibao.com/tour/。

3. 任务考核

公众号内容选题打造任务考核表如表3-4所示。

表3-4 公众号内容选题打造任务考核表

序 号	考核内容	评级 (A、B、C、D)	说 明
1	选题素材库的建立及分类		
2	常规选题的掌握程度		
3	热点选题的掌握程度		

任务 3.2　内容框架是写作的基础

任务目标

知识目标	熟悉 4 种内容框架的结构
技能目标	学会搭建 4 种内容框架的结构

任务导图

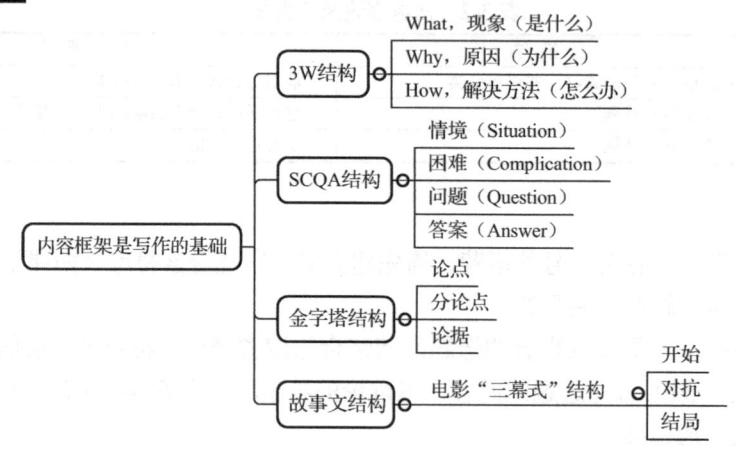

```
                          ┌─ 3W结构 ──┬─ What，现象（是什么）
                          │          ├─ Why，原因（为什么）
                          │          └─ How，解决方法（怎么办）
                          │
                          │          ┌─ 情境（Situation）
                          ├─ SCQA结构 ┼─ 困难（Complication）
                          │          ├─ 问题（Question）
内容框架是写作的基础 ──────┤          └─ 答案（Answer）
                          │
                          │           ┌─ 论点
                          ├─ 金字塔结构 ┼─ 分论点
                          │           └─ 论据
                          │                              ┌─ 开始
                          └─ 故事文结构 ─ 电影"三幕式"结构 ┼─ 对抗
                                                         └─ 结局
```

任务实施

写作就像建房子，如果没有设计图，根本不知道如何下手。写作框架就承担着设计图的作用，它能够帮助我们理清文章的逻辑和结构。只有这样，写出来的文章才能清晰、有条理。

3.2.1　3W 结构

3W 是英文单词 What、Why、How 的缩写，也是按照现象（是什么）、原因（为什么）、解决方法（怎么办）的框架来写作的文章结构。3W 结构适用于指导人们解决问题的干货类文章。

例如，丁香医生在一篇名为《一个伤牙齿的刷牙习惯，看看你中招了吗？》的文章中，就是按照以下的框架进行写作的。

是什么：这个伤害牙齿的刷牙习惯就是"拉锯式刷牙"。

为什么：为什么说这个习惯有害？它会带来什么隐患。

怎么办：我们应该如何刷牙？推荐"巴氏刷牙法"。

3.2.2　SCQA 结构

SCQA 结构是麦肯锡第一位女性顾问芭芭拉·明托的经典书籍《金字塔原理》中的一种结构，SCQA 即情境（Situation）、困难（Complication）、问题（Question）、答案（Answer）。

由于有场景描写，这样的写作方法能够让用户更有画面感，更能引起用户的共鸣，十分适合销售类文案或解决问题类的干货文章。

例如，知识付费平台千聊在推广一门小学生作文课程时，就用了这个框架。

在文章的开头，写了这样一个情景（S）："期末考试后，寒假即将到来……"，如图3-9所示。

图 3-9　SCQA 结构之情景

接着，文章提出了在这样的情景下许多家长都会遇到的困难（C），"1年花两、三千元补习费依旧……"，如图3-10所示。

图 3-10　SCQA 结构之困难

然后，提出问题（Q）：语文作文，花钱学不会，家长教不来，为什么？家长应该怎么办？最后，正文给出解答（A），千聊课程可以帮助家长解决困难。

3.2.3 金字塔结构

金字塔结构，其实就是总分结构，如图 3-11 所示。它的组成元素有论点、分论点和论据。

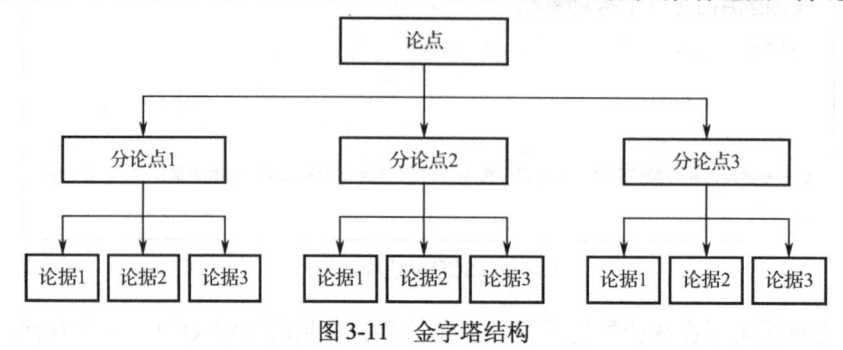

图 3-11 金字塔结构

金字塔结构的最顶端，是整篇文章的中心思想，也就是论点。紧接着，自上而下将文章的中心思想细化为几个分论点，再用论据对分论点展开论证。

以生活美学公众号物道的文章《用它按摩，浑身酸乏全不见，连睡眠也变好了》为例，这篇文章主要是推广一款按摩助眠枕，其特点分为 3 个部分。

> 模拟中医手法按摩：正反交替转向按摩，时轻时重，让按摩更舒服、专业；有 8 个按摩头，力度精准，效果好。
> 小小枕头，全身都能用：针对颈、腰、背按摩，比按摩椅更实用；自带温感热敷功能，暖胃护腰；按摩+热敷，放松身体，帮助入眠。
> 一键启动，极易上手：只有开关、转向、热敷 3 个功能键；一旦过热，它能自动关机；可以拆下来清洗，十分方便。

把它按照金字塔结构画出来，如图 3-12 所示。

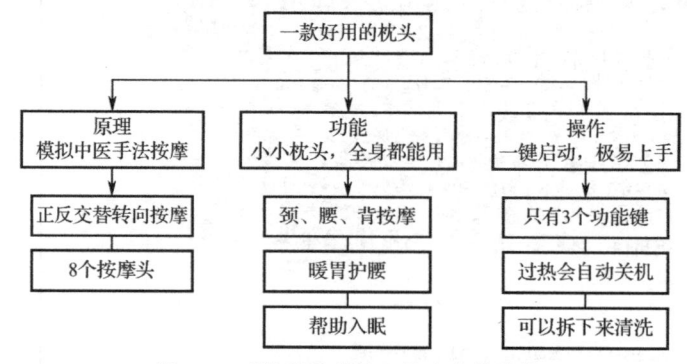

图 3-12 "按摩助眠枕"的金字塔结构

读者在写文案的时候，可以按照这样的顺序进行：先把中心思想写出来，再一层一层列出分论点，把各分论点的内容填充之后，再展开写作。

3.2.4 故事文结构

故事文结构，简单来说，与写记叙文相似，就是起因、经过和结果。但如果想要写出一个让用户过目不忘的好故事，还需要在这个结构中加入一些要素。

电影，是我们非常常见的故事载体。通过观察大家可以发现，很多电影都遵循一种故事线索：

- 有一个人，过着正常的生活；
- 突然一天，有一个挑战者出现了；
- 他开始不情愿，甚至拒绝接受挑战；
- 之后受到某个人的启发和引导，开始尝试着征服挑战；
- 在这个过程中他慢慢成长，获得了新的信息，收获了新的朋友；
- 后来，他受到了更为严峻的考验；
- 就在万念俱灰之时，他爆发出自己的力量；
- 最终获得成功；
- 于是，人物结束挑战，走上回归生活的道路；
- 他复活重生，带着满满的收获回到平凡生活中。

这就是在影视创作领域非常经典的叙事框架"英雄之旅"，是由神话学大师约瑟夫·坎贝尔提出的。很多我们熟知的大片都是采用这种叙事框架，如《哈利·波特》《狮子王》《黑客帝国》等。"英雄之旅"故事结构如图3-13所示。

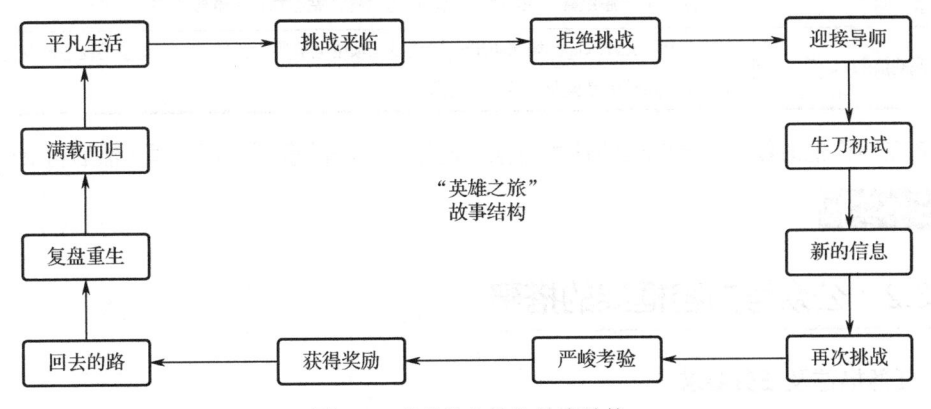

图3-13 "英雄之旅"故事结构

把这个框架简化来看，可以分为3个部分：开始→对抗→结局，也就是电影创作中的"三幕式"结构。电影"三幕式"结构如图3-14所示。

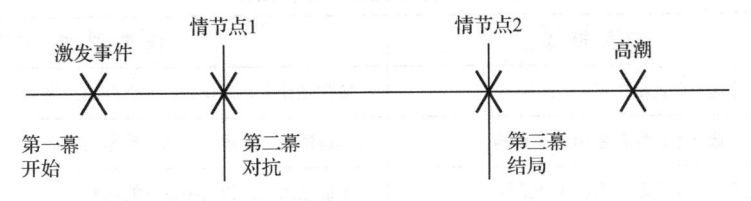

图3-14 电影"三幕式"结构

如果在写作中用上这样的结构，像电影一样来写，就可以让文章更加引人入胜，戏剧性和沉浸感都会更强。

以某公众号的文章《Lady Gaga 要当奥斯卡影后？11 年前的"怪胎"，凭本事成了巨星》为例，这篇文章讲述了 Lady Gaga 的"英雄之旅"。经过梳理，可以发现文章的内容结构如下如表 3-5 所示。

表 3-5　某公众号的文章的内容结构

平凡生活	Lady Gaga 从小就想出名。4 岁靠听学会钢琴，11 岁学表演，13 岁就能写歌，17 岁考入纽约大学音乐系
挑战来临	大学里，Lady Gaga 长得丑还演男生，遭人嫉妒而被排挤
拒绝挑战	不服气，不理会
迎接导师	—
牛刀初试	她的第一次反击，就是大二从纽约大学退学，觉得自学比在学校学要好很多
新的信息	她意识到，要人耐心听她唱歌，就得先吸引人们注意
再次挑战	后来打扮越来越奇怪，觉得这样就会有人听她唱歌；脸大、鼻子大，被人说丑，她干脆把妆画得更夸张，开始成名
严峻考验	伴随成名而来的是谩骂、抹黑、诋毁和不被理解，因为过度跳舞，得了"纤维肌痛症"
获得奖励	2015 年，Lady Gaga 一改以前的样子，一袭长裙站在舞台上唱《音乐之声》，网上的评价非常好
回去的路	这时候，那件奇装异服下的真实形象，才真正走出来
复活重生	2017 年的"超级碗"表演里，她依旧忍着疼，站在舞台上继续表演
满载而归	2019 年，Lady Gaga 凭《shallow》获得三项格莱美奖；凭借《一个明星的诞生》获得金球奖最佳歌曲；同时提名奥斯卡最佳女主角

读者在写作的时候，也可以按照这种方法，把你要写的故事填进框架里，然后再展开叙述。

任务实训

实训 3.2　公众号内容框架的搭建

1. 任务描述及任务要求

作为自游鸟旅行公众号的运营人员，在上个实训任务（实训 3.1）写出的选题中挑选一个，分小组为它搭建 4 种不同的内容框架结构。任务描述及任务要求如表 3-6 所示。

表 3-6　任务描述及任务要求

序　号	任务描述	任务要求
1	任意选一个选题搭建 3W 结构	掌握是什么、为什么、怎么办的结构
2	任意选一个选题搭建 SCQA 结构	掌握情境、困难、问题、答案的结构
3	任意选一个选题搭建金字塔结构	掌握论点、分论点和论据的结构
4	任意选一个选题搭建故事文结构	掌握开始→对抗→结局的电影"三幕式"结构

2. 实训内容

结合本任务所学的知识,根据实训任务描述及任务要求完成以下内容。

(1) 3W 结构。

选题名称:_____

是什么:_____

为什么:_____

怎么办:_____

(2) SCQA 结构。

选题名称:_____

情境(Situation):_____

困难(Complication):_____

问题(Question):_____

答案(Answer):_____

(3) 金字塔结构(论点、分论点和论据)。借助流程图工具软件画出选题的金字塔结构图(示例参考如图 3-12 所示)。

(4) 故事文结构(开始→对抗→结局)。借助流程图工具软件画出选题的电影"三幕式"结构。

3. 任务考核

公众号内容框架的搭建任务考核表如表 3-7 所示。

表 3-7 公众号内容框架的搭建任务考核表

序 号	考 核 内 容	评 级 (A、B、C、D)	说 明
1	搭建 3W 结构		
2	搭建 SCQA 结构		
3	搭建金字塔结构		
4	搭建故事文结构		

任务 3.3　如何寻找文章写作素材

📝 任务目标

知识目标	了解文章写作素材的呈现方式
技能目标	掌握常用素材的收集方法

📝 任务导图

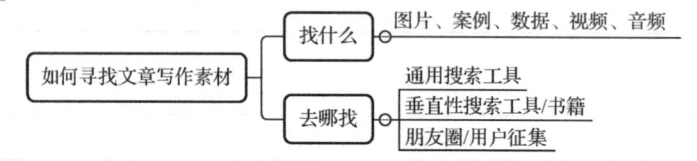

```
                        ┌─ 找什么 ─── 图片、案例、数据、视频、音频
如何寻找文章写作素材 ──┤
                        │              ┌─ 通用搜索工具
                        └─ 去哪找 ───┼─ 垂直性搜索工具/书籍
                                       └─ 朋友圈/用户征集
```

📝 任务实施

写文章，素材是必不可少的。就好像建房子，一篇文章如果只有"设计图"却没有"建筑物料"，那也是无计可施的。寻找文章写作素材，其实就是对框架的填充。这一任务，我们主要从找什么和去哪里找这两个部分来进行详细说明。

3.3.1　找什么

想要确定找什么素材，其实就是一种自上而下的思路，文章的每个分论点需要哪些素材，是案例、数据，还是图片？按照这样的逻辑一步步拆解下来，确认自己需要的素材。

下面以运营研究社的文章《BAT 不为人知的一面，互联网公司为下乡真的拼了》（扫描二维码即可阅读文章）为例进行说明。

这篇文章主要分为两个部分：
➢ 互联网公司"土味"刷墙广告；
➢ 除了刷墙，还有什么方法能够实现乡镇用户增长。

在每一部分具体的写作中，还会有素材的需求。例如，在这篇文章中，按照框架需求填充好的素材如下。

第一部分：文章需要的素材就是互联网公司下乡刷墙广告的案例和图片，如图 3-15 所示。

第二部分：谈论的是乡镇用户增长的方法，那么就需要用户增长相关的手段和案例。可以将其分为两个部分进行，传统打法（电视广告）和互联网打法（社交裂变），如图 3-16 所示。

在传统打法（电视广告）这个部分，我们提出了一个观点：传统电视广告依然是广告主媒介分配中很重要的一个部分。这时候，就需要一些数据素材来支撑我们的观点。于是，我们在网络上找到了《第 19 届中国电视覆盖及收视状况调研》的数据，如图 3-17 所示。

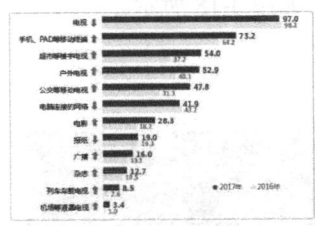

图 3-15 《BAT 不为人知的一面,互联网公司为下乡真的拼了》文章摘录 1

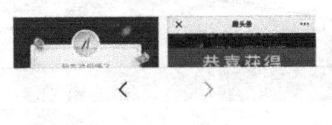

图 3-16 《BAT 不为人知的一面,互联网公司为下乡真的拼了》文章摘录 2

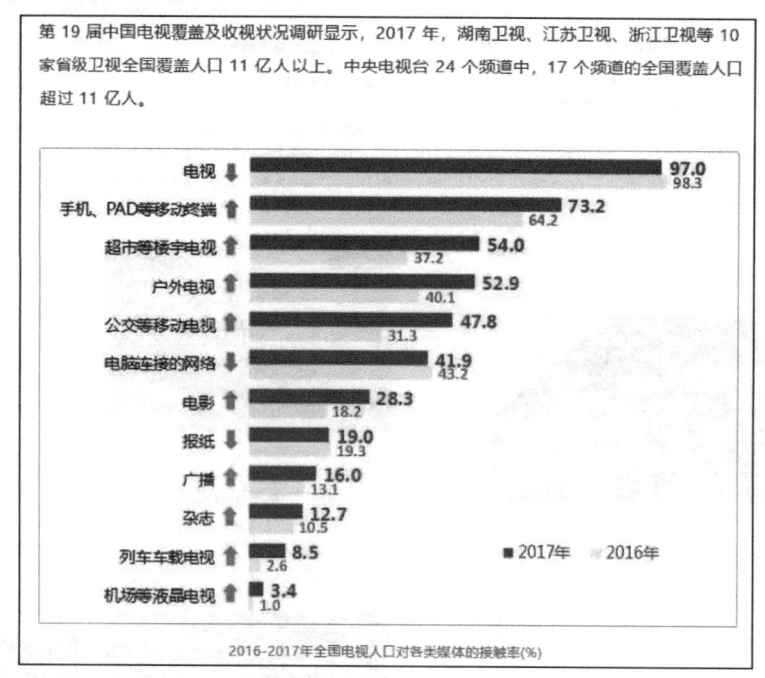

图 3-17 《第 19 届中国电视覆盖及收视状况调研》数据素材

总之，素材的呈现形式有图片、案例、数据、视频、音频等。找什么素材，是根据文章框架和后续的内容填充一步一步确定的。

3.3.2 去哪找

找素材的渠道有很多，在这里给读者列举几种常见的渠道。

1．通用搜索工具

通用搜索工具指的是我们最常见、用得最多的搜索工具，例如百度搜索、必应搜索、微信搜索等。不管你写的是哪一领域的文章，都可以用这些搜索工具找到素材。

还是以《BAT 不为人知的一面，互联网公司为下乡真的拼了》这篇文章为例，我们可以通过百度搜索"互联网下乡广告"，搜索出的图片列表如图 3-18 所示。

图 3-18　搜索"互联网下乡广告"的图片列表

2. 垂直性搜索工具/书籍

垂直领域的账号，在撰写专业内容时，可以到一些垂直性搜索工具网站去搜索相关素材。例如，一个时尚账号，在写穿搭文章的时候，可以到 Instagram 或 Vogue 找素材；一个写影评的账号，可以到豆瓣看看大众评价，到 Rotten Tomatoes（国外电影评分网站）看看电影评分。

书籍也是一个常用的素材收集渠道。公众号乌鸦电影的创始人曾在一次采访中表示，电影编辑在写作的时候经常会在一部电影的基础上做很多延伸阅读，有时候写一篇推送文章要读许多相关的书籍。而我们在写《BAT 不为人知的一面，互联网公司为下乡真的拼了》这篇文章时，也可以到人人都是产品经理、梅花网等互联网行业网站搜索"用户增长"的方法和案例，还可以通过读《跟小贤学运营》等专业书籍获取素材。

3. 朋友圈/用户征集

朋友圈其实也是一个搜集素材的地方。例如，一个面向大学生的公众号想要发布一篇关于"高校食堂奇葩菜"的文章，就可以发朋友圈，征集大家食堂的"奇葩菜"。

除此之外，也可以直接在公众号发布"素材征集"类的文章，向用户征集他们的故事。例如，公众号杂乱无章在写文章《我明明很自在，很多人却说我很奇怪》之前，就先在公众号发布了素材征集信息，如图 3-19 所示。

明确自己想要的素材和搜索渠道，就不难找到合适的素材了。只要到相关的渠道，根据你想找的内容关键词进行搜索就可以了。

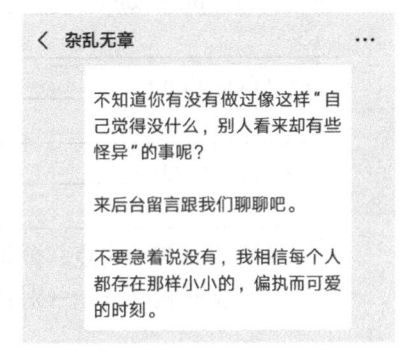

图 3-19　公众号发布的素材征集信息

任务实训

实训 3.3　公众号文章素材收集

1. 任务描述及任务要求

作为自游鸟旅行公众号的运营人员，请结合本任务介绍的素材来源渠道，分小组对实训 3.2 中搭建好的内容框架进行素材填充，并将找到的素材存放到自己建立的素材库文件夹中。任务描述及任务要求如表 3-8 所示。

表 3-8　任务描述及任务要求

序　号	任　务　描　述	任　务　要　求
1	按照内容框架需求填充素材	素材包括图片、案例、数据、视频、音频等
2	至少列举出 5 种素材的渠道	了解不同的素材搜索渠道

2. 实训内容

根据任务描述并结合本任务所学知识，填写下面的内容，同时按要求完成不同结构的素材呈现形式及来源渠道统计表。3W 结构的素材呈现形式及来源渠道统计表如表 3-9 所示，其他结构的统计表请读者自行汇制。

(1) 3W 结构素材。

选题名称：_____

是什么：_____

为什么：_____

_____

怎么办：_____

(2) SCQA 结构素材。

选题名称：_____

_____

情境（Situation）：_____

困难（Complication）：_____

_____

问题（Question）：_____

_____

答案（Answer）：_____

_____

(3) 金字塔结构（论点、分论点和论据）素材。

(4) 故事文结构（开始→对抗→结局）电影三幕式素材。

表 3-9　3W 结构的素材呈现形式及来源渠道统计表

内　　容	素材的呈现形式	素材的来源渠道
是什么		
为什么		
怎么办		

(5) 完成本实训参考网站及公众号如下。

内容素材搜索网站：百度 https://www.baidu.com、马蜂窝 https://www.mafengwo.cn/。

公众号：lulu 的旅行日记、猫途鹰、那一座城、小红书 App。

图片素材搜索网站：图虫创意 https://stock.tuchong.com/、泼辣有图 http://www.polayoutu.com/collections。

3．任务考核

公众号文章素材收集任务考核表如表 3-10 所示。

表 3-10　公众号文章素材收集任务考核表

序　号	考核内容	评　级 (A、B、C、D)	说　明
1	明确自己想要找什么样素材		
2	知道需要的素材去哪儿找		

任务 3.4　文章细节决定文章的质量

任务目标

知识目标	了解哪些细节决定文章的质量
技能目标	能够运用不同的方法撰写文章的开头、内文和结尾

任务导图

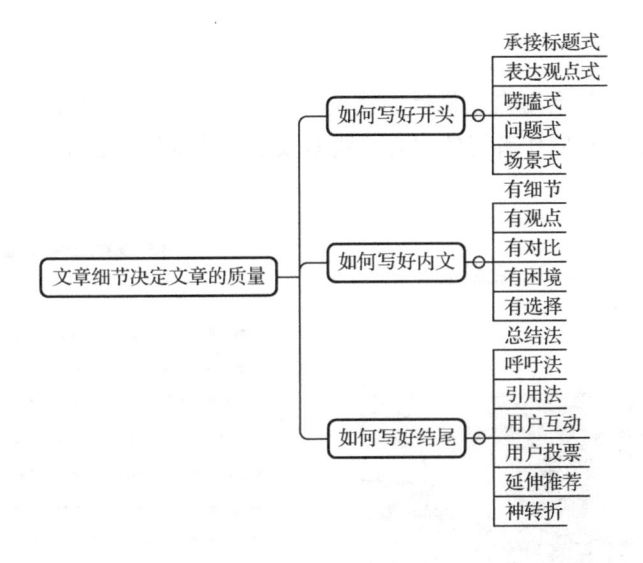

```
                              ┌─ 承接标题式
                              ├─ 表达观点式
                    如何写好开头 ┼─ 唠嗑式
                              ├─ 问题式
                              └─ 场景式
                              ┌─ 有细节
                              ├─ 有观点
文章细节决定文章的质量 — 如何写好内文 ┼─ 有对比
                              ├─ 有困境
                              └─ 有选择
                              ┌─ 总结法
                              ├─ 呼吁法
                              ├─ 引用法
                    如何写好结尾 ┼─ 用户互动
                              ├─ 用户投票
                              ├─ 延伸推荐
                              └─ 神转折
```

任务实施

有了合适的框架和充足的素材,基本上就可以写出一篇文章了。但是,如果想要进一步提升文章的质量,还需要从开头、内文、结尾这 3 个板块出发,学习如何进行内容的优化。

3.4.1　如何写好开头

万事开头难,读者点击你的文章是因为你标题起得好,封面图片配得好。但点击之后能不能继续看你的文章,就看开头的功力。开头一般都离不开这 5 种方式:承接标题式、表达观点式、唠嗑式、问题式和场景式。

1. 承接标题式

当标题已经引起读者的好奇并点开时,开头需要解释或延续这种好奇。例如,运营研究社在美团打车进入上海时写了一篇《美团司机:我这 3 个月不跑滴滴了!》,文章的开头则是用跟司机聊天的对话,作为标题的承接。承接标题式的开头如图 3-20 所示。

2. 表达观点式

这种文章的开头先将自己的观点表达出来,要么搞笑幽默,要么观点犀利,以此来吸引你继续阅读文章。表达观点式的开头如图 3-21 所示。

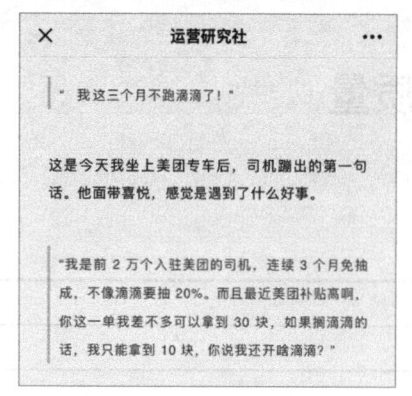

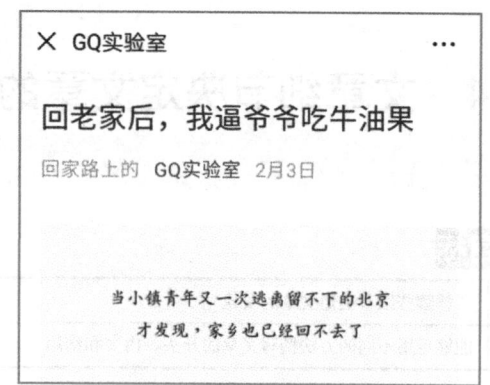

图 3-20　承接标题式的开头　　　　　图 3-21　表达观点式的开头

3．唠嗑式

在写正文时，作者先会写自己最近的状况，或者说一下以前做过的事情，这样拉近与读者的距离后，读者更能认同作者写的内容。唠嗑式的开头如图 3-22 所示。

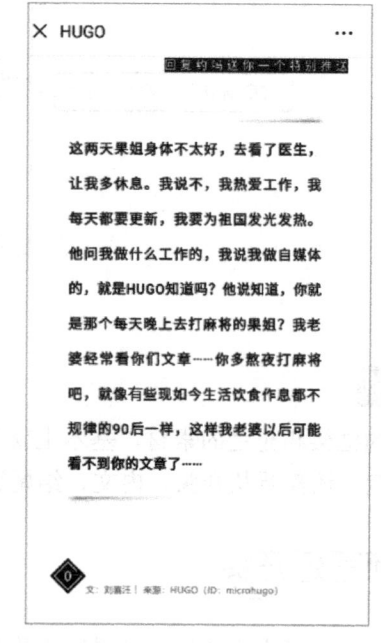

图 3-22　唠嗑式的开头

4．问题式

文章开头作者会提出一个问题让读者思考，引发读者的好奇心。然后读者会带着这个问题在文章内寻找答案。问题式的开头如图 3-23 所示。

5．场景式

开头先会给你写一段读者现在经历或者和你有共同经历的场景，目的让读者心理有种"没错！我就是这样"的认同感。场景式的开头如图 3-24 所示。

图 3-23　问题式的开头　　　　图 3-24　场景式的开头

◆ **课堂讨论 3.4**

以小组为单位，参照承接标题式示例，如图 3-25 所示，写出除了承接标题式以外的 4 种不同方式的开头，主题自定。

图 3-25　承接标题式示例

1. 承接标题式:《答辩完的我,匆匆逃离了这个学校》
2. 表达观点式: _____
3. 唠嗑式: _____
4. 问题式: _____
5. 场景式: _____

3.4.2 如何写好内文

文章的开头只是起吸引注意力的作用,内文和开头一样重要,因为每一句话都要担负起吸引人看下一句的重任。内文才是用户是否会产生关注、分享、购买等行为的关键因素。

内文写作的大方向是沿着文章的框架去填充素材,如果你想写出让大家想看下去的文章,可以参考以下几种内文写作的关键技巧。

1. 有细节

有观点没细节的内文,就是空喊口号。无论你的写作对象是"人"还是"物",为了让大家能够深刻体会它,细节是少不了的。而有效的细节是可以产生画面感,让读者看到的。比如,表达一个女生很高冷的观点,可以用这样的细节进行描述:

猫女是我在 2019 年 6 月莫干山活动上认识的一位创业者,那会儿她穿着高跟鞋、涂着惹人的口红、胸前佩戴青铜色的猫头饰品,在她点燃雪茄的那一刻我就断定自己跟她不是一路人,属于永远都不会有交集的那一种!

还有一种无效的细节描述:

猫女是我在 2019 年 6 月莫干山活动上认识的一位创业者,那会儿她穿着高跟鞋,显得非常高冷。

2. 有观点

写作新人非常容易出现的问题是让读者觉得文章很啰唆,不知道你在写啥。出现这种情况的原因主要在于没有适当地列明观点。有细节没有观点的文章,是言情流水账。

大多数文章,观点和细节的比例为 1:5 左右。如果你不太擅长列观点,可以像本教材一样用"1.……2.……3.……"的分点法,它是一种非常有效的观点表达方式,但观点的关键词要短小精悍,不然就又变成细节了。

比如,同样为了说明活动策划的方法,大部分新人在写观点时会是这样子的:

从活动准备期就开放用户参与,千人投票选出最喜爱的潮 T。

而写作高手写的观点会是这样子的:

开放用户参与节点越早越好。

总之,细节和观点是相辅相成的:细节有画面感,便于抒情;观点有情绪,便于记忆。

3. 有对比

俗话说"有对比,才有伤害",被伤害到了记忆才会更深刻。对比是体现一个人或一件事物的特点的另外一种写作技巧,比如我想表达一个中年大叔很有独立思考和超强的学习能力,我会这样去写他:

身边跟他一样从事传统制造业的企业家们,有很多都去上 MBA 了,唯独他不太喜欢上课，喜欢一个人宅在家里看书，看各种公众号的文章，比如运营研究社、混沌大学、36氪……看到有启发的句子就记下来。

——金山某巧克力厂股东

再比如，想表达一个女生很高冷，这个时候应该用一位可爱、热情一点的女生与她做对比。

4. 有困境

好故事应该聚焦于存在困境的人，或者说聚焦于麻烦缠身的人，这一点是非常重要的。

比如，你想描述大学生的工作现状，为了让读者能够记住你到底在文章里写了哪些大学生，最好的选择是写那些目前存在困境的大学生。例如：

今天是毕业典礼，不过我快拿不到毕业证了。考研失败后一直没找到合适的工作，辅导员因为我没有签约企业，刚才还把我叫去训话了。

——一位刚毕业的大学生

另外，困境的难度是同读者认知的人物性格特点成正比的。比如，你想描述一个人生存能力非常强，你不能只写他父母不在家的时候可以独立生活一周，而是要写他独自一人背包去旅行，甚至是去沙漠行走 1 个月。因为后者遇到的生存困境问题肯定会比前者大，这样就可以更好地体现一个人的生存能力。

5. 有选择

通过故事主人公对结果非常相近的多项选择来体现他的性格特点，"我和你妈妈掉水里了，你会先救谁"是一个非常经典的选择问题，它能够明显地体现做出选择的人是重亲情还是重感情。

为了加深说明"有选择"对人物类文章写作的重要性，我们拿非常红火的电视剧《都挺好》来说，整部电视剧里最让人有共鸣的人是谁？

我想大部分人的答案是苏明玉，原本是剧中最让人同情的角色，最后却成了让人羡慕的人生赢家。在由"樊胜美"进化成"安迪"的路上，苏明玉做出了许多艰难的选择。面对家庭的轻视薄待，她选择了跟家里断绝关系，打工养活自己，尽显不卑不亢的品质；面对公司内部针对自己的人身攻击，她选择不乱阵脚，维护大局，展现出了职业素养；面对师父"重病"，她选择探究到底，不顾性命，赤诚之心感动观众；最后面对伤害了自己一辈子的家人，她选择原谅，原谅对方也是原谅自己。可以说她的每一个选择，都让苏明玉这个角色越来越立体鲜活，打动人心。

◆ **课堂讨论 3.5**

以小组为单位，参照有细节的内文示例，如图 3-26 所示，任意选择一种内容框架，尝试分别写出以下 5 种关键技巧的内文：有细节、有观点、有对比、有困境、有选择。

图 3-26 有细节文案示例

3.4.3 如何写好结尾

结尾是文章的最后一环，千万不要草率。要想提升文章的转化率，结尾的总结一定要写好（最好有金句）。下面介绍 7 种简单有效的文章结尾方法。

1. 总结法

这种方法适用于记叙文和工具方法类的文章，可将文章的主题和内容进行总结，有利于读者回忆前面的内容。运营研究社就是经常用这种方法进行结尾的。总结法的结尾如图 3-27 所示。

04

总结

谄媚效应告诉我们，人们都很喜欢一些积极正向的描述；巴纳姆效应告诉我们，当用一些普通、含糊不清、广泛的形容词来描述一个人的时候，人们往往很容易就接受这些描述，并认为描述中所说的就是自己。

如果你也想做个刷屏测试类题目，**一定要掌握这两个效应的精髓，同时不要忽略以下这 5 个原则：**

1）借势，蹭热点。

2）要有展现自我的元素。

3）文案正向积极，有个性化词汇。

4）帮助用户表达愿望，但愿望不能不现实。

5）场景新奇有趣，超出用户预期。

图 3-27　总结法的结尾

2. 呼吁法

这种方法适用于议论文和抒情文。在结尾进行呼吁，将主题升华，从而引发读者思想上的认同。

例如，科技大号爱范儿的文章《电影评分的两个世界：豆瓣一分等于猫眼几分？》，全文从多个角度对比了豆瓣和猫眼电影上的电影评分，展示了评分背后的意义。在结尾处呼吁大家，更公正地给电影评分，是想看好电影的我们都应该承担的责任。呼吁法的结尾如图 3-28 所示。

一个值得关注的现象是，2018 年票房前 10 的电影，其猫眼平均评分和豆瓣平均评分的比值为 1.2。而在 2017 年，这个数字为 1.32，如果去除引进片的影响，2017 年这个比值更大，为 1.4。

票房前 10 的电影一般都有接近或超过百万的评分人数，这些看上去差距不大的数字，其实表明了两个平台对国产卖座电影的分歧正在明显缩小。

今年春节档，沈腾、黄渤这样的演员成了观众、资本、票房共同青睐的对象，流量明星们已经很少出现在大银幕上。

所以，摒弃偏见，更公正地给电影评分，也是想看好电影的我们每一个人的责任。

图 3-28　呼吁法的结尾

3. 引用法

如果实在不知道怎么结尾，可以用引用法。比如引用一句鸡汤式的话作为结尾，或者引用一个幽默的段子作为结尾。引用的素材最好能够戳中读者，引发共鸣。

4. 用户互动

看完文章让读者去思考和互动，也是一种非常不错的结尾方式。这种互动可以是提出一个问题让他们在图文底部留言区回答，也可以是给他们一项任务。目前这种方式运用得比较好的是公众号深夜发嬎，基本上每篇文章都会有互动。用户互动的结尾如图 3-29 所示。

图 3-29　用户互动的结尾

5. 用户投票

用户投票其实也算是一种跟用户互动的方式。对于用户来说，投票的互动更加方便。对于运营来说，能够更加直观地判断用户互动的效果。

如果投票设置得有趣，还能提升公众号的黏性。比如公众号"你丫才美工"，它们的投票设置都很有意思。用户投票的结尾如图 3-30 所示。

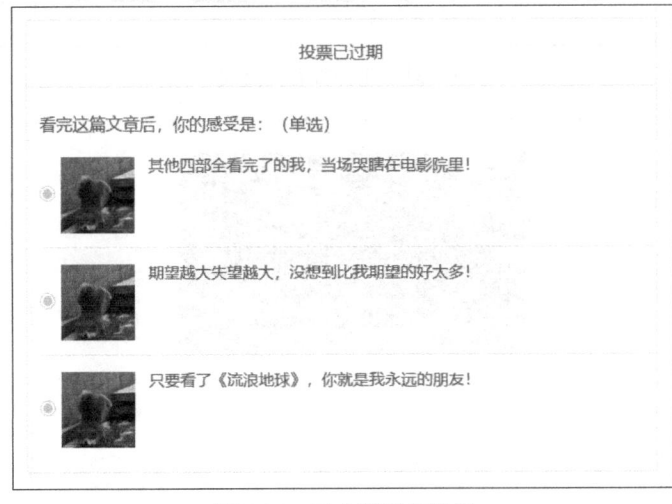

图 3-30　用户投票的结尾

6. 延伸推荐

延伸推荐指的是在文末给读者推荐和本文主题相同的文章，帮助读者进行主题式阅读。这样不仅可以加深他们对公众号的好感（觉得你很实在），还可以给曾经写过的文章带来新的阅读量。延伸推荐的结尾如图 3-31 所示。

7. 神转折

神转折，顾名思义就是文章发生了不合逻辑、突破常理的变化。想必读者在很多软文中都见过神转折的手法了。如果你对相声小品感兴趣，回看春晚 30 多年的经典相声小品，能学到很多神转折的手法。例如：

"我就喜欢你这一点！""哪一点？""离我远一点。"

公众号"顾爷"，就经常在文章结尾使用神转折的手法，让文章变得活泼有趣，更有记忆点。比如在一篇写"锦鲤现象"的文章，全文都在阐述"锦鲤现象"的原因。结果，在结尾处进行了神转折,如图 3-32 所示。

图 3-31 延伸推荐的结尾

图 3-32 神转折的结尾

任务实训

实训 3.4　公众号内容创作实战

1. 任务描述及任务要求

作为公众号自游鸟旅行的运营，通过网络搜索一篇与旅游或吃喝玩乐相关的文章，分析其开头、内文、结尾使用的方法，并结合实训 3.3 收集的素材，尝试写一篇和自驾游或生态游相关、主题不限的文章，同时说明文章的开头、内文、结尾各用了什么方法。任务描述及任务要求如表 3-11 所示。

表 3-11　任务描述及任务要求

序号	任务描述	任务要求
1	根据主题结合热点写出开头	熟练掌握 5 种开头方式中的一种
2	用 5 种内文写作的关键技巧填充内文	熟练运用 5 种不同的内文写作技巧
3	结合文章结构，写出首尾相应的结尾	了解 7 种不同的结尾方式

2. 实训内容

（1）结合课堂讨论的内容，请分小组通过网络搜索文章，分析其开头、内文、结尾所使用的方法，将文章的标题、开头、内文、结尾截图并保存在 Word 文档中，同时指出其具体运用的是哪种方法。

（2）新建文档，结合实训 3.3 收集的素材，尝试写一篇和自驾游或生态游相关、主题不限的文章，并说明其文章开头、内文、结尾的方法（每人一篇原创）。

扫描二维码，阅读示例文章《万圣节｜广州长隆&艾薇公寓齐邀你来"玩鬼"大冒险！》。

（3）完成本实训参考使用工具及网站：

① 文章搜索工具：微信"搜一搜"功能。

② 文章搜索网站：搜狗微信 https://weixin.sogou.com/。

3. 任务考核

公众号内容创作实战任务考核表如表 3-12 所示。

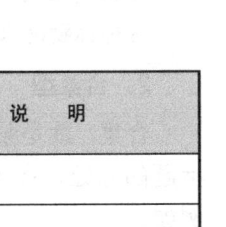

表 3-12　公众号内容创作实战任务考核表

序号	考核内容	评级（A、B、C、D）	说明
1	开头符合选题		
2	内文充实有料		
3	结尾有金句		

任务 3.5　用标题提升文章的阅读量

任务目标

知识目标	了解用哪些标题格式可以提升文章的阅读量
技能目标	能够运用不同的标题格式来撰写标题

任务导图

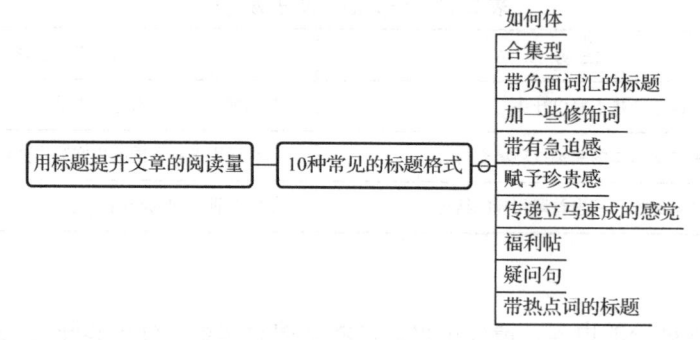

用标题提升文章的阅读量 — 10种常见的标题格式
- 如何体
- 合集型
- 带负面词汇的标题
- 加一些修饰词
- 带有急迫感
- 赋予珍贵感
- 传递立马速成的感觉
- 福利帖
- 疑问句
- 带热点词的标题

任务实施

为了能够让文章有更好的阅读量，我们可以使用以下 10 种常见的标题格式，用标题吸引用户阅读文章内容。

1. 如何体

如何体是用得最广的标题格式之一，也是最好用的格式。只要你把"如何"这两个字写进标题，标题的质量一般不会太差。不过，不一定非要出现"如何"才是如何体式。具体可以参考以下标题的形式：

"技术型营销人必看：Airbnb 早期是如何用 Growth Hack 获得更多用户的？""现代营销人进阶之路：如何从零开始成为营销技术专家（Marketing Technologist）""如何发邮件请求帮助，并获得超高回复率？"等。

这种标题能够对全文阐述的内容一目了然，读者从标题就能判断内容是不是自己想要的？

2. 合集型

合集，就是某一主题下多个内容的集合，例如 6 种方法、5 个建议、4 种趋势等。合集型标题的好处，在于它的归纳总结性强。而且合集型的标题中带数字，容易吸引用户眼球，例如：

"Airbnb 告诉你如何用鸡肋换鸡腿：3 种分享型经济的典型案例""【盘点】重磅推荐！2018 年度互联网文艺词汇榜单"等。

3. 带负面词汇的标题

"4 个常见错误""5 件你应该避免的事"等，这些带负面词汇的标题往往让人警醒，想一探究竟。"见不贤而内自省也"，通过一些错误的案例来获得启示，例如：

原标题"8个简历制作秘籍",改后标题"如果你的简历石沉大海,看看这8个秘籍";原标题"故宫博物院的那些事儿",改后标题"关于故宫博物院你所不知道的那些事儿"。是不是改后的标题更让你眉头一皱,想点开文章来一探究竟?

4. 加一些修饰词

修饰词有两个作用:一个是让定义更明确、独特;另一个是增加读者的情感强度。例如:"全新优质的案例库都在这里了 | HUNT By Social Beta"等。

说到案例库,聪明的读者都知道这是怎么回事了,但上哪儿不能看案例呢?用"全新优质"来说明这个案例库的特色,马上增强了我们的打开欲望。

5. 带有急迫感

"你还没尝试过的""最新推出的"等,人人都有探索精神,兼具反击验证的急迫心理,看到这种标题会马上想验证下:我到底尝试过没有?最新推出的东西我知道了吗?而且,让标题充满急迫感,也是召唤行动的一种表示。例如:

"【案例】这么有趣的航空安全须知视频,你看过吗?"等。

你会不会想赶快去验证下,这个视频自己看过吗?真的有趣吗?如果还不知道怎么用,教你一个万能模式:动词 + 所得利益。例如:

"学会这些英文单词,你就可以在广告圈混了!"等。

6. 赋予珍贵感

这类型的标题,常出现的关键词是:内部、内幕、探秘、揭秘等。看到这样的标题,读者觉得你给的信息他能得到而别人得不到。而且,获取这种秘密信息后,读者会更愿意作为传播源,向他人扩散。例如:

"Facebook 内部员工工作指南""Google 程序员薪资探秘"等。

7. 传递立马速成的感觉

在碎片化阅读时代,大家生活节奏快,不一定有时间和精力去深入钻研。这类标题能让用户觉得节省了时间和精力,因此也会更愿意点开。例如:

"一篇文章读懂营销本质的变迁,从广告到 SDi""7步教你玩转 Logo 设计"等。

8. 福利帖

标题表明读这篇文章会有福利。这种标题有两种体现方式。

一种是直接打上福利的标签,例如:

"2018年度礼物榜单——献给不会送礼物的人的福利帖!!!""【招聘福利】高端职位专场:新媒体和营销类职位"等。

还有一种是间接表达的方式,使用"指南""入门读物"这类词,可以这样组合:

"【指南】关于视觉营销利器 Cinemagraph,营销人应该知道的概念、案例和实践""春节充电:36篇社交媒体和数字营销人荐读文章(职场篇)"等。

9. 疑问句

疑问句的目的是引起读者注意,引发好奇和思考。常见的疑问句式有:为什么?凭什么?怎么办?怎么样才能?是不是?例如:

"毕业2年,月薪1 000到10 000,我是怎么做到的?""你为什么还没过上想要的生活?"等。

10. 带热点词的标题

热点往往是人们最关心的事情，如果标题出现热点词，能够更加吸引用户点开。像热播影视剧、热门体育赛事、节假日这类热点事件，其热度往往能够保持一段时间。例如：

"《知否》热播！赵丽颖却被吐槽老了十岁？"，该篇文章的实际内容是护肤产品推荐。

任务实训

实训 3.5　公众号文章标题的制作

1. 任务描述及任务要求

阅读《公众号自由鸟旅行文章标题的制作过程》一文，参考其标题的制作过程，分小组制作自己公众号的文章标题。具体要求：选择实训 3.4 中的一篇文章，每位小组成员根据文章给出 5 个以上的标题。然后小组讨论选出 5~6 个优质标题，再把选出的标题发至最接近目标用户的微信群进行投票，最后统计得票数最高的一个标题。任务描述及任务要求如表 3-13 所示。

公众号自由鸟旅行文章标题的制作过程

每天晚上，自游鸟旅行团队会把当天写好的文章发出来，然后新媒体小组的人开始制作标题，15~20 分钟内每人至少制作 5 个标题。有些同学甚至一个人能制作 20 个！所以每一篇文章的背后，都有近百个标题！

随后，团队会从中挑选出 5~6 个标题，放到 3 个顾问群里投票（每个顾问群都有人负责统计票数）。最终会参考投票结果，决定使用哪一个作为标题。但有时候主编也会任性，听任自己多年经验和直觉决定使用哪一个标题。

表 3-13　任务描述及任务要求

任 务 描 述	任 务 要 求
分个小组每人给文章制作 5 个以上的标题	熟练掌握至少 5 种制作标题的方法

2. 实训内容

（1）作为公众号自游鸟旅行的运营，掌握标题的制作方法是必备的技能。请分小组，根据本任务介绍的 10 种常见的标题格式，完成实训任务的要求（"标题 1"为参考示例）。

同学 A：如何体
标题 1：<u>良心攻略，如何避开高峰期舒舒服服地过国庆？</u>
标题 2：_____
标题 3：_____
标题 4：_____
标题 5：_____
同学 B：合集型
标题 1：_____
标题 2：_____

标题 3：_____
标题 4：_____
标题 5：_____

同学 C：带负面词汇的标题

标题 1：_____
标题 2：_____
标题 3：_____
标题 4：_____
标题 5：_____

同学 D：加一些修饰词的标题

标题 1：_____
标题 2：_____
标题 3：_____
标题 4：_____
标题 5：_____

……

（2）根据任务要求票选出优质标题。优质标题得票数及原因统计表如表 3-14 所示。

表 3-14　优质标题得票数及原因统计表

序号	得票	优质标题	备注（原因）
1			
2			
3			

最佳标题：_____

（3）选好标题后，被选中文章标题的成员对该文章进行排版并保存在 Word 文档中提交，同时在个人公众号中发布该文章。提交的 Word 文档中附上该推送文章的链接。

（4）完成本实训参考使用的投票统计工具："群里有事"小程序、金数据、麦客表单。

3．任务考核

公众号文章标题的制作任务考核表如表 3-15 所示。

表 3-15　公众号文章标题的制作任务考核表

考核内容	评级 (A、B、C、D)	说明
掌握 5 种以上标题制作的方法		

任务 3.6　案例：分析热点文章，总结追热点的方法

任务目标

知识目标	了解分析热点文章并总结追热点的方法
技能目标	能够分析当前的热门文章所采用追热点的方法

任务导图

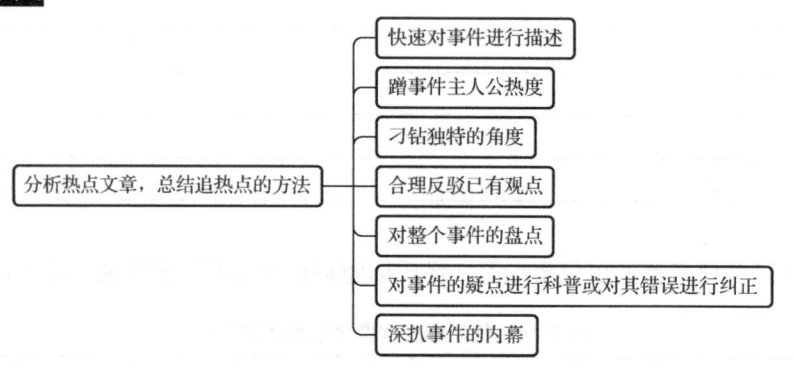

分析热点文章，总结追热点的方法
- 快速对事件进行描述
- 蹭事件主人公热度
- 刁钻独特的角度
- 合理反驳已有观点
- 对整个事件的盘点
- 对事件的疑点进行科普或对其错误进行纠正
- 深扒事件的内幕

任务实施

2019 年 2 月 5 日（农历正月初一）上映的《流浪地球》，上映 7 周票房突破 46 亿元，进入内地电影票房排名前五，成功载入影片史册。《流浪地球》海报及淘票票评分如图 3-33 所示。

图 3-33　《流浪地球》海报及淘票票评分

《流浪地球》不仅在票房上数据惊人，还成为众多自媒体蹭热度的最佳选题。比如网易科技公众号就发布了 6 篇关于《流浪地球》的文章，每篇都有不错的阅读量。

蹭《流浪地球》热点的不仅有影视、科技这种直接相关的行业，交通局、国资委这种看似毫不相干的部门都能扯上关系。

在知乎上，《流浪地球》相关的话题前后超过 30 个上了知乎热榜，这可能是知乎热榜上

针对同一个事件引发最多热门话题的主题。这些话题有的一本正经，有的看似离题千万里，但是无一例外都取得了成功。可以说，《流浪地球》已经成为现象级的热点。

观察《流浪地球》的热搜和 10 万+点击量的文章后，可以总结带来流量较高的 7 种追热点的方法。

1. 快速对事件进行描述

简单、直接的追热点方法，就是第一时间对事件进行描述。例如，此次《流浪地球》电影上映后，很快就有自媒体发布文章《〈流浪地球〉：硬核科幻，土法炮制》，这篇文章收效显著。

这种追热点的方法对热点的敏感度要求较高，必须快、准、狠，否则会被其他媒体抢占先机。这里，介绍常用的两个小技巧。

一是多关注各类热门榜单，比如知乎热榜、微博热搜等，以及多关注行业资讯类媒体的早报、午报，方便第一时间掌握行业的最新动态。

二是借助微信指数小程序查看事件热度，判断该热点是否值得追。比如与"流量地球"同期的热门话题有"新喜剧之王""翟天临"等，我们可以通过微信指数（可查看前一天的数据）判断哪一个更热。热门话题的微信指数对比如图 3-34 所示。

为了能在第一时间借势营销，在内容上可以偏向于对热点的阐述，而不必过分追求内容的深度。比如，新华社曾发布过一篇文章《刚刚，沙特王储被废了》，内容简明扼要，但满足了用户第一时间获取信息的需求。

2. 蹭事件主人公热度

除了直接描述事件本身以外，借势营销还可以瞄准与事件相关的主人公。例如，因《流浪地球》的火爆，刘慈欣、吴京、屈楚萧等人也成为人们重点关注的对象。如登上知乎热搜的话题"如何评价《流浪地球》原著作者刘慈欣在电厂上班时'摸鱼'写作？"简直是"脑洞清奇"。然而，很快又有自媒体蹭了一波热度，网易科技发布了一篇文章《〈流浪地球〉是大刘上班"摸鱼"时写的？国资委的回复亮了》。"国资小新"评价了《流浪地球》原著作者刘慈欣在电厂上班时"摸鱼"写作。热门评价示例如图 3-35 所示。

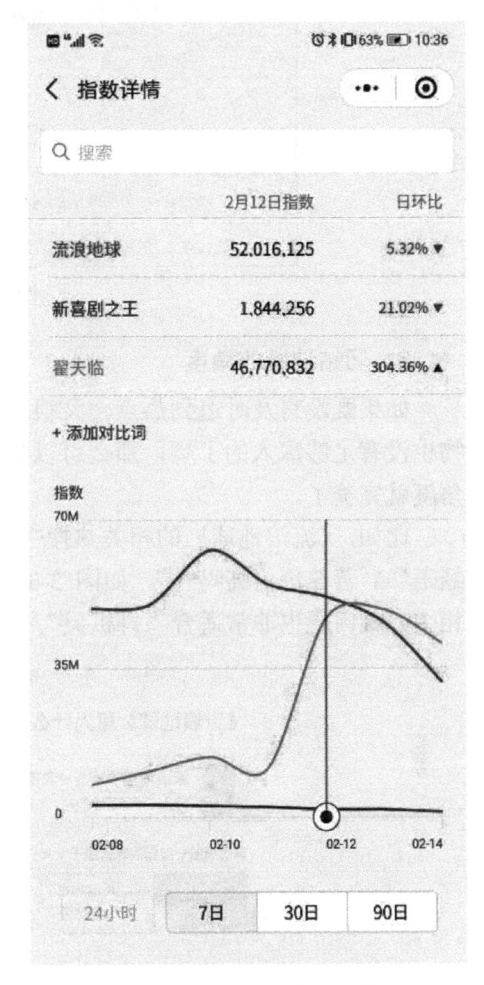

图 3-34 热门话题的微信指数对比

同样的案例还出现在《我不是药神》火爆的时候，当时主角徐峥、王传君等人成为很多商家借势营销的对象。

当然，这些都是比较常规的方法，还有一些非常规的方法。例如，有自媒体将蹭热点的触角延伸到《我不是药神》里张勇（徐峥饰演）的现实生活，写了徐峥身边的人，通过另外一个角度来蹭热点。当然，蹭热点要适度，不能侵犯别人的隐私权，否则效果会适得其反。

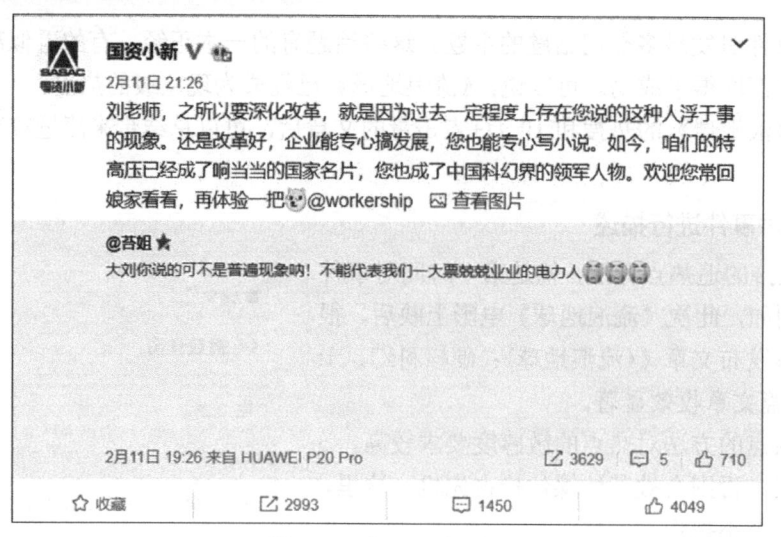

图 3-35 热门评价示例

3. 刁钻独特的角度

如果既没有及时追到热点，又很难从对事件本身描写的角度来实现突破，对事件相关人物也没有足够深入的了解，那么可以想办法寻找独特的角度，如果能找到跟自身产品相关的角度就完美了。

比如，《流浪地球》的相关热搜中，有一个问题是"《流浪地球》里为什么大家都吃'蚯蚓干'？营养价值高吗？"，如图 3-36 所示。这个问题食品行业可以回答一波，就算行业不相关，该问题也非常适合"抖机灵"。

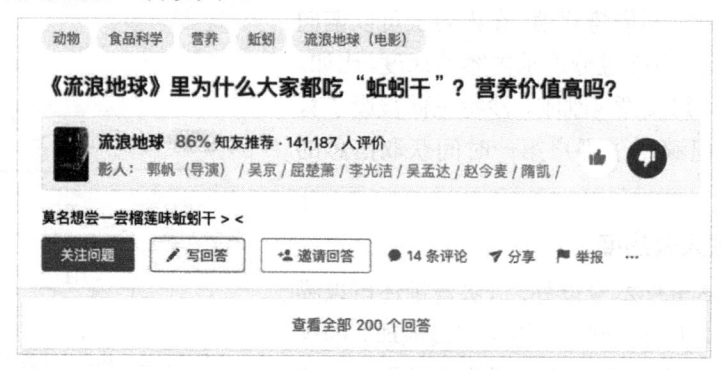

图 3-36 热搜问题示例

又如，影片中最火的梗之一"道路千万条，安全第一条；行车不规范，亲人两行泪"，就被苏州交警等安排上了交通提示牌。苏州交警的这一举措还被人民日报、央视新闻等微博账号进行了宣传，如图 3-37 所示。

运营研究社曾经在电视剧《都挺好》火爆之时推过一篇文章《〈都挺好〉，热点蹭得都挺好！》，内容盘点了自媒体追热点的方法，从运营的角度完美地蹭了一波热点，不仅收获了不错的阅读数据，也获得了用户的好评，如图 3-38 所示。

找角度并非易事，大家日常要涉猎更广泛的知识，记录那些让人拍手叫绝的角度，观察事件时有意识地锻炼自己"另辟蹊径"的思考能力，长此以往就可以信手拈来了。

图 3-37　人民日报、央视新闻发布的微博

图 3-38　运营研究社《都挺好》热点文章

4．合理反驳已有观点

除了以上 3 点，还有一种相对简单的追热点方式，就是合理反驳已有观点。这种方式比较适合事件已经发酵到一定程度，而现有观点比较单一的局面。

比如，《流浪地球》上映后的第二天晚上，在广大用户交口称赞之时，《〈流浪地球〉是否被过誉？》这篇相对负面的文章冲上了知乎热搜，如图 3-39 所示。

比如《延禧攻略》早期被许多媒体视为职场攻略，公众号 LinkedIn 就反其道而行，反驳那些将其视为职场攻略的媒体，写了文章《我掐指一算，拿宫斗剧当职场攻略的人，"'活'不过片头曲"》，既蹭了《延禧攻略》的热度，又蹭了同期自媒体圈将其解读为职场攻略的热度，还避免了内容同质化。

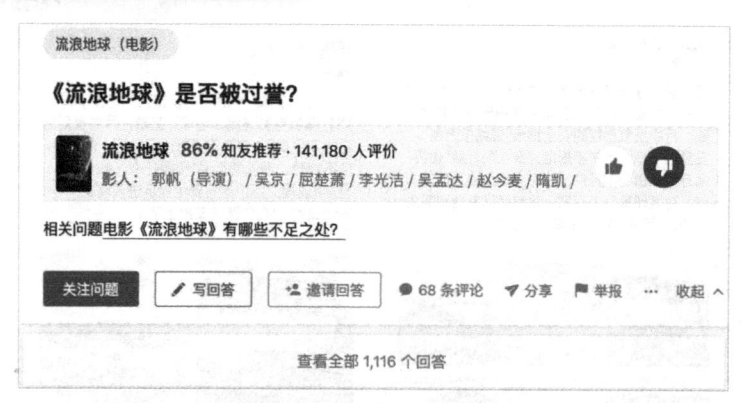

图 3-39　知乎热搜《〈流浪地球〉是否被过誉？》

"一千个观众心中有一千个哈姆雷特"，当现有舆论不能满足所有人的口味之时，相反的评论就能获得一部分人的支持。值得注意的是，即使是反驳也要观点合理，千万不要盲目为了反驳而反驳，为了流量而批评。

5．对整个事件的盘点

当热点发酵至尾声，能写的都被写了怎么办？如果事件的发展很精彩，其实有一个现成的角度：盘点整个事件。

例如，《流浪地球》这次就经历了"不被看好→电影好评→上映好评→民族大片→刘慈欣被指责→豆瓣评分降低→大Ⅴ带节奏→豆瓣黑幕→豆瓣被围攻→豆瓣回应"等话题讨论，事件发展一波三折，具备很强的话题性。

虎嗅的一篇文章《打一星者，虽远必诛》就盘点了影片粉丝之间争论的部分内容，也有文章写了《〈流浪地球〉，迷乱人间|舆论纷争全景记录》，整理了几个备受争议的观点。盘点整个事件的热点文章如图 3-40 所示。

图 3-40　盘点整个事件的热点文章

又如，运营研究社春节放假没有追到正月初一的红包热点，但是在收假后盘点了互联网公司的红包大混战，效果也不错，如图 3-41 所示。

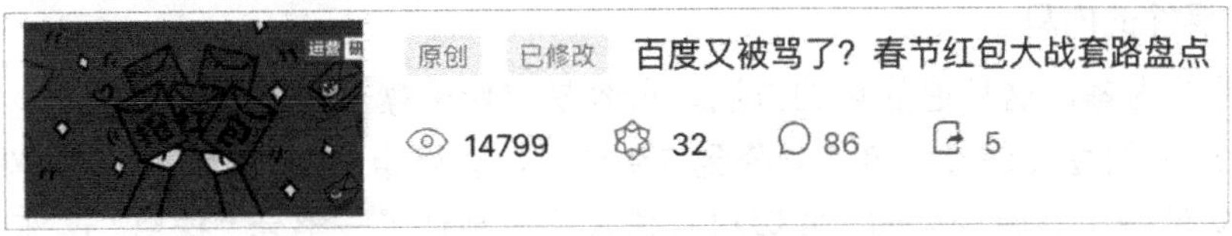

图 3-41　运营研究社盘点互联网公司的红包大混战的文章

类似的例子还有春晚，今年的"梗"不够精彩怎么办？可以盘点历年的春晚亮点、吐槽点，以引起用户共鸣。

事件盘点的关键在于，事件本身跌宕起伏、内容丰富，而大部分用户不了解事件的全貌。这时候，如果替用户理清完整的事件，帮用户节省时间和精力，效果自然不差。

6．对事件的疑点进行科普或对其错误进行纠正

随着《流浪地球》相关话题的争议越来越大，许多眼尖的人关注到《流浪地球》中的物理知识漏洞及其他知识错误，因此，正经的科普及纠正也巧妙地蹭了热度。

比如，网易科技的文章《〈流浪地球〉的生育政策，犯了方向性错误》，以及《说〈流浪地球〉设定有问题就是"杠精"？那说他们是 Bug 的刘慈欣呢》，知乎上的话题"《流浪地球》从物理上来说有哪些地方是很 Bug 的"。

当然，对事件的疑点进行科普或者对其错误进行纠正并非易事，需要很深厚的知识储备。但倘若真的蹭好了，就可以显得非常专业。

比如，2018 年薛之谦发布微博庆祝宝宝出生时，照片里的错误做法被丁香园（丁香医生团队账号）关注到了。简明扼要的科普让丁香医生团队的文章登上热门微博榜单，转发量和评论量均是平时的千倍左右，如图 3-42 所示。

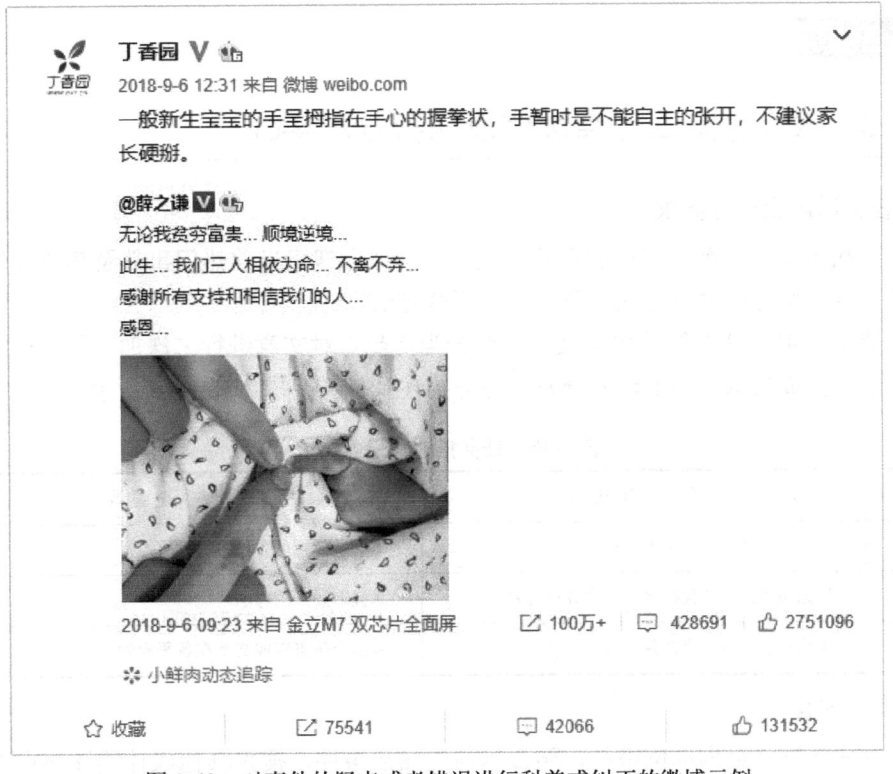

图 3-42　对事件的疑点或者错误进行科普或纠正的微博示例

7. 深扒事件的内幕

深扒事件的内幕，这种追热点的方法，最容易重新引爆热点。

《流浪地球》的豆瓣评分从 8.5 分降到 7.9 分时，有好事的网友就去扒暗箱操作的行为：据说是有大 V 涉嫌引导舆论风向，并爆料有传媒公司制订了一整套"抹黑"这部电影的计划。

其实这些"内幕"的真假没有人去证实，对于真正好的电影不会有太大影响。然而，有网友竟拿出证据，称豆瓣权威影评人涉嫌收钱把好评改为差评，并晒出截图。这件事让很多人产生报复行为，给豆瓣 App 打一星评分，知乎上的相关话题也上了热搜榜。知乎上深扒事件的内幕的话题示例如图 3-43 所示。

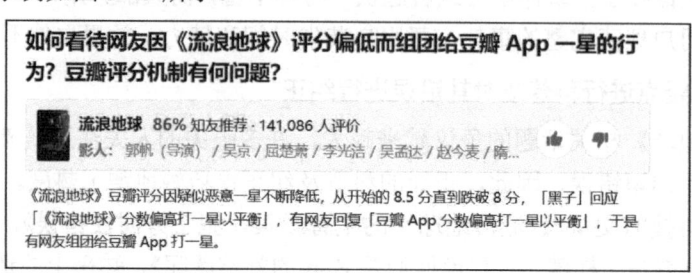

图 3-43 知乎上深扒事件的内幕的话题示例

如果你有渠道或认识相关知情人士，可以扒一扒事件的内幕，掌握独家资讯。但扒内幕要注意的是掌握分寸，有足够的证据，不能为了追热点而去拼凑、编造内幕。捕风捉影有失媒体人的行业道德，甚至还有吃官司的风险。

《流浪地球》能有这样的热度，除观众们的爱国情怀、亲情至上的观念以外，还离不开媒体和网友们对事件的多角度发酵。通过这次事件，希望读者能够掌握常用的追热点的方法。

任务实训

实训 3.6　公众号文章热点优化及内容分发实战

1. 任务描述及任务要求

（1）追热点是打造爆款文章的有效方法。在网络上搜索当前热门事件及其他媒体追该热点的文章，分小组分析讨论这些文章采用了哪些方法。

（2）请根据实训 3.4 写的原创文章，结合当前热点对文章进行二次加工并进行发布，同时，小组配合完成文章在各平台的分发。任务描述及任务要求如表 3-16 所示。

表 3-16　任务描述及任务要求

序 号	任 务 描 述	任 务 要 求
1	分析讨论热门文章采用的追热点的方法	了解追热点的方法
2	用追热点的方法优化原创文章并进行发布	掌握追热点的方法
3	小组配合完成文章在各平台的分发	能结合热点完成文章在各平台的分发工作

2. 实训内容

（1）本任务以小组为单位进行，结合当前的热点事件，搜索其他媒体蹭该热点事件的文章,并分析它们使用了哪些蹭热点的方法,完成表 3-17 所示的内容。

表 3-17 追热点的方法分析表

热门事件	追热点的内容描述及发布者	追热点的方法（可以是其他方法）
薛之谦发布微博庆祝宝宝降生	新生宝宝的手不能自主张开,不建议硬掰（丁香园）	对错误进行纠正

（2）请根据实训 3.4 自己写的原创文章,结合当前热点对文章进行二次加工,并在自己的个人公众号中发布该文章（链接直接保存在实训文档中）。

（3）作为自游鸟旅行公众号的运营,请对小组完成的原创文章进行择优,选出最好的一篇,小组配合完成该文章在各平台的分发（今日头条、搜狐、知乎、百家号、一点资讯、大鱼号、微博等）,参考格式如下。

同学 A：微博（链接及截图）。

同学 B：今日头条（链接及截图）。

同学 C：知乎（链接及截图）。

……

（4）完成实训参考使用的工具及网站如下。

① 热点搜索工具：新浪热搜榜 https://s.weibo.com/top/summary?cate=realtimehot、百度搜索风云榜 http://top.baidu.com/、知乎热榜 https://www.zhihu.com/billboard。

② 文章搜索网站：搜狗微信 https://weixin.sogou.com/、微信"搜一搜"等。

③ 微信公众号平台：https://mp.weixin.qq.com/。

④ 排版工具：135 编辑器、秀米编辑器、i 排版等。

3．任务考核

公众号文章热点优化及内容分发实战任务考核表如表 3-18 所示。

表 3-18 公众号文章热点优化及内容分发实战任务考核表

序 号	考核内容	评级（A、B、C、D）	说 明
1	了解基本的追热点的方法		
2	掌握追热点的基本方法		
3	能结合热点完成文章在各平台的分发工作		

项目小结

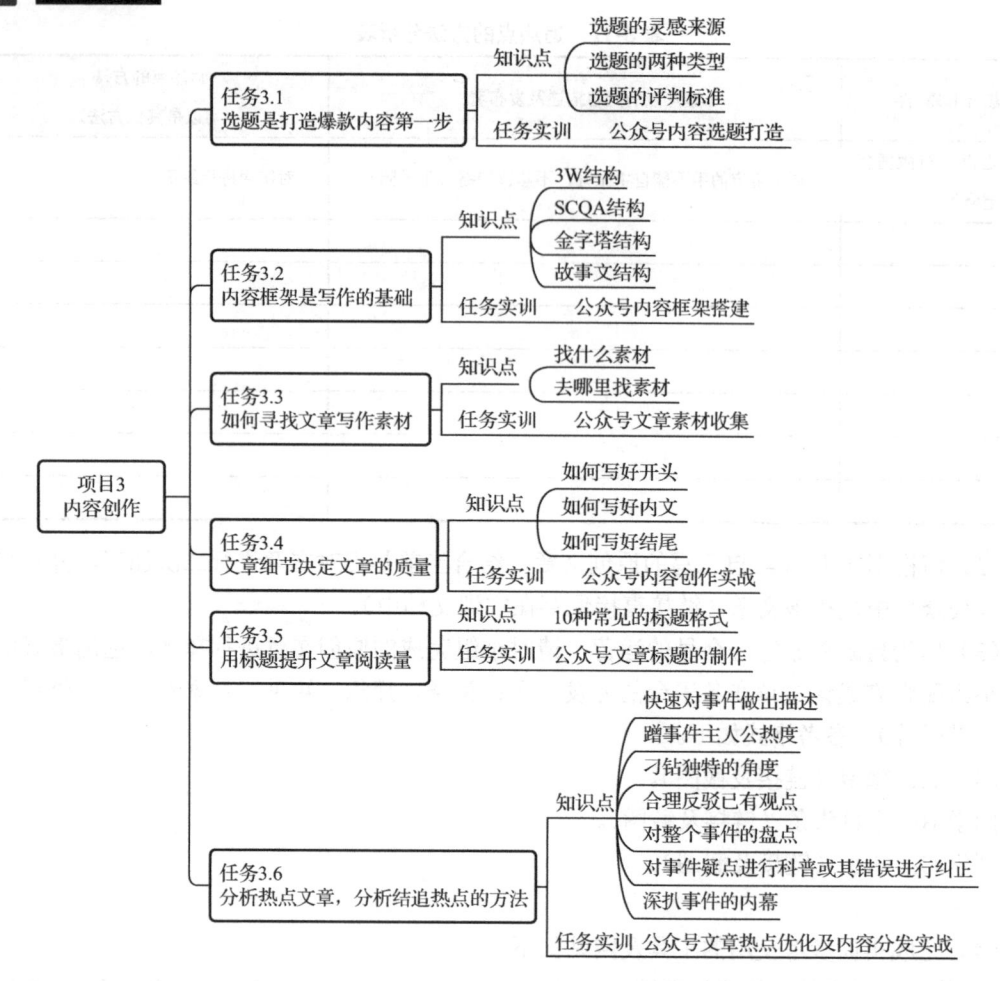

- 项目3 内容创作
  - 任务3.1 选题是打造爆款内容第一步
    - 知识点
      - 选题的灵感来源
      - 选题的两种类型
      - 选题的评判标准
    - 任务实训　公众号内容选题打造
  - 任务3.2 内容框架是写作的基础
    - 知识点
      - 3W结构
      - SCQA结构
      - 金字塔结构
      - 故事文结构
    - 任务实训　公众号内容框架搭建
  - 任务3.3 如何寻找文章写作素材
    - 知识点
      - 找什么素材
      - 去哪里找素材
    - 任务实训　公众号文章素材收集
  - 任务3.4 文章细节决定文章的质量
    - 知识点
      - 如何写好开头
      - 如何写好内文
      - 如何写好结尾
    - 任务实训　公众号内容创作实战
  - 任务3.5 用标题提升文章阅读量
    - 知识点　10种常见的标题格式
    - 任务实训　公众号文章标题的制作
  - 任务3.6 分析热点文章，分析结追热点的方法
    - 知识点
      - 快速对事件做出描述
      - 蹭事件主人公热度
      - 刁钻独特的角度
      - 合理反驳已有观点
      - 对整个事件的盘点
      - 对事件疑点进行科普或其错误进行纠正
      - 深扒事件的内幕
    - 任务实训　公众号文章热点优化及内容分发实战

项目 4

活动策划

项目导入

活动策划具有很强的引爆性,能够在较短的时间内对目标数据进行提升,达到我们期待的运营目标。活动策划并不是活动运营岗位的专属技能,很多公司的内容运营、社群运营、电商运营等岗位也要求从业者具备一定的活动策划能力。

活动策划并不是单纯地策划活动的形式,它需要从业者考虑活动的背景、目的、主题、推广、活动经费、风险等多种因素。它不仅要求从业者具备创意思维,也要具备逻辑性、细心等特质。

本项目将介绍活动策划书的要素,并重点讲解如何策划有效的活动形式,以及如何做好活动推广,引爆活动。项目的最后一个任务还附上实操案例,让读者在学完方法论之后,深入了解如何撰写活动策划方案。

任务 4.1 活动策划书的 10 个要素

任务目标

知识目标	了解活动策划书的 10 个要素
技能目标	掌握 64 宫格挖掘法的用法
	能够用相关工具软件画甘特图

任务导图

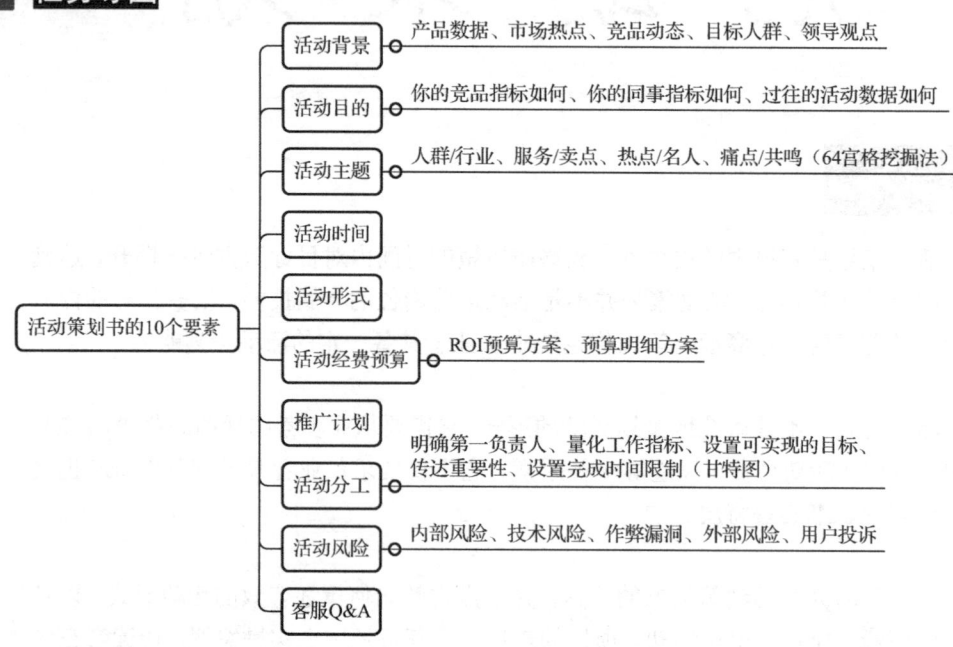

活动策划书的 10 个要素
- 活动背景：产品数据、市场热点、竞品动态、目标人群、领导观点
- 活动目的：你的竞品指标如何、你的同事指标如何、过往的活动数据如何
- 活动主题：人群/行业、服务/卖点、热点/名人、痛点/共鸣（64 宫格挖掘法）
- 活动时间
- 活动形式
- 活动经费预算：ROI 预算方案、预算明细方案
- 推广计划
- 活动分工：明确第一负责人、量化工作指标、设置可实现的目标、传达重要性、设置完成时间限制（甘特图）
- 活动风险：内部风险、技术风险、作弊漏洞、外部风险、用户投诉
- 客服 Q&A

任务实施

一份完整的活动策划书，往往包括 10 个要素：活动背景、活动目的、活动主题、活动时间、活动经费预算、活动形式、推广计划、活动分工、活动风险和客服 Q&A。

1. 活动背景

如何让领导和同事对你的活动感兴趣？如何证明你的活动对产品来说是有价值的？这一切往往取决于活动策划书里的背景描述。背景描述的字数一般是 150 个字左右。

好的活动策划者，通常喜欢在开头写上类似这样一句话作为活动的背景：

"2015 年 5 月 31 日和 6 月 1 日，分别是第 28 个'世界无烟日'和北京最严控烟令的实施日。在此前后，有关控烟、戒烟相关的话题必将引起社会、舆论的广泛关注。

"为了更好地推广和传播贴吧品牌主张'上贴吧找组织'，我们计划借势将贴吧内戒烟群体的组织——'戒烟吧'传播出去，让更多人知晓、了解戒烟吧，让更多目标受众进入戒烟吧，同时通过公益互助类型贴吧的包装提升贴吧整体品牌形象。"

这样的开头可能会显得过于官方和套路，但是活动策划书的首要任务就是用来让领导看到活动的价值，获取领导的信任，从而支持你的活动。为了让他们支持你的活动，在活动策划书的背景描述部分就让他们觉得这次活动是有市场需求的，是和他们的利益相关的。

活动背景的主要任务是告诉大家"为什么要做活动""这次活动对产品来说有哪些价值"，具体来说活动策划人员可以从如下 5 个角度找到自己"为什么要做活动"的原因。

（1）产品数据。产品数据一定是领导和同事们关心的点，以产品数据为活动背景描述的出发点，可以快速地让活动引起他们的关注。

产品数据有很多种，包含下载量、日活、月活、留存率等。如果你运营的是电商类产品，还有销售额、订单量、转化率、客单价、复购率；如果你运营的是社区类产品，则有发帖量、评论量、点赞量、转发量、浏览量等。

当发现产品数据出现明显下降，或者想重点提升产品的某个数据指标时，这时候就可以考虑策划活动了。

需要注意的是，产品的各项数据之间是环环相扣的，在确定活动策划时，应该从全局考虑数据之间的关系。一旦确定了活动策划想提升的重点数据，就必须同时思考如何通过活动来优化与之相关的数据。比如交易额数据的提升，肯定离不开对流量、客单价、复购率、转化率等数据的优化和提升。

以提升产品数据为出发点的活动背景如下：

"从 5 月份以来，产品的新用户留存率下降了近 5%，运营部门希望采用活动策略来给新用户、低频用户搭建一个高效了解、探索产品的场景，提高新用户的留存及促进低频用户的活跃度。"

（2）市场热点。市场热点对活动策划而言有着非常显著的数据提升效果，比如，大家可以看下面这两种活动文案。

"送你 20 元优惠券""情人节想给她买礼物，送你 20 元优惠券。"

同样是送优惠券的文案，后者的领券率肯定会更高。原因在于，节日热点能够拉近活动与用户的距离，让用户感知这场活动和自己有关，同样也容易让领导、同事产生相关性感知。本任务开头提到的背景案例，就属于借用热点来佐证"戒烟吧"活动的必要性。

热点分为两类：一类是可预测的，比如春节、情人节、"双 11"、中秋节等；另一类是不可预测的，比如中国男足进世界杯、维密秀奚梦瑶摔倒等。前者属于策划活动需要重点关注和利用的热点，后者就要视公司的情况而定了。一般而言，不可预测的热点不适合用来策划活动。

（3）竞品动态。通过深入观察和分析竞品的活动，来定性地判断活动是否有效。如果能够定量地给出竞品的活动效果数据，那么基于竞品活动写出来的背景说明就会更有说服力。

用竞品动态来做活动决策，比较适合采取市场跟踪型策略的公司。它也符合绝大部分领导的决策习惯：市场上是否有类似的成功案例。

例如，百度地图的运营在做年终活动策划时，基于竞品动态的研究写了下面的活动背景：

"每当新年临近，友商们总是习惯对过去一年进行各种盘点，年终奖、点赞数、账单等信息晒满朋友圈。作为坐拥亿级用户量的地图类产品，面对一波又一波的盘点热潮，我们希望做一份不一样的年终盘点。结合百度地图精准的路程测试，邀请网友对过去一年的上班路程进行测试，晒一晒自己的'辛苦指数'，加强用户与产品之间的情感连接。"

（4）目标人群。我们举办活动，有时候可以只是为了满足用户的需求，或者提升某一类人群在产品上的行为数据。前者的情况是，当有大规模用户发出非常强的请愿声音或在数据上也出现了某种趋势时，我们可以用活动进行这类人群的需求验证；后者是因为某类人群在产品上的活跃度，对产品有着非常大的商业价值，对核心数据有推动作用，值得我们为他们单独策划活动。

这里举一个基于目标人群写活动背景的案例。通过数据分析发现，在校大学生每年为百度百科贡献上百万个词条。如果你是百度百科的用户运营，那么在活动策划书的第一句应该写上：

"百科高校用户一直是百科内容生产的关键力量，去年他们为百科贡献了××万个词条，其中优质词条××万个。因此，策划针对高校用户的词条编辑'PK'赛，相信能够有效提升月度新增词条的数量。"

百度百科校园活动之"百团大战"如图 4-1 所示，百度百科校园活动之"萤火虫计划"如图 4-2 所示。

图 4-1　百度百科校园活动之"百团大战"

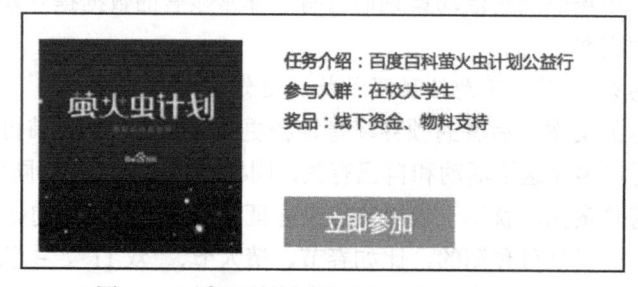

图 4-2　百度百科校园活动之"萤火虫计划"

（5）领导观点。前面提到了 4 种活动背景的写作参考方向，但可能有些人按照这些方向操作后，仍然没有打动领导。原因可能在于活动背景没有写到领导的心里去。那么，什么叫作写到领导心里去的活动背景呢？比如：

"××总在年会上指出今年我们工作的核心方向是提升产品日活；××总在第三季度公司内部邮件中提到我们的所有运营工作都应该围绕营收数据的提升进行；等等。"

把高层领导的观点写入活动背景是一种非常讨巧的做法，这样的活动策划案被通过的可能性会更高。因为高层领导的观点至少是一种趋势的预判及他们关注的重点方向，这样你的上司也能更好地向高层领导做项目汇报。例如，下面这个以高层领导观点为出发点的活动背景就让人无法反驳：

"为积极响应湛总提到的探索社区营销变现新模式，我们将组织电商内容营销峰会，以此搭建与电商类客户合作对接桥梁，最终为产品创造不少于 1 000 万元的收入。"

2. 活动目的

活动策划书中的活动目的模块，主要目的是让领导清楚地知道你打算把活动做成什么样子的，以及告诉他你找到了决定活动成败的关键指标。

围绕 AARRR 用户增长模型（AARRR 是 Acquisition、Activation、Retention、Revenue、Refer 这 5 个单词的缩写，分别对应用户生命周期中的 5 个重要环节），可以总结出目前比较常见的活动目的，包含拉新、促活、留存、付费和传播。不同活动目的的数据指标如表 4-1 所示。

表 4-1 不同活动目的的数据指标

活动目的	数据指标
拉新	新增 Cookie、新增注册、新增下载
促活	产品的日活（峰值）、月活（去重求和）、某项功能的日活
留存	次日留存、3 日留存、7 日留存、30 日留存
付费	付费人数、新增付费人数、销售总额、付费订单总量、人均客单价
传播	百度指数、微信指数、微博指数、话题阅读量、媒体传播量、病毒 K 因子、传播周期

指标方向确定之后，需要设定一个合理的指标数值。这里有 3 种指标数值的设定方式供大家参考。

（1）你的竞品指标如何。很多活动策划新人非常容易"踩坑"和陷入自我否定中，其中一个非常大的原因就是不了解行情，盲目乐观地去设定指标。比如教育行业的运营，在推广客单价为近千元的课程时，给自己设定了单周 1 000 个付费转化的目标，其实这就是盲目乐观，给自己"挖坑"。

因此，在第一次做活动的时候，可以多参考竞品的数据情况。一般来说，只需要比竞品高出 10%～20%的数值就不错了。

（2）你的同事指标如何。除了了解竞品，还可以了解同事的数据指标。在同样的产品、资源配置下，运营可以把指标设定在比同事高出 10%～20%的数值。

（3）过往的活动数据如何。如果读者有过一定的相关经验，则可以直接根据过往的活动数据进行判断，而且基本比较准确。例如，在设定 2017 年运营研究社的运营人年终聚会的到场人数时，就是拿 2016 年的聚会到场人数作为基数，然后再乘以 2017 年比 2016 年高出的用户倍数，最后得出的目标人数是 700 多人。

总之，策划书的活动目的模块是由多维度、可量化的活动指标构成的，而且目的分解得越细越好，后续复盘时就可以更明确地知道哪项指标出了问题。例如，一款产品的新增用户目标是 60 000 人，可以按以下方式分解目标。

➢ 渠道引入 58 000 人，其中百度推广 30 000 人、广点通 20 000 人、微博粉丝通 8 000 人。

➢ 用户邀请 2 000 人。

3. 活动主题

我们先来看一个非常常见的活动主题"月中不停 HIGH，好礼翻出来"，如图 4-3 所示。大家觉得这个活动主题怎么样？

活动主题的价值在于 5 秒钟内就能吸引目标用户的注意，清晰地告诉他们这是一场怎样的活动,并能够快速促进他们参与活动。

从这个角度看,上面的活动主题非常糟糕,完全是一个无效的活动主题。吸引不了眼球,"翻"什么礼?怎么"嗨"?这个活动是干什么的?目标用户是哪一类人群?这些问题都没有在主题上得以一目了然地呈现。

那么,我们最需要的活动主题是怎样的呢?可以看看下面这个"万能的淘宝——金牌月嫂"的活动主题海报,它有着非常强的人群属性,同时精准地洞察了目标用户(妈妈群体)真正的需求。洞察用户需求的活动主题海报如图4-4所示。

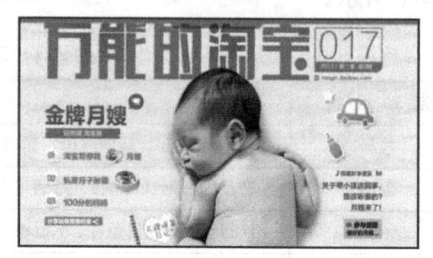

图4-3 活动主题海报　　　　图4-4 洞察用户需求的活动主题海报

"会写文章的人做活动都不会太差",写活动策划书是复杂版的文章写作,有效果的活动就像一篇能够吸引用户转发的软文。

因此,建议大家在着手为活动确定主题时,结合以下4个维度的信息来确定它。

(1)人群/行业。你的产品目标人群是谁?或者说,这场活动用户对象是谁?分别从用户年龄、性别、职业、城市、收入、家庭情况、兴趣爱好、学历等维度来进行人群信息细分。

(2)服务/卖点。每款产品的服务都应该有对应的目标用户使用故事:用户想要什么,为什么想要,期间遇到了什么问题,我们的服务能给他提供什么帮助。

卖点则是众多服务中的最具差异化,或者说最独特的一个,它是活动主题优先体现的元素。

(3)热点/名人。蹭热点、蹭名人是提升活动关注度最简单直接的方法。在策划活动时,务必思考当前时间段里,有哪些同时发生的热点可以利用,或者有哪些名人可以被引用到主题里。

(4)痛点/共鸣。一切优秀的观点和文案都不是空穴来风,只有深刻洞察了用户的痛点,才能真正想出解决问题的方案,有共鸣的主题才能够让用户有所行动,比如阅读、购买、传播、收藏。

在思考活动主题时,如果能够从以上4个维度的任意一个进行切入,活动主题基本上就及格了。不过,如果想要进一步优化,在确定活动主题时,可以更加系统地结合这4个维度进行主题挖掘。这里推荐使用64宫格挖掘法,如图4-5所示。

下面以运营研究社策划情人节活动为例,我们可以通过如下步骤,想出符合特定人群痛点的主题。运营研究社情人节活动策划64宫格如图4-6所示。

第一步,在中央区域写上活动名称:运营人的情人节活动(占4格);

第二步,在X正向区域写上人群/行业:单身运营、情侣运营、运营高管等(占6格);

第三步,在Y正向区域写上服务/卖点:线下活动、运营社群、课程干货、运营周边等(占6格);

第四步,在X负向区域写上所属行业的热点/名人:李彦宏、阿里、徐老师等(占6格);

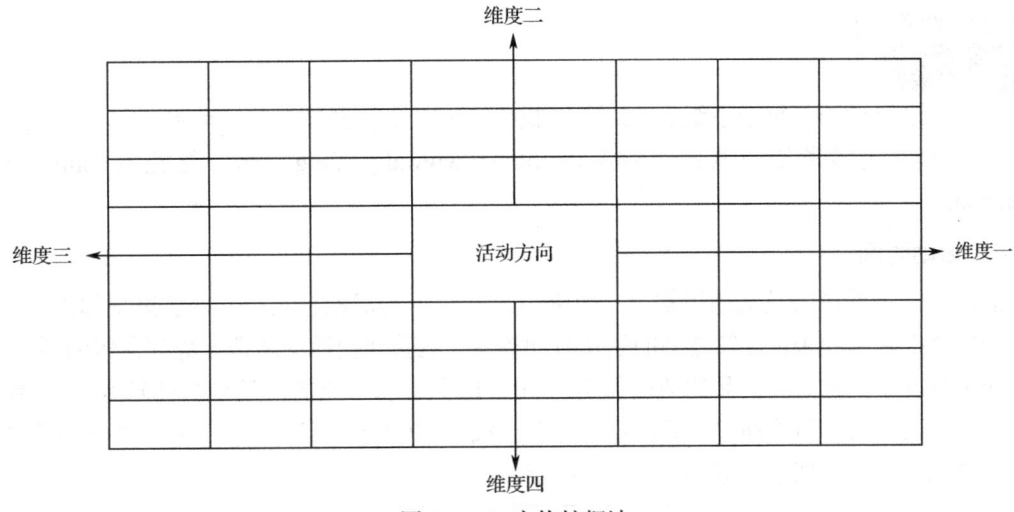

图 4-5 64宫格挖掘法

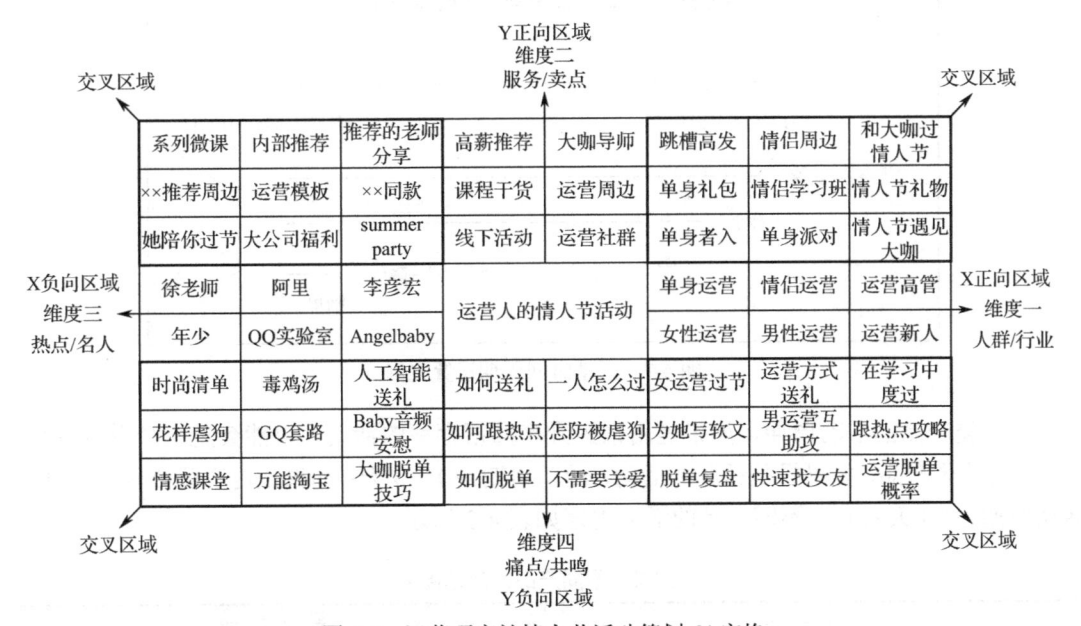

图 4-6 运营研究社情人节活动策划 64 宫格

第五步，在 Y 负向区域写上用户痛点/共鸣：如何跟热点、如何脱单、一个人怎么过等（占 6 格）；

第六步，在 X 和 Y 方向交叉区域的表格里（象限区域），结合前五步填写的关键词，从任意两个及以上关键词出发，大胆地联想画面并把画面的核心关键词填写进去（每个交叉区域占 9 格）。

整个填写过程可能会很辛苦，但一定要坚持把它填满，因为你的爆款主题会在这里边出现。比如，编者花了大概 20 分钟，把情人节活动的表格填完后，发现除了《追情人节热点的×大套路》这样的干货文章，运营研究社还可以有如下活动主题可以操作：

"和运营大咖一起过情人节""在情人节为自己写一篇软文""最虐运营'单身狗'的 10 句话"等。

如果严格按照 64 宫格的方法思考主题就会发现，当主题被确定下来之后，其实活动的宣传文案也都解决了。

◆课堂讨论 4.1

分小组进行讨论（每个小组 3~5 人），找出 5~10 个曾经刷屏的活动主题。

完成本讨论参考使用网站：数英网 https://www.digitaling.com/、梅花网 http://www.meihua.info/。

4．活动时间

活动时间主要指的是活动周期。一般来说，一场活动周期越长越好，前提是你能够有足够多的内容把它撑起来。在策划书的活动时间模块，运营要把活动周期分解到具体的活动中。

通常情况下，电商类产品的活动周期为 10~15 天；长一点的，类似"双 11"，会达到 30 天。在"双 11"的时间周期里，运营每天都会上线 1~2 个新的活动页面，针对性地提升不同的数据指标。活动周期设置案例如图 4-7 所示。

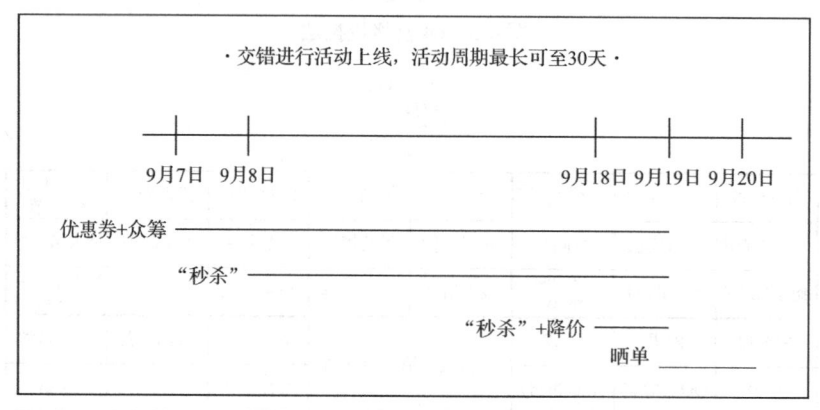

图 4-7 活动时间周期设置案例

工具类产品的活动周期，如果是用来提升产品留存率的活动，可能会是一个季度甚至更久。针对社区产品，如果只是话题类活动，活动周期为 1~3 天；如果是内容整合传播类活动，活动周期为 15 天左右。不同产品的活动周期如表 4-2 所示。

表 4-2 不同产品的活动周期

产品类型	活动周期
电商类产品	常规活动 10~15 天
	"双 11" 活动 30 天左右
工具类产品	1 个季度以上
社区产品	话题类 1~3 天
	内容整合传播类 15 天左右

5．活动形式

活动形式就是我们俗称的活动玩法。一个形式好玩的活动，不仅能够吸引用户参与，还能够吸引用户传播。不同类型的产品，活动的目的是不同的。因此，活动形式也不尽相同。

工具型产品，如滴滴、触宝、墨迹天气、美图秀秀等，活动形式主要以拉新、留存、促活为目的。例如，摩拜单车在刚推出时，为了拉新策划了"注册即送免费月卡"的活动。

工具型产品的活动都有这样一个特点：活动形式简单，产品初期资金投入大，活动周期比较长等。

电商型产品的核心目标是提升交易额，因此它们的活动策划离不开这样一个运营公式：交易额=流量×转化率×客单价×复购率×分享率。电商产品的活动也是围绕这些活动目的展开的，例如，近几年天猫"双11"的"火炬红包"活动，它的目标就是为了提升分享率。

互联网金融型产品与电商型产品相似，均属于交易类产品，它们的活动策划底层方法论的逻辑基本一致：投资额=流量×转化率×单笔投资额×复购率×分享率。不过由于互联网金融型产品对用户来说有非常高的信任成本和操作成本，它们的活动一般需要较大的资金投入。

课程型产品也属于交易类产品，活动策划的主要目的就是提升课程销售转化率。常见的活动形式有定金膨胀、买课抽奖等。

内容型产品，即利用内容为用户提供价值的产品，如小红书、豆瓣、下厨房、知乎等。内容型产品的活动主要围绕内容生产和内容传播的指标展开，在奖品上的投入不大，主要考验运营的主题策划和内容包装能力。例如，豆瓣每年年底发布的年度电影榜单，就是内容传播常用的活动形式。

6. 活动经费预算

策划活动，必然会涉及费用。对于领导来说，最关注的就是花出去的钱能否取得好的转化结果。所以，如何做好活动预算的规划，让领导心悦诚服地批准预算方案就显得格外重要。规划活动预算方案有以下两种方法。

（1）投资回报率（ROI）预算方案。对于企业来说，策划活动的目的就是达成运营目标，获得收益价值。所以，领导在看待活动时，最关心的就是投资回报率。

对于有成功活动经验，并且充分取得了领导信任的运营，可以直接采用ROI预算的方式，让领导对活动预算方案进行合理性的评估。例如：

本次活动的投资回报率（ROI）可以做到500%，我们只需要投入12万元，差不多可以实现近60万元的净利润。

ROI=（收入-成本）/成本×100%，这个数值可以以过去的活动ROI数值作参考。

当然，这个ROI数值也必须在领导的可接受范围内。如果ROI太低甚至出现负数，那活动方案可能比较难通过，除非你的业务属于多头竞争市场。比如，在互联网金融公司策划活动时，由于市场竞争激烈，只要ROI不出现负数的活动都能够快速通过预算审批。

（2）预算明细方案。对于没有找到变现模式的活动，或者还不能够让领导信任的，则需要阐述预算明细，最好列出预算明细表，让领导做可行性决策。例如：

本次活动将花费12万元，其中礼品采购2万元，优惠红包2万元，渠道推广5万元，技术开发3万元。

预算明细表通常由5个要素构成：激励成本、员工成本、推广成本、开发成本和浮动说明。

激励成本就是营销工具所产生的成本，例如红包、折扣券、实物等奖品费用的支出。激励成本一般包括固定成本、浮动成本和隐形成本。其中，固定成本指不会因为人数改变而改变的成本；浮动成本会随着用户数量的增加而浮动；隐形成本则是指平台的增值服务产生的费用，例如会员、优惠码、积分等。用户激励成本明细表如表4-3所示（表中所示的内容仅供参考）。

表4-3 用户激励成本明细表

成本明细	项目	金额（元）	说明
用户激励成本（营销工具）	固定激励成本	20 000	iPhone X手机1部，Kindle电子阅读器3台，爱奇艺一年会员账号50个
	浮动激励成本	20 000	每个注册用户赠送10元红包，预测新增用户2 000人
	隐形激励成本	5 000	100个课程优惠码用于抽奖，每个课程优惠码成本价50元

员工成本则是给员工的激励成本，尽可能调动大家一起对活动进行推广。尽管不同公司都有自己的激励模式，但都逃不出3种基本的激励模式：佣金激励、奖金激励和佣金+奖金激励，如表4-4所示（表中所示的模式3选1，内容仅供参考）。

表4-4 用户激励成本明细表

成本明细	项目	金额（元）	说明
员工激励成本	佣金激励	10 000	员工每带来一个有效注册用户奖励5元，预计注册用户目标数量为2 000个
	奖金激励	5 000	邀请注册用户数量排名前三的员工分别获得2 500元、1 500元、1 000元的奖励
	佣金+奖金激励	15 000	员工每带来一个有效注册用户奖励5元，预计注册用户目标数量为2 000个，此外，邀请用户注册数量排名前三的员工分别获得2 500元、1 500元、1 000元的奖励

推广成本是一种非常大且复杂的成本，目前各大渠道比较通用的计费方式有如下7种。

① CPM（Cost Per Mille），每千人展示成本。这是一种媒体将信息送达1 000个人所需要的成本单位，即平均每一千人分别听到或看到某广告一次一共需要多少广告成本。

② CPT（Cost Per Try），每试用一次的成本。它主要是移动应用渠道营销平台以"试玩"作为付费标准，按用户使用时长或使用周期计费的方式。它可以从根本上杜绝刷流量、激活作弊等行为。

③ CPC（Cost Per Click），每点击一次的计费。网民的每一次点击就会为广告主带来真实的流量或潜在的消费者，是比较常见的收费方式之一。

④ CPA（Cost Per Action），将用户行为作为指标来计费，这个行为可以是注册、咨询、加购物车等。

⑤ CPS（Cost Per Sale），以实际销售产品数量来计费。广告主为减少广告费用风险，按照广告点击之后产生的实际销售笔数，付给广告站点销售提成的费用。

⑥ CPP（Cost Per Purchase），根据广告站点带来的订单数量进行计费。

⑦ 包月方式，按照"一个月多少钱"的固定收费模式来收费。不管效果好坏、访问量有多少，一律一个价。除非非常有效，否则这种渠道要尽量少用。

活动开发成本主要指的是"前端开发—后端开发—活动联调—活动测试—活动运维"流程中所包含的技术成本，如表4-5所示（表中所示的内容仅供参考）。如果用的是公司内部的开发资源，它就属于隐性成本，在预算表里可写可不写。

表 4-5　活动开发成本明细表

成本明细	项　　目	金额（元）	说　　明
开发成本	前段开发	5 000	抽奖与排行榜预计开发 5 天
	后端开发	3 000	用户积分数据与注册信息预计 3 天
	性能测试	2 000	活动页面性能与防作弊测试 2 天

最后是浮动说明。需要注意的是，对于一场活动来说，其实预算的浮动空间非常大，多的预算可能达到 100 万元，少的预算可能只需要 10 万元。所以，在预算申报时可以准备 3 个版本，主要在渠道推广和激励方案上做出低、中、高 3 个档次，分别写出各自的优势和风险点。

7. 推广计划

俗话说"酒香还怕巷子深"，一个好的活动如果没有进行推广，也很难达到理想的推广效果。在活动策划书中，需要制订推广计划，保证活动能够精准地推送给目标用户，同时也让活动保持热度，从而让更多的人参加。

关于如何制订推广计划，将在本项目的任务 4.3 中进行详细说明。

8. 活动分工

一场互联网线上活动，通常需要由产品、运营、技术、财务、客服、渠道、市场部门的人员共同落地完成。如果是金融型产品的活动，还需要有资产管理和风险控制部门的同事支持；如果是电商型产品的活动，则还需要有采购、物流部门的同事支持。

运营作为活动的主要责任人，为了让活动能够顺利进行，让自己可以轻松驾驭活动，在策划阶段就要开始考虑如何把任务分配出去，并遵守以下任务分配原则。

（1）明确第一负责人。活动流程进行模块化分解，并明确对应的第一责任人。比如活动技术开发，由研发甲员工负责；产品部分的需求，由乙员工负责；活动页面的渲染与装饰，由设计师丙员工负责。

（2）量化工作指标。明确告知参与活动执行的成员，他们需要达成的工作指标。比如，设计必须完成 20 个活动相关页面的设计；渠道需要完成 5 万新用户的引入目标。

（3）设置可实现的目标。任务指标是要可实现的。设置任务指标时，要考虑在付出努力的情况下可以实现，避免设立过高或过低的指标。

（4）传达重要性。明确告知活动执行成员，其所负责的模块对整体活动的重要性，这样有利于提升责任感。比如，如果渠道员工完成不了引入 5 万新用户的引入目标，则负责用户转化员工的 100 万元交易额目标也就完成不了。

（5）设置完成时间限制。分工时要设置目标完成时间限制，根据工作任务的权重、事情的轻重缓急，拟定完成目标的时间要求。对于技术开发的时间期限，可以由技术自行评估后确定。

在活动期间，运营是项目的主导者，有经验的活动策划会用甘特图作为活动的执行分工说明。这样不仅可以便于向其他部门同事进行分工说明，也有利于自己整合项目时间和把控效果。

甘特图就是将活动拆分成不同的子项目，然后对子项目进行分工，清晰地呈现项目进度和其他备注信息的图表。比如，如表 4-6 所示的分工甘特图表和如图 4-8 所示活动进度甘特图上，可以一目了然地看见要做哪些事，以及何时开始、何时结束等。

表 4-6　分工甘特图表

	负责人	2月26日	2月28日	3月3日	3月6日	3月9日	3月12日	4月1日
活动形式	×××							
成本预算	×××							
实现线框图	×××							
数据分析模型	×××							
客服 QA 准备	×××							
推广	×××							
UI 设计	×××							

图 4-8　活动进度甘特图

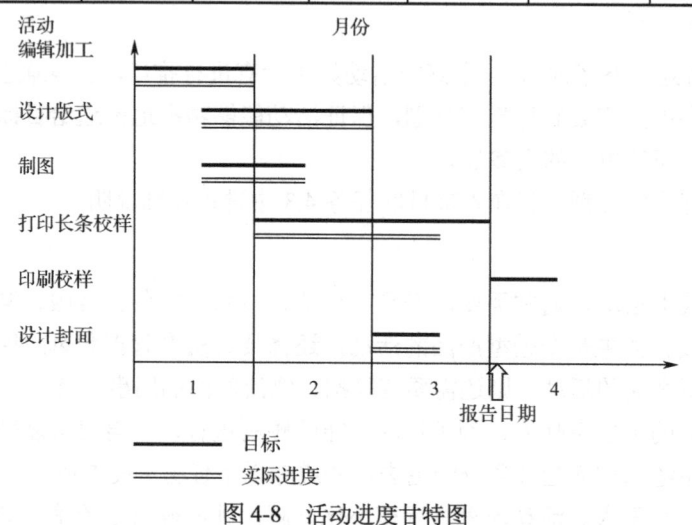

用甘特图管理事项的方法如图 4-9 所示。

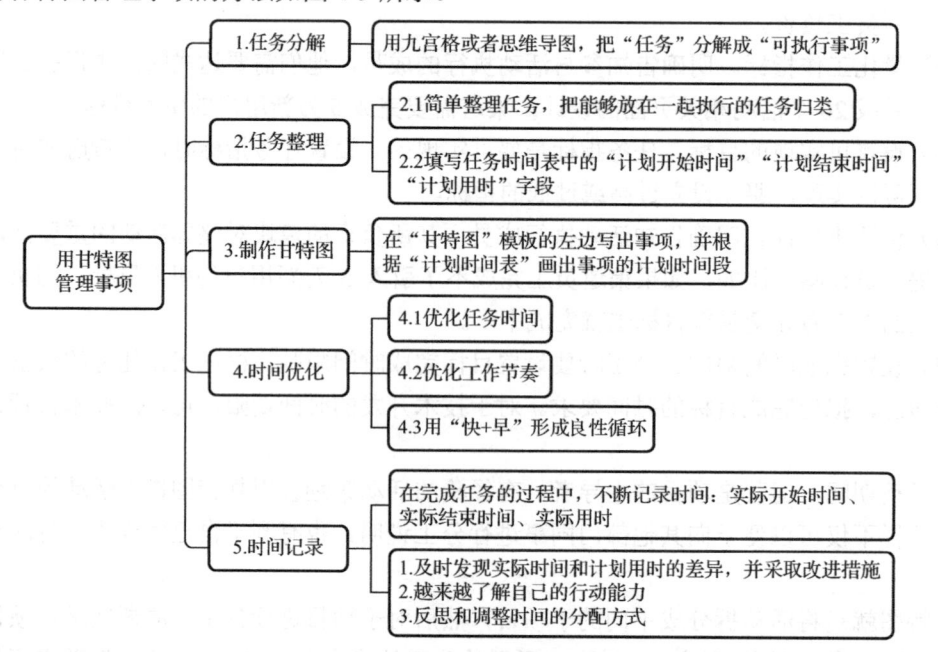

图 4-9　用甘特图管理事项的方法

接下来我们来看看甘特图入门级的制作流程，它完全可以应付绝大多数活动策划书的分工需求。

① 明确活动牵涉的项目。内容包括项目名称、项目目标、开始时间、工期。

② 确定项目之间的依赖关系，找到活动决定性项目。此步骤将保证在未来计划有所调整的情况下，各项活动仍然能够按照正确的时序进行，也就是确保所有依赖性活动能并且只能在决定性项目完成之后按计划展开。比如一场在线微课类活动，决定性的项目是分享嘉宾，因此，其他项目的时间就以分享嘉宾的时间为参照点。

③ 对于进度表上的不可预知事件要安排适当的富裕时间。但是，富裕时间不适用于关键性任务，比如演讲活动、嘉宾邀请属于关键性任务，因为它们的时序进度对整个项目至关重要。

④ 确定活动任务的执行人员，包含部门、姓名、联系方式。

⑤ 绘制甘特图。目前最好用的制作甘特图的工具是 Microsoft Project 软件。打开该软件，在左边表格中填入信息，右边会自动生成甘特图，各子项目的排期及其相互关系一目了然，如图 4-10 所示。

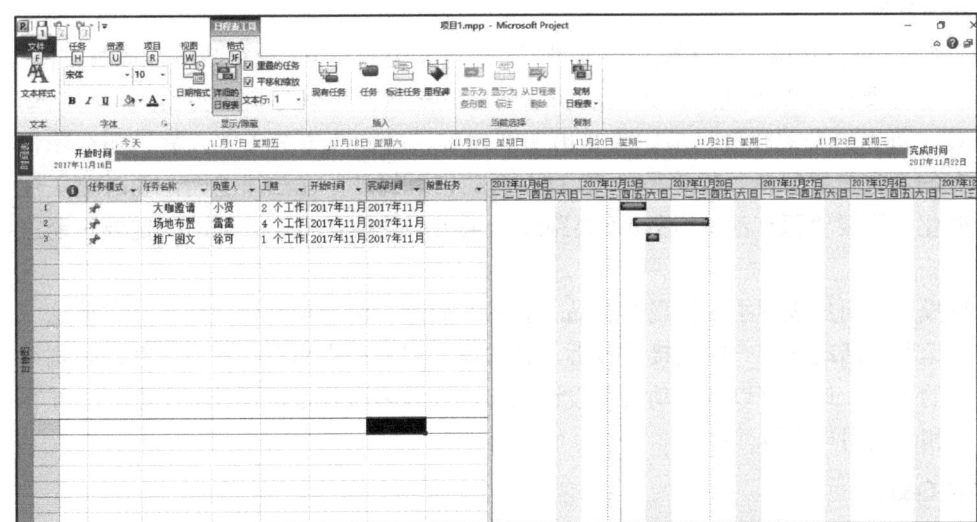

图 4-10　用 Microsoft Project 软件绘制甘特图

如果没有安装 Microsoft Project 软件，用 Excel 软件也能完成甘特图的制作，操作同样简单，只是要自己手动画项目进度条。

将甘特图画完，活动策划书的分工执行管理就做完了，后续活动执行中只需严格按照甘特图进行即可，非决定性项目可以适时调整。

9. 活动风险

"行百里者半九十"，往往影响全局的关键问题都出现在最后"十里"，在活动策划中的体现就是，活动上线后可能会出现不同用户对活动的理解不同、活动执行与活动策划产生偏差、用户利用活动存在的漏洞获取利益等问题，从而使其他执行人员、客服人员甚至开发人员都不得不疲于"填坑"。

这种情况大多是因为活动策划书在确定背景、主题、目的、时间、形式、渠道、分工后，缺乏对活动风险的管理。

尽管不同的产品在活动中会表现出不同的问题，从过往的活动经验总结发现活动风险的出现无外乎聚焦在 5 个方面：内部风险、技术方面、作弊漏洞、外部环境和用户投诉。

（1）内部风险。它主要体现在员工执行层面，涉及执行结果的不给力与沟通的不顺畅，最常见的有在过程中效果不达标、进度拖延或责任推诿等问题。在写活动策划时，运营就应从项目分工上着力规避内部风险，保证每个环节都能找到第一责任人。同时，要明确沟通机制，汇报对象、汇报时间、汇报渠道等都应确定下来；活动所涉及的部门都应该指派一位同事作为紧急情况联系人，确保遇到突发紧急情况时，能够第一时间找到相应的人来处理风险。

（2）技术风险。一般技术风险主要涉及 3 个方面：一是开发的技术问题；二是突然被其他开发需求插队；三是临时 Bug 和爆仓问题。这些问题的应急预案，最好写在策划书的风险管理模块。

（3）作弊漏洞。作弊漏洞主要表现为用户利用规则漏洞"灌水"、冒领奖品、刷单、"黄牛刷票"等行为。运营主要在营销工具和活动规则的设置上进行规避。例如，设置获取上限和用户参与门槛。在技术层面，可以将疯狂注册账户"薅羊毛"的人找出来，进行特殊对待，如评估是否给他们发奖品等。

（4）外部风险。外部风险主要体现在渠道推广、市场和舆论环境、法律政治环境等方面。具体策划活动时需要注意以下几点：如果活动期间出现热点，可以尽快借势而为，对活动进行热点包装，可以提升关注度，但如果是出现了地震、恐怖袭击等天灾人祸，那么哪怕活动策划再有创意也最好暂停，就算是"双 11"活动也不例外；在法律层面，要时刻关注法律政策的变化，不要"踩红线"；活动不要跟政府重大事件撞在一起；活动一定要规避三俗。

（5）用户投诉。用户投诉主要体现在产品（礼品）质量、活动规则、后期礼品发放这 3 个方面。作为运营在活动中第一时间接受投诉，并快速为用户提供满意的解决方案，是规避用户投诉风险的关键。运营可以为活动设置投诉入口，并与客服制定投诉处理方案，方便客服快速地回复和处理用户投诉。

10．客服 Q&A

客服是离用户最近的岗位，也是接触问题最多的岗位。和客服维持良好的工作关系，保持及时的沟通状态，对于我们了解用户需求、改进工作大有帮助。

活动前应该尽可能全面和详细地预见问题，并将这些问题的解决办法和回答话术，连同详细的活动信息，如活动形式、活动时间、奖品设置等，建立一个客服文档提供给客服人员。这样，客服能够独立解决的问题就更多，避免重复、低效率的沟通。

另一方面，客服人员在一线与用户沟通，可以帮助运营更加真实地理解用户需求，及时发现活动的问题。运营需要给客服提供一份表单，包括工具、频率和时间 3 个要素。工具是指提供一份模板，请客服按照模板收集整理用户情况；频率、时间则是指约定双方沟通的时间和频率。

在活动结束后，可以将共性问题录入客服文档，沉淀下来，帮助解决以后会出现的同类问题。比如抽奖活动中，出现了没有预计到的刷票现象，在找到解决方案后就可以将其录入客服文档。

任务实训

实训 4.1　用 64 宫格挖掘法及甘特图策划零食产品活动

1. 任务描述及要求

（1）根据本任务所学知识，和你的小组成员一起任选一种零食产品，比如三只松鼠、百草园等，以该零食产品推广作为活动背景，自定义主题策划一场活动，目的是增加产品曝光量和销量。确定主题的方法请使用本任务介绍的 64 宫格挖掘法。

（2）根据活动计划表，画出甘特图。

任务描述及任务要求如表 4-7 所示。

表 4-7　任务描述及任务要求

序　号	任　务　描　述	任　务　要　求
1	用 64 宫格挖掘法确定活动主题	掌握 64 宫格挖掘法
3	用甘特图细化本次活动的分工	内容策划落地性强，分工明确，能熟练使用甘特图绘制软件

2. 实训内容

（1）本次任务分小组进行，建议每个小组 4～5 人，通过 64 宫格挖掘法确定活动主题（至少列出 3 种方案），并将确定的活动主题填写下面空格中。64 宫格挖掘法示意图如图 4-11 所示。

主题 1：_____

主题 2：_____

主题 3：_____

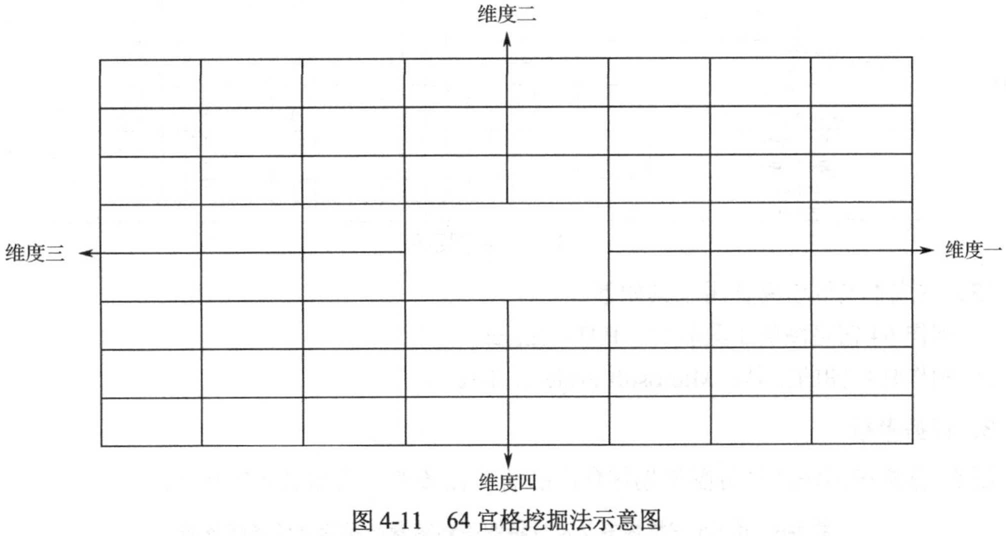

图 4-11　64 宫格挖掘法示意图

（2）某店铺计划在 9 月份进行店铺营销活动，活动计划安排表如表 4-8 所示。请根据表格中的内容画活动计划甘特图。

表 4-8 活动计划安排表

活动形式	负 责 人	活 动 周 期
活动准备	运营 A	9月1—6日
优惠券	运营 B	9月7—19日
众筹	运营 C	9月7日—16日
"秒杀"	运营 D	9月8日—19日
降价	运营 E	9月18—19日
晒单	运营 A	9月19—20日

甘特图示例如图 4-12 所示。

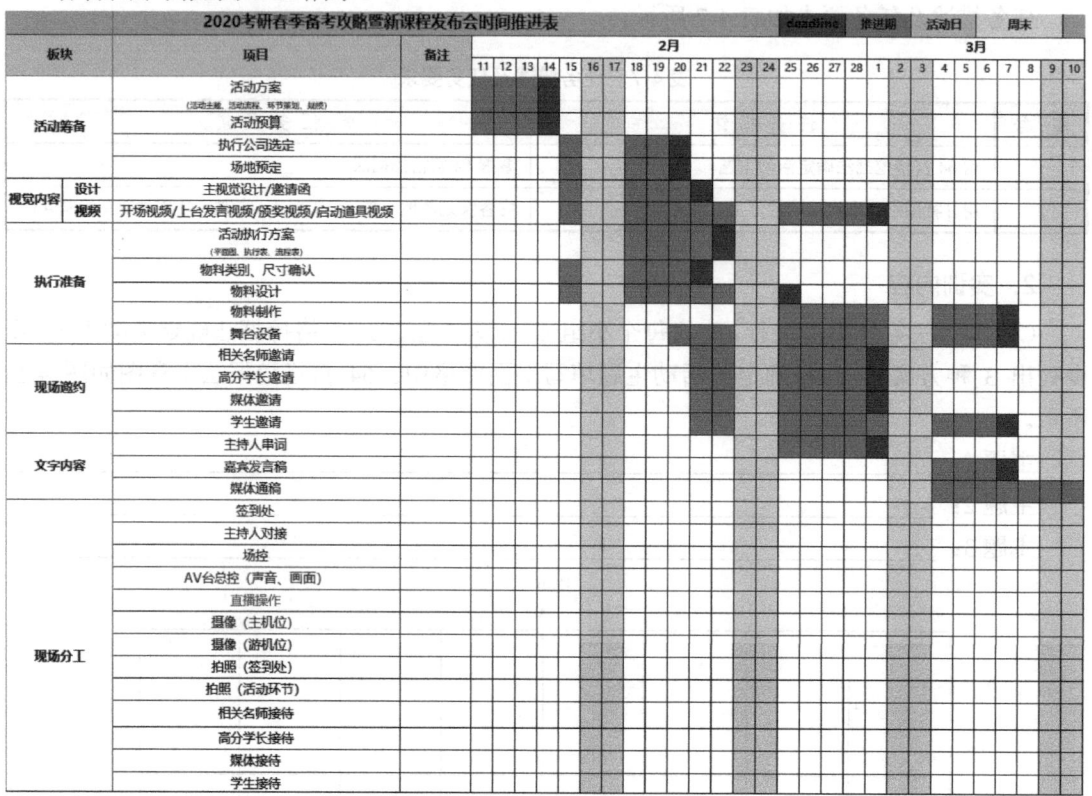

图 4-12 甘特图示例

（3）完成本实训参考使用工具如下。

① 制作 64 宫格图的工具软件：PPT、Excel。

② 制作甘特图的工具：Microsoft Project、Excel。

3．任务考核

用 64 宫格挖掘法及甘特图策划零食产品活动任务考核表如表 4-9 所示。

表 4-9 用 64 宫格挖掘法及甘特图策划零食产品活动任务考核表

序 号	考 核 内 容	评 级 （A、B、C、D）	说　　明
1	基本掌握通过 64 宫格挖掘法确定活动的主题		
2	能够绘制甘特图		

任务 4.2　用 TIP 模型策划有效的活动形式

📝 任务目标

知识目标	了解有效的活动形式有哪些
技能目标	能够用 TIP 模型策划有效的活动形式

📝 任务导图

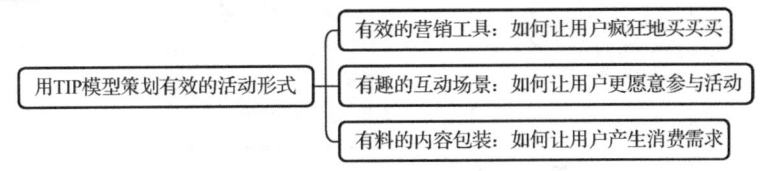

用TIP模型策划有效的活动形式
- 有效的营销工具：如何让用户疯狂地买买买
- 有趣的互动场景：如何让用户更愿意参与活动
- 有料的内容包装：如何让用户产生消费需求

📝 任务实施

很多运营在进行活动形式的策划时，非常容易走向两个极端。

一是活动形式策划得过于简单，没有对活动奖品与发放方式进行详细说明。活动规则说明得也不清不楚，甚至还出现活动形式与活动目的不相匹配的情况。比如，策划一场抽奖活动来获取新用户，抽奖的奖品是什么？中奖比例和吸引力有多大？是谁都可以参与还是有限定标签人群？用户通过什么途径参与进来？这些内容都没有提到。

二是活动形式策划得过于复杂。活动描述逻辑差、重点不突出、套路太多，活动规则和步骤复杂，给人感觉不真诚。例如：

本次盲购活动，参与人数与购买总额越多，奖池越大！Apple Watch、iPhone XR、豪华海外游、豪车驾驶权、"躺"在这里等你抽。1 000 元起投，只要投资就有 1 次抽奖机会；每增加 10 000 元投资可获得额外抽奖机会 1 次。

这样的描述，没有逻辑、规则复杂，领导还需要花费更多的时间和精力理清内容和逻辑。

除了这两个极端，在策划活动形式时，还经常会像无头苍蝇到处乱窜，不知道从哪里切入思考活动形式的创新。在本任务里，将给大家介绍一款独特的活动形式创新模型，带大家了解活动的底层逻辑，帮助大家清晰地设计和表达活动的形式。具体来说，一个有效的活动，要满足以下 3 个要素：

> 有趣的互动场景；
> 有效的营销工具；
> 有料的内容包装。

这 3 个要素就是给大家重点推荐的 TIP 模型。TIP 模型是编者在研究了近千场活动形式后总结出来的，也是活动形式创新的有效思考模式。TIP 模型如图 4-13 所示。

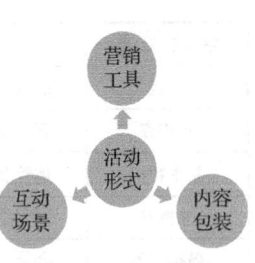

为了让 TIP 模型在实际工作中更有可复制性，下面将围绕这 3 个要素阐述具体的应用场景。

图 4-13　TIP 模型

4.2.1 有效的营销工具：如何让用户疯狂地买买买

现在有两个商城的商品，左边的页面截图代表的是网易考拉的商品详情页，右边的则代表的是小红书的商品详情页，如图4-14所示。它们同时在卖 MICHAEL KORS 的同一款手提单肩两用包，排除货源真假这一干扰因素，如果你是用户，会选择在哪个平台购买？

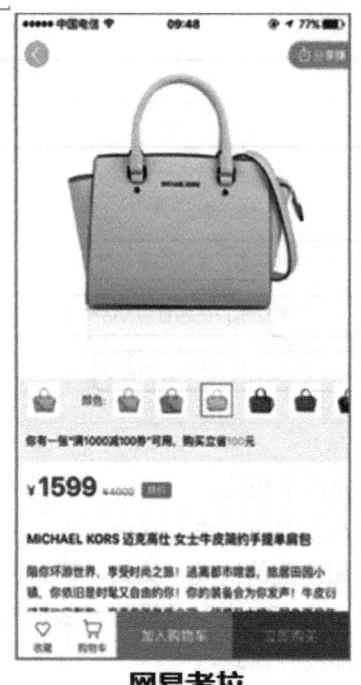

网易考拉   **小红书商城**

图4-14 网易考拉和小红书的商品详情页

大多数人应该会选择到网易考拉去"剁手"买包，因为它真的很实惠。网易考拉的"原价4 000元，特价1 599元""你有一张满1 000元减100元的优惠券可用，购买立减100元"的促销文案，确实能够起到 "如何让用户疯狂地买买买"的促进作用，这也是设置有效活动的方法之一，即设置营销工具，提升付费转化。

营销工具主要是利用用户的逐利心理进行设置的，它是抓住用户的"钩子"，是运营在商业目的和用户行为之间架起的桥梁。不同产品形态还有独特的营销工具，常见的营销工具如表4-10所示。

表4-10 常见的营销工具

活 动 工 具	具 体 活 动 形 式
红包	满减红包、无门槛券、返现券、现金红包等
折扣券	有上限设置、有品类限制等，例如30元优惠券（满199元可使用）
新手特权	体验金、预订券、新用户红包等
兑换券	课程兑换券、酒店兑换券等
虚拟服务	会员、积分、流量包、淘金币等
实物	除了苹果产品、香奈儿箱包等实物类产品以外，只要是用户在某个场景下最需要的，都可以作为营销工具，比如情人节里的玫瑰花

4.2.2 有趣的互动场景：如何让用户更愿意参与活动

营销工具可以引导用户进行消费，但这对活动策划来说还不够。因为，如果只是一味地用营销工具来引导用户行为，它不仅会增加活动成本，而且还会因为营销工具泛滥导致利益刺激失效。

那么，接下来就需要思考，如何在降低营销成本的同时让用户更加愿意参与活动。

为什么妈妈们都喜欢在朋友圈晒娃？原因非常简单。因为妈妈们参与了生娃和带娃的整个过程，她们在孩子身上付出的成本和感情非常多，妈妈们都觉得自己的娃最可爱。

这种因为付出情感和劳动越多，就越高估事物本身价值的行为特征，在心理学上称为"鸡蛋理论"。该理论在活动策划中的应用非常简单。

例如，让用户有参与感，就是要通过各种各样的互动场景来发放营销工具，提升用户拿到营销工具的过程参与感，以此来增强营销工具在用户心中的价值感。

目前比较常见的活动互动场景，主要有以下 6 种形式。

（1）拼团。拼团活动的规则：当你和 N 个人一起完成购买时，就可以享受商品的优惠折扣，拼团人数的多少由商品提供商规定。拼多多就是靠拼团活动积累了 2 亿用户。拼多多的拼团活动页面如图 4-15 所示。

（2）砍价。砍价活动的规则：设置一个有吸引力的商品，让用户将活动页面分享至社群、朋友圈。用户首先选择心仪的商品，然后可以邀请好友一起砍价。它也是帮助拼多多疯狂获取客户的第二款神器。拼多多的砍价活动页面如图 4-16 所示。

图 4-15　拼多多的拼团活动页面　　　　图 4-16　拼多多的砍价活动页面

（3）"秒杀"。作为提升用户活跃度的核心互动玩法，它是电商平台进行大促活动的标配。为了让用户每天能够关注商品，电商平台每天都会在不同时间点设置超低价商品的抢购活动。某平台"0 元秒会员"活动页面如图 4-17 所示。

（4）抽奖。抽奖是指完成某个特定行为的用户即可参与抽奖的活动。虽然抽奖已经不是新鲜的玩法了，不过从数据反馈来看，它依旧是用户热衷参加的互动活动。懒投资的抽奖活动页面如图 4-18 所示。

（5）满赠。当用户某个行为数据满足某个阈值时，就可以获赠相应的奖励。其中的奖励既可以是实物，也可以是虚拟积分。满赠互动玩法主要用来提升忠诚用户的贡献价值，比如金融理财平台为了提升用户投资额，会设置投资满 10 万元送 iPhone X 的互动玩法。某网店的满赠活动页面如图 4-19 所示。

图 4-17　某平台"0元秒会员"活动页面

图 4-18　懒投资的抽奖活动页面

（6）"类电商"。它与满赠玩法相似，唯一的区别在于："类电商"互动玩法更重视营销工具的包装。比如，乐视卖会员时，就重点包装它赠送的手机和耳机。目前，"类电商"互动玩法，主要是提升用户的贡献价值。乐视平台的"类电商"玩法页面如图 4-20 所示。

图 4-19　某网店的满赠活动页面

图 4-20　乐视平台的"类电商"玩法页面

在选择互动场景时，需要同自己的运营目标相匹配，如果运营目标是提升用户客单价，那就用满赠和"类电商"场景；如果目标是新增用户量，那就用抽奖、砍价互动场景。不同运营目标适用的互动场景如表 4-11 所示。

表 4-11　不同运营目标适用的互动场景

	拉　新	促　活	留　存	转　化	传　播
拼团	√		√	√	√
"秒杀"		√			
抽奖	√	√	√	√	
砍价	√			√	√
满赠		√			
"类电商"				√	

◆ 课堂讨论 4.2

1. 分小组进行讨论，举例说出 5 种身边有趣的互动场景（可以参考支付宝、淘宝网、微信等平台），截图保存在 Word 文档中并提交。

2．利用微信小程序——抽奖助手设置一个主题抽奖活动，并发到班级微信群，让同学们参与体验。

4.2.3 有料的内容包装：如何让用户产生消费需求

确定了活动策划中的营销工具和互动场景，其实活动形式就已经出来了。如果想要让活动更加精益求精和更有吸引力，就要做好活动的内容包装。

网易严选和京东商城的内容包装页面如图 4-21 所示，从图中可以看出，同样是龙井茶，同样是买 1 送 1，你更愿意去了解谁家的活动呢？

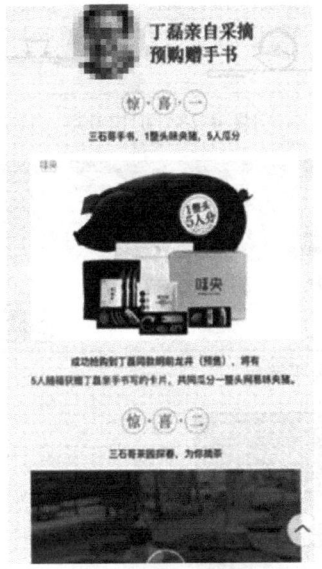

图 4-21　网易严选和京东商城的内容包装页面

相信很多人应该会选择在网易严选购买，这就是内容包装的力量。内容包装的意义就是让活动更有代入感，让他觉得这事情和自己有关，缩短用户对活动的认知时间，产生服务消费需求。

那么，如何做好活动页面的内容包装呢？

首先，要做好活动页面的主题，它是整个内容包装的关键，决定了活动页面好坏的 50%。活动主题的内容在本项目任务 4.1 中已经讲过了，这里不再重复。

其次，是活动页面的一级标题（活动页面划分的维度）。关于一级标题的写作方法，主要从 4 个维度着手：按品类、按折扣、按人群和按场景，如图 4-22 至图 4-25 所示分别为小红书"6·6"周年庆日韩护肤（按品类分）专场、折扣专场、按人群属性划分的购买清单和浴室（按场景分）专场。

除了这 4 个主要维度以外，还可以按照明星同款、互动方式、国家区域等维度来设置。在一级标题的设置上，越有创意越好，只要符合活动页面的主题即可。

最后，就是具体的商品/文案包装。小红书的商品文案包装做得非常好，下面以小红书的商品包装文案为例，介绍 4 种包装方法。

（1）运用类比法，把一个非常小众的商品跟大众商品联系起来，进行类比，降低用户的认知成本。比如小红书商城，把不为人知的"嘉美艳容露"商品包装为"白菜价的神仙水"。

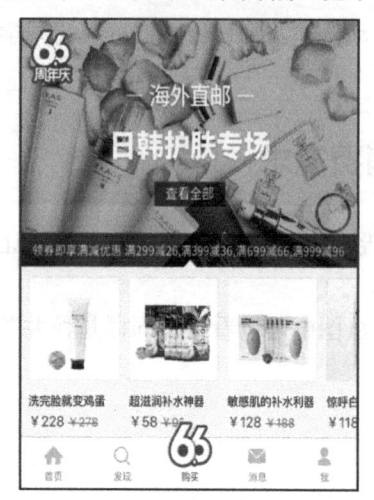

图4-22　日韩护肤（按品类分）专场

图4-23　折扣专场

图4-24　按人群属性划分的购买清单

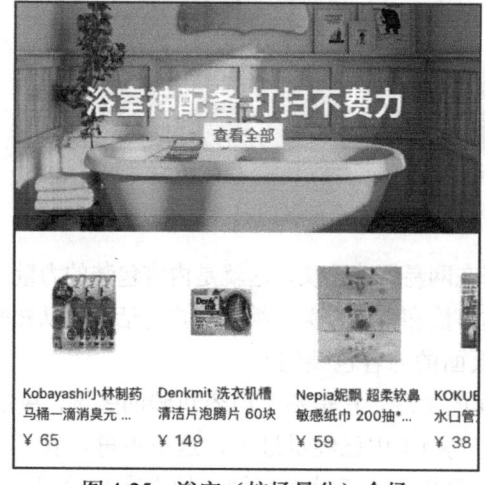

图4-25　浴室（按场景分）会场

（2）运用场景化，让用户拥有代入感，增加购买欲望。小红书商城，把一个床头柜小台灯包装为"夜起不用再摸黑"，把一个普通的香薰机包装为"每天从香味中醒来"等。

（3）运用权威性，常见的有明星同款、行业地位等。例如，把一双大众知名度不高的鞋子包装为"杨幂同款"，把脱毛喷雾包装为"零差评脱毛慕斯"，把身体磨砂膏包装为"3年美体类冠军"等。

（4）运用便捷性，让用户感受到商品的便利性。例如，把一瓶非常普通的瘦身水包装成"躺在家不动就能瘦"，把瘦腿霜包装成"十分钟就瘦腿"等。

项目 4　活动策划

一个逻辑清晰，让领导/同事一听就懂的活动形式，离不开对营销工具、互动场景、内容包装这 3 个要素的描述。当你说不清楚活动形式时，就是营销工具、互动场景、内容包装出了问题。

凡是用户当下需要的东西都可以拿来作为工具。运营需要根据自己运营目的、用户生命周期选择合适的营销工具，互动场景主要是用来发放营销工具的。有效的互动形式包括有门槛、有不确定性、有趣好玩、有反馈的活动等。

在策划活动时，活动形式可以先从模仿开始。因为 90% 的互联网产品，都有被验证行之有效的活动形式。

任务实训

实训 4.2　TIP 模型拆解支付宝春节集五福活动

1. 任务描述及要求

春节集五福活动是支付宝的一个常规活动。请扫描右边的二维码，阅读《支付宝五福已有 40 万人集齐，"没啥新意"如何让大家沉迷？》，请根据该活动内容写出其使用的营销工具、互动场景和内容包装。任务描述及任务要求如表 4-12 所示。

表 4-12　任务描述及任务要求

序号	任务描述	任务要求
1	了解 TIP 模型的内容	能够列出 TIP 模型的内容
2	找出支付宝春节集五福活动的营销工具、互动场景和内容包装	能够按 TIP 模型对活动形式进行拆解

2. 实训内容

（1）TIP 模型是指什么？

（2）根据任务描述及要求，按 TIP 模型找出支付宝春节集五福活动中使用了哪些营销工具、互动场景和内容包装，将结果填写在表 4-13 中。

表 4-13　活动形式 TIP 模型分解表

项目	内容
营销工具	
互动场景	
内容包装	

3. 任务考核

TIP 模型拆解支付宝春节集五福活动任务考核表如表 4-14 所示。

表 4-14　TIP 模型拆解支付宝春节集五福活动任务考核表

序号	考核内容	评级（A、B、C、D）	说明
1	了解 TIP 模型的内容		
2	能够按 TIP 模型对活动形式进行拆解		

任务 4.3 如何引爆一场优质活动

📝 任务目标

知识目标	了解 9 大主流活动推广渠道、3 种站内推广资源以及 3 种绝佳的活动推广方式
技能目标	掌握 9 大主流活动推广渠道、3 种站内推广资源以及 3 种绝佳的活动推广方式的特点和运用方法

📝 任务导图

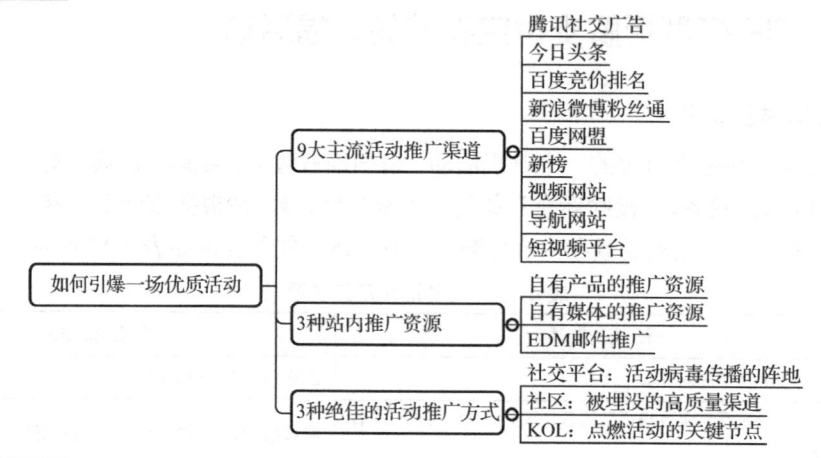

```
                                    ┌─ 腾讯社交广告
                                    ├─ 今日头条
                                    ├─ 百度竞价排名
                                    ├─ 新浪微博粉丝通
                   ┌─ 9大主流活动推广渠道 ─┼─ 百度网盟
                   │                ├─ 新榜
                   │                ├─ 视频网站
                   │                ├─ 导航网站
                   │                └─ 短视频平台
如何引爆一场优质活动 ─┤
                   │                ┌─ 自有产品的推广资源
                   ├─ 3种站内推广资源 ─┼─ 自有媒体的推广资源
                   │                └─ EDM邮件推广
                   │
                   │                   ┌─ 社交平台：活动病毒传播的阵地
                   └─ 3种绝佳的活动推广方式 ┼─ 社区：被埋没的高质量渠道
                                       └─ KOL：点燃活动的关键节点
```

📝 任务实施

业内有一句话，叫作"再牛的创意，也比不上抄袭者的渠道"。意思是说，活动形式设计得再好，如果不进行推广，也很难取得非常好的效果。作为活动策划书的重要模块，推广计划非常容易被运营忽略。据统计，80%的运营对渠道是陌生的。

那么，在活动策划中，该如何制订推广计划呢？渠道推广的底层原理是什么？

别把所有推广都放在一个渠道里，除非这个渠道被你验证了是非常有效的。

运营做渠道推广时，应该先对目标进行分解，然后换算出对流量需求的预测，最后把流量目标分解到不同的渠道。熟知了这个底层推广思路后，在这个任务里，将认识常见的 9 大推广渠道、3 种站内推广资源、3 种绝佳的活动推广方式，以及制订活动推广计划表的 4 大原则。

4.3.1　9 大主流活动推广渠道

腾讯社交广告、今日头条、百度竞价排名、新浪微博粉丝通、百度网盟、新榜、视频网站、导航网站、短视频平台是目前 9 大主流的付费推广渠道。它们起始充值金额低，均可实现按需投放。

（1）腾讯社交广告。每天有超过 8 亿用户在使用微信、QQ、QQ 空间等腾讯产品以及第三方应用，分享自己感兴趣的内容，浏览商业信息。腾讯社交广告可以帮助你与这些用户建立联系，提供超过 200 多种特征标签和行为标签，包括地理位置、用户状态、消费能力等。

广告主可以自由选择、组合这些特征标签和行为标签，精准刻画和锁定目标用户，进行广告投放。腾讯社交广告如图 4-26 所示。

该渠道计费方式多样，包括 CPC（按点击次数）、CPM（千次曝光成本）和 CPA（按行为）等；覆盖人群广，基本上所有的活动类型都可以进行广告投放，尤其对于人群定位在 80 后、90 后的活动，是首选渠道。

（2）今日头条。今日头条的 Feed 流原生广告，是广告形态的新趋势。它根据个性化机器推荐算法，分析人的特征与内容的特征，将两者进行匹配，实现广告个性化精准推荐。今日头条 Feed 流广告如图 4-27 所示。

图 4-26　腾讯社交广告　　　　　　图 4-27　今日头条 Feed 流广告

目前该类渠道的主要计费方式为 CPC 和 CPM，适合金融类、社区类、游戏类产品的活动投放。如果活动目标用户是三、四线城市，那就更应该考虑今日头条了。

（3）百度竞价排名。百度每天响应超过 60 亿次的搜索请求，6.1 亿网民习惯在有需求时"百度一下"。当用户在百度上搜索客户投放的业务关键词时，就可以在第一屏看到活动的网页快照信息。百度竞价排名广告如图 4-28 所示。

作为活动获客渠道，百度竞价排名是比较可靠的，有利于精准吸引有需求的用户，尤其对于讲究业务 ROI 的活动。目前它的主要计费方式为 CPC。

（4）新浪微博粉丝通。新浪微博粉丝通覆盖微博亿级优质用户资源，支持年龄、性别、地域、兴趣等多种组合方式，拥有高级数据功能，能够精准地识别目标用户。同时，微博强大的社交属性可以让好的内容被用户转发，扩大广告的传播范围，形成二次原生推广。新浪微博粉丝通如图 4-29 所示。

目前新浪微博粉丝通的主要的计费方式是 CPM 和 CPE（按照微博在用户信息流中发生的有效互动计费）。如果你的活动是针对女性用户，或者是有比较强的品牌传播需求的用户，就可以优先考虑该渠道。

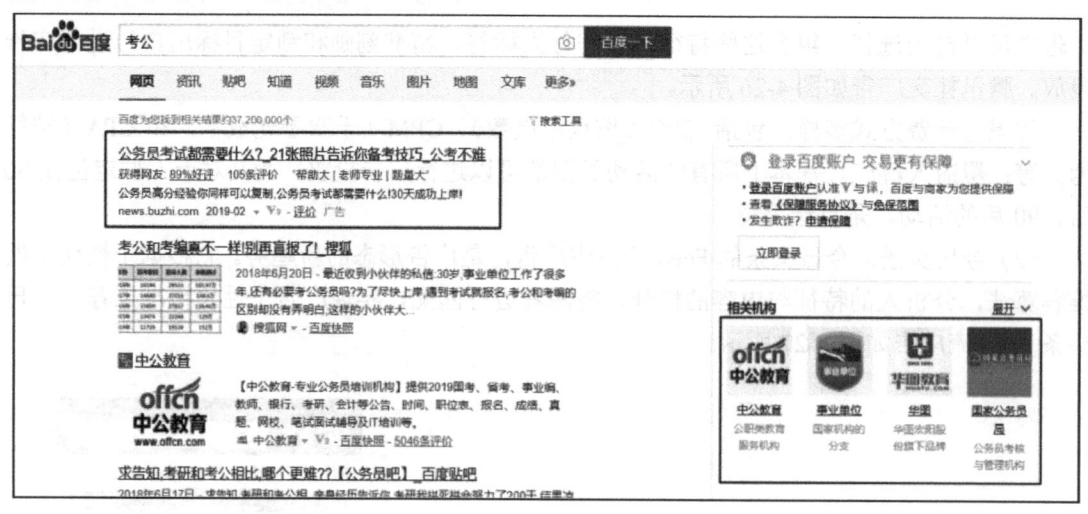

图 4-28 百度竞价排名

图 4-29 新浪微博粉丝通

（5）百度网盟。百度竞价排名推广覆盖的是有明确需求、主动找上门的用户；而百度网盟则是主动上门营销，在每个网民的上网时间、页面空间、移动设备等实施精准、多频次的展示推广，强化客户认知和品牌影响力。百度网盟推广如图 4-30 所示。

百度网盟推广作为百度搜索推广的一种补充，主要计费方式为 CPM。

（6）新榜。新榜专注于自媒体方面的广告投放，能够帮助广告主让产品信息进入 KOL 的微信朋友圈、KOL 的公众号。新榜明码实价标注，且资源较丰富，很多有知名度的大号都可以联系到。新榜广告平台如图 4-31 所示。

图 4-30 百度网盟推广

图 4-31 新榜广告平台

另外,新榜是腾讯社交广告的重点客户服务商(KA 服务商),收费方式是一样的。简而言之,新榜就是一家社交领域的广告代理商。

(7)视频网站。目前主要的视频网站(视频广告平台)有爱奇艺、搜狐、优酷、哔哩哔哩(bilibili,别名 B 站),适合消费客单价高的活动或品牌宣传活动进行投放。该类广告渠道计费方式按千次曝光(CPM)收费。视频网站广告如图 4-32 所示。

图 4-32 视频网站广告

据统计，在流量充足的情况下，选择文字形式读取信息的人占浏览人群的 4%，选择图片形式的占 12%，选择视频形式的占 84%。而且，当你的广告视频足够好时，还有可能引发病毒传播，iPhone X 在 B 站做的广告如图 4-33 所示。

图 4-33　iPhone X 在 B 站的广告

（8）导航网站。导航网站其实是一个非常大的流量入口。根据艾瑞咨询统计的数据，导航网站的日活达到 1 亿次以上。目前市面上主流的导航网站，展示位的形态和位置选择也非常丰富，以 hao123 网站为例，PC 端的网页第一屏就有 4 种展示样式，如图 4-34 所示。

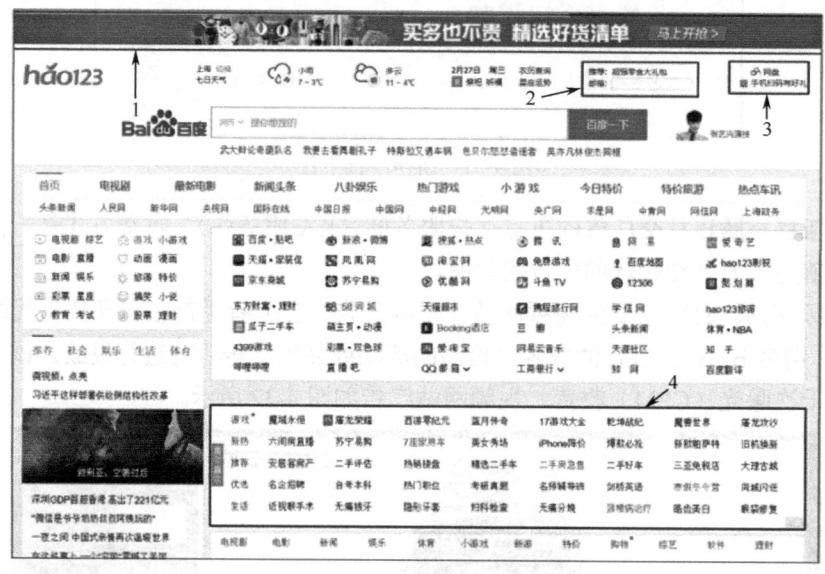

图 4-34　导航网站广告

导航网站的收费方式主要按照 CPC（每点击一次计费）和 CPT（每试用一次的成本）收费，不同的位置价格不一样，比较适合品牌知名度高的产品进行活动投放。

（9）短视频平台。短视频由于时间短、观看方便等特点，开始占据大家越来越多的时间，流量剧增的短视频平台也是优质的推广渠道。目前，国内主流的短视频平台有抖音和快手。抖音广告投放平台如图 4-35 所示。抖音的投放广告是在今日头条的后台上，收费模式、价格及广告精准定向是跟今日头条一致的，只需要开通今日头条广告，在广告后台（今日头条投放管理平台）自己设置投放就可以了。

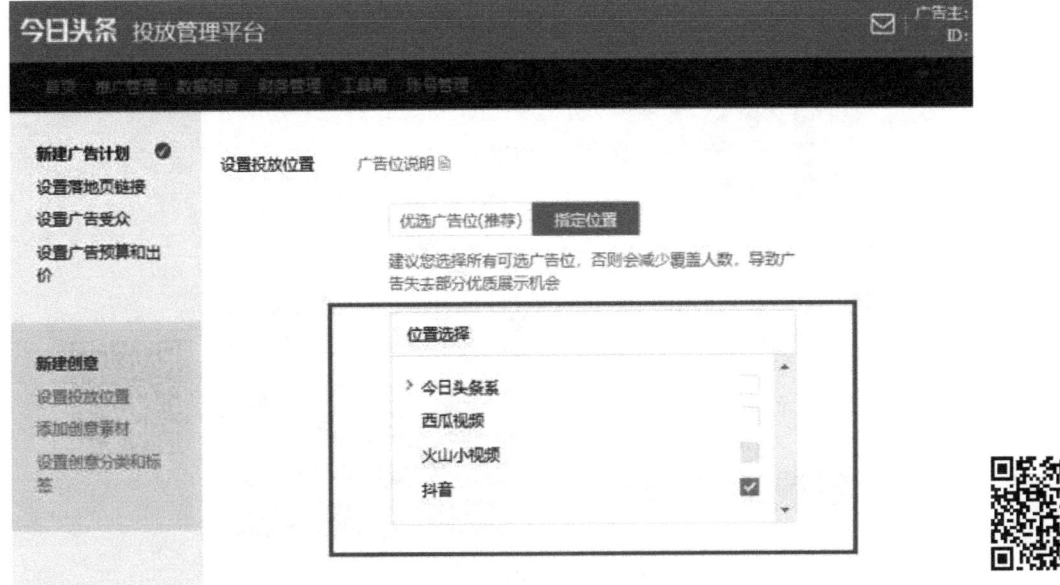

图 4-35 抖音广告投放平台

如果想做竞价投放，需要预存一定的费用，根据活动想要达到的效果，选择不同的扣费方式，扣费方式主要有：CPM（4 元/千次）以及 CPC（0.2 元/点击）。

还有一种方式是目标转化成本竞价 OCPC，根据字面的意思就是优化后的 CPC，具体来说就是通过科学的转化率测算机制，根据目标转化进行优化的方式点击出价。

如果想获取不错的转化效果数据，就可以选择目标转化成本竞价 OCPC，且单月至少投入 5 万元以上的广告预算。

我们可以先投入一笔实验性的预算，看看符合什么特性的用户看到广告后更容易转化为咨询、留言、下载等。然后，再向更多符合这个特性的用户投放广告，从而获得性价比更高的转化。

当前抖音上除了有信息流广告，还有开屏、贴纸、购物车等多种推广形式可供选择。

快手则有 2 种推广方式，一是快手粉丝头条，二是信息流广告。

快手粉丝头条是每个用户都有的功能，可以实现发现曝光、同城曝光等功能，付费后你的"作品"就会被推荐，可以被更多人看到。快手粉丝头条如图 4-36 所示。

我们可以拍摄相关活动或产品的快手视频，然后通过"快手粉丝头条"充值开通推广。这样的服务按 CPM 计费。

需要注意的是，因为推广的素材为"快手视频"，并且快手粉丝头条有严格的审核机制，对于不适合使用"粉丝头条"的视频将会被拒绝推广。

快手信息流广告则是这样的：在快手的"发现"和"同城"频道页中，第五个位置是广告位，广告主可以通过官方的广告后台投放符合需求的广告。广告形式可以为视频、图片及超链接等。相比粉丝头条，该广告可以更大限度地满足广告主的推广需求。

快手视频信息流广告是以 CPC 和 CPM 的形式来收费的。但可能由于同时投放广告的广告主较多，而广告位置资源有限，因此会有竞价。

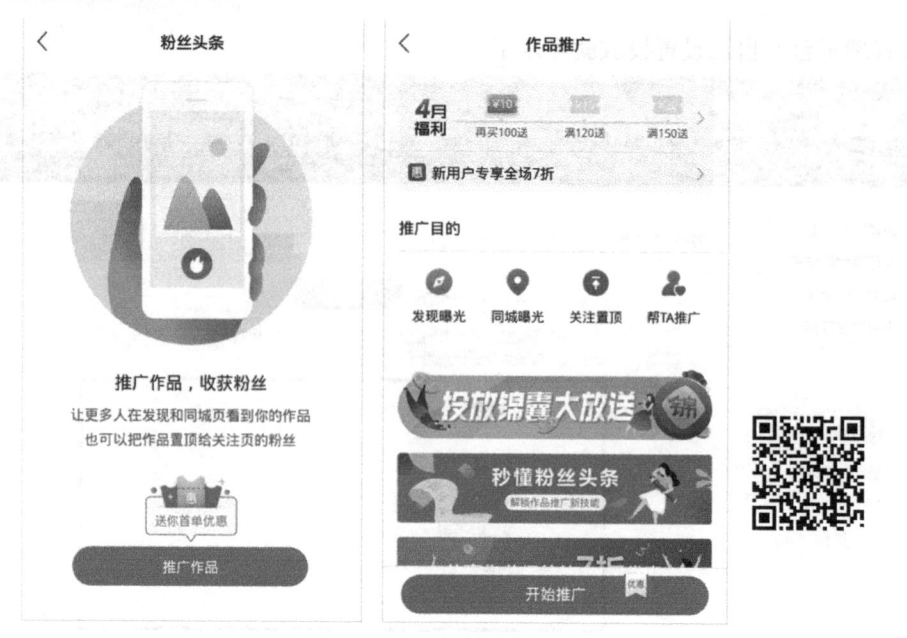

图 4-36　快手粉丝头条

4.3.2　3 种站内推广资源

由于自有用户对产品足够了解，也足够信任，所以站内推广资源渠道应该是活动转化率最高的渠道。它主要包含自有产品的推广资源、自有媒体的推广资源和 EDM 邮件推广 3 种。

1. 自有产品的推广资源

（1）Banner 位。Banner 位，指的是产品在 PC 端和移动端的首页轮播图。帧数越靠前，曝光量越大；Banner 位的图片和文案设计得越好，转化率越高。在公司内部，这种资源位基本是按天数申请的。虎扑利用 Banner 位进行促销推广如图 4-37 所示。

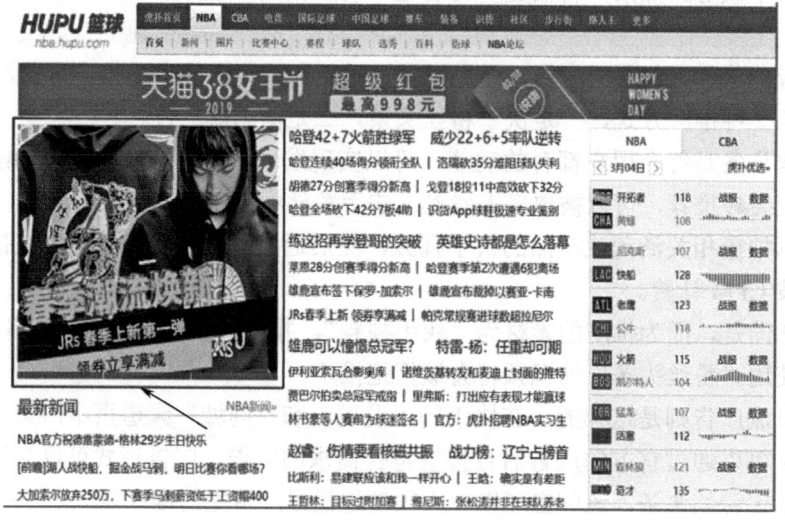

图 4-37　虎扑利用 Banner 位进行促销推广

（2）弹窗和浮层。弹窗和浮层，指的是用户进入产品后接触的第一个全屏广告。因为视觉冲击大，这种站内广告资源只有在超大型活动中才会使用。产品利用弹窗和浮层做活动推广如图 4-38 所示。

图 4-38　产品利用弹窗和浮层做活动推广

（3）PC 主站全页/App 启动页。与弹窗和浮层广告相比，它们展示的位置更靠前、更显眼。不过，这两种方式有时间长度的限制，需要在 5 秒内让用户了解到 PC 主站全页/App 启动页的核心内容，并产生点击欲望。自如 App 启动页的活动推广如图 4-39 所示。

（4）Push 推广。Push 推广与公众号的图文推送类似，一般来说只在大型活动中使用。该类广告的效果非常明显，前提是选择了比较精准的目标用户数据包。产品的 Push 推广如图 4-40 所示。

图 4-39　自如 App 的启动页活动推广 　　　　图 4-40　产品的 Push 推广

（5）系统通知类广告。该推广方式的受众面广，但延迟性明显，不适合时间周期短的活动。B 站的系统通知如图 4-41 所示。

（6）Feed 流广告。如果你的产品采用 Feed 流进行信息展示，就可以申请 Feed 流广告，通常按不同的"楼层"进行排期申请。"楼层"越靠前，曝光量越大；标题和配图越好，点击率越高。知乎的"严选会员"活动的 Feed 流广告如图 4-42 所示。

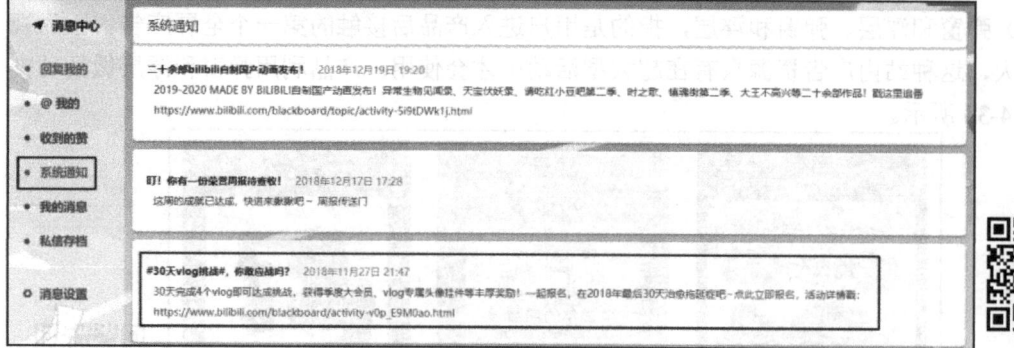

图 4-41 B 站的系统通知

图 4-42 知乎的"严选会员"活动的 Feed 流广告

（7）搜索框广告。目前大部分产品都已经有了搜索功能，在推广活动时可以在搜索框里填上活动关键词，形成默认搜索；或者在热门搜索列表里添加活动广告信息，让用户实现快速搜索。不过，这类广告点击效果一般，主要用于品牌曝光。搜索框广告如图 4-43 所示。

2. 自有媒体的推广资源

（1）官方微博。该推广方式有两种：一是在官方微博首页放活动 Banner 图，点击可以链接到你的活动专题页或活动产品页,微博"豆瓣豆品"活动 Banner 如图 4-44 所示;二是在官方微博发起活动相关话题和转发有奖活动,让网友参与活动传播,支付宝的活动微博如图 4-45 所示。

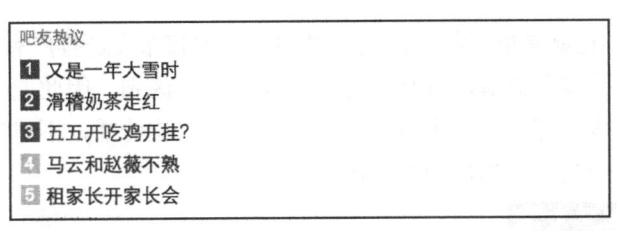

图 4-43　搜索框广告

图 4-44　微博"豆瓣豆品"活动 Banner

图 4-45　支付宝的活动微博

（2）官方微信公众号。在公众号进行活动信息图文推送也是比较不错的方式,需要注意的是,活动类图文要聚焦用户注意力,剔除无关的内容。运营研究社公众号活动推广如图 4-46 所示。

另外，为了让新关注公众号的用户也能接收活动信息，可以在关注后自动回复、菜单栏里面设置活动入口，这种方式适合时间周期长的活动。

3. EDM 邮件推广

EDM 邮件推广，也就是电子邮件营销，是向用户的邮箱发送推广有奖信息的推广方式。邮件发送后，邮箱有弹窗和提醒，并且和非广告邮件没有区别，因此能有效吸引用户的注意力。不过，就目前而言，邮件打开率较低，几乎不会有二次传播，不建议把它当作主要流量渠道。亚马逊 EDM 邮件推广如图 4-47 所示。

图 4-46　运营研究社公众号活动推广　　　　图 4-47　亚马逊 EDM 邮件推广

最后，关于站内推广，有 3 点事项值得注意：

① 站内务必保证每天都有推广活动的渠道，否则站外流量进来找不到入口。这样一来，就会降低活动的整体转化率。

② 运营需要提前一周申请资源位，争取尽可能多的站内推广资源，尽量申请最好的位置。

③ 即使是站内的免费推广资源，也要注意文案和标题的转化效率。实时监控转化率，及时做出相应的调整。

4.3.3　3 种绝佳的活动推广方式

1. 社交平台：活动病毒传播的阵地

在传统的推广渠道中，用户是信息的终点；在微博、微信等社交平台上，用户能够成为信息的起点，通过发布信息获得参与感。这种特点为活动在社交平台上形成病毒传播提供了可能性，能够产生轰动效应的推广活动，几乎都是以社交平台为主要推广阵地的。

社交平台的推广方式有 3 种：

第一种官方广告投放（按 CPM 计费），如广点通和粉丝通；

第二种是 KOL 在社交平台上转发互动（按条数收费），比如网络大 V 提供的广告服务；

第三种是用户邀请，它是引爆社交平台推广的常用手段，也是本节的重点讲述的内容。

用户邀请也叫用户推广计划，其底层逻辑是让用户通过分享、转发活动信息的行为来获取某种既定利益，比如奖金、红包、赠券、课程、会员资格等。在"双 11"期间，天猫、京东的部分活动也都采用了用户邀请的推广方式，并且均获得了非常可观的社交流量。支付宝"点亮火炬红包"活动如图 4-48 所示。

用户邀请对活动的好处显而易见，但要激发用户的参与热情是不容易的。因此，设置用户参与传播的激励机制是关键。

图 4-48 支付宝"点亮火炬红包"活动

设置用户参与传播的激励机制有很多种形式：可以是足够多的好处，比如饿了么红包；可以是足够有趣的玩法，比如"冰桶挑战"；可以是某种价值认同，比如"不转不是帅哥"；可以是某种"人情投票"，比如"给我家宝宝投票"；等等。

总之，不管是哪种推广方式，运营都需要从以下 3 个维度审慎地评估自己的活动是否适合利用社交平台进行推广。

> 你有一个简单的概念吗？这场活动，必须让用户用一句话就能向朋友解释清楚。
> 你有一个清晰的行动指令吗？这场活动，必须让用户无门槛地知道要怎么参与。
> 你能激起用户的分享欲望吗？这场活动，必须让用户有转发、推荐的冲动。换做你是用户，会转发自己策划的活动吗？

大家可以找出近半年在微博热搜或微信上热门的活动推广，从上面的 3 个维度思考它们流行的原因。这样的思考多了，对活动推广的理解就会更加深刻，在文案写作等方面都会更加得心应手。

◆ 课堂讨论 4.3

2018 年国庆假期，支付宝的锦鲤活动在微博火爆，收获了 400 万用户的转发和评论，使支付宝成为微博史上转发量最快破万的企业微博，甚至带领了一波锦鲤活动的狂潮。从以上 3 个维度入手，你认为锦鲤活动的流行原因是什么？支付宝的锦鲤活动如图 4-49 所示。

2．社区：被埋没的高质量渠道

社区（包含社群）是用户基于共同的需求、爱好、思维方式、社会阶层等聚合而成的，用户具有鲜明的标签，是一个流量质量相对较高的渠道。社区是一个高质量的渠道，是十分可观的流量来源，它的推广方式主要有如下两种。

（1）社区广告投放。根据易观千帆的 App 数据，2019 年 2 月，百度贴吧的月活用户为 4 000 万+，知乎 1 500 万+，下厨房 1 000 万+，豆瓣接近 500 万。如果预算足够，可以尝试在目标人群聚集的社区里购买广告。知乎社区广告如图 4-50 所示。

（2）社区软文投放。如果想不花广告费在社区推广，那就只能以软文的形式进行投放了。一方面是因为广告帖会被管理人员"和谐"，甚至发帖账号会被封禁；另一方面是直白的广告帖给用户的观感非常差。

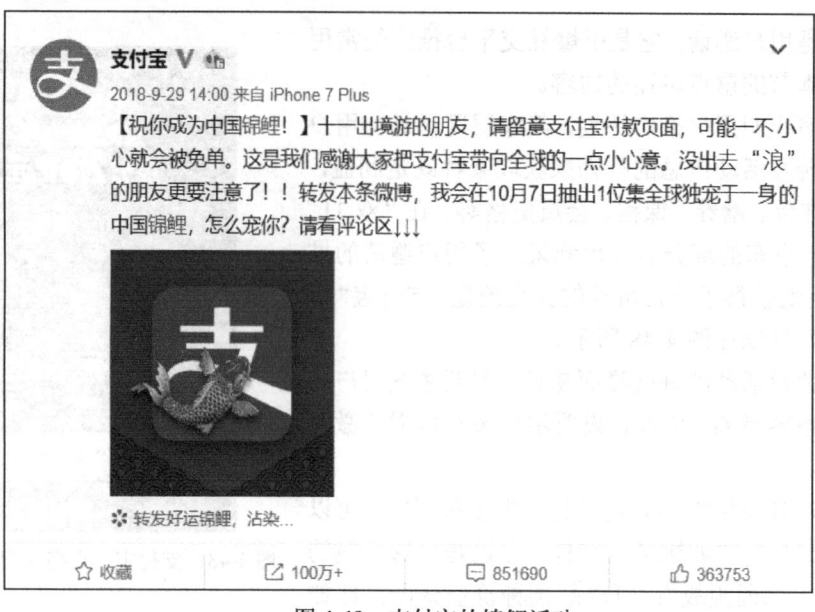

图 4-49 支付宝的锦鲤活动

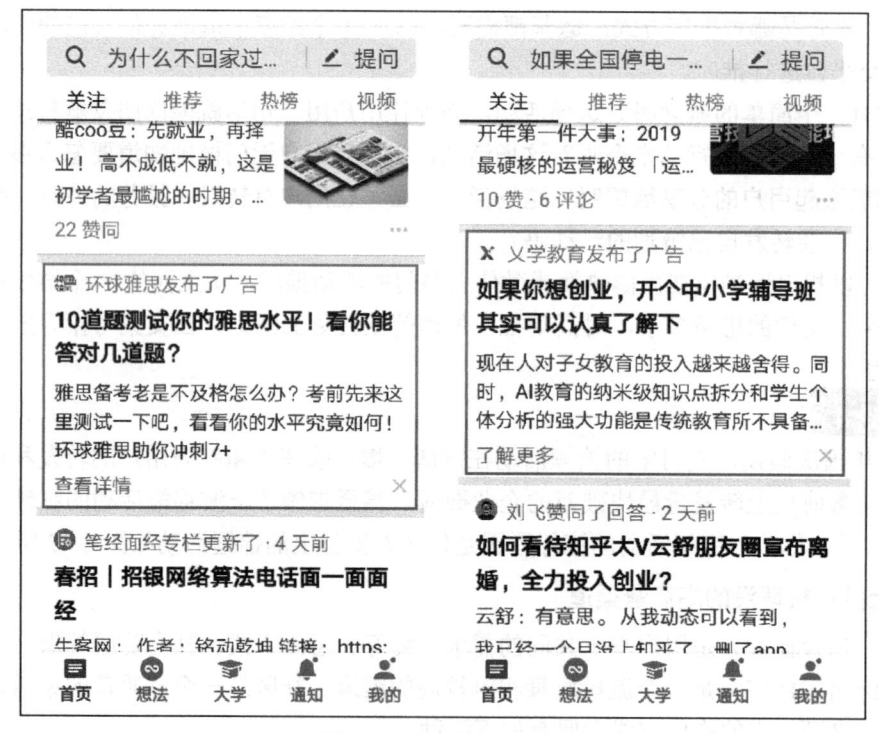

图 4-50 知乎社区广告

另外，写出好的软文并在社区进行发布后，并不意味着推广工作的终结，后续的运营维护工作同样重要。那么，如何有效地进行社区软文投放呢？

① 需要利用社区规则，巧妙地置顶帖子，让软文尽可能地得到曝光。不同社区的帖子排名规则不同，但有一个主流规则是，有新回复的帖子会排到前面。

② 利用互动功能，开发新的展示位。软文类似传统广告，是信息的单方面传输。而社区互动的性质则相当于社交平台，通过互动与用户建立的联系更直接和深入。互动内容也有排

行机制，好的互动同样能在评论区置顶，这个展示位也是非常好的流量来源。

③ 建立影响力，成为社区的 KOL。活动开展前，可以在目标人群聚集的社区长期经营账户，在所在领域积累影响力。这是实现在社区低成本推广的有效方式。关于如何做好 KOL 的推广，下面会详细讲解。

3．KOL：点燃活动的关键节点

KOL（Key Opinion Leader），即意见领袖，指在某个领域具有话语权、影响力的人，他们拥有较强的个人品牌效应和粉丝认可度。利用 KOL 做推广，活动可以直接获取他们的品牌价值，并且流量的转化率非常高，可以说他们是活动推广的关键节点。

那么，我们在活动推广中如何获取 KOL 资源呢？

（1）商务合作。一般有意愿做流量主的 KOL 会在个人微博、公众号上主动留下商务合作的联系方式。商务合作适合绝大部分的活动情况，通常与 KOL 常见的合作方式有 3 种：一是付费，这是最简单直接的方式，目前整个市场已经形成充分竞争，价格比较合理；二是资源置换，目前最常见的是和对方互换推广位，如果双方在一场活动中各取所需，也能实现比较顺利的合作，常见于自媒体之间的合作与互推；三是找第三方营销平台联系 KOL，比如新榜等。

值得一提的是，快手还有一个快接单平台，相当于一个广告中间商。这个平台上入驻了很多快手达人。据一位在快手平台上展开业务的服务商透漏，快手达人的广告报价略低于其他短视频平台，但是效果非常好。

（2）平时积累。在工作中，可以多去积累一些有影响力、有特长的人的账号，即使可能只是微信群的群主、论坛的高级会员、某领域的发烧友，但是积少成多，也能达成很好的推广效果，就像小米早期的"100 个梦想赞助商"成为小米口碑传播的关键一样。

在做 KOL 推广时，有 3 点需要注意的地方。

（1）设定明确的推广目标和考核标准。请一次 KOL，花费了很多精力，那么一定要人尽其效。希望通过 KOL 达成怎样的推广效果，一定要进行数据上预设与考量。

（2）做好自身和 KOL 的用户画像。确保与用户匹配，保证内容调性相一致，确保推广的精准性。比如一个美妆账号，不能找健身达人作为推广渠道，因为目标用户不匹配。

（3）推广方式宜软不宜硬。一般来说，KOL 的影响力越大，其粉丝对硬广越是排斥。推广形式上，建议结合好的宣传创意（如漫画、段子、魔性视频等），一方面用户不是很排斥，另一方面可以形成用户自传播，达到更好的推广效果。

任务实训

实训 4.3 归纳总结活动推广方式的特点

1．任务描述及要求

（1）通过本任务的学习，大家了解了 9 大活动推广渠道。本次实训任务要求大家能够总结每种活动推广渠道的特点。

（2）了解 3 种站内推广资源和 3 种绝佳的活动推广方式。

任务描述及任务要求如表 4-15 所示。

表 4-15　任务描述及任务要求

序　号	任　务　描　述	任　务　要　求
1	了解 9 大活动推广渠道的特点	能够准确地写出活动推广渠道的特点
2	了解 3 种站内推广资源和 3 种活动推广方式	能够总结出 3 种站内推广资源和 3 种活动推广方式的特点

2．实训内容

（1）根据本任务所学的知识，分析 9 大活动推广渠道的特点，完成表 4-16 所示的内容。

表 4-16　9 大活动推广渠道的特点

渠　　道	含　　义	展示方式	计费方式	适合方向
腾讯社交广告				
今日头条				
百度竞价排名				
新浪微博粉丝通				
百度网盟				
新榜				
视频网站				
导航网站				
短视频平台				

（2）根据本任务所学的知识，分析 3 种站内推广资源和 3 种活动推广方式的特点，完成表 4-17 所示的内容。

表 4-17　3 种站内推广资源和 3 种活动推广方式的特点

推　广　方　式		特　　点
3 种站内推广资源	自有产品的推广资源	
	自有媒体的推广资源	
	EDM 邮件推广	
3 种活动推广方式	社交平台：活动病毒传播的阵地	
	社区：被埋没的高质量渠道	
	KOL：点燃活动的关键节点	

3．任务考核

归纳总结活动推广方式的特点任务考核如表 4-18 所示。

表 4-18　归纳总结活动推广方式的特点任务考核表

序　号	考　核　内　容	评　级 （A、B、C、D）	说　　明
1	能够准确地写出活动推广渠道的特点		
2	是否掌握 3 种站内推广资源和 3 种活动推广方式的特点		

任务 4.4　案例：运营人年终聚会的策划、推广和落地

任务目标

知识目标	了解企业真实的活动策划书
技能目标	能够运用本项目所学知识，写出一份高质量的活动策划书

任务导图

（略）

任务实施

为了让读者更加清晰地了解活动的策划和执行流程，接下来以运营研究社 2017 年的年终聚会作为案例，给大家展示一份完整的活动策划书。

1. 活动背景

从本项目的任务 4.1 我们了解到，活动背景通常可以从产品数据、市场热点、竞品动态、目标人群和领导观点这几个方面着手。运营研究社的年终聚会的活动背景，我们主要是从市场热点和目标人群进行考虑的。

2017 年，互联网发生了比较多的事情，微信小程序诞生、共享经济火爆、柯洁惨败 AlphaGo、饿了么合并百度外卖、"全民手游"王者荣耀月流水达 30 亿元、携程深陷舆论漩涡、天猫"双 11"交易额达 1 682 亿元等。

36 氪 WiSE 大会、3 节课"有可能"大会、产品经理大会……年底了大家都在办会，用户们也似乎更愿意在这个时间节点上出来看看互联网世界的过去和未来。第二届运营人年终聚会，作为中国较大的运营人盛会，我们将汇聚国内较具影响力、潜力、创新力的企业高管和运营负责人，共探 2018 年的运营机遇与挑战，畅聊大数据、AI、小程序等技术对运营的赋能，帮助更多小伙伴成为未来有价值的运营人。

2. 活动目的

（1）拉新：10 000+在线直播观看用户，服务号涨粉 5 000 人。
（2）活跃：不少于 200 位运营研究社老学员参与聚会与传播。
（3）转化：700 位运营从业者参与线下的聚会。
（4）品牌：100 万+运营研究社品牌曝光量，不少于 30 家媒体报道。

3. 活动主题

2017 运营人年终聚会——成为最有价值的运营。

4. 活动时间及地点

活动时间：2018 年 1 月 6 日（周日）。
活动地点：上海市徐汇区××××（距离地铁站××米远）。

5．活动形式

围绕社群、金融、工具、新媒体、社区、小程序等互联网产品，9位嘉宾人均25分钟的TED式干货分享，为学员带来满满4小时的知识沙龙。

（1）场外活动形式。场外活动形式如表4-19所示。

表4-19 场外活动形式

序 号	时 间	环 节	活动内容	负 责 人	跟进内容
1	9:30～11:30	场地搭建	×××	×××	×××
2	9:30～11:30	接机	×××	×××	×××
3	12:00～13:30	签到、互动	×××	×××	×××
4	17:00～18:00	退场牌放置	×××	×××	×××
5	18:00～19:00	聚餐引导	×××	×××	×××

（2）场内活动形式。场内活动形式如表4-20所示。

表4-20 场内活动形式

序 号	时 间	环 节	活动内容	跟进内容
1	12:40～13:15	入场	×××	×××
2	13:15～13:29	暖场	×××	×××
3	13:29～13:30	倒计时	×××	×××
4	13:30～13:31	嘉宾介绍	×××	×××
5	13:31～13:50	嘉宾分享	×××	×××
6	13:50～13:51	嘉宾介绍	×××	×××
7	13:51～14:10	嘉宾分享	×××	×××
8	14:10～14:40	嘉宾分享	×××	×××
9	14:40～15:10	嘉宾分享	×××	×××
10	15:10～15:40	嘉宾分享	×××	×××
11	15:40～16:00	圆桌会议	×××	×××
12	16:00～16:20	嘉宾分享	×××	×××
13	16:20～16:50	嘉宾分享	×××	×××
14	16:50～17:20	嘉宾分享	×××	×××
15	17:20～17:40	嘉宾分享	×××	×××
16	17:40～17:50	年会合影	×××	×××
17	17:50～18:00	退场引导	×××	×××

6．活动预算

活动预算表如表4-21所示。

表 4-21 运营人年终聚会预算表

项目类别	项目名称	数 量	备 注	单 价	总 价
场租设备	场地	×××	×××	×××	×××
	投影仪	×××	×××	×××	×××
	麦克风	×××	×××	×××	×××
	PPT 激光笔	×××	×××	×××	×××
	计算机	×××	×××	×××	×××
	摄影机	×××	×××	×××	×××
	现场签到器	×××	×××	×××	×××
宣传物料	运营研究社社旗	×××	×××	×××	×××
	横幅	×××	×××	×××	×××
	胸章	×××	×××	×××	×××
	纸质邀请函	×××	×××	×××	×××
	明信片	×××	×××	×××	×××
	嘉宾座位贴纸	×××	×××	×××	×××
	纸质门票	×××	×××	×××	×××
	拍照互动牌	×××	×××	×××	×××
	接机 KT 板	×××	×××	×××	×××
	倒计时牌	×××	×××	×××	×××
	入口欢迎 KT 板	×××	×××	×××	×××
	结束 KT 板	×××	×××	×××	×××
	区域展示板,场内	×××	×××	×××	×××
	运营人年终报告 KT 板	×××	×××	×××	×××
	发光立体字	×××	×××	×××	×××
	年终聚会海报	×××	×××	×××	×××
	话筒牌	×××	×××	×××	×××
	运营技能地图墙展架	×××	×××	×××	×××
	签到墙展架	×××	×××	×××	×××
	桌牌	×××	×××	×××	×××
	照相机	×××	×××	×××	×××
	工作人员制服	×××	×××	×××	×××
	矿泉水	×××	×××	×××	×××
伴手礼	运营笔记本	×××	×××	×××	×××
	2018 运营台历	×××	×××	×××	×××
	手提袋	×××	×××	×××	×××
	明信片	×××	×××	×××	×××
	......				

7. 推广计划

线下活动的报名推广,其实主要也是基于线上的宣传,即每个时间阶段,在什么平台宣传,用怎样的宣传方式,推广什么样的内容等。根据这些维度,我们可以制作一份推广计划表,在推广过程中能够做到心中有数。宣传计划表如表 4-22 所示。

表 4-22 宣传计划表

编 号	宣传内容	媒 体	宣传形式	宣传时间	备 注
1	×××	×××	×××	×××	×××
2	×××	×××	×××	×××	×××
3	×××	×××	×××	×××	×××
……	×××	×××	×××	×××	×××

在具体执行中，还可以制作活动推广甘特图，实时了解渠道推广的进度。运营人年终聚会活动推广甘特图如图 4-51 所示。

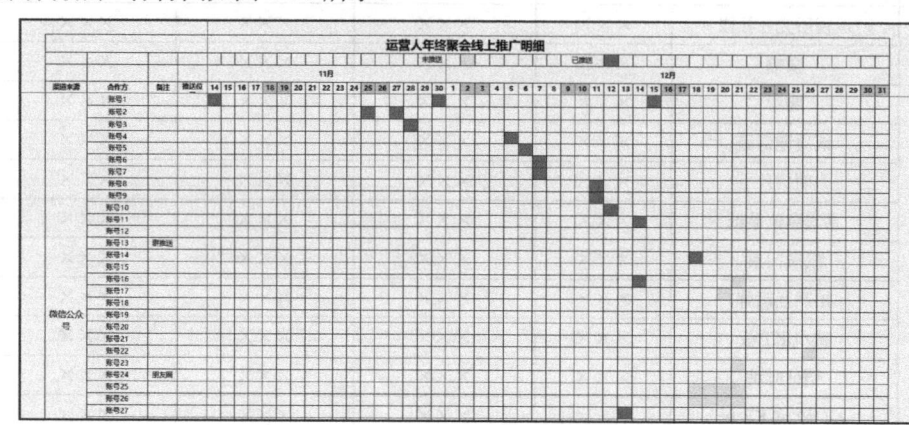

图 4-51 运营人年终聚会活动推广甘特图

8. 活动分工

运营人年终聚会活动分工表如表 4-23 所示。

表 4-23 运营人年终聚会活动分工表

项 目	详 情	目 标	负 责 人	完成时间（截止时间）
大会 PR 稿件	运营人生存现状	×××	×××	×××
	大会现场报道	×××	×××	×××
	演讲嘉宾内容	×××	×××	×××
场外控制	现场展架的搭建	×××	×××	×××
	引导人员现场签到	×××	×××	×××
	引导学员现场拍照	×××	×××	×××
	引导学员有序入场	×××	×××	×××
	接机	×××	×××	×××
场内控制	伴手礼装袋并放置至座位	×××	×××	×××
	播放嘉宾 PPT+音乐+视频	×××	×××	×××
	活动现场拍照	×××	×××	×××
	嘉宾麦克风穿戴+控时	×××	×××	×××
	金句图片	×××	×××	×××

续表

项　　目	详　　情	目　　标	负 责 人	完成时间（截止时间）
场内控制	直播（搭建·互动）	×××	×××	×××
	活动结束后场地	×××	×××	×××
物料准备	技能地图+伴手礼+KT 版	×××	×××	×××
	活动物料设计（清单）	×××	×××	×××
宣传	大会门票售卖	×××	×××	×××
	大会 PR 稿件	×××	×××	×××
	媒体策划与对接	×××	×××	×××
主持人	提前熟知活动流程	×××	×××	×××
嘉宾邀请	嘉宾 PPT 与质量控制	×××	×××	×××
场地确认	"高大上"的活动场地	×××	×××	×××

活动进度：本次活动计划开展时间自 2017 年 11 月 6 日起，至 2018 年 1 月 12 日止。活动进度如图 4-52 所示。

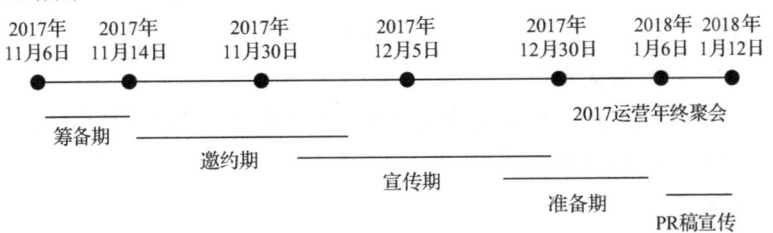

图 4-52　活动进度

活动进度说明如下。

① 筹备期。

a．建立活动筹备小组，确定活动模块及负责人，并进行项目细节说明。

b．确定活动时间、活动场地。

② 邀约期。

a．嘉宾邀请，嘉宾邀请表如表 4-24 所示。

表 4-24　嘉宾邀请表

领　　域	嘉宾名单
创投领域	×××
社群领域	×××
电商领域	×××
金融领域	×××
工具领域	×××
新媒体领域	×××
运营 KOL	×××

b．渠道邀请。

协办单位：新媒体管家、人人秀等。

一级渠道（阅读量 5 000+）：人人秀、幕布、活动行（独家报名通道）等。

二级渠道（阅读量 1 000+）：数英网、微果酱等。

③ 宣传期。见推广计划。

④ 现场准备期。物料准备见活动预算部分。

⑤ PR 稿宣传。36Kr、界面新闻、i 黑马等。

9. 活动风险

（1）内部风险：现场执行不到位，沟通不顺畅；嘉宾临时有事取消。

预防方案：从 2017 年 12 月 21 日开始，各项目组每天提交项目进度表，同时，提前一周对志愿者分工进行安排，并且对志愿者进行培训；对于嘉宾临时有事取消，如果距离大会时间还有 7 天以上，则可以继续寻找等量级的嘉宾，如果距离大会开始时间小于 7 天，则延长 1~2 位嘉宾分享的时间。

（2）技术风险：现场直播话筒音质不好，PPT 激光笔信号差、PPT 播放衔接不到位、直播视频并发数量风险等。

预防方案：提前进行现场彩排和设备调试，预备 1~2 个应急设备，有问题的设备提前进行更换；咨询直播技术风险问题，采取多平台直播的方式。

（3）外部风险：门票售卖困难。

预防方案：多找渠道，在宣传期至少做到每天有渠道进行推送；提前预估流量转化；增设售票通道，可以对合作渠道免费发放。

10. 活动 Q&A

Q1：票买好后什么时候邀请进入聚会交流群？

A1：购票成功的小伙伴，请添加运营宝宝微信并备注"年终聚会"，到时会邀请你进入聚会交流群，并派发工具福利。由于报名人数较多，未能及时回复的，请耐心等待。

Q2：票买好后能退吗？

A2：我们相信您做的每个决定都是经过深思熟虑的，所以不会进行退票，如果实在有事不能够参会，可以将购票的二维码赠送给你的朋友。

Q3：到时候会有直播吗？

A3：为了确保未能参加的人员也能够观看，活动当天会进行现场视频/图片直播，请随时关注运营研究社公众号的信息。

Q4：活动什么时候可以入场？

A4：2017 运营人年终聚会于 2018 年 1 月 6 日（周六）13:30 开始，18:00 结束，因为预计当天会有近千人签到，12:30 可以开始签到，15:00 停止检票。大家尽量早点来吧！

Q5：大会怎么走？

A5：年终聚会地址在上海市徐汇区×××。如果你乘坐地铁，具体线路××××××××；如果你乘坐出租车，具体线路××××××××；如果你是从外地来的小伙伴，下站后可以直接××××××××。不建议自驾，因为周末人流量较大，有可能没有停车位。

Q6：大会 PPT 能发放吗？

A6：在征得嘉宾同意后，2018 年 1 月 13 日前我们会在运营研究社公众号进行发放，大家记得关注我们的公众号。

Q7：大会直播可以重复观看吗？

A7：可以，除了可以重复观看重播的视频以外，我们还会为你分享嘉宾的文字版本，但仅有内部用户才可以享受。

任务实训

实训 4.4　结合学院特色策划 9 月份的迎新活动

1. 任务描述及任务要求

假如现在正值 9 月份新生入学时期，你们学院想要举办一场迎接新生的活动，目的是让新生尽快了解学院的特点，适应接下来的大学生活。请你策划一场活动，并根据活动策划书的 10 个要素写一份活动策划书。任务描述及任务要求如表 4-25 所示。

表 4-25　任务描述及任务要求

序　号	任　务　描　述	任　务　要　求
1	了解活动策划的全部内容	能够列出活动策划的 10 个要素
2	结合实际，策划有创新性和逻辑性的策划报告	要求对活动要素进行详细扩展，并有创新性和逻辑性
3	了解新生到校的需求，结合 TIP 模型进行写作	掌握 TIP 模型的应用技巧

2. 实训内容

（1）了解新生到校的需求，结合 TIP 模型（提示：可结合学院特色）写一份完整的迎新活动策划书（活动形式要求具有创新性），并完成如表 4-26 所示的内容。TIP 模型如图 4-13 所示。

表 4-26　活动策划的 10 个要素

项　　目	内　　容
活动背景	
活动目的	
活动主题	
活动时间	
活动地点	
活动预算	
活动形式	
推广计划	
活动分工	
活动 Q&A	

（2）结合你策划的迎新活动，制作一个活动推广的 H5，扫描下面的二维码查看示例。

（3）完成本实训参考使用的工具及网站：H5 制作工具、iH5 https://www.ih5.cn、兔展 https://

www.rabbitpre.com/、易企秀 http://www.eqxiu.com/等。

3. 任务考核

结合学院特色策划 9 月份的迎新活动任务考核表如表 4-27 所示。

表 4-27　结合学院特色策划 9 月份的迎新活动任务考核表

序　号	考核内容	评级 （A、B、C、D）	说　明
1	了解活动策划的全部内容		
2	能按要求对活动要素进行详细扩展		
3	掌握 TIP 模型的应用技巧		

项目小结

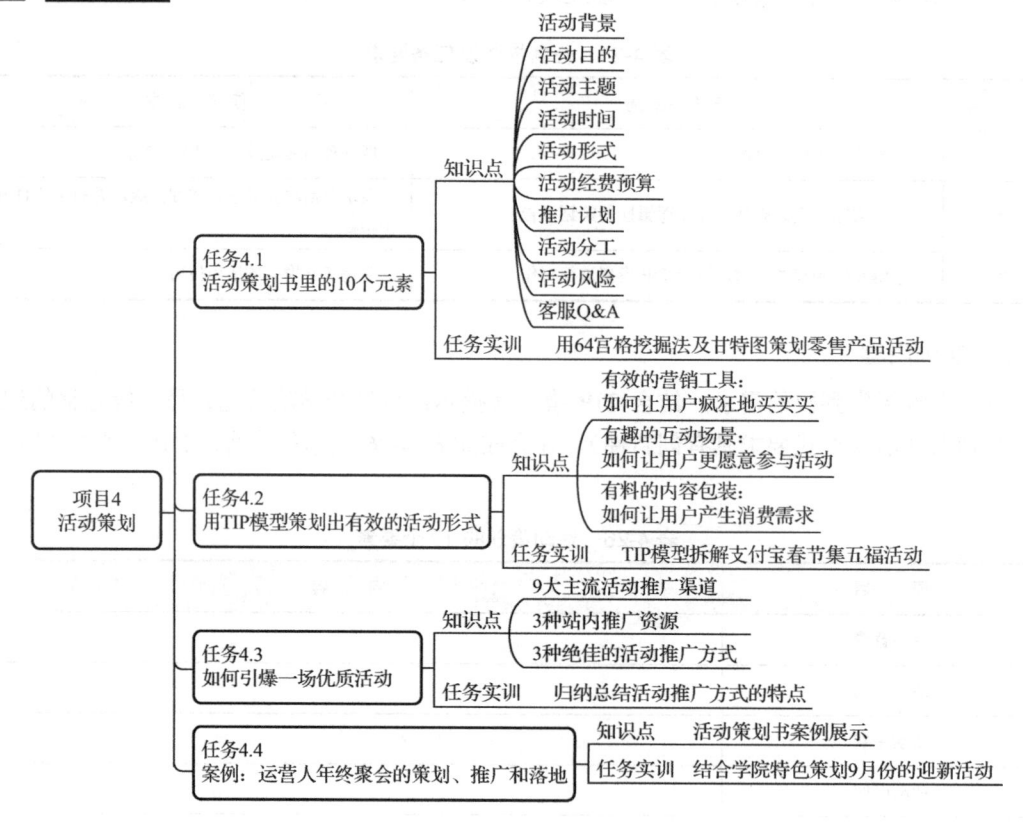

```
                                                         ┌ 活动背景
                                                         ├ 活动目的
                                                         ├ 活动主题
                                                         ├ 活动时间
                                          ┌ 知识点 ──────┼ 活动形式
                                          │              ├ 活动经费预算
                                          │              ├ 推广计划
                          ┌ 任务4.1 ──────┤              ├ 活动分工
                          │ 活动策划书里的 │              ├ 活动风险
                          │ 10个元素      │              └ 客服Q&A
                          │              └ 任务实训　用64宫格挖掘法及甘特图策划零售产品活动
                          │
                          │                              ┌ 有效的营销工具：
                          │                              │ 如何让用户疯狂地买买买
                          │              ┌ 知识点 ──────┼ 有趣的互动场景：
                          │ 任务4.2       │              │ 如何让用户更愿意参与活动
                          ├ 用TIP模型策划 ┤              └ 有料的内容包装：
   项目4                  │ 出有效的活动  │                如何让用户产生消费需求
   活动策划 ──────────────┤ 形式          └ 任务实训　TIP模型拆解支付宝春节集五福活动
                          │
                          │                              ┌ 9大主流活动推广渠道
                          │              ┌ 知识点 ──────┼ 3种站内推广资源
                          ├ 任务4.3       │              └ 3种绝佳的活动推广方式
                          │ 如何引爆一场  └ 任务实训　归纳总结活动推广方式的特点
                          │ 优质活动
                          │
                          │ 任务4.4        ┌ 知识点　活动策划书案例展示
                          └ 案例：运营人  ─┤
                            年终聚会的策   └ 任务实训　结合学院特色策划9月份的迎新活动
                            划、推广和落地
```

项目 5

社 群 运 营

项目导入

近几年,随着微信日活跃量的提升、公众号的普及,社群也在逐渐发展,社群运营成为一项新的运营技能。

2015 年的社群是自媒体与用户互动的地方;2016 年的社群开始成为人们沟通必备的场景;2017 年的社群是流量红利消失的背景下的营销风向;2018 年的社群机会正式开启,社群开始迸发出多种多样的商业形式。

在社群发展的过程中,有一些人用社群达到新的商业高度。比如,英语流利说搭建了 2 000 人社群运营铁军,从零做到亿级流水;爱库存用社群帮助品牌尾货下沉到三四线城市,7 个月融资 6.5 亿元。

无论是传统企业还是互联网公司,或多或少地都已经在进行社群运营的探索,甚至有些业务因为做社群还获得了不少资本的青睐,比如运营研究社于 2018 年 6 月成功完成了千万级融资。

本项目将给大家介绍适合做社群的业务,并从社群的拉新、活跃和转化等方面给大家讲解社群运营的主要工作和技能。

任务 5.1 什么样的业务适合做社群

任务目标

知识目标	了解哪些业务适合做社群
技能目标	能够分析社群的业务特征

任务导图

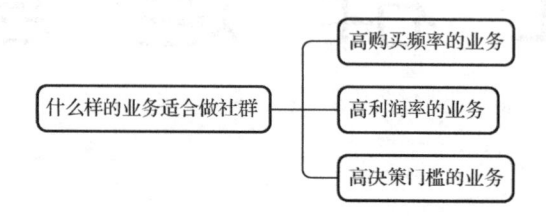

```
                          ┌─ 高购买频率的业务
什么样的业务适合做社群 ────┼─ 高利润率的业务
                          └─ 高决策门槛的业务
```

任务实施

"我适合做社群吗？"是读者问得非常多的问题。例如，运营研究社曾经有位学员问：我们是一家做钢琴一对一线下辅导培训的公司，培训单价在一万元左右，有非常强的区域限制，目前仅上海的用户可以学习，这种情况适合做社群吗？在回答这个问题之前，我们先来看一个社群案例。

某武汉初级会计职称培训机构为推广冲刺培训课程，建立了为期 21 天会计考试答疑社群。每天固定时间有专门的管理员带领学员做题，讨论之后管理员再给出解答。除此之外，每周还有在线模拟考试，鼓励学员自己完成并在群里进行晒分。管理员与学员的频繁互动，赢得了大部分人的信任，所以在发布线下课程售卖图文时反响非常好，群内付费转化率达到 15%左右。对于学员来说，这个社群有活力、有干货，对于公司来说也就有了业绩，两全其美。

同样，对于类似线下钢琴培训的强地域性的业务，是比较适合做社群的，这意味你的用户有很多共同属性和话题。例如，上海有一个很有意思的生鲜电商——虫妈邻里团，它是以小区为单位建立的社群，在群内提供生鲜拼团服务，用户复购率非常高，当各大生鲜平台还在亏钱时，它已经开始挣钱了。

弄清楚自己的业务是否适合做社群，是做社群规划的第一步。那么，到底业务拥有了哪些特征才适合做社群呢？通过对一些优质社群的长期观察发现，除了强地域性业务适合做社群以外，符合高购买频率、高利润率、高决策门槛中的任意一项特征的业务，都比较适合做社群。适合做社群的业务如图 5-1 所示，复购率越高，说明产品或服务的购买频率高，利润率也越高；用户购买决策周期越长，说明产品或服务的决策门槛越高。

1. 高购买频率的业务

高购买频率的业务意味着需要非常强的用户黏性，社群是用来提升用户忠诚度的好工具。它作为零开发成本的营销工具，经常被零售行业的从业者自发利用起来。

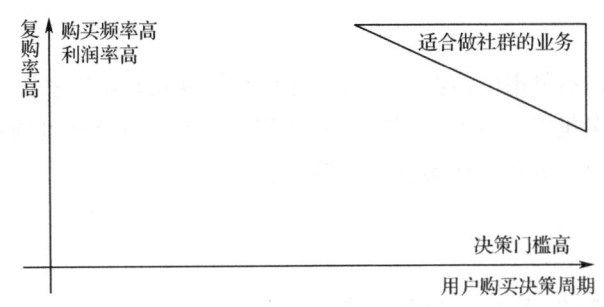

图 5-1　适合做社群的业务

例如，编者有一次在小区附近购买水果，被商家邀约加入他们的会员群。加入群之后，发现可以享受不同的会员优惠。刚加入时，这个社群的成员有 300 多人，群活跃度不错，每天老板定时发送优惠商品信息。群内成员不仅可以了解第一手优惠信息，还可以在群内下单买水果，商家负责送货上门。

自从马云在 2016 年 10 月份阿里云栖大会上提出新零售的概念以后，越来越多从事生鲜和商场超市的零售业都在往这个概念上靠。这种通过优化销售形式的本地化生鲜社群，应该也算是新零售的一种。

2. 高利润率的业务

社群运营是重人力投入的运营，如果业务利润率太低（不超过 30%），就不足以支持高额的服务成本。

知识付费和在线教育是利润率（60%左右）相对可观的业务，它们都非常适合用社群作为服务的落地工具，这样不仅可以实现一对多的授课和多对多的用户相互学习监督，而且还可以利用社群氛围来提高课程的复购率和对其他课程的导流效果。

例如，编者加入了百词斩阅读训练营的微信群，这个群是需要付费加入的，它对学员来说产生的价值主要有两个方面：第一，在群体的相互影响下，促进自己完成学习目标，毕竟每天有对比，谁也不想落下；第二，改变了对英语学习的看法，至少在这个社群中，不再带着应试的想法去学习，而是更注重培养对英语的兴趣。另外，群主投入了非常大的精力在社群管理上，所以整体的学习氛围和活跃度也非常高。

3. 高决策门槛的业务

决策门槛高意味着用户需要获取足够的信息来做决策。企业与其用电话销售这种让用户讨厌的方式进行信息咨询，还不如在沟通便捷且信息形态多样的社群里进行。

例如，某商务俱乐部的定位是"为用户预订全网较低价的机票、酒店，并有专人进行一对一服务"，他们拿这个定位作为产品的亮点进行宣传拉新。成为这个俱乐部的会员需要支付上千元的会费，因而用户购买决策成本比较高。考虑到这个服务正是编者需要的，所以加入了俱乐部体验社群。研究之后发现，群里的酒店和机票的价格确实是比大部分平台都要便宜，毕竟有了用户量就有资本和航空公司谈价格，整体服务基本达到预期。在体验期结束后，编者就付费成为了年卡会员。

以上示例是高决策门槛业务通过社群进行用户转化的流程，通过社群服务体验与客服沟通，用户在获得足够的信息后即可消除顾虑，产生最终的购买行为。

另外，决策门槛的高低除了跟价格有关，还跟机会成本有很大的关联。比如妈妈们给自己的孩子选幼儿园，其实纠结的是"万一选错了怎么办"，这时候同样可以用社群来消除她们的顾虑。

◆ 课堂讨论 5.1

我们知道，社群并不单指微信群。那么，什么是社群呢？可以从以下 3 个方面来理解：（1）以兴趣爱好等为聚集点；（2）有组织、有架构；（3）能持续性地输出有价值的内容。请以小组为单位进行讨论，班群、社团群是社群吗？为什么？

任务实训

实训 5.1　收集适合做社群的业务

1. 任务描述及任务要求

根据本任务所学知识，通过网络查找不同的社群并进行分析，找出该社群中的产品或服务是哪种类型的业务，是高购买率、高利润率，还是高决策门槛的业务？任务描述及任务要求如表 5-1 所示。

表 5-1　任务描述及任务要求

序　号	任　务　描　述	任　务　要　求
1	分析社群中的产品或服务具备哪些社群特征	能判断社群的业务特征

2. 实训内容

根据本任务所学的知识，结合课堂讨论 5.1 的内容，判断你查找的社群是否符合高购买频率、高利润率、高决策门槛的特征，为什么？并完成表 5-2 的内容。

表 5-2　社群业务特征分析

社 群 名 称	具备社群的哪些特征 （聚集点、组织机构、价值内容）	社群的业务类型 （高购买率、高利润率、高决策门槛）
生鲜电商——虫妈邻里团	是以小区为单位建立的社群，在群内提供生鲜拼团服务，用户复购率非常高	高购买率

3. 任务考核

收集适合做社群的业务任务考核表如表 5-3 所示。

表 5-3　收集适合做社群的业务任务考核表

序　号	考　核　内　容	评级 （A、B、C、D）	说　　明
1	能够分析社群的特征		
2	能判断社群的业务是否适合做社群		

任务 5.2　如何利用社群裂变拉新

任务目标

知识目标	了解社群裂变的底层原理
	了解搭建社群裂变的工具
技能目标	会计算病毒传播指数 K
	能够设计裂变海报，搭建、推广并管理社群

任务导图

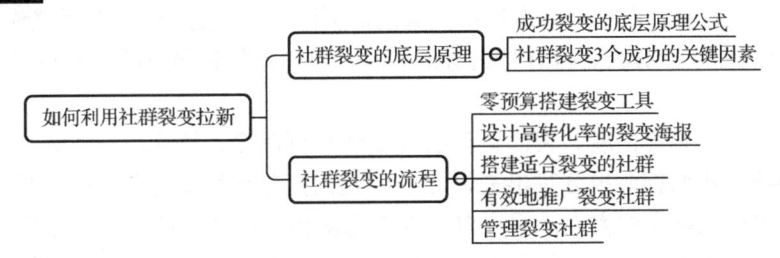

```
                        ┌─ 社群裂变的底层原理 ─┬─ 成功裂变的底层原理公式
                        │                      └─ 社群裂变3个成功的关键因素
如何利用社群裂变拉新 ──┤
                        │                      ┌─ 零预算搭建裂变工具
                        │                      ├─ 设计高转化率的裂变海报
                        └─ 社群裂变的流程 ─────┼─ 搭建适合裂变的社群
                                               ├─ 有效地推广裂变社群
                                               └─ 管理裂变社群
```

任务实施

在本书的项目 1，介绍了社群裂变是 2018 年非常流行的社交增长模式。尤其是 2018 年上半年，很多新媒体公司都在利用这种方式拉新，例如网易、新世相和千聊。尽管后来部分公司的活动被封禁了，但这只能说明当时操作方式有问题，并不是说社群裂变的底层逻辑是错误的。在这一任务中，将给大家介绍社群裂变的底层原理和流程。

5.2.1　社群裂变的底层原理

1. 成功裂变的底层原理公式

社群裂变的原生流程如图 5-2 所示，可能市场上存在某些变体，但是大部分的流程都是这样的。

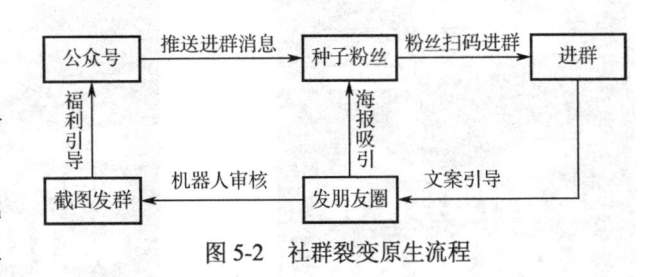

在了解裂变的原生流程之后，我们需要掌握一个成功裂变的底层原理公式：

图 5-2　社群裂变原生流程

$$K = X(\text{用户将活动分享到朋友圈后带来的点击次数}) \times Y(\text{接收到邀请的人转化成传播用户的比例})$$

式中，病毒传播指数 K 指的是现有用户能够为产品获取的新用户数量；X 值代表有多少人愿意去关注你的活动，比如发一张海报到朋友圈，有 3 个人扫码进入活动页面，那么 $X=3$；Y 值代表活动流量转化效果，比如 6 个人进入活动页面，最后只有 2 人参与活动，那么 $Y=1/3$。最终，$K = X \times Y = 3 \times 1/3 = 1$。

当 K 值大于或等于 1 时，代表每位用户至少能带来一个新用户，用户量会像滚雪球般变大，最终形成自传播。当 K 值足够大时，就是口口相传的病毒营销。因此，X 和 Y 是做社群裂变的两个关键指标。

2. 社群裂变 3 个成功的关键因素

X 值代表有多少人愿意去关注你的活动，如果想要提升 X 值，就需要打磨宣传物料，比如对传播海报的打磨；Y 值则是流量转化率，提升 Y 值，主要还是看活动详情页面的设计。

不管是提升 X 值还是 Y 值，都可以围绕痛点、可信度、价值感和紧迫感这些维度展开。下面，我们以 X 值的提升为例进行说明。

运营研究社曾经做过一次跟抖音相关的课程，第一版抖音课程社群裂变海报如图 5-3 所示，看起来还不错吧？但是它不够好，从数据表现上是 $X=2$，也就是说一次裂变分享只能带来 2 个新用户。那怎么去优化海报，提升 X 值呢？

（1）扩大覆盖面。首先，最重要的优化关键点是主标题。我们知道标题体现的人群数量要超过目标人群的数量，内容是给潜在用户看的。所以，我们把主标题从"涨粉"优化成"导流"，毕竟这个课程是针对企业抖音号运营的，而企业运营抖音想要的并不只是粉丝，而是真正的转化效果。

（2）突出权威性和可信度。突出活动的权威性和可信度，解除用户对分享质量的怀疑，用户才会放心帮助我们把海报分享出去。比如，我们把分享嘉宾运营的抖音号罗列出来，并给出优秀数据来证明嘉宾的实力，用户自然就更愿意相信这是一场高质量分享。

（3）强调价值感和紧迫感。强调价值感大家都比较好理解，就是为自己的服务锚定价值，比如我们的抖音课程标价 99 元。但是，怎样强调紧迫感呢？答案是越具体就越能强调紧迫感。第一版海报的紧迫感文案是"今日限时免费进群"，由于时间有点虚，所以我们在第二版中采用了"前 500 人免费进群"这样具体的描述来增强紧迫感。

第二版抖音课程社群裂变海报如图 5-4 所示。

图 5-3　第一版抖音课程社群裂变海报　　图 5-4　第二版抖音课程社群裂变海报

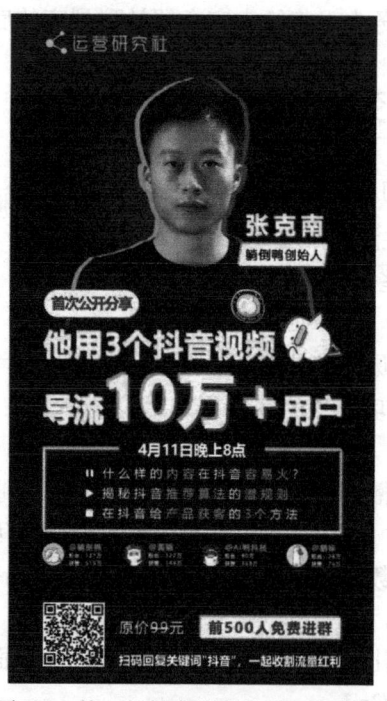

经过迭代，第二版海报的数据表现是 $X=6$，比原来提升了 3 倍。这就是通过宣传物料打磨带来的数据增长，我们不需要额外多投入费用，就可以让社群增长效果翻倍。

5.2.2 社群裂变的流程

了解了社群裂变的原理，接下来就可以进行实操了。一个完整的社群裂变流程包括搭建裂变工具、设计裂变海报、搭建社群、推广社群和管理社群。接下来将从这 5 个方面来详细讲解社群裂变是怎样进行的。

1. 零预算搭建裂变工具

社群裂变工具能够提升社群裂变效率，解放你的双手，让社群增长自动化。目前市面上常见的裂变工具有建群宝和爆汁裂变，它们的主要功能相似，都可以实现自动建群和机器人引导的功能。一般来说，建群的流程是：社群活码→自定义活动页面→自动引导→智能回复→多群消息一键回复→截图智能识别。例如，可以通过建群宝来提升社群裂变效率，建群宝基础裂变流程如图 5-5 所示。

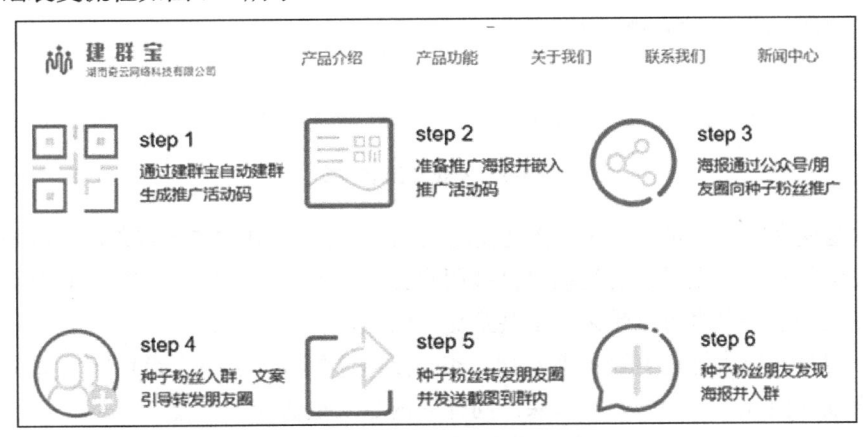

图 5-5 建群宝基础裂变流程

第三方社群裂变工具都是收费的，如果想要零预算做微信群裂变，就可以通过公众号的自动回复+微信群人工@功能来实现。具体操作思路如下：

① 用户在朋友圈/微信群看到裂变海报；
② 识别海报二维码，关注公众号；
③ 回复关键字进群；
④ 群主@新进群用户，告知转发审核说明+转发文案+海报；
⑤ 用户转发裂变海报到朋友圈。

公众号社群裂变如图 5-6 所示。

2. 设计高转化率的裂变海报

社群裂变之所以可以实现用户自然增长，非常关键的原因是引导了用户将海报分享到朋友圈/社群。一个微信群裂变活动能否成功吸引新的用户，主要取决于海报。

怎样设计出一张把社群价值包装成足够有诱惑力的海报呢？我们可以从以下 5 个方面考虑。

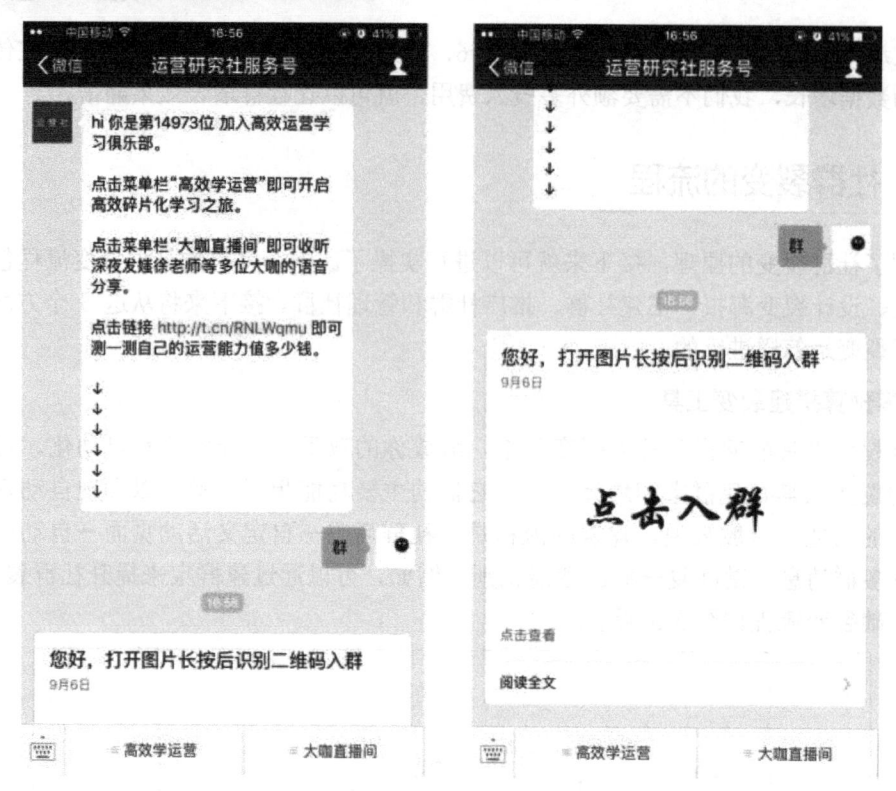

图 5-6 公众号社群裂变

（1）主题受众广。它的本质其实就是我们在 5.2.1 节中提到的扩大覆盖面，这是决定海报点击量的关键因素。小众话题的活动海报被用户分享至朋友圈可能只能带来 1 个新的活动点击，大众热点的活动海报可以带来 5 个甚至更高的点击。

例如，网易开年大课能够刷屏朋友圈，也正是基于网易本身在互联网行业非常具有关注度，如果换成其他行业公司的开年大课，同样的内容质量估计效果会差很多。

（2）突出可达性。海报在传递社群价值时，要突出可达性，比如"7 天打造全站新媒体人""1 小时销售型文案速成班""30 天成为摄影达人"等，利用大家焦虑的心理来吸引用户进行点击。突出可达性的海报如图 5-7 所示。

（3）突出课程紧迫感。突出限时限量，暗示活动紧迫感和稀缺性，调动用户担心损失利益的心理。比如"原价×××，今日限时免费""仅限前××名用户报名""××日截止""仅限 100 名，已被领取 80 名"等。

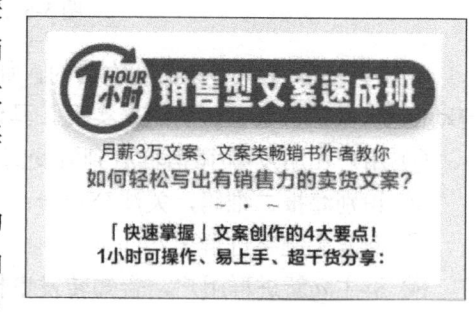

图 5-7 突出可达性的海报

（4）突出市场价值。免费的大家可能不想要，标一个价格能够提升社群服务价值感。具体来说，比如"报名成功即可获得××G 资料包""原价 99 元现价 9.9 元，扫码免费入群"等。突出市场价值的海报如图 5-8 所示。

（5）突出权威性。现在市场里的同质化服务特别多，为了让用户坚定地选择你的服务，我们需要在海报中突出权威性，比如大咖推荐、销量数据呈现、用户反馈、服务打磨过程呈现等。

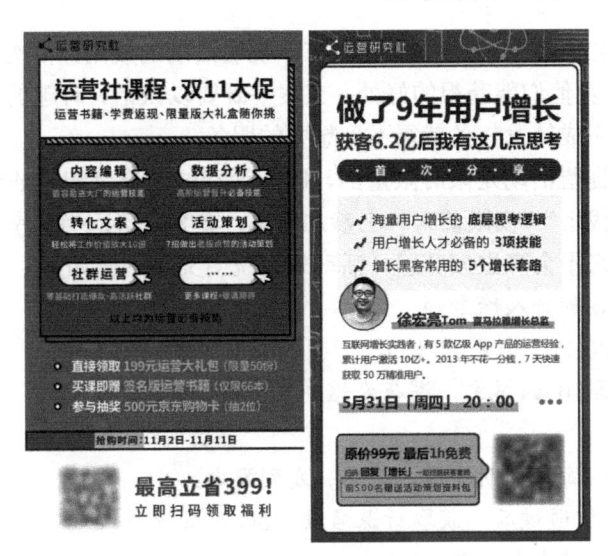

图 5-8　突出市场价值的海报

3. 搭建适合裂变的社群

根据微信群前 100 名用户扫描即可进入，100 名以后只能被邀请并同意后方可入群的规则，我们需要提前创建好用来做裂变的社群。

要提前准备多少个社群呢？建议初期准备 30～40 个。按照每个社群 100 人估算，可以承载 3 000～4 000 人参与活动，后期根据实际情况再创建新社群。搭建好社群后，还有以下一系列的工作需要完成。

（1）社群命名。裂变社群的命名一般是"主办方+分享主题+编号"的形式。为了让用户感觉活动火爆，社群编号一般不要从"01"群开始。

（2）社群管理员。裂变社群需要邀请负责群内维护的工作人员进行人工审核及用户答疑，因此每个群一般会配置 1～2 名管理人员。此外，还需要邀请机器人加入群，便于新人加入时可以自动发送活动信息。建群之后，群主需要第一时间更改群公告，制定社群活动规则。

（3）社群引导文案。这是一个非常关键的点，引导文案与传播效果的关系非常大。文案包括活动规则说明文案、转发参考文案、任务完成回复文案 3 类，如图 5-9 所示。

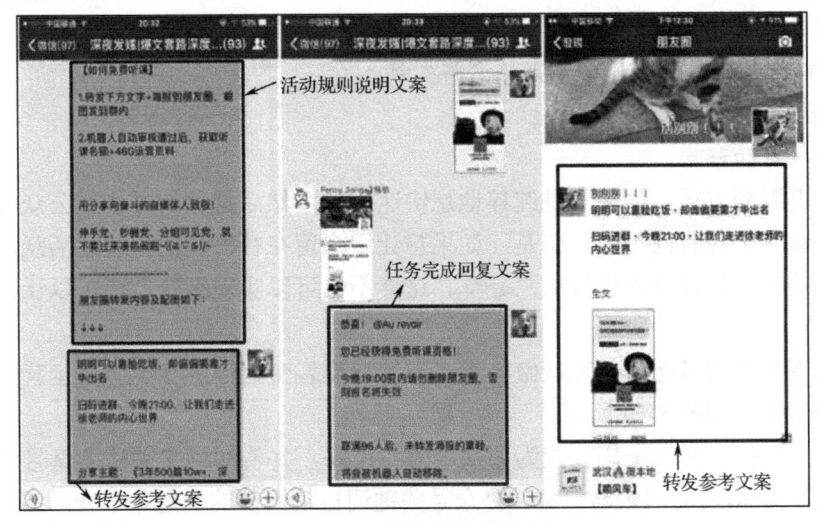

图 5-9　社群引导文案

① 活动规则说明文案。该文案主要作用在于说明活动的规则，再次提醒目标用户群体感兴趣的"吸引点"，以及他们能获得的好处。文案中既要以诙谐、有趣的方式引导目标用户转发海报，又要强调不完成转发任务就得不到想要的服务。

在文案中，需要提醒活动是限时限量的，暗示活动的紧迫感和稀缺性。例如，在策划海报时所说的"××日截止""仅限前××名参加"等。文案段落适当的空行，可以添加一些符号元素，使用户看起来不会产生疲劳感。活动规则说明文案示例如下。

分享人： 深夜发媸创始人徐老师

开课时间： 5月20日（今天）21:00

主题： 3年500篇10w+爆文，深夜发媸到底有啥爆文套路？

【如何免费听课】

1. 转发下方文字+海报到朋友圈，截图并发到群内。
2. 机器人自动审核通过后，获取听课名额+46G运营资料。

用分享向奋斗的自媒体人致敬！

"伸手党""秒删党""分组可见党"，就不要过来凑热闹啦！

朋友圈转发内容及配图如下：

……

② 转发参考文案。该文案是用户转发到朋友圈的参考文案。转发参考文案需要站在用户的角度来推荐活动。用户只需简单复制即可，这样既减少了用户的行动成本，又避免了用户转发朋友圈后写的文案较弱，影响扫码率。转发参考文案示例如下。

报名5月20日深夜发媸徐老师的课程。

扫码进群，今天21:00和我一起听徐老师《3年500篇10w+爆文，深夜发媸到底有啥爆文套路？》。

分享人： 深夜发媸创始人徐老师，90后自媒体大V，坐拥400w+粉丝，3年500篇10w+爆文，年PV过亿元。

③ 任务完成回复文案。该文案除了告诉已转发海报的成员报名成功，更重要的是催促未转发的成员赶快转发，起到激发群内成员从众心理的重要作用。任务完成回复文案示例如下：

恭喜！@×××，

您已经获得免费听课资格！

今天19:00前请勿删除朋友圈，否则报名将失效。

群满96人后，未转发海报的"童鞋"，

将会被机器人自动移除。

以上这种社群裂变方式，如果只是纯粹地想快速拉新，然后把他们导流至公众号或产品购买页里，那么是完全没有问题的。但是，如果想让用户留在社群里面持续地活跃，建议换一种用户引导路径——在社群外引导用户分享。这样不仅可以实现裂变，还可以让社群保持纯净。

具体怎么做呢？下面以运营研究社做抖音课程的社群裂变为例进行说明，运营研究社抖音课程的社群裂变流程如图5-10所示。

首先，将裂变海报上的二维码设置为公众号的二维码，并告知用户关注公众号后回复关键词"抖音"，即可获得活动的参与信息。公众号关键词自动回复的信息除了介绍活动，还需要进行公众号关键词引导分享，如图5-11所示。

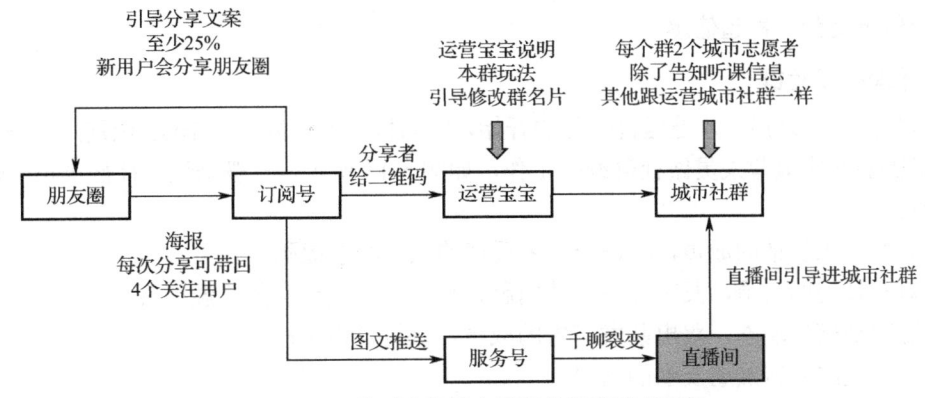

图 5-10　运营研究社抖音课程的社群裂变流程

其次，当一部分用户按照信息要求完成分享，并截图回传到公众号回复"截图已发"时，公众号设置的关键词回复会给他回复"运营宝宝"（运营研究社的工作人员）的微信号，如图 5-12 所示。最后，当用户完成个人微信号添加后，"运营宝宝"即可批量拉用户进群。

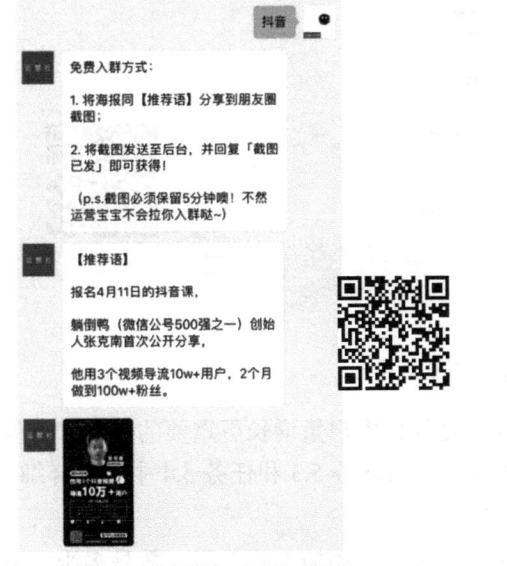

图 5-11　公众号关键词引导分享　　　　图 5-12　公众号关键词回复

4. 有效地推广裂变社群

设计好海报，搭建好社群，接下来就是社群推广了。在正式推广前，要先对社群的可传播性进行测试。如果半小时内连一个群都拉不满，就说明这个社群本身是没有吸引力的，可以直接放弃。

如果在活动开始后 15 分钟内，可以拉满第一个群，且病毒传播指数 $K>1$，就可以加大推广投入，增加活动的曝光量。这里建议采用如下渠道进行推广：

① 从前期积累的社群开始冷启动；
② 找公众号进行置换合作推广；
③ 让相对活跃、有影响力的用户帮忙转发。

因为社群带有裂变属性，所以在渠道方面只需稍微推广，就能够起到很好的传播效果。以上的所有推广，不建议在自己的公众号上进行推送。对自己的用户，建议直接发福利领取链接，让他感受到一种超值感。

5. 管理裂变社群

社群裂变开始之后，才是运营忙碌的开始，因为机器人不能保证100%识别用户信息。这个时候就需要安排运营人员做社群维护工作，如图5-13所示。一般来说，社群维护工作包括以下几点：

① 入群后未反馈的成员，@每一个未反馈的人，给予提醒；
② 对有疑问的成员，及时回答相关问题，让成员感受到群的"温度"；
③ 随时观察群动态，踢出乱发广告的成员，保持群内干净；
④ 手动提醒未转发朋友圈的用户。

图 5-13 社群维护工作

裂变社群的创建只是社群运营的开始，因为比社群用户量增长更重要的是社群价值的增长。关于如何提升社群活跃度和转化率，将在接下来的任务 5.3 和任务 5.4 中进行详细讲解。

◆ 课堂讨论 5.2

在裂变拉新过程中，同学们是否知道微信一天可以自动加入的上限人数是多少，被动添加的上限人数又是多少？

任务实训

实训 5.2 公众号拉新社群裂变实战

1. 任务描述及任务要求

岭南运营研究社旨在和百万大学生一起成长，一起学运营，以指导大学生学习新媒体运营的知识和技能为主，让更多的大学生了解运营、爱上运营、抱团成长。岭南运营研究社计划每周日晚举办活动，邀请企业嘉宾进行线上分享。假设本期分享嘉宾为本书主编陈维贤老师，请根据本任务所学知识，通过裂变活动，为岭南运营研究社的社群运营技能交流群和公众号拉新（也可以结合小组已有的微信公众号及相应的微信群的资源进行设计）。嘉宾分享的内容请扫描二维码进行阅读，活动内容如下。

主题：做 3 年社群投入 1 000 万，我都明白了什么？
时间：下周三 20:30。
地点：岭南运营研究社新媒体交流学习群。
内容：（1）我们为什么要做社群？
（2）如何提高用户对社群的认同感？
（3）如何让社群服务更稳定？
（4）如何策划社群每天提供的内容？
任务描述及任务要求如表 5-4 所示。

表 5-4 任务描述及任务要求

序号	任务描述	任务要求
1	设计零预算做社群裂变的流程	了解社群裂变的大概流程，并画出流程图
2	设计一款裂变海报，为拉新做准备	掌握裂变海报的设计方法
3	搭建并推广适合此次活动裂变的社群	掌握裂变社群的搭建及推广方法
4	学习社群裂变的底层原理，学会病毒传播指数 K 的计算方法	了解社群裂变的底层原理

2. 实训内容

（1）以小组为单位，通过零预算做社群裂变的方法，讨论并画出为岭南运营研究社公众号拉新活动的流程图（可用"媒想到"社群裂变体验工具进行体验）。

（2）关注运营研究社公众号，搜索该公众号的相关资料，为陈维贤老师的线上分享做裂变海报，制作的海报以.jpg 格式提交。

（3）搭建并推广适合此次活动裂变的社群，完成如表 5-5 所示的内容。

表 5-5 裂变社群搭建表

序号	项目	内容
1	社群命名	
2	社群管理员设置	
3	规则说明文案	
4	转发参考文案	
5	任务完成回复文案	

（4）完成本实训参考使用工具及网站如下。

社群裂变体验工具：媒想到 http://www.94mxd.com.cn/。

裂变海报制作工具：创客贴 https://www.chuangkit.com；fotor 懒设计 https://www.fotor.com.cn/。

3. 任务考核

公众号拉新社群裂变实战任务考核表如表 5-6 所示。

表 5-6 公众号拉新社群裂变实战任务考核表

序号	考核内容	评级 (A、B、C、D)	说明
1	能根据社群裂变的大概流程，画出流程图		
2	掌握裂变海报的设计方法		
3	能熟练掌握裂变社群的搭建及推广方法		
4	了解社群裂变底层原理，会计算病毒传播指数		

任务 5.3　提升社群活跃度的 3 种方法

任务目标

知识目标	了解让用户爱上社群的方法
技能目标	掌握让用户产生关系连接的方法
	掌握用话题策划引导用户互动的方法

任务导图

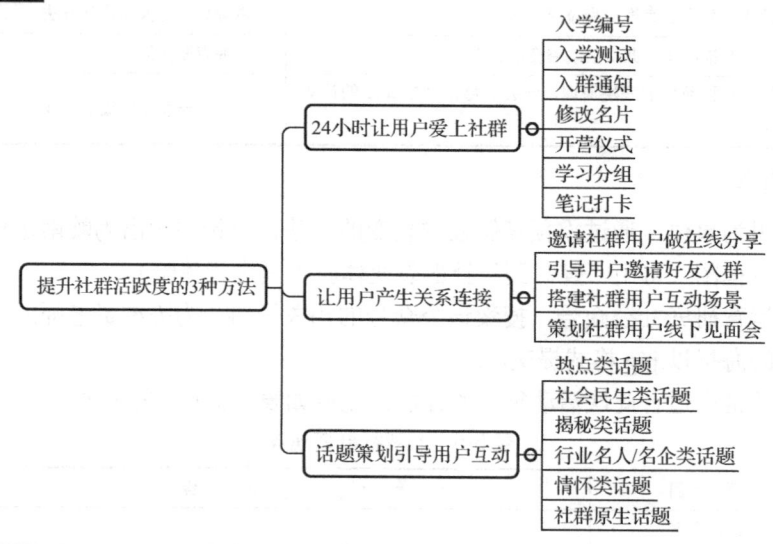

```
                              ┌─ 24小时让用户爱上社群 ─┬─ 入学编号
                              │                        ├─ 入学测试
                              │                        ├─ 入群通知
                              │                        ├─ 修改名片
                              │                        ├─ 开营仪式
                              │                        ├─ 学习分组
                              │                        └─ 笔记打卡
                              │
                              │                        ┌─ 邀请社群用户做在线分享
提升社群活跃度的3种方法 ──────┼─ 让用户产生关系连接 ───┼─ 引导用户邀请好友入群
                              │                        ├─ 搭建社群用户互动场景
                              │                        └─ 策划社群用户线下见面会
                              │
                              │                        ┌─ 热点类话题
                              │                        ├─ 社会民生类话题
                              └─ 话题策划引导用户互动 ─┼─ 揭秘类话题
                                                       ├─ 行业名人/名企类话题
                                                       ├─ 情怀类话题
                                                       └─ 社群原生话题
```

任务实施

如何让社群活跃起来？这是一个让很多社群运营人员苦恼的问题。关于社群活跃度的提升，有 3 个核心观点和方法论。

第一，一定要在用户入群的第一天就把活跃度提升得足够高。

第二，一定要让用户在社群里产生 6 个以上的关系连接。

第三，一定要给用户的印象是：这是一个可以通过话题进行互动的社群。

5.3.1　24 小时让用户爱上社群

法国童话小说《小王子》里提到，仪式感就是使某一天与其他日子不同，使某一个时刻与其他时刻不同。仪式感对任何人而言，都是庄重而有意义的，它足以让平凡的日子也可以散发光芒。

想要让用户在 24 小时内爱上社群，最有效的方式就是设置入群的仪式感，它应该是一套可以被规划好的流程，而且是能够让用户感觉到你的用心的流程。

下面以运营研究社技能训练营为例，详细讲述是怎样从接触用户哪一刻开始为用户营造仪式感的。

1. 入学编号

运营研究社的社群工作人员"运营宝宝"会在用户报名后分配编号,每个人的编号都是唯一的,这样有一种重新回到校园的感觉。

2. 入学测试

在入群前运营研究社会给学员发放入学测试链接。这样不仅可以让学员知道自己的短板,还可以让他们入群时就非常自然地参与"晒分"的行列。发放入学编号并告知入学测试方法如图 5-14 所示。

3. 入群通知

"运营宝宝"邀请学员入群后,班主任(群主)会告知接下来开启运营的工作安排、发放学员手册,等等。入群通知如图 5-15 所示。

4. 修改名片

入群后,班主任会引导学员修改昵称,统一格式为"学员编号+行业+昵称",修改名片可以让学员更方便地找到自己的同行并与他们进行交流,从而提升群内的聊天氛围。

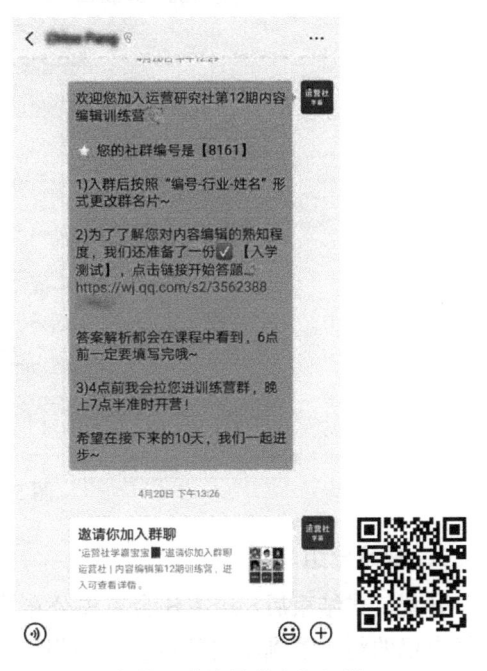

图 5-14 发放入学编号并告知入学测试方法

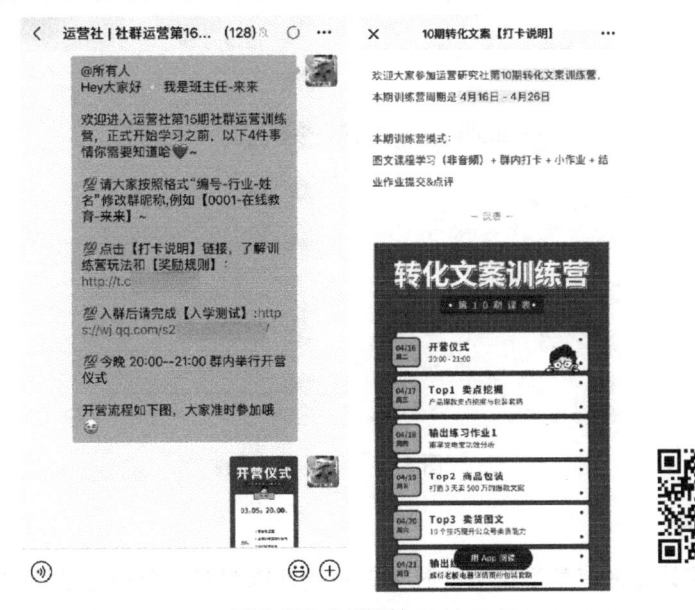

图 5-15 入群通知

5. 开营仪式

这是最有仪式感的环节,就像开学典礼一样。班主任会在群里进行技能关键知识的讲解,让大家产生学习的动力和兴趣,还会告诉学员训练营的具体玩法,给用户一种确定感和安全感。开营仪式如图 5-16 所示。

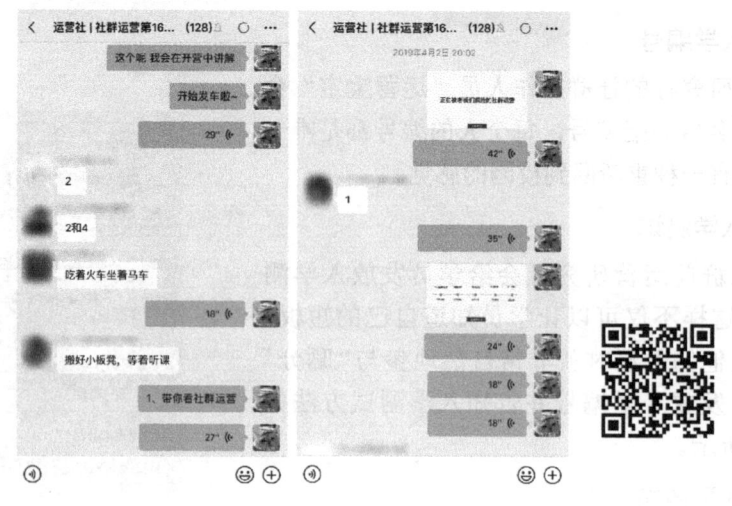

图 5-16　开营仪式

6. 学习分组

开营仪式结束后，班主任会首先公布分组名单，然后让助教们（小组长）进行自我介绍，并把自己的组员拉到小组的群里。小组内同学们产生关系连接、互帮互助，既可以建立良好的学习氛围，也可以提高凝聚力。学习小组安排如图 5-17 所示。

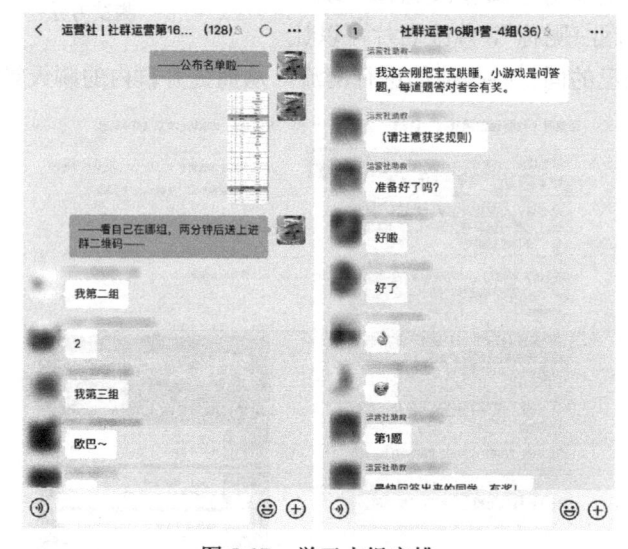

图 5-17　学习小组安排

7. 笔记打卡

笔记打卡应该是最有学习氛围的时刻。技能训练营有一个规则是用户在每一个学习日都要进行笔记打卡。每天都可以看到社群里有很多用户发自己的笔记，有做成脑图的，有手绘的，还有做成 PPT 的，学员彻底找回上学的感觉。学员笔记打卡如图 5-18 所示。

仪式感就是用庄重认真的态度去对待看似无趣的事情。或者说，把看似无趣、平常的事情进行精心设计。在社群为新用户营造仪式感的过程中，可以归纳为 4 个关键点：突出用户个性化、一对一的关注、介绍社群权利分布、给用户超预期的服务。

一般情况下，在加入社群初期，多数用户会对社群持观望态度，对这个社群的服务还全然未知。有仪式感的社群，可以快速解决用户的如下顾虑：

① 我是否应该留在这个社群里；
② 社群里的主要负责人是谁；
③ 社群里的小伙伴是否靠谱。

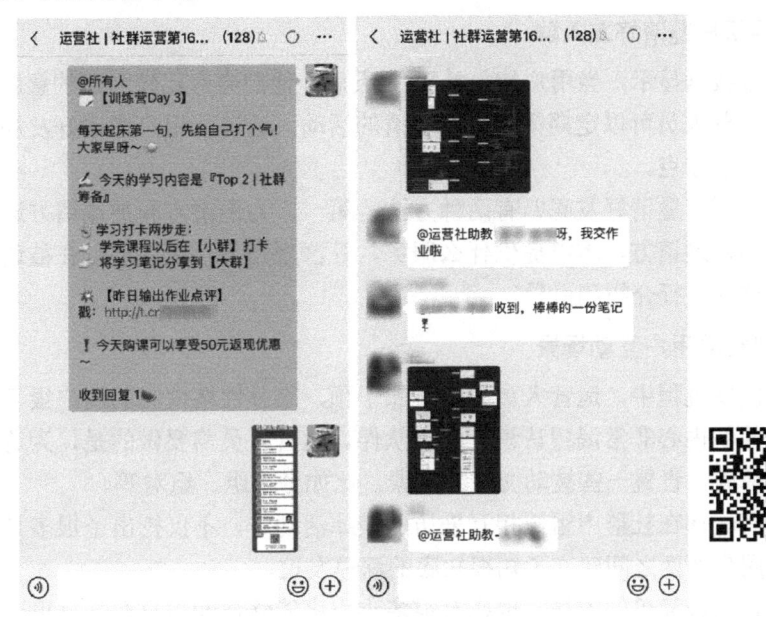

图 5-18　学员笔记打卡

让用户 24 小时喜欢社群，是一个好的社群开始。不过，如今用户注意力极度分散，1 个用户同期可能加入了 5 个社群，仪式感的新鲜期过后，我们该怎样持续保持用户的活跃呢？答案会在接下来的两个小节揭晓。

◆课堂讨论 5.3

结合本节讲述的让用户爱上社群的 7 种方式，分组讨论如何在岭南运营研究社运营技能交流群中营造仪式感，让更多的大学生爱上这个社群。

5.3.2　让用户产生关系连接

腾讯数据显示：当用户在社群内与 6 个以上的人产生关系连接时，那么他在社群的活跃度和忠诚度都会处于一个较高的水平。

社群初期采用"中心化"的运营手段，在社群开始的 24 小时内，用户可以通过群主和助手快速产生 1～3 个连接点。

但是，随着社群的发展，要想进一步增加社群用户的连接点，用户的连接方式要往"去中心化"方向转变，让社群用户关系成为一个稳固的网状结构，如图 5-19 所示。

具体要怎么做到"去中心化"呢？有 4 种有效的方法。

1. 邀请社群用户做在线分享

对于社群用户的在线分享，大家的普遍理解是，让用户

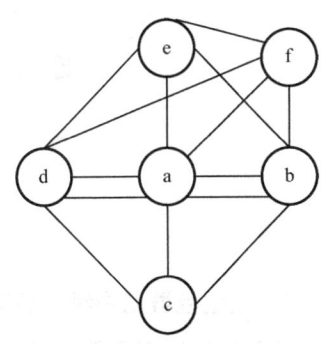

图 5-19　社群关系形成网状结构

帮助社群生产内容，以此减少社群服务压力。从本质上来讲，用户分享的核心价值在于让有能力、有特点的用户成为社群的 KOL，让他与社群里的其他用户建立连接。

运营研究社的做法是，每期技能训练营都会邀请几位学习效果优秀的学员在群里做分享。除了产生关系连接，也能让学习效果更具有说服力。

2. 引导用户邀请好友入群

腾讯官方数据显示，当用户加入社群 7 天后，他们会有比较强烈的意愿邀请自己的好友入群。社群运营人员可以定期策划好友邀请的活动，通过让用户邀请好友加入的方式，增加他在社群里的连接点。

如何引导用户邀请好友呢？有两种方法：第一，为邀请方和被邀请方送上福利；第二，让邀请方告知被邀请方，本群提供什么服务，社群规则是什么，并且在被邀请方入群时，邀请方需要在群内进行介绍和引导。

3. 搭建社群用户互动场景

在社群发展过程中，运营人员如果不加干预，部分性格内向的用户很可能成为社群中的看客，即使他们内心非常渴望认识某些小伙伴。运营人员需要做的是，为这类潜在的看客用户减少社交障碍，设置一些被动交往的场景，比如分小组、组对等。

例如，有一次在社群中组织相互采访的破冰活动时，不仅挖出了很多具有传播性的用户故事，还让用户两两之间建立了知根知底的深厚友谊。

还有一种比较简单的方法，现在有很多小程序能够帮助用户在社群里连接人脉，如社群名片、微友名片等。运营研究社自己也开发了一款"运营人脉"小程序，如图 5-20 所示。我们会把小程序发到社群里让用户填写，然后引导他们在社群人脉信息中连接跟自己有共同话题的群员，如来自同一行业的、做同一岗位的。

图 5-20 "运营人脉"小程序

4. 策划社群用户线下见面会

社群用户线下见面会是让用户之间快速建立连接的有效手段。线上聊得再火热，都不如一次线下见面。关于线下见面会的策划，有如下 3 点建议：

第一，控制参与人数，通常不超过 30 人；

第二，对参与线下见面会的用户进行分组，让他们共同完成一个小任务，如设计一面队旗；

第三，设置线下见面会参与门槛，优先让活跃度高的用户参与。

目前运营研究社城市分社对用户参与线下见面会的要求是，近 3 个月社群积分达到 300 分以上的用户才可以参加线下活动。

社群用"去中心化"的方式，实现用户之间的网状连接，当社群达到这个阶段，可以说你的社群已经相当稳定了，活跃度也会比较高。不过，随着社群新人的加入，当用户关系网的连接难度加大时，这个时候应该怎样去提升社群活跃度呢？

◆课堂讨论 5.4

请结合让用户产生关系连接的几种方式，分小组进行讨论：如何让岭南运营研究社里的成员与对互联网运营感兴趣的大学生产生关系连接。

5.3.3 话题策划引导用户互动

在社群里，如果想要持续地提升活跃度，最有效的做法就是通过话题互动来实现。

关于什么是社群，在 2017 年出版的社群书籍里提到最多的观点是：社群是基于某种兴趣、关系、事件发起的在线交流组织。这个对社群的定义比较准确，几乎把所有种类的社群都概括进去了。

但是，通过实践后发现，话题才是真正能吸引用户入群并且保持持续活跃的关键要素。兴趣、关系、事件社群，只是最容易让用户产生话题和交流的 3 种组织形式。所以，想要社群"活"下去，我们需要思考怎样更好地进行话题策划。

首先，设计有利于话题策划和讨论的社群划分维度。目前常见的社群维度主要是按兴趣、关系和地域划分的。企业还可以按照自己的业务逻辑划分，比如运营研究社按照运营岗位划分出新媒体、内容编辑、文案策划、数据分析社群。做早教的社群，还可以按照小朋友的年龄断来划分。

其次，提升话题挖掘和策划的能力，也就是怎样才能找到更多的用户愿意参与互动的话题。我们可以到垂直网站、搜狗热搜、百度风云榜、微博热搜、微信看一看查看当下热点，并且结合社群服务本身来确定一个话题，这个工作其实跟新媒体找选题非常相似。

最后，评估话题质量。我们需要评估哪些话题是最终值得被投放到社群里的，是能够让用户进行互动和学习的。为了研究这个问题，我们把运营研究社曾经发布过的所有文章和社群互动话题的互动量进行了统计，发现有 6 种话题的互动量特别高。

1. 热点类话题

热点事件天然具备话题属性，我们发现在留言量 Top100 的文章中，有一半以上文章的话题都是和热点紧密相关的。

例如《〈啥是佩奇〉刷屏背后，藏着一份春节送礼指南》底部话题"你会给爸妈准备啥礼物"，《×××&×××结婚刷屏，是这群人在"操盘"！》底部话题"你的'爱豆'是谁，有对象么？"等，都能引起用户们的热情参与。热点类话题如表 5-7 所示。

表 5-7 热点类话题

文 章	话题互动引导
《啥是佩奇》刷屏背后，藏着一份春节送礼指南	你会给爸妈准备啥礼物
×××&××××结婚刷屏，是这一群人在"操盘"	你的"爱豆"是谁，有对象吗

2．社会民生类话题

除了热点类话题，用户会对生活中一些社会性问题以及具有争议性的话题比较感兴趣。

例如，吃外卖的时候，我们总是会收到一些"看起来很廉价"的饮料，很多用户表示嫌弃，但有些用户表示：送就不错了，还挑三拣四。像这样的问题，很容易引起用户争相表达不同的观点。于是，我们就写了篇文章：《致外卖，别给我送廉价的饮料了》。这种话题的文章本身就容易让用户参与讨论，如果再在底部设置相应的话题进行互动引导，比如你收到过什么不想要的赠品吗？留言区就会很热闹。最终，这篇文章的留言量有 200 多条。

同类型的文章还有《无座火车票为什么不能半价》《月薪过万，依然扛不住份子钱》等。社会民生类话题如表 5-8 所示。

表 5-8 社会民生类话题

文 章	话题互动引导
致外卖，别给我送廉价的饮料了	你收到过什么不想要的赠品吗
无座火车票为什么不能半价	你赞成无座火车票半价吗
被携程坑的不只是这些孩子	携程这次危机能够化解吗
月薪过万，依然扛不住份子钱	你都随过多少份子钱

3．揭秘类话题

还有几种话题，既能引起用户的好奇，又能激发他们参与讨论的热情，比如揭秘类、深度采访类等。

例如，我们曾经深度采访了快手上的"杀马特"，写了篇文章《我暗访了快手上的"杀马特"，真相令我汗颜》，用不同的视角给用户呈现一些背后的故事，底部的留言引导设置为"你玩过快手吗？"，引起大量用户参与传播和讨论。

同类型的文章还有《美团司机：我这 3 个月不跑滴滴了!》，底部的留言引导为"美团打车出来后你还会用滴滴吗？"，让用户表达自己的观点：还会继续用滴滴是为什么，不会再用的原因又是为什么。揭秘类话题如表 5-9 所示。

表 5-9 揭秘类话题

文 章	话题互动引导
我暗访了快手上的"杀马特"，真相令我汗颜	你玩过快手吗
美团司机：我这 3 个月不跑滴滴了	美团打车出来后你还会用滴滴吗

4．行业名人/名企类话题

行业的名人/名企一般是大家熟知的，用户对他们比较了解，也就更有表达的欲望。例如，时尚领域的明星、网红；互联网领域的大咖等。

在运营研究社，关于大企业的话题，用户的参与度都很高，尤其涉及腾讯、抖音、快手等大家熟悉的企业时，用户们总是愿意多说几句。

比如《腾讯为什么敌不过网络写手？》的"你对'腾讯没有梦想'怎么看？"，《研究完10个抖音大号，我发现了8个运营秘密》的"你们公司有开始做抖音吗？"等，这些留言的引导效果都很不错。大企业类话题如表5-10所示。

表5-10 大企业类话题

文　　章	话题互动引导
腾讯为什么敌不过网络写手	你对"腾讯没有梦想"怎么看
研究完10个抖音大号，我发现了8个运营秘密	你们公司有开始做抖音吗
支付宝要和淘宝起"内讧"了，狂砸11亿元背后的小算盘	你玩支付宝还是淘宝

5．情怀类话题

那些能引发情绪共鸣，打情怀牌的选题，用户都非常愿意参与。如果可以，最好给他们制造一个"情绪宣泄的窗口"。

例如，IG（Invictus Gaming）电子竞技俱乐部夺冠的时候，王思聪为了庆祝IG夺冠进行了4次抽奖，相比之下腾讯却只想着"卖皮肤"，网友们对腾讯的做法极为不满，我们就从这个角度出发，写了篇文章《王思聪怒怼腾讯，IG夺冠后腾讯做错了什么？》，留言引导设置为"你参与抽奖了吗"。当天的留言量暴增，很多人表达自己参与抽奖的喜悦，还有很多人在留言区抒发自己的情怀，表达对腾讯的不满之情。

再例如，曾经陪伴着无数人青春的人人网被卖掉，我们写了篇文章《人人网被卖，这些"回忆杀"总有一个能让你流泪》，引导互动留言为"你是不是也有回忆和我们分享？"，很多用户在后台纷纷感慨"回忆满满"。情怀类话题如表5-11所示。

表5-11 情怀类话题

文　　章	话题互动引导
王思聪怒怼腾讯，IG夺冠后腾讯做错了什么	你参与抽奖了吗
人人网被卖，这些回忆杀总有一个能让你流泪	你是不是也有回忆和我们分享

6．社群原生话题

群友相关动态、公众号策划的爆款活动，也是非常容易引起社群讨论的话题。比如，2018年2月底，运营研究社的运营技能地图刷屏，2天卖出20 000份，所以社群里的用户好几天都在讨论这个话题。

综上所述，我们发现"热点""民生""揭秘""大企业""情怀""原生话题"都是容易引起用户关注的。

最后，在社群话题策划上再强调两个注意事项。

第一，官方策划的话题要跟主营业务相关，如果社群用户一直套用不相关的内容，不但不利于业务数据提升，还容易演变成"死群"。

第二，官方策划的话题一定要低门槛，话题的目标是让用户关注并且互动，不是为了为难他们。比如《"美版拼多多"逆天，一年拿下2.4亿美元投资，还好评如潮！》，我们不会问你还知道哪些拼多多类型的产品，而是直接低门槛地问，如果国内有Brandless（"美版拼多多"）你会去吗？

任务实训

实训 5.3 提升公众号社群活跃度的方案策划

1. 任务描述及任务要求

扫描二维码并阅读文章《做 3 年社群投入 1 000 万,我都明白了什么?》,结合本任务所学知识,提升岭南运营研究社的大学生新媒体运营交流群的活跃度,分别从 24 小时让用户爱上社群、让用户产生关系连接、用话题策划引导用户互动 3 个方面着手。任务描述及任务要求如表 5-12 所示。

表 5-12 任务描述及任务要求

序 号	任务描述	任务要求
1	为岭南运营研究社的社群设计一个开营仪式	充分利用仪式感让大学生爱上社群
2	为岭南运营研究社的社群策划可以让用户产生关系连接的线上线下活动	了解让用户产生关系连接的方式
3	为岭南运营研究社的社群策划话题,引导用户互动	熟练掌握话题策划方法,能够引导用户互动

2. 实训内容

(1)为岭南运营研究社的社群设计一个开营仪式,可结合陈维贤老师的裂变海报活动进行。开营仪式示例请扫二维码查看。

(2)为岭南运营研究社的社群策划可以让用户产生关系连接的线上线下活动,将策划的活动内容保存至 Word 文档中提交。

(3)为引导岭南运营研究社的大学生新媒体运营交流群产生互动,需要你策划如表 5-13 所示的几种类型的话题,并填写话题的内容。

表 5-13 社群话题策划表

话 题	内 容
情怀类	20 岁的 QQ,你们还在用吗?关于 QQ,你们有哪些"回忆杀"?一起来分享一下
社会民生类	
揭秘类	
行业名人/名企类	
热点类	
社群原生类	

(4)完成本实训参考使用工具:小程序"运营人脉"。

3. 任务考核

提升公众号社群活跃度的方案策划任务考核表如表 5-14 所示。

表 5-14 提升公众号社群活跃度的方案策划任务考核表

序 号	考核内容	评 级 (A、B、C、D)	说 明
1	能设计一个完整的开营仪式		
2	了解让用户产生关系连接的方式		
3	熟练掌握话题策划的方法,能够引导用户互动		

任务 5.4　社群变现与转化

📒 任务目标

知识目标	了解如何获取用户的信任，以及用促销攻略提升转化的方法
技能目标	掌握社群变现与转化的 6 种方法

📒 任务导图

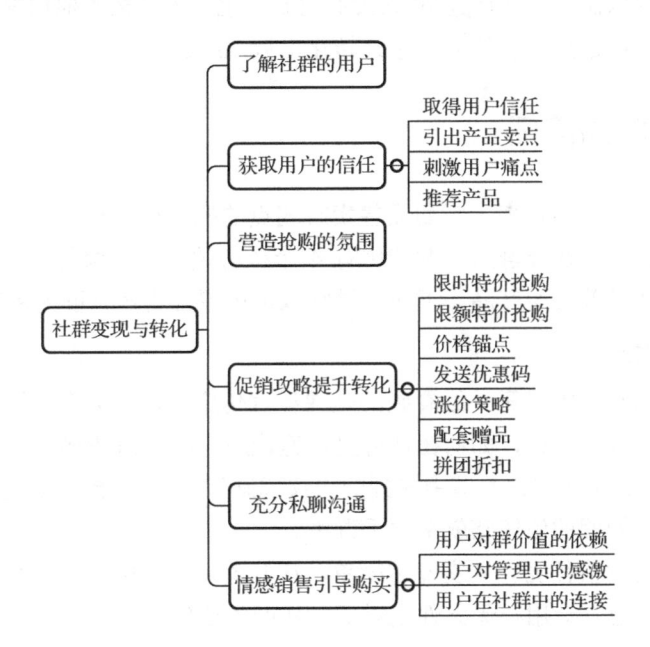

```
                    ┌─ 了解社群的用户
                    │
                    │                      ┌─ 取得用户信任
                    │                      ├─ 引出产品卖点
                    ├─ 获取用户的信任 ─────┤
                    │                      ├─ 刺激用户痛点
                    │                      └─ 推荐产品
                    │
                    ├─ 营造抢购的氛围
                    │
                    │                      ┌─ 限时特价抢购
                    │                      ├─ 限额特价抢购
社群变现与转化 ─────┤                      ├─ 价格锚点
                    ├─ 促销攻略提升转化 ───┤ 发送优惠码
                    │                      ├─ 涨价策略
                    │                      ├─ 配套赠品
                    │                      └─ 拼团折扣
                    │
                    ├─ 充分私聊沟通
                    │
                    │                      ┌─ 用户对群价值的依赖
                    └─ 情感销售引导购买 ───┤ 用户对管理员的感激
                                           └─ 用户在社群中的连接
```

📒 任务实施

社群相当于一个流量池，把高价值的用户聚集在一起。想要让这个流量池发挥更大的作用，社群转化是绕不开的路径。

对运营来说，社群的最大优势是可以进行高效的信息传递。一条产品促销信息，一条用户对产品的认可信息，在社群都可以非常快地被看到。但是相应地，产品的负面信息和用户吐槽也会非常快地被传播。

因此，社群转化不是发条促销信息、发条产品上线公告那么简单。能不能让用户信任你，这非常重要。社群转化的重点是做好社群氛围引导，下面介绍 6 种能够成功实现社群转化的方法。

5.4.1　了解社群的用户

社群是一种服务成本非常高的运营方式，一个全职的运营人员最多可以精细化地管理 10 个百人规模的社群。为了提升单个社群运营人员的边际收益（即提升社群转化率），我们需要为社群设置门槛，对入群的用户进行筛选。

以某在线教育公司的英语课程售卖社群为例，社群运营团队每个月差不多要支出近 200

万元的人力成本，为了让这 200 万元的支出变成 1 000 万+的收入，该社群只让想提升英语能力的人加入，为此还设置了入学考试。因为，愿意花时间参与考试的用户一般都是有英语学习需求的用户，而且也知道了他的英语存在的问题。如果不设置任何社群门槛，想把一大批跟英语完全没有交集的人转化为英语付费用户的可能性太低了，估计公司得亏死。

对于很多初创公司而言，可能会犹豫说前期本来就没有多少流量，会不会因为设置了门槛导致社群无人问津。如果不愿意设置门槛，可以在用户入群后发起一份用户信息收集问卷，这样不仅可以帮助你了解用户信息和需求，而且还可以通过用户填写表单的完整性来判断用户对社群的认可度。

有了用户信息和需求以后，我们的转化话术就会更有针对性。例如，有一次，我们在社群里发了 3 次新课程信息，还是有近 70 人没有付费报名，于是按照他们填写的身份和需求信息去准备好话术，最后通过私聊的方式额外转化出近 20 人。

5.4.2 获取用户的信任

想要提升社群用户的转化率，对商品售卖时间点的把控也很重要。知道什么时候该做什么事，效益才会最大化。在社群里面做转化有 4 个核心关键点：取得用户信任、引导使用产品、刺激用户痛点和推荐公司产品。下面，继续以英语课程售卖社群为例进行详解。

1. 取得用户信任

针对刚入群的用户，如果第一眼看到的是课程宣传广告，就会产生这是一个广告群的排斥心理，退群率会飙升。那么，如何在社群里快速让用户产生信任感呢？

这个问题的答案就是在 5.3.1 节中提到的"仪式感"，对于一批想要提升英语能力的用户来说，他们进入社群初期的信任感就来源于群主。

群主怎么引导用户信任呢？其实非常简单。在开营仪式上用一口流利的英语进行自我介绍就能吸引用户的注意，让用户无条件地对班主任产生信任。

2. 引出产品卖点

对于一款基于 App 学习的课程来说，群主除了做日常的社群运营，更重要的是适时地引出 App 里的课程。

具体的卖点引导方法包括分享优秀学员的成功案例、课程使用案例场景、课程部分内容试读等。通过这些方法，一步一步引导用户了解课程，进而形成对课程的强烈兴趣。

3. 刺激用户痛点

当用户对课程的新鲜感还很浓厚时，班主任可以在了解用户的情况下，和用户沟通中直击痛点，如发音问题、语法问题、流利度问题等，从而强调用户对英语学习的需求。

4. 推荐产品

当用户真正意识到自己的不足，对社群和群主、产品产生信任时，运营就可以直接在群里推荐产品，配合下一节提到的群氛围营造，估计转化效果不会太差。

◆ 课堂讨论 5.5

假设我们要建立岭南运营研究社的大学生新媒体运营交流社群，应该怎样获取我们的种子用户呢？

本次任务分小组进行，挖掘你们身边对新媒体感兴趣同学的资源，了解他们的痛点，并结合本节所学的知识，将他们转化为我们社群的种子用户。具体操作步骤包括以下 3 点。

（1）找到潜在用户：先从自己的好友中找到 5 位对新媒体感兴趣的大学生（不可以找同班同学），或者通过朋友添加 5 位负责公众号运营的人；

（2）了解他们的痛点：观察这 5 位同学的朋友圈文章，了解其朋友圈转发的内容类型，以及提出的和新媒体相关的问题，汇总并统计分析社群要解决他们的痛点有哪些；

（3）获取他们的信任并把他们转化为种子用户：根据分析得到的痛点，通过本节介绍的获取用户信任的方式，向他们推荐岭南运营研究社，或者建立小组首批种子用户社群。

5.4.3　营造抢购的氛围

《Brain Games》节目组曾做过一组引导路人排队的实验，他们把长长的排队栏放在马路当中，没有任何人引导，前一个小时，除了有几个路人观望以外，无一人进入排队栏。当几个工作人员伪装成路人进入排队栏等候时，神奇的事情发生了。一大批路人陆陆续续进入队列里，紧紧跟着前面的人，最后队伍长度甚至超过了排队栏的长度，路人们不知道自己在做什么，只知道前面的人在这么做就也跟着做了。

这种现象在心理学上叫作"羊群效应"，也叫"从众效应"，指的是个人由于真实或想象的群体影响或压力，从而在自己的判断和行为上向多数人看齐的一种现象。

社群有着得天独厚的群体引导环境，为了让用户更加从众并且产生购买行为，我们需要营造产品热卖的氛围，放大用户的从众心理。这里继续以英语课程售卖社群的转化为例。

在群里发完新课程的宣传后，要营造学员在群里积极询问新课程的氛围，必要时可以发动积极的学员对课程进行讨论。管理员则可以根据讨论逐一列举新课程的优势，注意一定要用文字形式，分点列举购买新课程的好处，突出新课程的卖点。

当学员已经对新产品有了基本了解，开始犹豫自己要不要掏钱购买时，就在群里发布如下信息，营造出已经有很多用户愿意购买的感觉：

全国英语四六级特训营开始报名！报名通道×××××；和北大、清华、南大的英语老师一起，30 天突击学习。

报名接龙（含已报名）：

1. 陈维贤
2. 等小钱
3. 木易
4. 贼贼
5. 丽阳

当超过 10 个用户回复自己的名字时，这样就可以通过激烈购买的氛围来影响犹犹豫豫的用户，加大其对购买产品的信心，从而带动一批转化。

此外，近期在某个 Python 学习群里看到，班主任会实时同步报名学员的信息，并发布群公告，社群同步报名学员的信息如图 5-21 所示，这也是一种比较不错的氛围营造

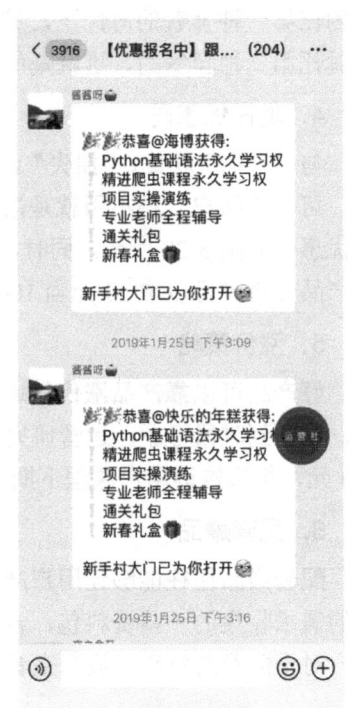

图 5-21　社群同步报名学员的信息

方式。最终,该学习群 1 049 元的付费课程的社群转化率做到了 25%。

5.4.4 促销攻略提升转化

大多数人都会有"逐利心理",促销攻略可以加快用户的购买决策。在社群中,比较有效的促销攻略有以下 7 种方式,任选 1~3 种方式叠加使用效果会更好。

1. 限时特价抢购

人人都会有"厌恶损失"的心理,也就是说,用限时特价抢购限制用户购买产品的时间段,能够加大用户对可能买不到特价产品产生的心理恐慌,在短时间内让用户迅速做出购买决策。限时特价抢购是运营人员精心策划的结果。

2. 限额特价抢购

如果觉得限时特价抢购操作起来比较困难,限额特价抢购也是一种不错的选择。通过限制特价购买名额营造出产品供不应求的氛围,让用户产生可能抢不到购买名额的恐慌心理,更容易在冲动中产生购买行为。我们经常看到一些产品会设置"秒杀",它其实是限额特价抢购的一种。

3. 价格锚点

面对大量的商品,用户很难找到一个"合理价格"。因为合理价格并不是由成本决定的,而是由用户对商品的价格感知决定的。当用户无从判断价格高低的时候,就会选择用同类商品进行类比,让自己有一个可衡量的标准。

拿在线英语课程售卖为例,假设英语课程有两种套餐价格,第一种是 499 元持续学习 3 个月;第二种是 599 元持续学习一年。相信几乎所有用户都会在这两种套餐中选择第二种。因为在第一种套餐的对比下,第二种套餐显得更划算。其实,第一种套餐存在的价值就是为了衬托第二种套餐的,这就是所谓的"价格锚点"。

4. 发送优惠码

与"得到"相比,"损失"给用户造成的情绪波动更大。通过提前给用户发送优惠码的形式,可以给用户一种不用就是浪费的感觉。用户可能为了使用优惠码也要购买产品。给用户发优惠码如图 5-22 所示。同时,提供预订服务也是一种优惠方式,让用户花 50 元预订产品,等产品开售时可以拿 50 元当 100 元使用,这也是非常有吸引力的。

5. 涨价策略

好产品可以靠产品涨价策略刺激用户购买,当用户看到产品要涨价了,就会想要赶紧购买,以免到时候亏了。运营研究社的课程从一开始的 199 元到 249 元、349 元,再到现在的 449 元,每次告诉用户课程下期就要涨价时,转化效果都会非常不错。

6. 配套赠品

配套赠品往往能够让用户产生"划算"的心理,从而增加购买欲望。例如,基于目标用户的需求收集的一些资料包,告诉用户购买课程就可以拿到它。无论赠送的资料价值大小,用户对于免费的资料一般会来者不拒的。

图 5-22 给用户发优惠码

7. 拼团折扣

社群拥有非常强的社交属性，这样的环境非常适合用拼团的方式做课程转化。拼团的常见模式是"3 人成团"即可打折，这相当于我们只需要说服 1 人购买课程，他就会帮助我们找另外 2 人来购买产品了。

◆课堂讨论 5.6

同学们曾经有没有被拼多多的拼团模式刷屏过，结合本节所学知识，说说拼多多的拼团模式分别利用了哪一些促销攻略。

5.4.5 充分私聊沟通

很多人做社群用户转化时，只是在社群里发一条群消息就了结。其实，这是一种错误的社群转化方式。要知道，在社群里的信息传输效率从高到低依次是私信→群公告→朋友圈→群消息。

前期社群氛围营造得再好，也一定会有部分用户因为没有关注社群而错过产品消息，或者存在某些疑虑没有得到解决而对购买犹豫不决。其实，被很多运营人员忽略掉的私聊才是高效、有用的社群转化沟通方式，至少从信息传递效率上来讲是较高的。

所以，如果想提升转化率，除了群消息，建议运营人员通过一对一私聊传递产品信息。提前准备私聊话术可以有效提升工作效率，否则，在刚开始私聊时，可能会因为没有任何话术准备导致思维混乱，不知从何下手。在话术的设置上，有以下 3 个注意点：

（1）确定话术面向人群的需求；

（2）话术要简洁明了，让用户在 30 秒内可以看完，太过冗长的话术反而会给用户带来抵触心理；

（3）话术需要直观地让用户表达自己的想法，并以最简便的方式给你反馈。

例如，在面向用户推荐社群课程时，通常会采用这样的话术：

运营研究社第 12 期训练营开始招募啦！

社群是公众号的"后花园",想要给自己的公众号打造粉丝秘密根据地吗?想要像大V那样用社群的方式将粉丝聚在一起建立属于自己的选题库吗?一切关于公众号用户社群运营的实操技巧,尽在运营研究社第12期训练营。

回复"1",想继续学习且立即报名。

回复"2",不再继续学习了。

回复"3",想推荐朋友一起学习。

然后根据用户的不同回复,给予相应的信息反馈。

针对有意愿购买产品的用户,我们会参考之前收到的用户信息,根据他们的实际情况推荐最适合的产品。然后,直接发送产品购买链接或二维码,促使用户立即购买。

针对没有意愿购买产品的用户,我们会询问不购买的原因,然后判断该原因是否为真实原因。例如,如果学员不购买课程的原因是没时间学习,我们可以通过询问他近期安排和翻看朋友圈等方式判断,他到底是真的没时间学习,还是懒惰拖延症导致的没时间。针对非真实原因的用户,我们需要直接点明用户的真实原因,并询问用户个人需求。然后,针对用户需求为他匹配同类成功用户案例,增加该用户的购买信心。

5.4.6 情感销售引导购买

很多时候人的消费都是感性的,如果能渲染用户对社群的"不舍""认可""点赞"等情绪,对下一步的购买引导将会起到推波助澜的作用,具体表现在以下3个方面。

1. 用户对群价值的依赖

具体的做法是,通过在群里发送有价值的资料,进行有价值的活动,或者提供有价值的信息,尽可能地多给予用户关注,让用户逐渐产生对社群的依赖。

也有不少这样的用户,由于不想失去在社群里学习的氛围和被关注的感觉,所以他就持续地成为了我们的学员。

2. 用户对管理员的感激

管理员在管理社群时需要"有温度",通过让用户看到自己的付出而产生感激之情,最终打破用户防线,引导他产生购买行为。

例如,教育类社群班主任(管理员)通过表明负责的态度,让用户发自内心地对自己产生认可与信任。信任是快速成交的关键,感激之情能让用户对自己的不购买行为产生"内疚",对接下来的转化会起到推动作用,用户对管理员的感激如图5-23所示。

3. 用户在社群中的连接

社群是人与人建立连接的地方,个体容易受他人影响,尤其容易对他人的产品使用体验产生兴趣。这时,我们可以利用以下两种方式,加快用户在社群中的连接。

(1)为群体分组。小组的人数可以设置2~30人之间。我们要在各个不同的组内培养活跃的优质用户,然后给予他责任感,引导他在小组里自发地分享使用体验。

(2)包装优质用户。着重培养几个最具代表性的用户,给他们表现自己的机会,从而产生优质内容并分享到群内引起讨论。注意,我们需要提前宣传用户的分享,并且保持用户分享内容的神秘感。

图 5-23　用户对管理员的感激

任务实训

实训 5.4　策划公众号社群变现与转化的方案

1. 任务描述及要求

下个月第一个周六 14:00～18:00，我们邀请了抖音网红"丁香医生"——半年打造 570 万抖音粉丝的负责人田太医，在学校为大家带来"分享企业抖音的运营之道"讲座，正价门票 299 元。请根据本次讲座的内容，结合本任务所学知识，分小组进行讨论，为岭南运营研究社的大学生社群策划社群变现与转化方案。任务描述及任务要求如表 5-15 所示。

表 5-15　任务描述及任务要求

序　号	任务描述	任务要求
1	为本次抖音网红"丁香医生"的分享设计一个促销方案，提升社群变现与转化	了解 7 种促销攻略提升社群转化的方法
2	为了引导用户购买本次活动的门票，请你设计社群内的引导购买方案和私聊沟通方案，需要写出引导话术	了解营造抢购氛围、私聊沟通及情感销售的方法和话术

2. 实训内容

（1）在本任务讲述的 7 种促销攻略中，选择你认为合适的攻略，为本次抖音网红"丁香医生"的分享设计一个能够提升门票转化率的促销方案，以 Word 文档的形式提交。

（2）为了引导用户购买本次活动的门票，请你设计社群内的引导购买方案和私聊沟通的方案，需要写出社群引导话术和私聊沟通话术，以 Word 文档的形式提交。

3. 任务考核

策划公众号社群变现与转化的方案任务考核表如表 5-16 所示。

表 5-16　策划公众号社群变现与转化的方案任务考核表

序　号	考核内容	评　级 (A、B、C、D)	说　明
1	了解 7 种促销攻略提升社群转化的方法		
2	了解营造抢购氛围、私聊沟通及情感销售的方法和话术		

任务 5.5　案例：2 天 2 万社群用户，我是如何裂变的

📒 任务目标

知识目标	了解用户裂变的真实案例
技能目标	掌握社群变现与转化的综合技能

📒 任务导图

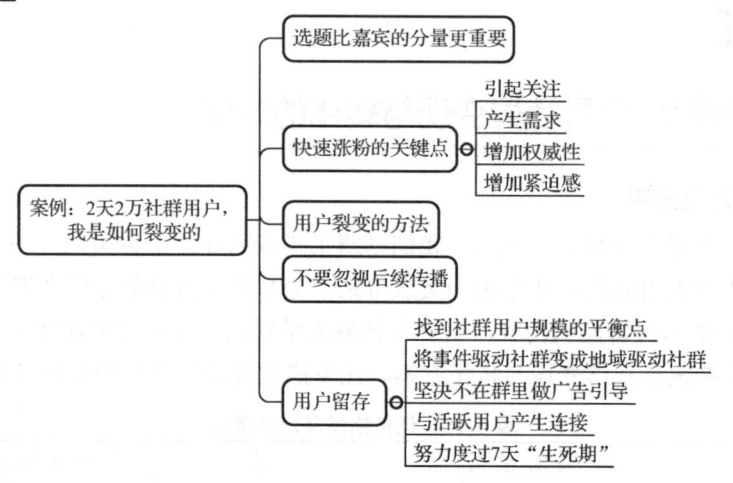

```
                          ┌─ 选题比嘉宾的分量更重要
                          │
                          │                    ┌─ 引起关注
                          │                    ├─ 产生需求
                          ├─ 快速涨粉的关键点 ─┤
                          │                    ├─ 增加权威性
案例：2天2万社群用户，      │                    └─ 增加紧迫感
我是如何裂变的         ────┤
                          ├─ 用户裂变的方法
                          │
                          ├─ 不要忽视后续传播
                          │
                          │             ┌─ 找到社群用户规模的平衡点
                          │             ├─ 将事件驱动社群变成地域驱动社群
                          └─ 用户留存 ──┼─ 坚决不在群里做广告引导
                                        ├─ 与活跃用户产生连接
                                        └─ 努力度过7天"生死期"
```

📒 任务实施

运营研究社曾经策划过一场与抖音相关的线上微课分享活动，在前面的任务中曾经将这场活动当作实例。这次活动从准备到结束共 4 天时间，活动上线后 2 天内涨粉 2 万+。值得一提的是，这次群裂变人数达 2 820 人，而其中的 90%以上留存下来，最终成为我们的活跃用户。运营研究社订阅号后台数据如图 5-24 所示。

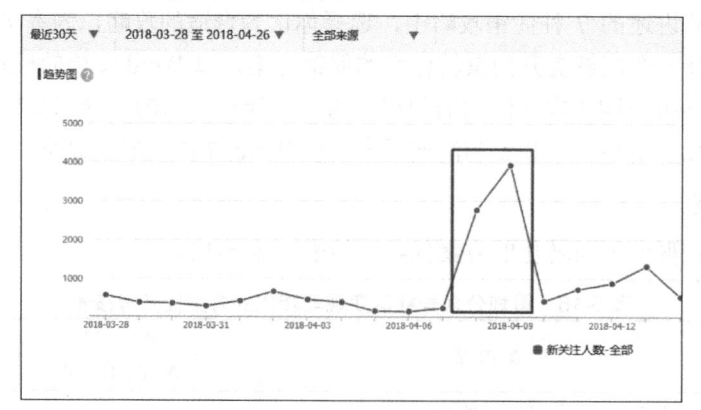

图 5-24　运营研究社订阅号后台数据

也许你会说，相比网易刷屏的微课，你的这个数据根本算不了什么，但我们的区别在于：这次裂变来的社群，我们仅用 10 天时间，就把它们过渡到了我们的常规社群中，现在群内也

有良好的活跃氛围。也就是说，网易的课程做的是一锤子买卖，而我们通过社群裂变带来的用户，是实实在在的高黏性的用户。不是说我们比他们强，而是说活动目标不同，评价效果的标准也不同。

接下来，我们来对这次微课活动的流程进行完整的梳理和复盘，把其中的 5 点经验和思考分享给大家。

1. 选题比嘉宾的分量更重要

很多人认为，能否吸引粉丝参加微课，很大程度上取决于嘉宾的分量大不大。通过这次活动发现，要做出高转发量的爆款微课，主要取决于以下 4 个因素，它们对应的重要程度分别是：选题>标题>文案>嘉宾的分量。

这次活动邀请的分享嘉宾是公众号躺倒鸭的创始人张克南，虽然他们的抖音账号定位相对小众，不像娱乐新闻是大部分人感兴趣的。但是，因为选题优质，这次的分享仍然特别成功。那么，什么样的选题才是用户想要看的选题呢？

（1）选题一定要小。如果提出一个"如何运营抖音"的选题，你会看么？估计大多数读者的反应都一样，即便抖音是当前最热的话题，但是看到这个题目会感觉话题太大。况且线上微课分享时间一般为 40~60 分钟，如果选题太大，嘉宾有可能会为了压缩时间导致内容讲不明白。

所以，做选题的时候一定要选择一个很小的切入点，比如这次的选题就是"如何在抖音上做产品营销"。虽然角度很小，但能够直接戳中用户的痛点。而且，只要把选题的知识点讲明白，用户就会觉得很有收获。用户是求精而不求多的。

（2）选题要有差异化。在这次的微课分享之前，已经有很多平台做过关于抖音的微课分享。那么，怎样才能吸引那些已经听过相关课程的用户再来听我们的微课呢？最好的方法就是选择与其他平台的微课不同的主题。

"如何在抖音上快速获取粉丝""教你如何拍摄抖音视频"这类话题已经被运用了很多次。为了体现差异化，这次活动最终选择"如何在抖音上导流"的话题。从数据上来看，我们选择的话题的确是正确的。

（3）内容要有干货、接地气。微课虽然课程时间短，但仍需承载完整的知识点。如果选题没有真正实质性的内容，或者不接地气，用户可能会觉得微课解决不了任何问题，自然就不会参加活动。

2. 快速涨粉的关键点

在本项目的任务 5.2，已经讲述了裂变的底层原理，即病毒传播指数 $K=X$（用户将活动分享到朋友圈后带来的点击次数）$\times Y$（接收到邀请的人转化成传播用户的比例）。

本次的微课活动，分析数据后计算得出 $X=7$，$Y=35\%$。因此，我们最终的病毒传播指数为 $7\times 35\% =2.45$。这是个什么概念呢？

通常情况下，一个普通的活动分享到朋友圈，平均只有 3 个人会感兴趣并点击（$X=3$），而每 4 个人进入活动后，只有 1 个人才会愿意将活动分享到朋友圈（$Y=1/4$）。也就是说，一个达到及格水平的活动，其传播病毒指数大概是 $3\times 1/4=0.75$。

而一个能够制造朋友圈刷屏的活动，它的最终传播值 K 应该是大于 1 的。这次活动的病毒传播指数能够达到 2.45，确实是一个很不错的成绩。

我们知道，裂变的关键指标是 X 值和 Y 值。根据我们的经验，提升 X 值的关键是打磨宣传物料,尤其是分享海报。

毫不夸张地说,海报在整个裂变活动中的重要性,至少占了 70%以上。而制作一张完整的微课裂变海报,至少要具备以下 4 个要素。

(1)引起关注。首先,主标题一定要非常明确,千万不要大而全、杂而多,一次只解决一个痛点。其次,在文案上要短平快、够紧凑、够直接,让人一看就懂,完全不需要思考。最后,主标题的字号一定要够大!要让人第一眼就能看到主标题,第一时间接收到你要传递的最重要信息。多大合适呢?一个很简单的标准就是将海报发到朋友圈,其他人不点开图片也能看到这个主标题的文字。

(2)产生需求。如何通过海报让用户产生需求?关键就是说清楚"你能为用户带来什么价值",将能够给目标用户提供价值的亮点清晰地罗列出来。

(3)增加权威性。这个可以通过嘉宾的头衔来展现。写嘉宾头衔的时候不要贪多,要选择和这个主题最相关的、最厉害的头衔。

增加权威性的方法还可以是其他 KOL 的推荐、权威机构认证、官方数据等。比如我们为了增加嘉宾的可信度,专门在海报上添加了躺倒鸭在抖音上的粉丝数量和获赞数,来证明数据的真实性,如图 5-25 所示。

图 5-25 抖音课程裂变海报

(4)增加紧迫感。海报还可以添加一些文案,比如 "原价 99 元,最后 3 小时免费入群" "扫码前 200 名免费,先到先得",利用紧迫感和稀缺性来让用户快速参与活动。在如图 5-25 所示的这份海报中,用来增加紧迫感的文案是"前 500 人免费进群"。

3.用户裂变的方法

上面说完提升 X 值的方法,那如何去提升 Y 值呢?答案就是要打磨活动裂变流程和文案的撰写。运营研究社抖音课程的社群裂变流程如图 5-10 所示。

该流程可以简单描述为:用户看见活动海报→扫码关注公众号→将海报发至朋友圈→截图发给后台→验证成功加运营宝宝(工作人员)入城市群。

裂变流程不难复制,关键在于每个具体细节的执行质量,下面以朋友圈话术的包装为例来阐释这一点。

我们除了引导用户将海报分享到朋友圈以外，最好还要能够让用户在朋友圈附带"推荐语"，这样更能够提升转化率。朋友圈推荐语的文案一般有两种写法。

（1）以用户自己的口吻来写。这种写法的优点是非常真实，相当于用户在用自己的信用为你做背书；另外，这种文案的广告感比较弱，用户更愿意转发。例如，这次活动在朋友圈的宣传文案如下：

报名 4 月 11 日抖音课；

躺倒鸭（抖音粉丝 300 万）创始人张克南首次公开分享；

他用 3 个视频转化 10 万+用户，2 个月做到 100 万+粉丝；

扫码回复"抖音"即可免费入群。

（2）以第三人称视角来写。这种文案有"微商感"，写得不好容易遭人嫌弃。因此，第一句话就一定得让用户觉得这件事与自己有关，然后描述场景、加深痛点，最后给出解决办法。关于这类文案可以参考我们最近写的一条朋友圈文案，如图 5-26 所示。

图 5-26　第三人称视角的朋友圈文案

另外，文案一定要简单明了，最好分段空行，字数控制在 200 字以内，不然会被自动压缩为一行。

4．不要忽视后续传播

微课分享的结束并不意味着整个拉新活动的结束。在活动策划阶段，我们就应该思考：活动结束后，如何进一步"发酵"它的价值？

微课分享结束的当晚，我们将张克南老师的授课语音转成文字形式，连夜对内容进行了进一步的精心打磨，产出了一篇适合线上传播的干货文章——《"抖音"运营实战，3 个月 400 万粉丝、5 亿次播放量背后的 5 点经验》。

之所以做这一步动作，除了基于宣传的考虑以外，还源于一个朴素的想法：我们希望更多的运营人受益于这样的优质内容。

文章发出去以后，效果确实非常好，阅读量达到我们平时的 2 倍。第二天，36 氪公众号用头条对这篇文章进行了转载，阅读量很快达到 10 万+。

很多时候，表面上活动已经结束了，其实还有很大的运营空间。通过这次后续传播，我们粉丝数量又涨了好几天，每天净增关注人数都在 700~1 200 人之间，如图 5-27 所示。

时间	新关注人数	取消关注人数	净增关注人数
2018-04-13	1312	58	1254
2018-04-12	876	78	798
2018-04-11	712	80	632

图 5-28　活动结束后订阅号的涨粉数据

5．用户留存

社群裂变玩法的最大弊端在哪儿？就是用户留存。这是目前社群增长最棘手的问题，很多裂变社群 7 天不到就消亡了，更有创建之初就"翻车"的，比如新世相的营销课，群内乱成一锅粥，用户骂声一大片。

那么，增长和留存，到底是不是天敌，它们之间是否存在一个用户规模的平衡点，在这个平衡点上既能实现增长又能做到留存。

经过这次实践，我们发现真的存在一个平衡点，再配以正确的运营方式，还真能够让裂变社群"活"下来。这次裂变来的社群，我们花 10 天时间，已经把它们过渡到了我们的常规社群中。

下面就具体来看看是如何让裂变社群"活"下来的。

（1）找到社群用户规模的平衡点。这个平衡点是 1 000 人？还是 10 000 人？主要取决于你的社群管理员（志愿者）数量，如果你有 50 个管理员，那就可以做到 10 000 人。如果只有 5 个管理员（志愿者），那平衡点就是 1 000 人。

经过一段时间的测试，活跃度比较高的社群配置是这样的：每 2 个人管理一个群，每个群不超过 300 人。

（2）将事件驱动社群变成地域驱动社群。腾讯官方研究了近 1 000 万社群数据后发现，那些基于地域创建的社群，活跃度和生命周期会呈现向好趋势。基于这个结论，我们这次在做社群裂变时，就把同城用户分配到了一个社群里去，微课地域社群如图 5-28 所示。

（3）坚决不在群里做广告引导。经过对很多裂变社群的观察，发现他们用户流失快的原因是在用户入群的那一刻就开始做广告引导，这等于是在告诉用户这是一个广告垃圾群。

所以，为了不重蹈覆辙，我们坚决不在群里发广告，不在群里引导用户截图转发。

那什么时候引导用户转发呢？我们的做法是把转发要求前置，要么在扫码添加客服号前进行；要么在和客服号私聊时进行。这样一来，就可以保持社群的清洁度。

（4）与活跃用户产生连接。与用户有连接才有可能留存，裂变的社群，初期的连接主要是群主和用户。我们为这次裂变准备了很多用户需要的福利，他们只需要修改群昵称，就可以私聊我们的群主领取福利（资料包/课程），如图 5-29 所示。

这样一来，不仅让用户进行了自我介绍，还潜移默化地让用户同群主产生了连接。用户领取福利时，群主需要跟他介绍整个社群的玩法，并且引导他在社群里打卡，带动社群氛围。

（5）努力度过 7 天的"生死期"。其实这点非常难，毕竟很多人做社群裂变时是没有长线运营计划的。如果想让自己的社群尽可能"活"下来，就需要思考一个长线的服务，这个服务必须是目标人群都需要的，而且是边际成本非常低的。比如，读书是所有运营人都需要的。

所以，我们现在用的是读书分享，群主每天会在群里发布书籍解读，如图 5-30 所示。

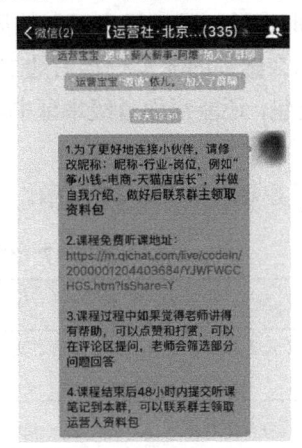

图 5-28　微课地域社群　　　　图 5-29　修改昵称的群公告

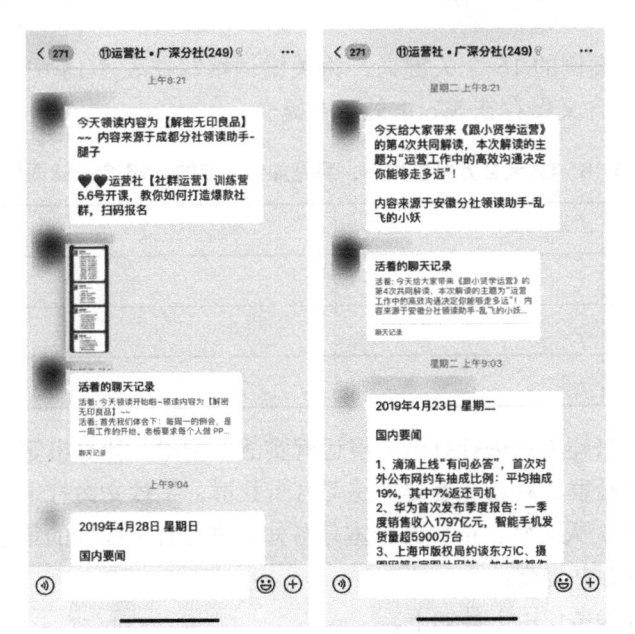

图 5-30　运营研究社的书籍领读

另外，为了度过裂变社群的 7 天"生死期"，我们要营造出一种非常活跃的氛围，如何营造呢？围绕裂变主题做话题讨论，带着大家思考问题。有一个小技巧：每个群可以发展 10 个左右的活跃用户，用来引导社群氛围。

任务实训

实训 5.5　打卡社群运营实战

1. 任务描述及任务要求

社群其实离我们很近，岭南运营研究社的同学们就利用社群做起了计算机等级考试的打卡社群，提供 4 种服务：2019 全国计算机实务全套考证资源免费提供；专业讲师在线讲解，实时

回答你的问题；每天干货定时发送；每天打卡甚至还可获得博雅分（考查学生的一种分值）。在学校形成了一股考级拿证书的风潮，很多坚持打卡的同学都通过了等级考试。他们是怎么做到的呢？扫描右边二维码，阅读文章《干货|没想到吧！微信群除了收藏表情包，还能帮你考级拿证书呢!》，请分小组根据兴趣爱好进行打卡社群运营实战。

任务描述及任务要求如表 5-17 所示。

表 5-17 任务描述及任务要求

序 号	任 务 描 述	任 务 要 求
1	总结《2天2万社群用户，我是如何裂变的？》一文的16个关键词	拆解《2天2万社群用户，我是如何裂变的？》一文的关键词
2	分小组进行打卡社群实战	掌握社群运营的实战方法

2．实训内容

（1）总结本任务案例的 16 个关键词，将关键词填写在表 5-18 中，并分别说明它们代表的含义，将说明的含义保存在 Word 文档中提交。

表 5-18 《2天2万社群用户，我是如何裂变的》16个关键词列表

（2）分小组根据兴趣爱好进行打卡社群运营实战，例如，计算机等级考试打卡社群、英语背单词或朗读打卡社群、高数竞赛赛前练习打卡社群、手抄文案打卡社群等。注意打卡周期不宜设置过长，以 7 天为宜。请先结合本任务知识进行打卡社群的策划，再进行实战，要求将实战过程截图保存并提交。

（3）完成本实训参考使用工具如下。

签到打卡小程序：小小签到、小打卡、鲸打卡等。

裂变海报制作工具：图怪兽、创客贴、Photoshop 软件等。

3．任务考核

打卡社群运营实战任务考核表如表 5-19 所示。

表 5-19 打卡社群运营实战任务考核表

序 号	考核内容	评 级 （A、B、C、D）	说 明
1	能够拆解《2天2万社群用户，我是如何裂变的》一文的关键词		
2	掌握社群运营的实战方法		

项目小结

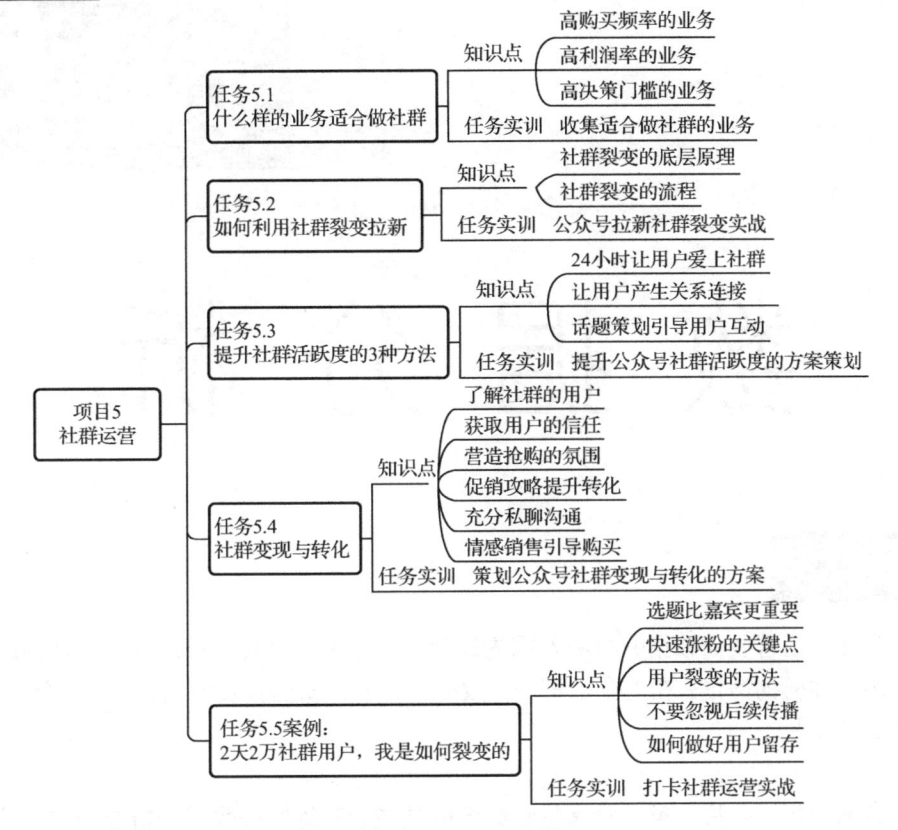

```
项目5
社群运营
├── 任务5.1 什么样的业务适合做社群
│   ├── 知识点
│   │   ├── 高购买频率的业务
│   │   ├── 高利润率的业务
│   │   └── 高决策门槛的业务
│   └── 任务实训 收集适合做社群的业务
├── 任务5.2 如何利用社群裂变拉新
│   ├── 知识点
│   │   ├── 社群裂变的底层原理
│   │   └── 社群裂变的流程
│   └── 任务实训 公众号拉新社群裂变实战
├── 任务5.3 提升社群活跃度的3种方法
│   ├── 知识点
│   │   ├── 24小时让用户爱上社群
│   │   ├── 让用户产生关系连接
│   │   └── 话题策划引导用户互动
│   └── 任务实训 提升公众号社群活跃度的方案策划
├── 任务5.4 社群变现与转化
│   ├── 知识点
│   │   ├── 了解社群的用户
│   │   ├── 获取用户的信任
│   │   ├── 营造抢购的氛围
│   │   ├── 促销攻略提升转化
│   │   ├── 充分私聊沟通
│   │   └── 情感销售引导购买
│   └── 任务实训 策划公众号社群变现与转化的方案
└── 任务5.5案例: 2天2万社群用户，我是如何裂变的
    ├── 知识点
    │   ├── 选题比嘉宾更重要
    │   ├── 快速涨粉的关键点
    │   ├── 用户裂变的方法
    │   ├── 不要忽视后续传播
    │   └── 如何做好用户留存
    └── 任务实训 打卡社群运营实战
```

项目 6

数据分析

项目导入

为什么运营要懂数据分析呢？因为运营是一个不断发现产品问题、解决问题、提升用户体验的岗位。在这个过程中，数据分析能帮助运营发现问题、解决问题和驱动业务增长。

数据分析，是每一类运营岗位都必备的技能。熟练掌握数据分析能力的运营，基本上都能拿到较高的薪资。当然，想要熟练掌握数据分析的能力，并没有那么容易，需要掌握一定的方法论之后，在工作中不断积累和训练。

本项目将带领大家了解基本的数据指标、选择数据指标的方法及数据分析的流程，带领大家入门数据分析。

任务 6.1　为什么要学习数据分析

任务目标

知识目标	了解学习数据分析的原因
技能目标	掌握数据分析的重要性

任务导图

（略）

任务实施

2017 年，马云在某次年会演讲中提到一件令他震惊的事情。在西湖边上他曾看到，有乞讨者在用支付宝收款码进行乞讨。从手机界面操作上看该乞丐还能熟练应用支付宝提供的"生意通"功能，研究本周的乞讨收入趋势及单位小时的乞讨金额，从而为自己制定更加高效的乞讨策略。乞丐用支付宝进行乞讨的画面如图 6-1 所示。

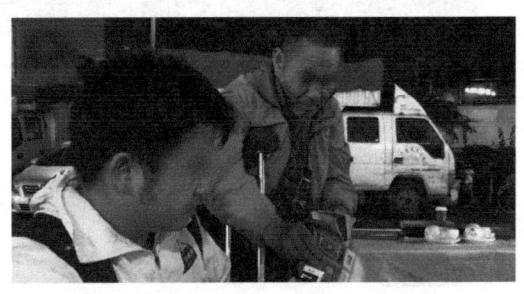

图 6-1　乞丐用支付宝进行乞讨的画面

乞讨者都在用数据分析来武装自己了，身为互联网从业者，你哪敢落后？为了让大家感受数据分析对工作效率提升的价值，下面来看一个真实的运营案例。

运营研究社在 2018 年以前，公众号图文的推送时间是不固定的，在早晨、中午、下班时间、深夜都有过推送，所以相应的阅读量波动也非常大。

在 2018 年初，我们提出了一个设想：如果把推送时间固定，会不会对图文打开率（阅读量）的提升有帮助呢？

为了检验这一设想，当时需要解决的第一个问题是：运营研究社公众号的黄金推送时间是什么时候？

于是，我们导出了运营研究社 2017 年一年时间的图文数据，并用推送时间、阅读量、标题 3 个数据字段来构建散点图。运营研究社图文推送时间分布散点图如图 6-2 所示。

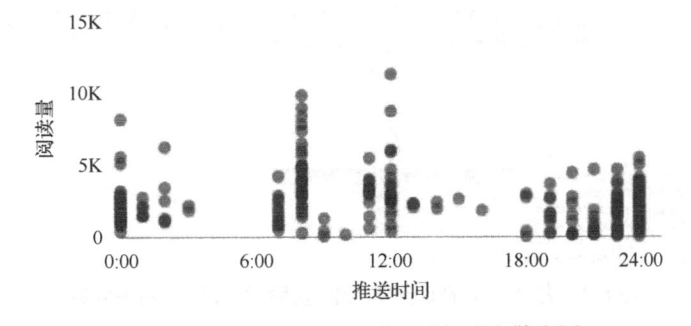

图 6-2　运营研究社图文推送时间分布散点图

从 2017 年的图文推送时间和阅读量的散点分布图来看，高阅读量的图文主要集中在 8:00 和 12:00 这两个时间段，于是我们将这两个时间点定为运营研究社图文推送的黄金时间点。

实践中也证明了固定时间推送内容有利于提高阅读量的假设是正确的，运营研究社公众号文章的阅读量在 3 个月时间内就提升了 200%。

另外，我们在招聘网站上研究了近 100 个运营岗位的职责要求，包括新媒体运营、活动运营、内容运营、用户运营、产品运营、社群运营、渠道运营和社群运营等，发现几乎每个岗位的工作职责都包括数据分析的相关内容，如图 6-3 所示。而且，招聘岗位的薪资越高，数据分析的职能权重越大。

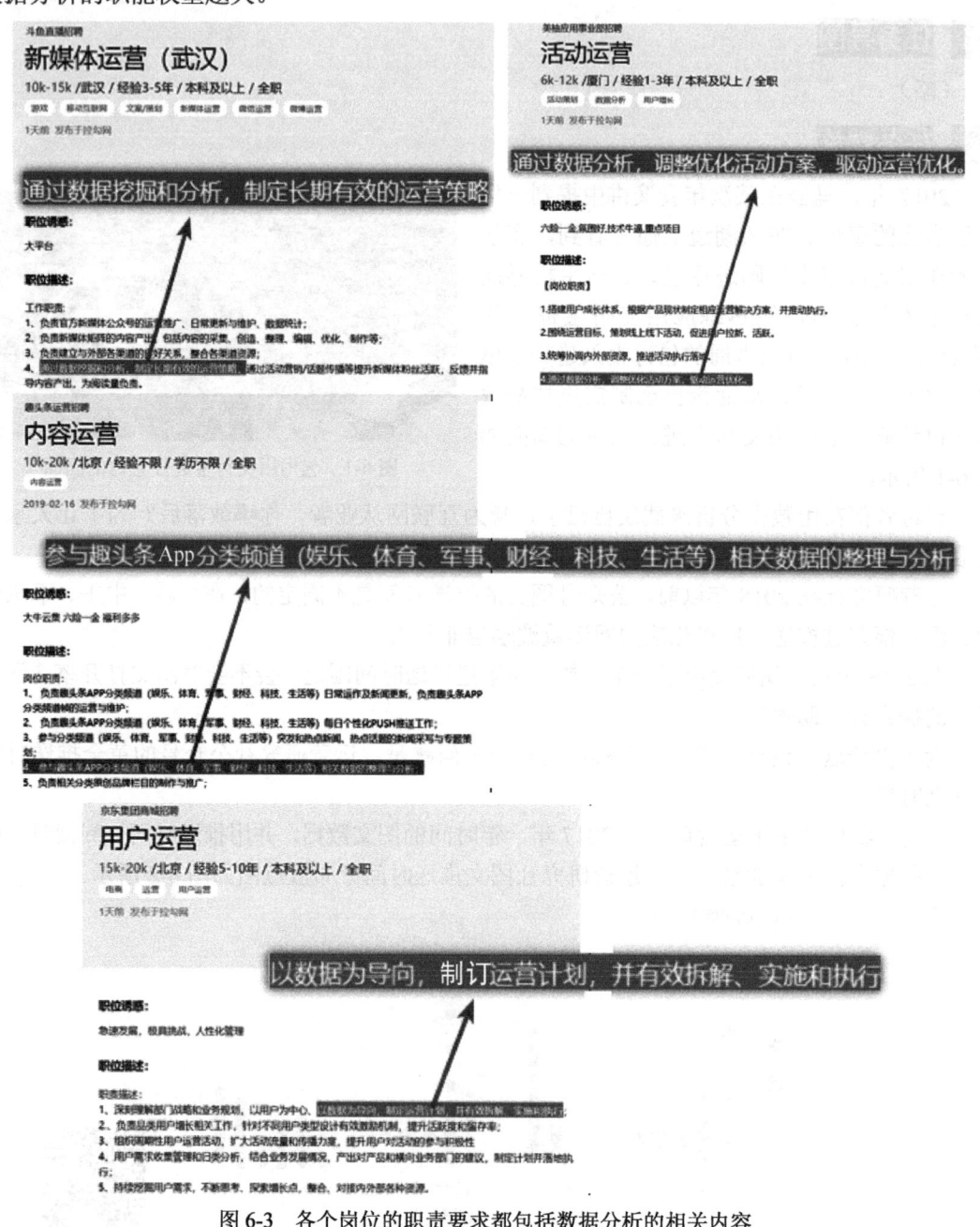

图 6-3　各个岗位的职责要求都包括数据分析的相关内容

项目 6　数据分析

可以说数据分析是所有运营岗位的必备技能。在这个项目里,我们将从数据分析的指标、选择方法和分析流程 3 个层面着手,帮助读者掌握数据分析的技能。

任务实训

实训 6.1　了解学习数据分析的理由

1. 任务描述及任务要求

数据分析是一种对数据进行处理的手段,其最基本的方法就是对比,最有价值的内容是分析后得出的结论。通过数据分析,可以找到导致问题产生的原因并对问题进行分析和优化,从而改进运营方式。

请以小组为单位,找出不同岗位跟数据分析有关的岗位职责,结合本任务所学知识,每人给出 5 个为什么要学习数据分析的理由,以及每人提出 5 个想要了解的和数据分析相关的问题,并把它们记录下来。任务描述及任务要求如表 6-1 所示。

表 6-1　任务描述及任务要求

任务描述	任务要求
结合岗位职责给出 5 个要学习数据分析的理由	岗位职责与数据分析相关,理由充足
提出 5 个你想了解的和数据分析相关的问题	能尝试理解数据分析并提出相关问题

2. 实训内容

(1)请以小组为单位,按任务描述及任务要求,每人给出 5 个为什么要学习数据分析的理由,并将结果填写在表 6-2 中。

表 6-2　与数据分析相关的岗位及岗位职责

岗　位	与数据分析相关的岗位职责
示例:用户运营	通过数据分析,我们可以找到用户的痛点,再根据痛点刺激消费

(2)提出 5 个你想了解的和数据分析相关的问题,并把它记录下来,如怎样去收集数据等。

3. 任务考核

了解学习数据分析的理由任务考核表如表 6-3 所示。

表 6-3　了解学习数据分析的理由任务考核表

考核内容	评级 (A、B、C、D)	说　明
岗位职责与数据分析相关,理由充足		
能尝试理解数据分析并能提出相关问题		

任务 6.2　促进业务增长的数据指标有哪些

📝 任务目标

知识目标	了解运营必懂的 26 个数据指标
技能目标	能够对不同的数据指标进行分类

📝 任务导图

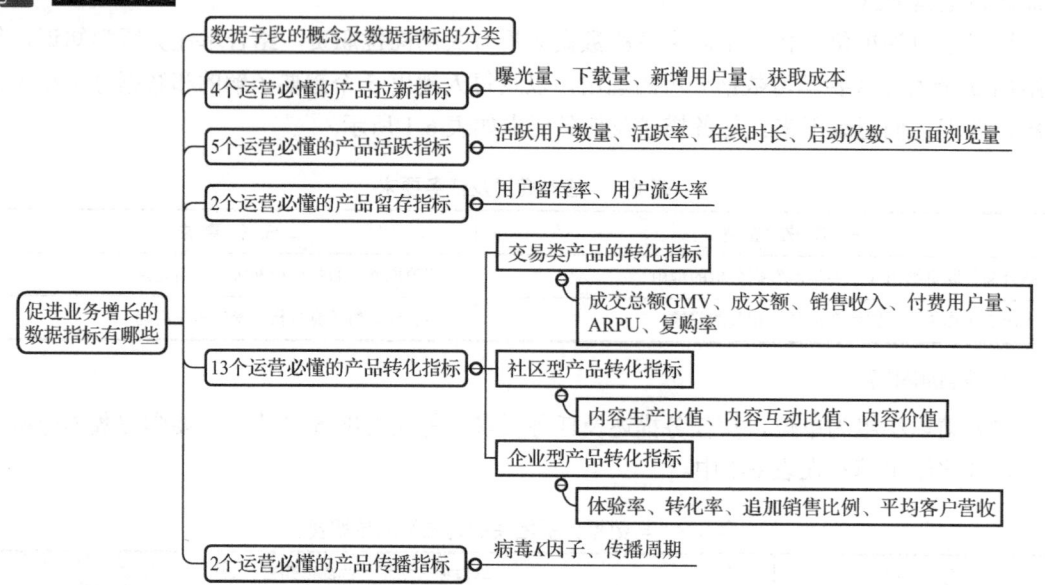

促进业务增长的数据指标有哪些
- 数据字段的概念及数据指标的分类
- 4个运营必懂的产品拉新指标 —— 曝光量、下载量、新增用户量、获取成本
- 5个运营必懂的产品活跃指标 —— 活跃用户数量、活跃率、在线时长、启动次数、页面浏览量
- 2个运营必懂的产品留存指标 —— 用户留存率、用户流失率
- 13个运营必懂的产品转化指标
  - 交易类产品的转化指标 —— 成交总额GMV、成交额、销售收入、付费用户量、ARPU、复购率
  - 社区型产品转化指标 —— 内容生产比值、内容互动比值、内容价值
  - 企业型产品转化指标 —— 体验率、转化率、追加销售比例、平均客户营收
- 2个运营必懂的产品传播指标 —— 病毒K因子、传播周期

📝 任务实施

上一个任务我们了解了为什么要学习数据分析，下面来看看促进业务增长的数据指标有哪些。

6.2.1　数据字段的概念及数据指标的分类

1. 数据字段

在了解数据指标之前，让我们先来了解一个概念：数据字段。

在数据库中，每个字段包含某一专题的信息。运营研究社技能训练营的数据统计如表 6-4 所示。表中的编号、用户名、手机号码、商品名称、交易时间、渠道，即为数据字段。

表 6-4　运营研究社技能训练营的数据统计

编　号	用　户　名	手　机　号　码	商　品　名　称	交　易　时　间	渠　道
1	琳琳私人号	181××××××××	从 0 到 1：让你写出高转化率文案	2018.08.10	朋友圈
2	卡蓝	181××××××××	从 0 到 1：让你写出高转化率文案	2018.08.10	微博

续表

编号	用户名	手机号码	商品名称	交易时间	渠道
3	好看的世界	181××××××××	从0到1：让你写出高转化率文案	2018.08.10	朋友圈
4	子悦	181××××××××	从0到1：让你写出高转化率文案	2018.08.10	朋友圈
5	蔬菜	181××××××××	从0到1：让你写出高转化率文案	2018.08.10	微信
6	偷吃咸鱼的猫	181××××××××	从0到1：让你写出高转化率文案	2018.08.10	微信
7	一片双儿	181××××××××	容易进大厂的技能：内容编辑	2018.08.10	微博
8	仙	181××××××××	从0到1：让你写出高转化率文案	2018.08.10	微信
9	TS	181××××××××	从0到1：让你写出高转化率文案	2018.08.10	微博
10	伟英	181××××××××	从0到1：让你写出高转化率文案	2018.08.10	微博
11	L	181××××××××	从0到1：让你写出高转化率文案	2018.08.10	微博
12	Rose	181××××××××	从0到1：让你写出高转化率文案	2018.08.10	微信

数据字段是数据分析里的底层元素。没有基础数据字段，任何数据分析方案都执行不了；没有基础数据字段，再优秀的运营高手也无法让数据驱动运营。接下来分享一个真实的案例。

2015年，编者在百度贴吧从事内容运营工作。当时，我们的关键绩效指标（KPI）是将次日留存率提升至45%。于是，我们就想研究用户首次登入的内容消费量与次日留存率的关系，以此通过优化内容推荐系统来提升次日留存。想法很好，现实却很"悲剧"，在对技术人员提出数据分析需求时，他们很"佛性"地回了句："抱歉，我们没有统计用户的内容消费数据。"由于缺乏用户的内容消费数据，只能搁置这套数据分析方案。最终，在补充统计用户的内容消费数据字段的1个月后，方案才得以落地执行。

所以，为了能够做好数据分析，运营需要尽可能全面地提出数据字段的需求。具体来说，数据字段包括如下两类：

（1）用户信息数据字段。用户信息数据字段是指用户的社会信息数据，如姓名、性别、出生年月、籍贯、婚姻状况、学历、手机号码、邮箱等。

对于电商和母婴类产品来说，还需要基于用户行为数据推导的高级用户信息数据字段，如家庭类型、家庭人数、家庭小孩标签、工作岗位、所处行业等。

（2）用户行为数据字段。用户行为数据字段在记录时的格式通常是User ID（哪个用户）+Active（哪种操作）+Time（何时产生）。

假设你在贴吧客户端首页看了一篇与王者荣耀有关的帖子，并且还对游戏体验进行了评价。那么，贴吧后台会将你的看帖行为数据以如表6-5所示的格式统计出来。

表6-5 贴吧的用户行为数据

User ID（哪个用户）	Active（哪种操作）	Time（何时产生）
chenweixian	浏览首页	2018/8/5 8:01
chenweixian	阅读内容	2018/8/5 8:02
chenweixian	评价留言	2018/8/5 8:06

用户行为数据字段是每一位用户在产品上操作行为的数据记录，不同产品类型需要记录的用户行为数据是不一样的。

例如，阅读、点赞、评论、分享是社区产品的关键用户行为数据字段；点击产品、添加

215

购物车、下单、付费、评价是电商产品的关键用户行为数据字段。

相比用户信息数据而言，用户行为数据是数据分析的重中之重。基于用户行为数据的处理加工，可以分析出每天产品的登入用户总量（DAU）、新用户留存及评论用户总量等数据指标。

2．数据指标的分类

假设有两位内容运营，有一天领导问他们，产品的近况怎么样。其中一位运营说，产品表现很不错，每天都有很多人互动和点赞；另外一位运营回答说，产品有问题，用户都不怎么将内容分享出去。如果你是领导，你应该相信谁呢？其实，这两位运营都不会被相信，甚至领导还会很生气，因为他们都没有数据分析意识。

现代管理学之父彼得·德鲁克说过一句很经典的话："如果你不能衡量它，那么你就不能有效增长它。"为了能够让数据指导我们的运营策略，驱动业务增长，我们需要制定业务的衡量标准，用统一的衡量标准来定义和评价业务，这个统一的标准在数据分析中叫作指标。数据指标是由用户基础数据字段处理加工而成的，是对产品整体运营状态的衡量。数据分析流程如图6-4所示。

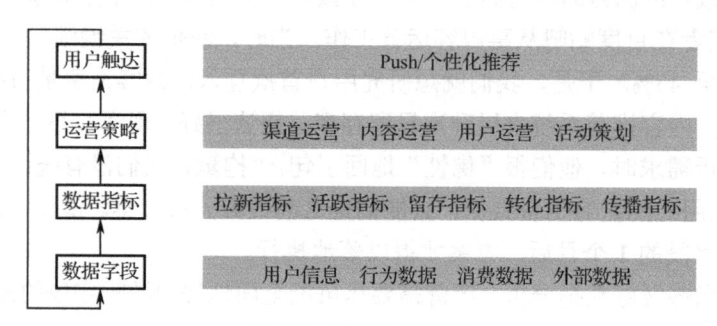

图6-4 数据分析流程

从数值的角度来看，数据指标可以分为两类，绝对值指标和比例指标。绝对值指标是能用绝对数值来衡量的指标，如用户量、阅读量；比例指标则是一个比率，如留存率、活跃率。相比于绝对值指标来说，比例指标更能指导运营的工作。

按照目前比较受业界认可的 AARRR 业务增长模型，我们可以将数据指标分为 5 大类：拉新（Acquisition）指标、活跃（Activation）指标、留存（Retention）指标、转化（Revenue）指标、传播（Refer）指标。AARRR 模型如图 6-5 所示。数据指标类别及名称如表 6-6 所示。

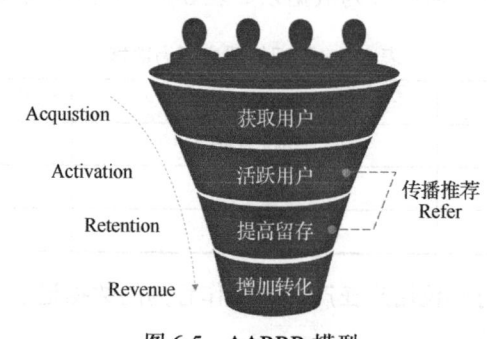

图 6-5 AARRR 模型

表6-6 数据指标类别及名称

指标类别	指标名称
拉新指标	曝光量、下载量、注册量、用户获取成本
活跃指标	日活跃用户数量DAU（Daily Active User）、月活跃用户人数MAU（Monthly Active Users）、活跃率、页面浏览量PV①（Page View）、独立访问用户数UV②（Unique Visitor）、在线时长、启动次数
留存指标	次日留存、7日留存、30日留存、流失率
转化指标	成交总额GMV（Gross Merchandise Volume）（一定时间段内）、成交额、销售收入、每用户平均收入ARPU（Average Revenue Per User）③、复购率、付费用户量
传播指标	病毒K因子、传播周期、邀请发送量

◆课堂讨论6.1

1. 大家对数据分析的初步了解可能是：首先数学要学好，然后掌握Excel软件、Python语言、SQL语言等应用技术。能学会这些技术固然好，因为它们是数据分析的工具。但是，不会也没有关系，因为运营的数据分析是基于业务来进行的。因此，本节的课堂讨论只需把你认为最难理解的5个数据指标写出来即可，在后续的学习过程中再结合具体问题进行分析。

2. 请分析以下内容哪些属于数据字段（　　　　），哪些属于数据指标（　　　　）。

A. 用户的性别　　　　B. 微信图文的阅读量　　　　C. 淘宝某促销活动的转化率

D. 用户的生日　　　　E. 某游戏的下载量　　　　F. 阅读小红书笔记

G. 分享微信图文到朋友圈

6.2.2　4个运营必懂的产品拉新指标

产品拉新的流程通常是：运营通过渠道曝光让大众接触产品；如果有人觉得产品不错，就会去下载应用；打开产品发现里面的内容比较适合自己，就会注册产品；最终成为产品的用户。

如果你想监控整个过程，并且评估拉新的执行效果，就需要按照如图6-6所示的流程设置数据指标。

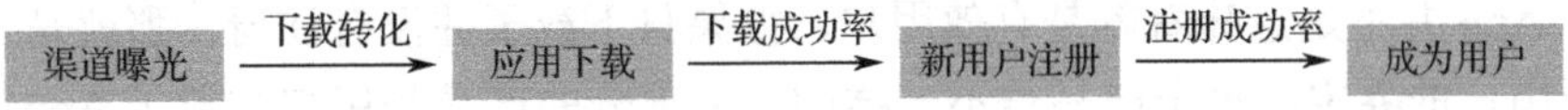

渠道曝光 →下载转化→ 应用下载 →下载成功率→ 新用户注册 →注册成功率→ 成为用户

图6-6　产品拉新流程

1. 曝光量

曝光量，指的是产品的推广信息在朋友圈、搜索引擎、应用商店等渠道中被多少用户看到的数量。与曝光量相对应的是点击量，它们的比值在业内通常用一个专业术语CTR（Click Through Rate，即点击通过率，CTR=点击量/浏览量）来形容，很多广告平台会用CTR来评估广告效果。

---

① 页面访问量PV：即Page View，用户每次对网站的访问均被记录，用户对同一页面的多次访问，访问量累计。

② 独立访问用户数UV：即Unique Visitor，访问网站的一台计算机客户端为一个访客。00:00～24:00内相同的客户端只被计算一次。

③ 每用户平均收入ARPU（Average Revenue Per User）：用于衡量电信运营商和互联网公司业务收入的指标。ARPU注重的是一个时间段内运营商从每用户所得到的收入。高端的用户越多，ARPU值越高。

2. 下载量

下载量指的是 App 的安装次数，是衡量拉新效果的结果指标。为了让产品从曝光到下载的转化率更高，运营需要注意一些细节，如应用程序的大小、介绍文案的打磨等。

例如，游戏类的 App，为了避免漫长的下载时间导致玩家流失的情况，通常会选择让用户下载后以补丁的形式完成全部素材的加载；电商类的 App，会在 App 介绍文案中加入新人优惠福利，以吸引新用户。电商类 App 介绍文案如图 6-7 所示。

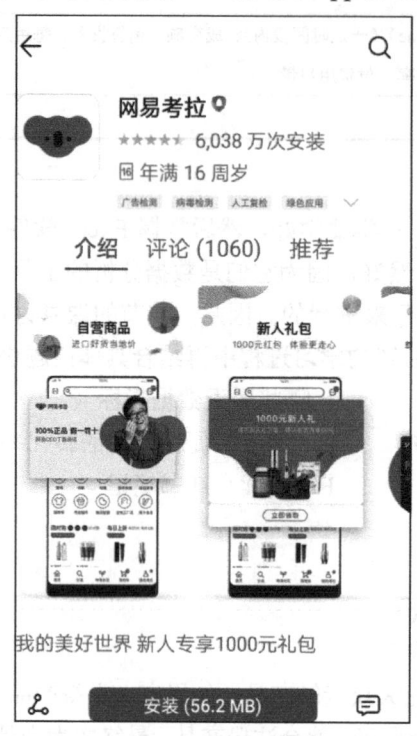

图 6-7 电商类 App 介绍文案

3. 新增用户量

下载了 App 并不是意味着就是有效用户，如果只下载了并没有注册，那就是一个无效的用户。对于用户的界定，每个产品是不一样的。大部分的产品是用户注册了 App，就被定义为用户，比如知乎、微博、小红书、百度贴吧等。

4. 获取成本

用户的获取一般都会涉及成本，但获取成本往往是运营新手容易忽略的问题。只有通过成本的计算和比较，才能不断优化，得出性价比高的拉新渠道。目前常见的成本计算方式有以下几种。

➢ 千次曝光成本 CPM，如腾讯社交广告、今日头条、新浪微博、视频平台等。
➢ 单次点击成本 CPC，如百度竞价排名、导航网站、腾讯社交广告等。
➢ 单次获客成本 CPA，广告主按照指定动作（如下载、注册等）的发生次数进行付费，腾讯社交广告也是用这种成本计算方式。

◆ 课堂讨论 6.2

某社区在进行"矿泉水冷启动"运营时，用到了微博、百度、广点通、豆瓣等渠道。经过统计，这几个渠道的投入总成本和新增用户数量如表 6-7 所示。请你计算出用户获取成本，将结果填写在表 6-7 中，并说明哪个渠道的性价比最高？哪个渠道不应该再进行投入？

表 6-7 新增注册用户获取成本统计表

渠　道	新增注册用户	渠道总成本	用户获取成本
微博	1 000 人	2 300 元	
百度	200 人	1 700 元	
广点通	500 人	1 100 元	
豆瓣	100 人	150 元	

6.2.3　5 个运营必懂的产品活跃指标

近几年来，网民数量日益饱和，移动互联网人口红利逐渐消失，流量疯长的时代已经逐渐过去。互联网从增量市场进入存量市场，企业关注的不再只是流量，而是用户的注意力。在存量市场竞争愈发激烈的情况下，相比下载量和用户量等拉新数据指标而言，运营更需要关注的是实实在在的数据，即到底有多少活跃用户。

用户活跃作为运营的核心工作，不论移动端还是 PC 端，都可以通过相关数据指标来衡量。

1．活跃用户数量

活跃用户数量可以按照不同的时间周期进行计算。DAU 指的是日活跃用户数量，即在 24 小时内活跃用户的总量。如果把时间周期拉长，则还有周活跃用户数量 WAU 和月活跃用户数量 MAU。需要注意的是，MAU 指的是一个月时间周期内去重后的活跃用户数量总和。

与活跃用户相对应的，还有流失用户、回流用户和忠实用户。其中，流失用户是指长期不活跃的用户；回流用户是指曾经不活跃或流失，后来又再次打开产品的用户；忠实用户是指长期活跃的用户。用户成长路径如图 6-8 所示。

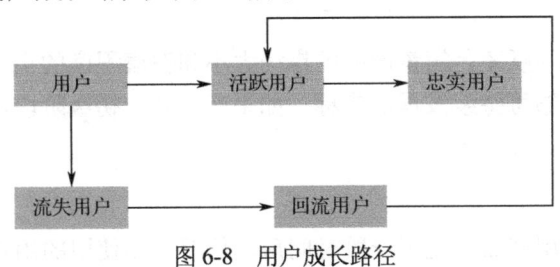

图 6-8　用户成长路径

2．活跃率

活跃率指的是活跃用户数量与产品总用户数量的比值。活跃用户数量衡量的是产品的市场体量，活跃率则用来衡量产品的健康程度。

例如，某款产品的 DAU 是 100 万人，可能你觉得还不错。但是，如果说它的总注册用户是 1 亿人，那么活跃率仅为 1%，你可能就会觉得这款产品做得不够好。

3．在线时长

为了深入了解一款 App 的活跃健康度，运营需要分析用户的在线时长。尤其对于视频类网站来说，在线时长是核心数据指标。

不同产品类型的在线时长不同，社交类产品肯定长于工具类产品，内容类产品肯定长于金融理财类产品。如果一款内容产品发现大部分用户访问时长只有几十秒，那一定是有问题的。在做在线时长的分析和评估时，最好是跟同领域的产品进行比较。

4．启动次数

启动次数体现的是用户的使用频率，用户的日均启动次数越多，说明用户对产品的依赖性越强，活跃度也就越高。

社交产品的人均启动次数为每天 3～5 次，在所有互联网产品中，这个数值是较高的。

5．页面浏览量

页面浏览量，通常称为 PV（Page View），指的是单个用户浏览的页面数量，用户每访问网页 1 次，就会被记录 1 次。用户对同一页面的多次访问，访问量累计。如果用户看了 10 个网页，其中两个页面打开了 3 次，则 PV 为 14 次。

与 PV 相对的，还有一个数据叫 UV。UV（Unique Visitor）是一定时间内访问网页的人数。如果一天内有 10 000 个用户打开了网页，则该网页的 UV 为 10 000 人。

PV 和 UV 是互联网早期 Web 时代的活跃指标，也可以理解为网页版的活跃指标。

◆课堂讨论 6.3

根据本节所学知识，结合下列问题分小组进行讨论，分析可能需要监测的数据指标包括哪些。

（1）运营宝宝在做某款兴趣社交产品的分析，他想了解这款产品在兴趣社交市场的地位。
（2）某视频产品想要对比自己和竞争品牌的产品健康程度。
（3）某个体育门户网站的运营想要了解新一期的"NBA 季后赛专题"的受欢迎程度。
（4）某社区产品运营打算监测这段时间产品的健康程度。

6.2.4　2 个运营必懂的产品留存指标

如果说活跃数量和活跃率是衡量产品的市场大小和健康程度的指标，那么用户留存率就是用来衡量产品是否能够可持续发展的指标。如果产品处于初级阶段，那么就更应该关注留存指标了。

1．用户留存率

用户在某段时间使用产品，过了一段时间后，仍旧继续使用的用户，被称为留存用户。用户留存率的计算公式如下：

$$用户留存率 = 留存用户 \div 当初的总用户数量$$

假设产品某天在某渠道新增了用户 1 000 人，第二天仍旧登入产品的用户有 350 人，第 7 天仍旧登入产品的有 100 人，那么这个渠道获取的用户次日留存率为 35%，7 日留存率为 10%。

Facebook 有一个著名的"40-20-10"法则，即新用户次日留存率为 40%，7 日留存率为 20%，30 日留存率为 10%。若产品的用户留存率有此表现，则属于数据表现比较好的产品。

2．用户流失率

用户流失率和用户留存率恰好相反，如果某产品新用户的次日留存率为 30%，那么反过来说明有 70% 的用户流失了。

用户流失率在一定程度能预测产品的发展趋势。例如，如果产品某阶段有 10 万用户，月流失率为 20%；那么，在没有新增用户的情况下，5 个月后产品将失去所有的用户。由此可以得到计算产品生命周期的公式：

$$生命周期=（1/流失率）×流失率的时间维度$$

式中，流失率的时间维度指的是你计算流失率时所使用的时间单位。例如，产品的周流失率为 50%，那么平均用户生命周期为 14 天（1/50%×7）。

◆课堂讨论 6.4

某律师事务所对线上法律咨询产品进行了一次拉新活动，用户数量统计表如表 6-8 所示。请据此计算 7 日留存率和周流失率，并计算出这批用户的生命周期（保留两位小数）。

表 6-8　某律师事务所线上拉新活动用户数量统计表

时间	用户数量（人）
第一天	10 000
第二天	8 976
第三天	6 785
第四天	5 680
第五天	3 960
第六天	2 599
第七天	1 763

6.2.5　13 个运营必懂的产品转化指标

对运营而言，拉新、活跃和留存都只是手段，最终衡量你工作业绩的是手上掌握了多少有价值的用户，毕竟企业的本质还是以盈利为目的的。运营就像一个指引者，指引产品里的普通用户成为能够产生价值的用户。

1. 交易类产品的转化指标

交易类产品的转化指标与用户消费息息相关，具体来说包括以下几个。

（1）成交总额 GMV。GMV 指的是在一定时间段内产生的订单金额，是一个虚荣指标。只要用户下单，生成订单号，便可以算在 GMV 里，不管用户是否真的成功购买了。京东在"双 11"对外发布的交易数据，指的就是 GMV。京东 2018 年"双 11"的 GMV 数据如图 6-9 所示。

（2）成交额。成交额指的是用户付款的实际流水，是用户购买后的消费金额，但不减去退款。天猫在"双 11"对外发布的交易数据是成交额。天猫 2018 年"双 11"的成交数据如图 6-10 所示。

（3）销售收入。销售收入指的是成交额减去退款后剩余的金额，属于内部的机密数据。

如果把上述 3 个指标看作用户支付的动态环节，则可以产生两个新指标，即订单支付率和退款率。订单支付率是成交额与 GMV 的比值。销售收入和成交金额与退款率相关。GMV、成交额与销售收入的关系如图 6-11 所示。

图 6-9　京东 2018 年 "双 11" 的 GMV 数据　　图 6-10　天猫 2018 年 "双 11" 的成交数据

图 6-11　GMV、成交额与销售收入的关系

在产品单价一致的情况下，订单支付率体现的是产品的受欢迎程度；退款率体现的是产品质量。

（4）付费用户量。在产品中产生过交易行为的用户总量，就是付费用户量。付费用户可以分为首单用户（第一次消费）、忠诚消费用户（持续购买的用户）和回流消费用户（流失后又回来的用户）等。

为了研究用户的付费潜力，还可以研究产品的付费用户比率：

$$付费用户比率=付费用户量÷总注册用户量$$

（5）ARPU。ARPU 即每个用户的平均收入，指的是一个时间段内运营从每个用户身上获得的收入。在单个促销活动中，ARPU 指的是在活动期间每个付费用户的收入，即总收入/付费人数；而在整个产品生命周期中，我们更关注用户平均付费，即总收入/用户量。

此外，还可以对 ARPU 进行进一步细分。当普通用户占比太多时，往往还会关注每个付费用户的平均收入，此时

$$ARPU=总收入÷付费用户量$$

（6）复购率。复购率是指消费者对商品或服务的重复购买次数，复购率越高，说明消费者对品牌的忠诚度越高，能够创造的价值也越高。在当前的互联网环境中，获得一个新付费客户的成本已经高于维护老客户的成本。所以，复购率也是一个非常重要的转化指标。

在某些情况下，复购率也被用于整体的重复购买次数统计中，即单位时间内消费两次以上的用户量占消费总用户量的比值。

例如，运营研究社的技能训练营在第一季度有 1 789 个付费用户，购买次数在两次以上的有 657 人，那么技能训练营的季度复购率就是 36.7%。

2. 社区型产品转化指标

社区型产品的首要目的是将用户聚集在一起，并且引导用户生产内容，它的核心在于培

养一个能够独立完成"内容生产—内容消费"的良性内容流通生态环境。社区型产品转化包括以下3个指标。

（1）内容生产比值。内容生产者指的是参与内容生产的用户总量。其中，我们以内容生产比值来衡量一个社区的内容生产的健康度，计算公式如下：

$$内容生产比值=内容生产人数÷用户总量$$

小红书作为头部社区产品，之所以难以被超越就是因为它的内容生产人数足够多。

（2）内容互动比值。内容互动者指的是在产品里面有生产内容、阅读内容、评论内容、分享内容、收藏内容和投票中任一行为的用户总量。其中，我们以内容互动比值来衡量整个产品的用户参与度。计算公式如下：

$$内容互动比值=内容互动人数÷总用户量$$

（3）内容价值。指的是通过内容产生的实际收入，具体包含广告收入、分成收入和付费订阅的收入等。例如，你在社区里发布了一个卖货广告图文，该图文阅读量为 4 000 次，产生的分成收入是 2 000 元，那么内容价值就是 2 000 元，内容单个阅读量收入就是 0.5 元。

3．企业型产品转化指标

目前，大部分企业型产品会通过免费试用来吸引用户，通过后续的运营将试用用户转化为付费用户。对于设置了分级收费模式的企业型产品，运营还需要引导用户购买更高级、更好的服务。所以，对企业型产品的运营来说，需要重点关注体验率、转化率、追加销售比值、和平均客户营收指标。企业型产品的转化指标如图 6-12 所示。

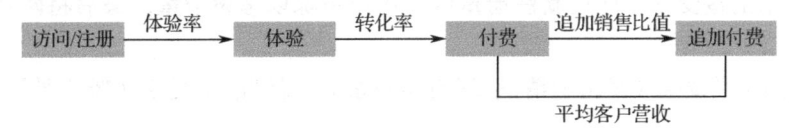

图 6-12　企业型产品的转化指标

（1）体验率。体验率指的是体验用户量与访客用户量之比。其中，体验用户量指的是申请体验企业服务的用户总量。运营需要以体验率来衡量产品包装的吸引力，其计算公式如下：

$$体验率=体验用户量÷访客用户量（含注册用户量）$$

（2）转化率。对于企业服务类产品来说，最需要关注的是有多少免费用户最终成为了付费用户，即付费用户量。运营通常以转化率来衡量产品的市场匹配度，其计算公式如下：

$$转化率=付费用户总量÷体验用户总量$$

（3）追加销售比值。追加销售量衡量的是有多少用户升级到了更贵的服务级别。运营需要以追加销售比值来衡量产品的售后服务能力，其计算公式如下：

$$追加销售比值=追加销售用户量÷总付费用户量$$

（4）平均客户营收。平均客户营收指的是单位时间内平均每位客户带来的营业收入。相应的数据还有客户终身价值，它指的是客户使用产品过程中的付费总额。平均客户营收的计算公式如下：

$$平均客户营收=销售额÷付费用户量$$

◆**课堂讨论6.5**

1．通过网络搜索相关数据，统计淘宝天猫自从有"双11"活动以来的成交额。

2．某小区的健身工作室为了推出新课程，举办了一次为期 5 天的 19.9 元体验课活动。

为了检验这次活动的效果，他们做出了如表 6-9 所示的数据统计表。请你根据表中所示的数据计算体验率和转化率，并简要说明这次活动的效果和不足。

表 6-9 活动的效果统计表

时 间	访问用户	体验用户	体 验 率	付费用户	转 化 率
第一天	1 500 人	750 人		650 人	
第二天	1 300 人	650 人		579 人	
第三天	1 308 人	523 人		498 人	
第四天	1 600 人	1 400 人		1 244 人	
第五天	1 533 人	1 390 人		1 190 人	

6.2.6　2 个运营必懂的产品传播指标

现在很多产品都会内嵌分享功能。对内容型平台或依赖传播做增长的产品来说，这种功能对病毒式增长的衡量变得至关重要。

1. 病毒 K 因子

病毒 K 因子是一个在国外用得非常广泛的概念，指的是现有用户能够为产品获取的新用户量。要想计算病毒 K 因子，首先需要计算邀请率，即发出的邀请量除以现有用户量；其次需要计算出邀请的接受率，即用新注册量或新用户量除以总邀请量；最后将两者相乘。具体计算公式为：

病毒 K 因子=邀请率（发出邀请量÷现有用户量）×邀请的接受率（新注册量或新用户量÷总邀请量）

当 K 因子大于 1 时，每位用户至少能带来一个新用户，用户量会像滚雪球般变大，最终达成自传播的效果。当 K 因子足够大时，就是口口相传的病毒营销。

2. 传播周期

传播周期指的是用户完成从传播到转化新用户所需要的时间。通常，传播周期越短，意味着用户裂变传播的效果越好。

例如，假设 1 000 个种子用户在 10 天邀请了 1 500 个新注册的用户，那么传播周期为 10 天，病毒 K 因子为 1.5，传播数据或传播指标如表 6-10 所示。那么，未来 10 天内能够再邀请多少个用户呢？

表 6-10 传播数据或传播指标

传播数据或传播指标	数　值
发出邀请量	1 000 人
现有用户量	1 000 人
新注册量/新用户量	1 500 人
邀请率	1
邀请的接受率	1.5
病毒 K 因子	1.5
传播周期	10 天

从理论上讲，这就意味着每两位现有用户可以成功邀请 3 个新用户。这 1 500 个用户在未来的 10 天内将再邀请 2 250 个用户。

如果想要提升病毒 K 因子，就需要重点提升邀请率，增强邀请发出的刺激程度。

任务实训

实训 6.2　促进业务增长的数据指标

1. 任务描述及任务要求

广东岭南职业技术学院的计算机实务公众号运营小组，策划了一次社群裂变活动。在活动中，公众号现有用户 3 000 人，7 天内总计发出了 500 次邀请，其中有 1 000 人进了社群。请结合本任务所学知识评估这次活动的传播效果，并提出优化建议。任务描述及任务要求如表 6-11 所示。

表 6-11　任务描述及任务要求

任 务 描 述	任 务 要 求
根据给出的传播数据计算传播指标	了解基础数据指标
评估活动的传播效果	能尝试根据数据分析问题

2. 实训内容

根据任务描述及任务要求完成如表 6-12 所示的内容。

表 6-12　传播指标与数据统计表

传 播 指 标	数　　据
发出邀请数	500 次
现有用户数	3 000 人
新注册数/新用户数	1 000 人
邀请率	
邀请的接受率	
病毒 K 因子	

优化建议：＿＿＿＿＿＿＿＿＿＿＿＿＿＿＿＿＿＿＿＿＿＿＿＿＿＿＿＿＿＿＿＿＿＿＿＿

3. 任务考核

促进业务增长的数据指标任务考核表如表 6-13 所示。

表 6-13　促进业务增长的数据指标任务考核表

考 核 内 容	评级 （A、B、C、D）	说　明
了解基础数据指标		
能尝试根据数据分析问题		

任务 6.3　选择数据指标和数据分析流程

任务目标

知识目标	了解选择业务数据指标的步骤
技能目标	能够掌握数据分析的流程

任务导图

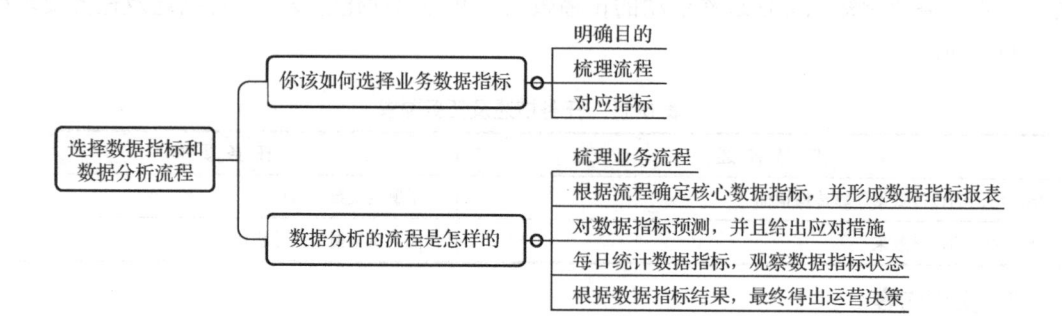

```
                          ┌── 你该如何选择业务数据指标 ──┬── 明确目的
选择数据指标和             │                              ├── 梳理流程
数据分析流程               │                              └── 对应指标
                          │
                          └── 数据分析的流程是怎样的 ─────┬── 梳理业务流程
                                                         ├── 根据流程确定核心数据指标，并形成数据指标报表
                                                         ├── 对数据指标预测，并且给出应对措施
                                                         ├── 每日统计数据指标，观察数据指标状态
                                                         └── 根据数据指标结果，最终得出运营决策
```

任务实施

6.3.1　你该如何选择业务数据指标

上一个任务中，我们了解了在运营过程中可能会用到的 26 个数据指标，实际运营过程中还可能会有其他的数据指标。在这么多的数据指标中，到底选择哪些数据指标作为对运营效果的衡量，需要结合具体的运营场景进行分析。场景不同，用到的数据指标也不同。

下面以运营研究社组织的文章创作大赛活动为例，分析如何选择业务数据指标。活动详情请扫描二维码查看。

1. 明确目的

每一次运营活动都伴随着具体的运营目的。对于电商大促活动来说，它的目的通常是提高平台成交总额（GMV），对于社区产品来说，它的目的通常是提高产品日活跃用户数量（DAU）。

对于运营研究社的创作大赛来说，这个活动的主要目的是提升公众号的关注量，所以它的核心指标就是新增关注量。

2. 梳理流程

运营指标只是一个结果，它的达成需要一系列的运营事件。所以，在进行具体的数据分析之前，我们要梳理达成目标的整个流程。

运营研究社创作大赛新增关注量目标的达成流程包括报名、提交选题、文章写作、拉票等环节。

3. 对应指标

确定核心指标、梳理出流程后，我们就要针对运营流程中的事件，拆解出相应的可执行的指标。分析完运营研究社创作大赛的流程后，不难得出指标公式：

$$新增关注量=报名用户量×选题转化率×写作转化率×人均拉票量$$

通过对运营研究社创作大赛的分析，得出公众号新增关注量是本次活动的核心指标（一级数据指标），报名用户量、选题转化率、写作转化率、人均拉票量可作为具体指标（二级数据指标）。创作大赛数据指标如图6-13所示。

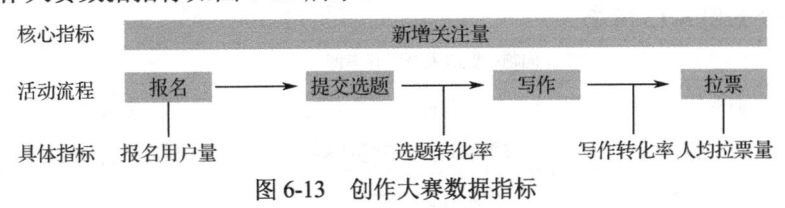

图6-13 创作大赛数据指标

◆延伸阅读

小红书App是如何做数据分析的

——陈维贤

说到数据分析，很多读者可能第一时间联想到复杂的算法、庞大的数据，甚至是让人眼花缭乱的代码。但实际上，运营做数据分析并不需要懂这些，关键是你对业务流程的理解，以及用数据解决问题的思维。

什么意思呢？给大家举一个小红书的案例。

小红书在2018年初进行了战略调整，把重心调整到社区，它的核心指标也从电商的GMV变成社区的DAU，于是用户的留存率就变成了很重要的指标。

但是，当时社区的留存率并没有达到预期，在这种情况下，如果不懂业务流程、数据分析的运营可能会打算直接优化内容或者做活动了。

而我的前同事根据用户年龄进行了用户分层，很快发现其实是"低龄人群"（10~16岁）留存率很低，拉低了整体留存率。

"低龄人群"留存率低怎么办呢？

他对业务流程进行了梳理，包括渠道曝光→下载App→打开App→兴趣选择→Feed推荐→点击→互动→相关推荐（其中点击来源还包括内容搜索），如图6-14所示。

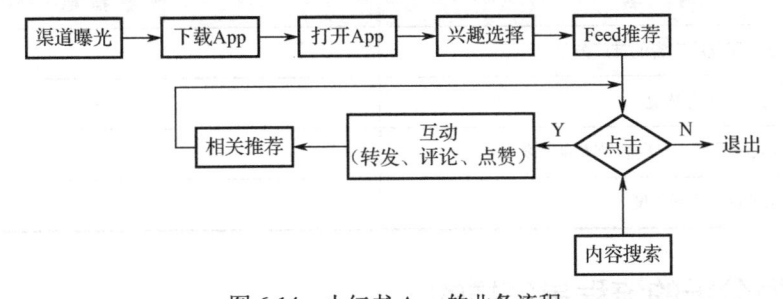

图6-14 小红书App的业务流程

通过分析，发现影响留存率的几个关键用户行为是：打开App、Feed推荐、内容搜索、互动、相关推荐。然后针对这几个行为做出假设，并用数据进行验证。

假设一，"低龄人群"都是中小学生，学习繁忙，没时间打开App，所以留存差。通过数据分析发现，小学生确实存在这种情况，但是初中和高中生在周一至周五的活跃率并不比周末低。

假设二，"低龄人群"找不到自己感兴趣的内容。通过对搜索数据的分析发现，这部分用户对明星、动漫、头像内容的搜索频率高，但是搜索结果的 CTR（点击率）很低，也就是说用户确实没有找到自己感兴趣的内容。

假设三，Feed 流推荐的内容质量不够高。通过内容的评论、点赞数据分析发现，动漫、明星方向的内容点赞率普遍不高，说明这部分内容的质量确实有待提升。造成低龄人群留存率低的情况假设如图 6-15 所示。

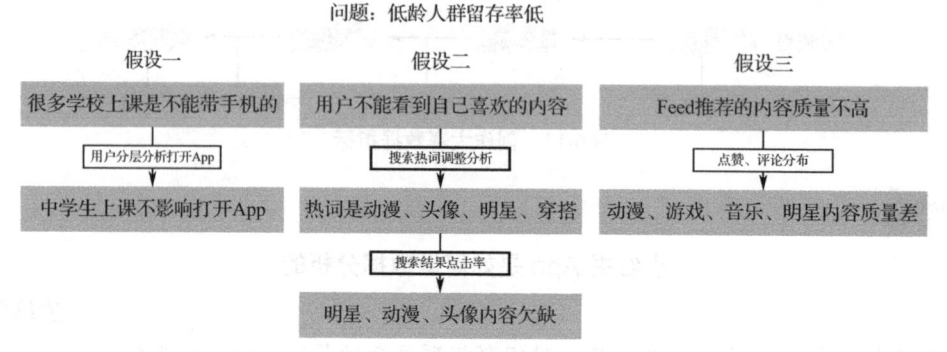

图 6-15　造成低龄人群留存率低的情况假设

最后他得出了结论：10～16 岁年龄段用户的留存率偏低，是因为这些中小学生的兴趣点并不在美妆、美食、健身等，而集中于二次元和明星八卦，运营团队需要加大这方面的内容比重，同时提高这部分的内容质量。

可以看出来，这整个"发现问题→数据分析→明确问题→梳理业务流程→做出假设→数据验证→得出结论"的过程中，业务思维是至关重要的。

◆课堂讨论 6.6

一个互联网交流 App 需要对 App 运营情况进行数据分析，数据分析表如表 6-14 所示。请根据本节所学内容和延伸阅读的业务数据分析思维，指出不同的内容需要分析哪些数据指标。

表 6-14　数据分析表

内　容	数　据　指　标
评估某 App 在微信朋友圈广告的推广效果	
平台 18 岁以下用户的留存情况	
App 中"互联网人物报道"专栏的受欢迎程度	
18～25 岁用户在平台的活跃程度	

6.3.2　数据分析的流程是怎样的

关于数据分析，从业者们有一个共识：数据是发现问题的神器！但在真实的工作环境中，你会发现数据并不能帮助你发现问题。例如，某产品的用户数据变化情况如表 6-15 所示，从表中所示的数据中，你能够看出什么问题吗？

表 6-15 某产品的用户数据变化情况

时间	新增用户数（人）	第1天（人）	第2天（人）	第3天（人）	第4天（人）	第5天（人）	第6天（人）
第1天	2 000	2 000	800	700	650	600	600
第2天	2 000	—	2 000	1 500	1 700	1 200	1 000
第3天	3 000	—	—	3 000	2 500	2 200	2 000
第4天	4 000	—	—	—	4 000	3 000	2 800
第5天	5 000	—	—	—	—	5 000	4 000
第6天	5 000	—	—	—	—	—	5 000
当日总用户数（人）		2 000	2 800	5 200	8 850	12 000	15 400

其实是很难看出问题的。真正好的运营数据分析并不是事后才进行的工作，而是应该在运营事件开始前就有数据分析意识，并且在运营执行过程不断地观察数据和调整方案。无论是哪种运营岗位，完整的数据分析都应该包含如下 5 个步骤。

第一步，梳理业务流程。如果要进行的业务已有历史数据，可先做分析，了解业务，为我们确定核心数据指标提供参考，这样也可以避免重复性的错误。

第二步，根据流程确定核心数据指标，并形成数据指标报表。

第三步，对数据分析指标进行预测，并且给出应对措施。如果实际数据没有达到预测值，应该提出如何优化的方案。

第四步，每日统计数据，更新数据报表，观察业务指标的数据状态。

第五步，根据数据指标结果，最终得出运营决策。

为了让大家充分理解数据分析流程，这里用一个案例进行具体说明。

某社区产品计划上线一个内容推荐的新功能，在灰度测试阶段需要通过小范围内测来判断该功能与用户需求的匹配情况，以便后续做出是否全面推广该内容推荐功能的决策。

大家可以先思考一下，这个案例中核心数据指标是什么？下面将在这样的一个业务背景下，按照上述 5 个步骤进行数据分析。

1. 梳理业务流程

该社区产品的"内容推荐"新功能，要通过小范围内侧来判断它与用户需求的匹配情况。因此，这个功能的推广主要为站内推广。

通过 Banner 和 App 推广让用户看到这个内容推荐功能后，有需要的用户会点击该功能并且阅读内容。如果觉得它好，用户隔一段时间还会继续使用该功能。

对于该内容功能是否符合用户需求的评估，最重要的指标是每天的留存用户量及留存率，业务流程和核心指标如图 6-16 所示。

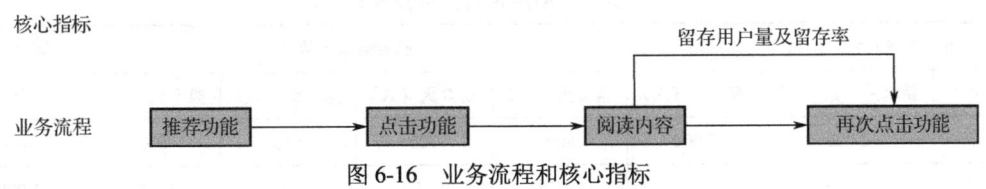

图 6-16 业务流程和核心指标

2. 根据流程确定核心数据指标，并形成数据指标报表

留存用户量及留存率作为案例中功能灰度测试的核心指标，将它进行细化拆解，可分为次日留存、2日留存、3日留存等数据指标，如图6-17所示。

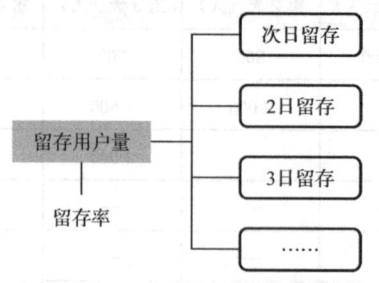

图6-17 留存用户的细化指标

同时，为了方便观察每天新增的用户留存情况，需要在这里以日期为单位进行分组并制作报表。用户留存数据报表如表6-16所示。

表6-16 用户留存数据报表

时间	新增用户数（人）	第1天(人)	第2天（人）	第3天（人）	第4天（人）	第5天（人）	第6天（人）
第1天	×××	×××	×××	×××	×××	×××	×××
第2天	×××	×××	×××	×××	×××	×××	×××
第3天	×××	×××	×××	×××	×××	×××	×××
第4天	×××	×××	×××	×××	×××	×××	×××
第5天	×××	×××	×××	×××	×××	×××	×××
第6天	×××	×××	×××	×××	×××	×××	×××
当日总用户数（人）		×××	×××	×××	×××	×××	×××

3. 对数据指标预测，并且给出应对措施

留存用户量与留存率是内容推荐功能在灰度测试阶段的核心指标。由于灰度测试覆盖的用户是产品里面已有的活跃用户，因此，我们将次日留存率预测值设定为60%。

作为内容推荐功能，它的留存率主要受推荐的内容质量影响。当次日留存率低于60%时，运营需要对内容的点击情况进行深入分析，同时推荐更多优质的热点内容，以吸引用户再次点击该功能。

4. 每日统计数据指标，观察数据指标状态

在灰度测试期间每日观察指标数据情况，发现数据异常及时做出调整。用户每日留存量统计如表6-17所示，用户每日留存率统计如表6-18所示。

表6-17 用户每日留存量统计

	每日新增人数	剩余活跃人数					
时间	新增用户数（人）	第1天（人）	第2天（人）	第3天（人）	第4天（人）	第5天（人）	第6天（人）
第1天	2 000	2 000	800	700	650	600	600
第2天	2 000	—	2 000	1 500	1 700	1 200	1 000

续表

时间	每日新增人数	剩余活跃人数					
	新增用户数（人）	第1天（人）	第2天（人）	第3天（人）	第4天（人）	第5天（人）	第6天（人）
第3天	3 000	—	—	3 000	2 500	2 200	2 000
第4天	4 000	—	—	—	4 000	3 000	2 800
第5天	5 000	—	—	—	—	5 000	4 000
第6天	5 000	—	—	—	—	—	5 000

表6-18　用户每日留存率统计

时间	每日新增人数	每日留存率					
	新增用户数（人）	第1天	第2天	第3天	第4天	第5天	第6天
第1天	2 000	100%	40%	35%	33%	30%	30%
第2天	2 000	—	100%	75%	85%	60%	50%
第3天	3 000	—	—	100%	83%	73%	67%
第4天	4 000	—	—	—	100%	75%	70%
第5天	5 000	—	—	—	—	100%	80%
第6天	5 000	—	—	—	—	—	100%

从表6-18所示的数据中可以看出，内容推荐功能上线的第一天，新增用户的次日留存率仅为40%，低于我们的预测值60%。

在本案例中，运营针对推荐的内容情况，发现第二天推荐的内容类型太过单一，需要在丰富度上做出调整优化；同时，运营需要持续关注优化后的数据情况。

5. 根据数据指标结果，最终得出运营决策

根据数据指标结果，我们发现在对内容进行优化后，从第二天开始，用户的次日留存率都能达到60%以上。第2～5天用户的次日留存率如表6-19所示。

表6-19　2～5天用户的次日留存率

时间	每日新增人数	每日留存率					
	新增用户数（人）	第1天	第2天	第3天	第4天	第5天	第6天
第1天	2 000	100%	40%	35%	33%	30%	30%
第2天	2 000	—	100%	75%	85%	60%	50%
第3天	3 000	—	—	100%	83%	73%	67%
第4天	4 000	—	—	—	100%	75%	70%
第5天	5 000	—	—	—	—	100%	80%
第6天	5 000	—	—	—	—	—	100%

那么，运营可以得出最后的运营决策。比如加大该内容推荐功能的内容投入，将每日推荐更新的内容条数控制在 30 条以上；同时扩大推广该内容推荐功能的范围，让它的功能使用率占比提升至 60%+。

任务实训

实训 6.3　制定活动的数据分析流程

1. 任务描述及任务要求

广东岭南职业技术学院的计算机实务公众号运营小组，策划了一次社群裂变活动。请你在活动开始前，制定一套数据分析流程（社群裂变的业务流程可参考项目 5）。任务描述及任务要求如表 6-20 所示。

表 6-20　任务描述及任务要求

任 务 描 述	任 务 要 求
根据活动目的和业务流程得出数据指标	能对业务数据指标进行分析
根据业务数据指标，制定完整的数据分析流程	掌握数据分析的流程

2. 实训内容

（1）请根据活动目的和业务流程分析业务数据指标。

① 活动的目的是＿＿＿＿＿＿＿，核心指标是＿＿＿＿＿＿＿＿＿＿＿＿＿＿＿＿。

② 裂变活动的流程：＿＿＿＿＿＿＿＿＿＿＿＿＿＿＿＿＿＿＿＿＿＿＿＿＿＿＿＿。

③ 业务数据指标：＿＿＿＿＿＿＿＿＿＿＿＿＿＿＿＿＿＿＿＿＿＿＿＿＿＿＿＿＿。

（2）请根据业务数据指标制作数据指标分析表，对数据指标进行预测，并且给出应对措施。

3. 任务考核

制定活动的数据分析流程任务考核表如表 6-21 所示。

表 6-21　制定活动的数据分析流程任务考核表

考 核 内 容	评 级 （A、B、C、D）	说　　明
能对业务数据指标进行分析		
能够掌握数据分析的流程		

任务 6.4 案例：通过数据分析，将阅读量翻 3 倍

📋 任务目标

知识目标	了解公众号的数据指标
技能目标	能够通过数据分析评估公众号内容的运营状况，以及了解如何提升运营效果

📋 任务导图

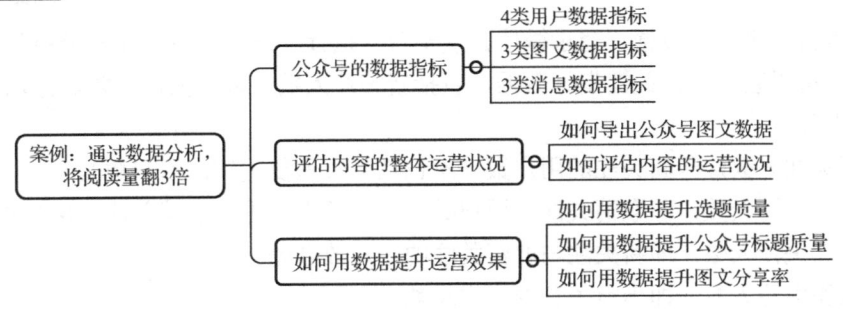

```
                          ┌─ 公众号的数据指标 ─┬─ 4类用户数据指标
                          │                    ├─ 3类图文数据指标
                          │                    └─ 3类消息数据指标
案例：通过数据分析，    ┤
将阅读量翻3倍            ├─ 评估内容的整体运营状况 ─┬─ 如何导出公众号图文数据
                          │                          └─ 如何评估内容的运营状况
                          │
                          └─ 如何用数据提升运营效果 ─┬─ 如何用数据提升选题质量
                                                     ├─ 如何用数据提升公众号标题质量
                                                     └─ 如何用数据提升图文分享率
```

📋 任务实施

为了让大家熟练掌握数据分析的方法，本任务我们以公众号的数据分析为例，深入讲解公众号的数据分析方法，解读微信公众号自带的公众号用户数据指标、公众号图文数据指标、公众号消息数据指标，并分享一个把公众号周阅读量、来自朋友圈阅读量和涨粉数量提升 3 倍的数据分析实战案例，该案例相关数据指标如图 6-18 所示。

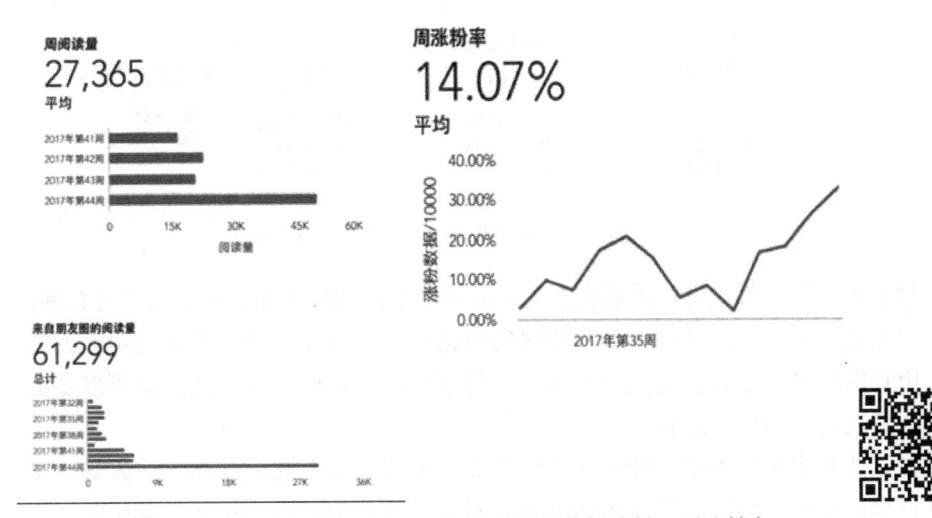

图 6-18　公众号文章的周阅读量、来自朋友圈的阅读量、周涨粉率

6.4.1 公众号的数据指标

1. 4类用户数据指标

每天新增用户中,有多少是来自口碑传播的,有多少是来自品牌传播的,又有多少是因为活动带来的呢?

如果想知道这些问题的答案,可以好好研究一下公众平台自带的用户数据指标。

登录微信公众平台,执行"统计"→"用户分析"命令,可以打开"用户分析"页面。"用户分析"页面提供"用户增长"和"用户属性"两种统计方式,通过它们可以查看每天粉丝人数的变化、当前公众平台粉丝画像等,比如,可以查看目前运营研究社订阅号用户有超过5万人来自广东省。

(1) 昨日关键指标数据。登录微信公众平台,执行"统计"→"用户分析"→"用户增长"命令,可以查看昨日关键指标数据,包括新关注人数、取消关注人数、净增关注人数和累积关注人数。

① 新关注人数,即新关注的用户数(不包括当天重复关注的用户数)。
② 取消关注人数,即取消关注的用户数(不包括当天重复取消关注的用户数)。
③ 净增关注人数,即新关注与取消关注的用户数之差。
④ 累积关注人数,即当前关注的用户总数。

这个板块,可以准确地知道昨日的关注人数变化情况,以及与前天、7天前、30天前的数据进行对比,对比结果以日、周、月的百分比变化的方式呈现。"用户增长-昨天关键指标"页面如图6-19所示。

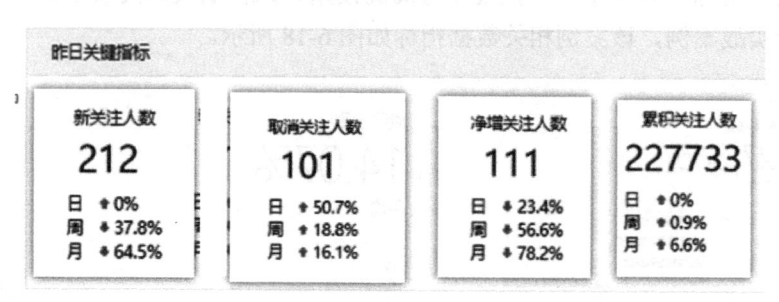

图6-19 "用户增长-昨天关键指标"页面

对于公众号运营来说,需要优先关注的指标是新关注人数,它是公众号拉新能力的体现。如果某一天发现新关注人数与平时的数据相比有明显上升,要么说明最近的一篇文章切中了用户的需求,要么就是某一项推广发挥了作用。这样一来,运营就可以多准备一些能够提高新关注人数的相关内容。

(2) 关键指标趋势图。针对新关注人数、取消关注人数、净增关注人数、累积关注人数等进行趋势分析,趋势分析可选择时间周期为7天、15天、30天或某个时间段(不能超过365天)的新关注人数变化。"新关注人数-全部来源"趋势图如图6-20所示。

如果想对上个月与这个月的用户增长情况进行对比分析,则可以单击公众号新关注人数趋势图右上角的"按时间对比"按钮,打开"新关注人数-全部"按时间段对比趋势图,如

图6-21所示。如果对比后发现，自己的公众号新关注人数比上个月同期新关注人数的数量少，就需要找出问题并解决。

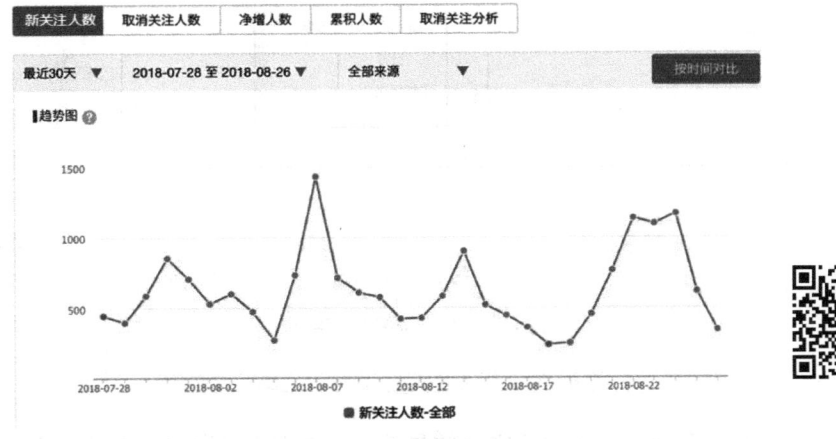

图6-20 "新关注人数-全部来源"趋势图

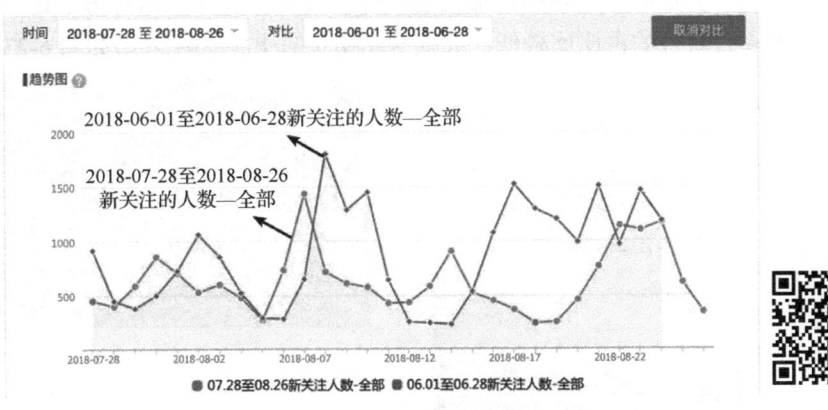

图6-21 "新关注人数-全部"按时间段对比趋势图

（3）新增关注来源。目前用户关注公众号的方式主要有7种：公众号搜索、扫描二维码、图文页右上角菜单、图文页内公众号名称、名片分享、支付后关注、其他合计。

新增关注来源的数据是大部分运营容易忽略的高价值数据，这个数据可以帮助我们了解目前自己的哪种推广方式效果比较好。因此，这个数据值得多多研究。

① 公众号搜索。如果有40%的关注量是来自公众号搜索的，则说明这类公众号已经有一定的品牌知名度，定位也相对精准，或者是在广告宣传方面做得比较到位。

想要提高公众号来自搜索的关注量，除了推广要给力，还得给自己取一个自带流量的关键词，比如"美女""帅哥"等高搜索量的词汇。

② 扫描二维码。扫描二维码是最常见的关注方式，用户通过二维码关注的渠道有很多种：线上包括公众号互推、图文文末的引导关注、二维码海报活动的宣传、PC端页面、视频广告等；线下则是通过宣传单、促销活动海报等方式来进行关注。

为了满足用户渠道推广分析和用户账号绑定等场景的需要，服务号提供了生成带参数二维码的接口，使用该接口可以获得多个带不同场景值的二维码，用户扫描后，公众号可以接收到事件推送。通过带参数的二维码，还可以进行各个推广渠道的效果统计。"新关注人数-扫描二维码"趋势图如图6-22所示。

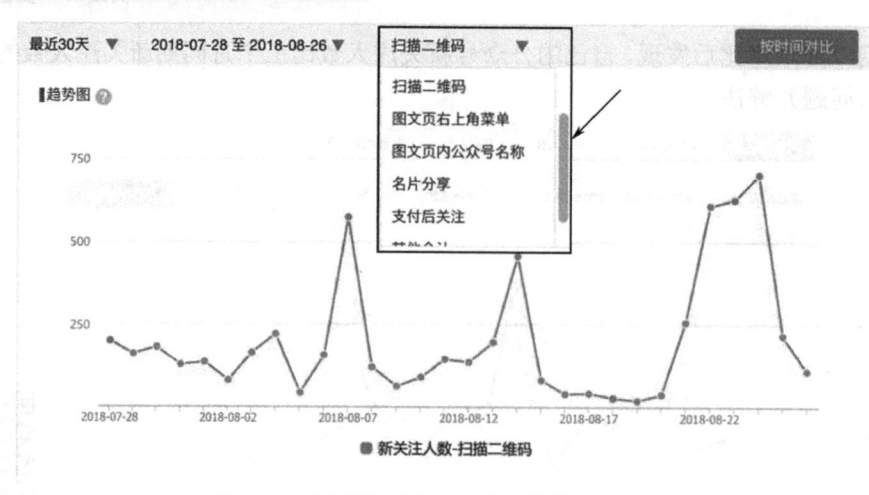

图6-22 "新关注人数-扫描二维码"趋势图

③ 图文页右上角菜单。在阅读文章的界面，点击右上角菜单中的"…"按钮，在打开的页面中点击"查看公众号"选项即可进入公众号主页进行关注。这种方法比较隐秘，所以通过这种方式关注公众号的占比比较低。公众号图文页右上角关注入口如图6-23所示。

图6-23 公众号图文页右上角关注入口

④ 图文页内公众号名称。通过文章标题下方的公众号名称进行关注也是一种较为常见的关注方式，很多公众号也会在文章开头提示用户通过此方式来关注公众号。图文页内公众号名称关注入口如图6-24所示。

⑤ 名片分享。名片分享一般是用户主动将公众号推荐给朋友或分享到群，从而形成口碑传播的方式。如果这个渠道给你带来了新增用户，那说明你的公众号质量很不错。名片分享关注渠道如图6-25所示。

图 6-24　图文页内公众号名称关注入口　　　　图 6-25　名片分享关注渠道

⑥ 支付后关注。具备支付后关注功能的公众号必须是认证过的服务号，并且开通了微信支付功能。用户通过微信付款后会默认关注该公众号。

⑦ 其他合计。微信常见的几种关注方式，统计来源的列表中已经说明，至于其他关注方式应该是来源数量比较小的，官方没有给出说明。根据目前网络上的信息，我们总结以下几种其他方式，仅供参考：

> 朋友圈广告；
> 广点通广告（广告主，图文底部广告）；
> 图文末尾快捷关注（针对被转载的文章）；
> 微信摇一摇周边领卡券关注；
> 通过关键词进行模糊搜索关注。

（4）用户属性分析。公众号平台自带的用户属性是一个亮点，也是一个重要数据，主要核心数据指标包括性别分布和语言分布、城市分布（省份分布）、终端分布（机型分布）。

① 性别分布和语言分布。每个公众号的男女比例与行业的特性有关，据此可以对文章的风格进行侧重调整。例如，如果公众号的用户男性比例较高，最好尽量少使用"卖萌"、"发嗲"、可爱等语言。公众号用户性别分布和语言分布如图 6-26 所示。

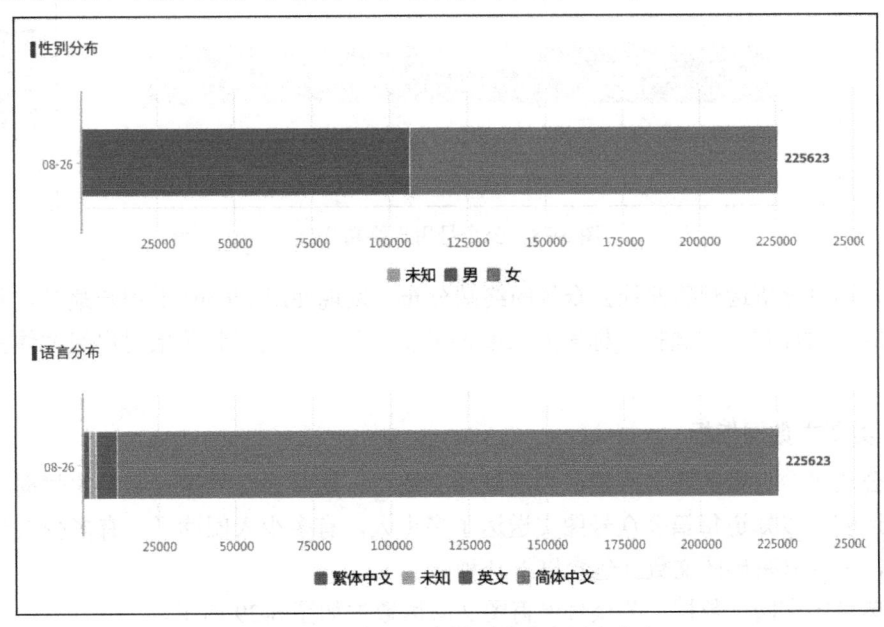

图 6-26　公众号用户性别分布和语言分布

② 城市分布（省份分布）。该数据的参考价值非常大，可以非常清晰地知道在各个城市的业务能力，据此可以做一些关键决策。

例如，运营要选择 10 个城市做落地推广，自然会选择粉丝基础好的地区进行。如图 6-27 所示是运营研究社用户城市分布的数据，据此可以发现，我们应该多选择在北京和上海进行活动，其次才是深圳、广州、杭州等。

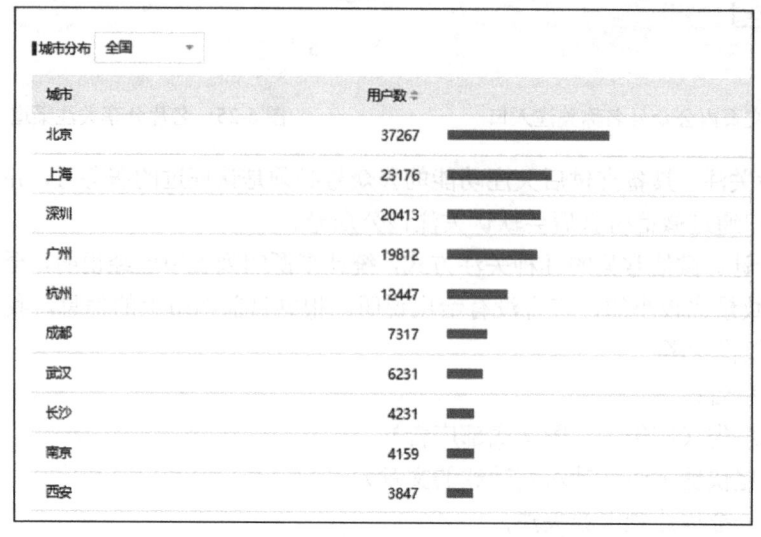

图 6-27　运营研究社用户城市分布的数据

③ 终端分布（机型分布）。同样的标题和封面，安卓系统与 iOS 系统的显示效果是不一样的。在两者不能兼顾的情况下，运营在命名标题和设计封面时，需要以使用人数更多的系统作为依据。公众号用户终端分布如图 6-28 所示。

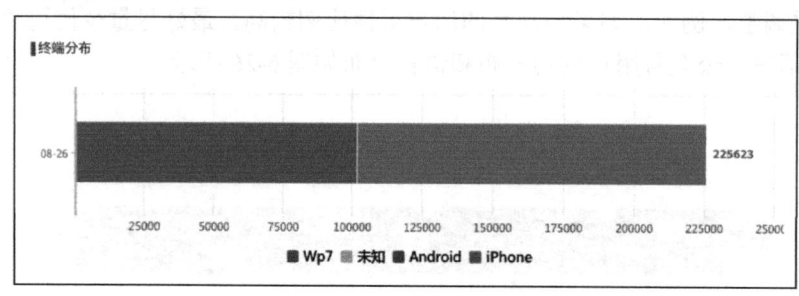

图 6-28　公众号用户终端分布

比如，通过分析运营研究社公众号的终端分布，发现使用 iPhone 的用户最多，那么整个图文的排版、封面尺寸的选择、标题的长度都需要优先将它调整到苹果用户阅读体验最满意的状态。

2．3 类图文数据指标

微信公众平台自带的图文数据称为基础图文数据，这是公众号运营必看的数据。通过这些数据，运营可以知道每篇公众号图文送达了多少人，有多少人阅读了，有多少人转发了。具体来说，公众号基础图文数据包含以下几种。

（1）单篇图文阅读数据。公众号单篇图文阅读数据如图 6-29 所示。

该页面可以查看某篇文章的送达人数、图文阅读人数、分享人数等；可以查看阅读来源分布；可以通过不同的维度查看阅读发展趋势，维度包括图文总阅读人数、原文页阅读人数、分享转发人数、微信收藏人数）。相关数据指标说明如下。

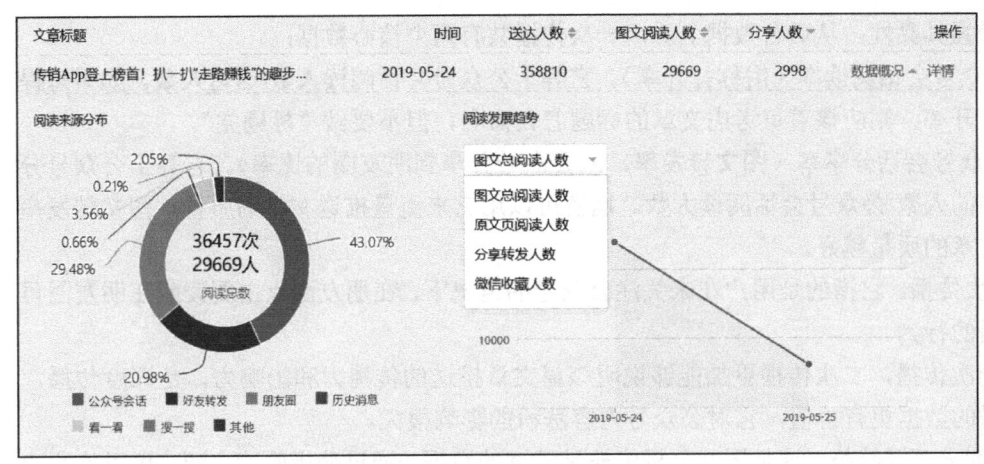

图 6-29　公众号单篇图文阅读数据

① 送达人数。图文消息群发时送达的人数。

② 图文总阅读人数。点击图文页的去重人数，包括非粉丝点击的人数。阅读来源分布包括公众号会话、好友转发、朋友圈、历史消息等。

③ 图文总阅读次数。点击图文页的次数，包括非粉丝的点击。阅读来源分布包括公众号会话、好友转发、朋友圈、历史消息等。

④ 原文页阅读人数。点击原文页的去重人数，包括非粉丝点击阅读原文。

⑤ 分享转发人数。转发或分享至朋友、朋友圈、微博的去重用户数，包括非粉丝的分享。

⑥ 微信收藏人数。收藏到微信的去重用户数，包括非粉丝的收藏。

（2）单篇图文传播数据。公众号单篇文章"图文详情"页面如图 6-30 所示。

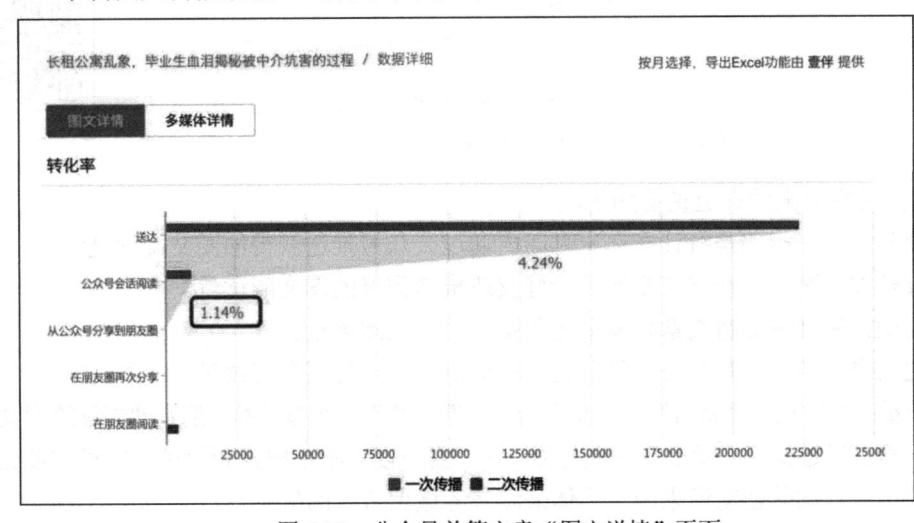

图 6-30　公众号单篇文章"图文详情"页面

单击"图文详情"按钮，还可以查看公众号转化率、一次传播和二次传播等数据，可以说这些是公众号平台自带的漏斗分析结果了。

① 一次传播。它指的是关注该公众号的用户，通过公众号会话阅读文章，或者从公众号分享文章到朋友圈的行为数据。

一次传播转化率高，说明公众号推送的文章内容受到现有粉丝的喜欢，有利于维护现有的粉丝，增强其黏性。从后台数据上看，一次传播共有两个核心数据：

A．公众号会话阅读率（俗称打开率）。它等于公众号会话阅读人数/送达人数。如果想提升文章的打开率，则应该着重考虑文章的标题怎么命名，但不要做"标题党"。

B．公众号会话分享率（图文转发率，从公众号分享到朋友圈的比率）。它等于公众号分享到朋友圈的人数/公众号会话阅读人数。运营可以用它来衡量推送文章的质量，图文转发率越高说明文章的质量越好。

② 二次传播。它指的是用户在未关注公众号的情况下，在朋友圈点击阅读或在朋友圈再次分享传播的行为。

相比一次传播，二次传播更加能够说明该篇文章推送的传播力和影响力，是深度传播，比一次传播的数据更有价值，它对公众号内容涨粉的影响很大。

③ 阅读来源及趋势。这是图文分析中非常关键的数据。通过分析阅读来源，可以推测读者的阅读场景，知道他们是在哪个渠道看到文章的，方便做运营优化。公众号文章阅读来源"全部渠道"趋势图如图 6-31 所示。

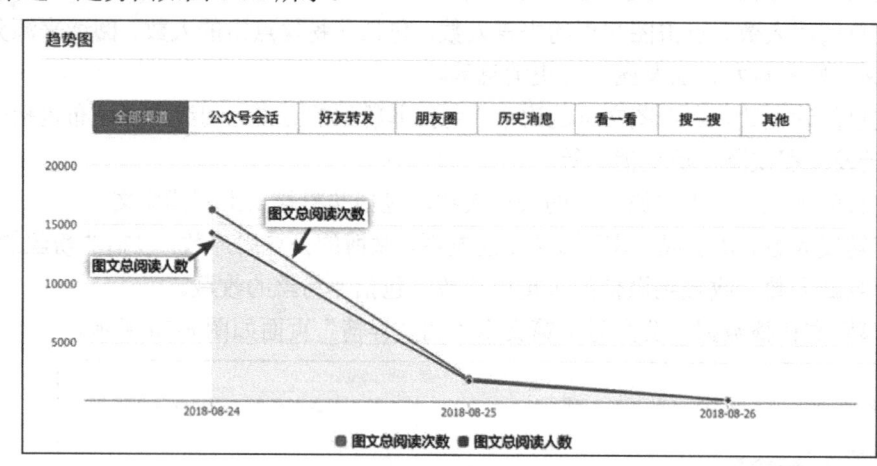

图 6-31　公众号文章阅读来源"全部渠道"趋势图

公众号阅读主要来源渠道说明如下。

➢ 公众号会话：指的是统计在选定时间内通过公众号推送获得的图文阅读量。
➢ 好友转发：统计的是将文章转发给好友或推送到群的图文阅读量。
➢ 朋友圈：统计的是将文章转发至朋友圈后的图文阅读量。
➢ 历史消息：统计的是在公众号历史消息里点击文章的图文阅读量。
➢ 看一看：通过执行"微信"→"发现"→"看一看"命令被推荐到朋友圈文章的阅读量。
➢ 搜一搜：通过执行"微信"→"发现"→"搜一搜"命令搜索到的相关文章的阅读量。
➢ 其他：统计的其他渠道来源，具体来源参考微信官方的解释。

一般而言，其他阅读渠道来源有以下 5 种。

➢ 微信自定义菜单：包括引用图文素材、引用历史消息等。
➢ 页面模板：原创开通后页面模板引用图文素材、引用历史消息等。
➢ 关键词回复：关键词自动回复时弹出的图文素材。
➢ 文章内部链接：阅读原文链接。
➢ 微信收藏：阅读微信收藏内的文章。

（3）多篇图文阅读数据。单篇图文是对单次推送图文的数据分析；全部图文是对公众号整体内容质量的分析。多篇图文阅读数据，指的是该公众号发出去的所有图文在一个时间段里的阅读数据总和。它主要包含 4 个核心数据指标：图文总阅读次数、原文阅读次数、分享转发次数、微信收藏人数。公众号多篇图文"日报—昨日关键指标"页面如图 6-32 所示。

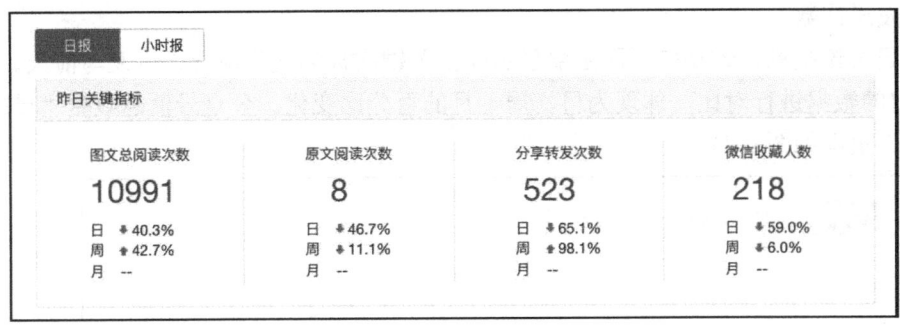

图 6-32　公众号多篇图文"日报—昨日关键指标"页面

① 图文总阅读次数。所有图文在某个时间段里的阅读次数（去重且包括非粉丝的阅读次数）。

② 原文阅读次数。点击文章左下角"阅读原文"的次数。这个数据很考验用户的黏度及文章的内容质量。

③ 分享转发次数。所有图文在某个时间段里的分享转发次数。

④ 微信收藏人数。所有图文在某个时间段里的收藏人数（去重且包括非粉丝的收藏）。

（4）图文总阅读数据。通过图文总阅读数据，我们可以统计周期里真正的图文覆盖人数，有很多大号一年可以覆盖几亿用户。

例如，运营研究社的图文在 2018 年 1 月 1 日至 8 月 26 日，就已经覆盖了 240 万用户。运营研究社公众号图文"阅读来源分析"页面如图 6-33 所示。

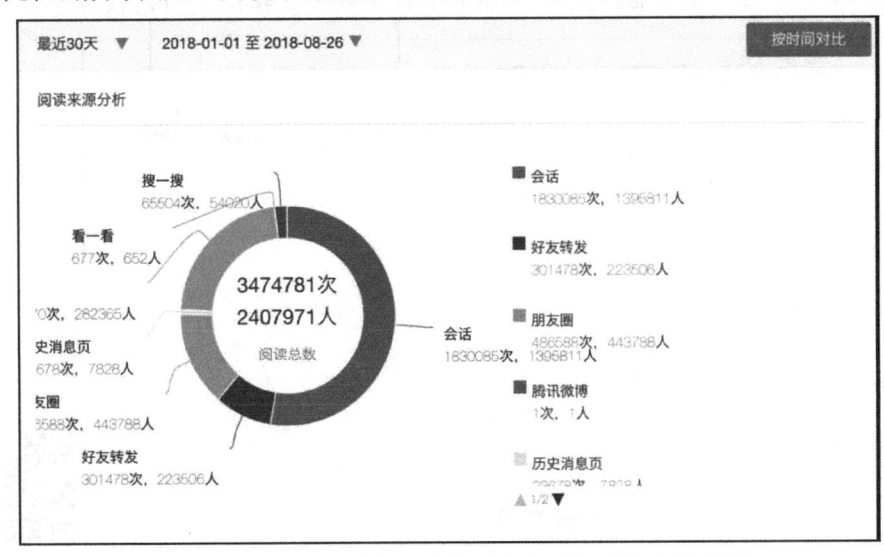

图 6-33　运营研究社公众号图文"阅读来源分析"页面

3．3 类消息数据指标

作为公众号运营，我们经常会策划一些送福利的活动，目的是引导用户互动和关注，通常会以关键词自动回复的方式进行。如果想要知道活动的参与情况，就必须关注公众号消息类数据指标了。

登录微信公众平台，执行"统计"→"消息分析"命令，可以查看粉丝在公众号互动情况。可以根据"小时报""日报""周报""月报"查看对应时间里的消息发送人数、消息发送次数及人均发送次数。

（1）昨日关键指标。该功能页面主要显示昨日关键指标的变化情况，以及与前天、7天前、30天前的数据进行对比，体现为日、周、月的百分比变化。公众号消息数据"日报-昨日关键指标"页面如图6-34所示。

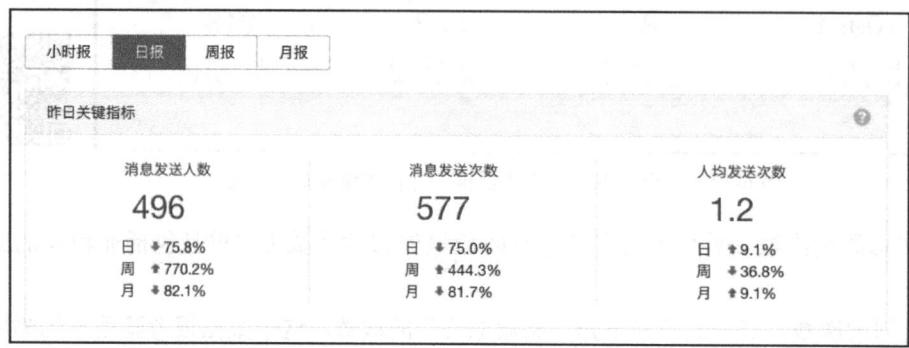

图6-34　公众号消息数据"日报-昨日关键指标"页面

昨日关键指标说明如下。

① 消息发送人数。是指关注者主动发送消息的人数（不包括当天重复关注用户数）。

② 消息发送次数。是指关注者主动发送消息的次数。

③ 人均发送次数。是指消息发送总次数/消息发送的去重用户数。

（2）关键指标趋势分析。它与公众号的用户指标相同，可以显示7天、14天、30天或某个时间段的消息发送人数的变化趋势。"消息发送人数"趋势图如图6-35所示。

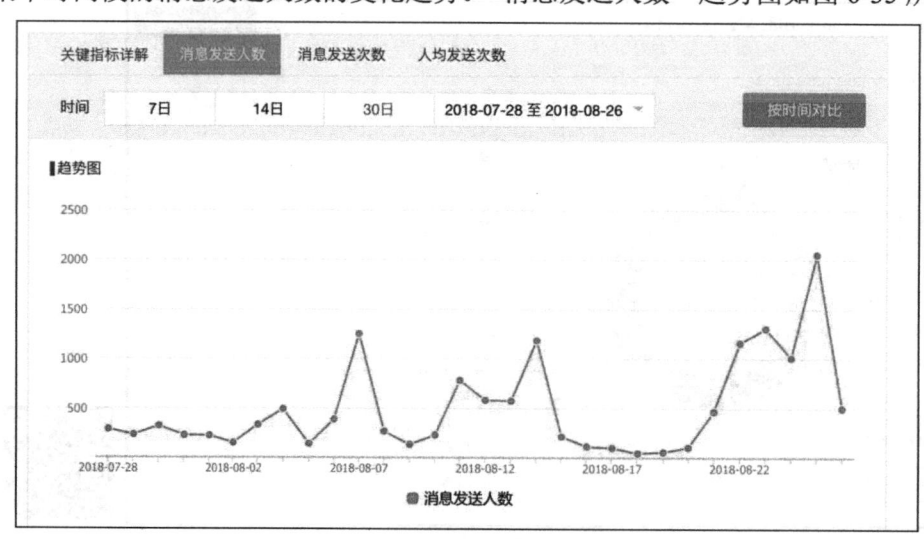

图6-35　"消息发送人数"趋势图

（3）消息关键词分析。消息关键词分析可以分别查询7天、14天、30天或指定时间段里，排行前200名的消息关键词。公众号消息关键词分析如图6-36所示。

时间				
7日	14日	30日	2018-07-28 至 2018-08-26	

输入关键词查询排行

详细数据   导出Excel

排行	消息关键词	出现次数	占比
1	阿里	2991	
2	活动	2799	
3	活动策划	2338	
4	小程序	2175	
5	抖音	1875	
6	简历资料包	1705	
7	运营	797	

图 6-36 公众号消息关键词分析

通过以上对用户数据指标、图文数据指标、消息数据指标的解读，相信大家可以发现，公众号平台自带的数据分析工具已经很强大了。尤其是用户数据指标和消息数据指标，从局部的单点分析到全局的趋势分析均已覆盖。通过它们可以对用户增长和用户互动的情况一目了然。

至于图文数据指标，从运营实践经验来看，目前公众号平台自带的数据指标还是有欠缺的。它更多的只是对某一篇文章的分析，对某个时间周期里推送的图文阅读量趋势分析及图文打开率、分享率趋势的分析还是非常少的。而对于大部分运营来说，关键绩效指标（KPI）是提升公众图文的阅读量。下面将结合实战案例来深入讲解高级的图文数据分析技巧。

◆ 课堂讨论 6.7

1. 如果想要衡量一个公众号通过内容带来的涨粉情况，应该关注哪些数据指标？
2. 如果一个大学生求职公众号想要选一座城市举办一次线下活动，他们应该关注什么数据指标？

6.4.2 评估内容的整体运营状况

1. 如何导出公众号图文数据

为了更加方便对图文数据进行分析，我们首先需要做的是将公众号里的图文阅读数据导出至 Excel 电子表格软件。

在这里推荐一款图文数据导出软件——壹伴。它可以快速地创建并下载一个图文多维度的数据报表，并且提供任意时间跨度的图文数据下载服务。壹伴图文数据导出软件操作示例如图 6-37 所示。

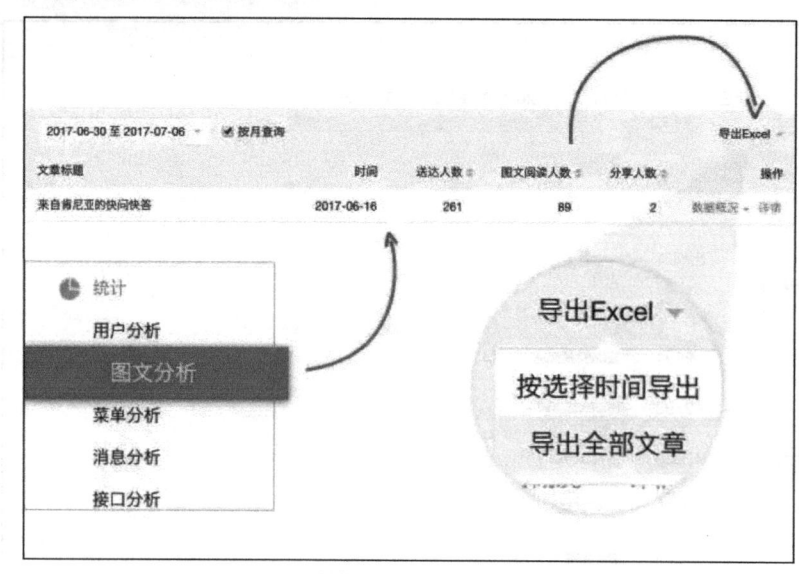

图 6-37 壹伴图文数据导出软件操作示例

更为人性化的是，它在帮你快速导出图文数据的同时，已经对数据进行了初步加工，比如朋友圈分享率、点赞率、评论率、朋友圈打开率等，并对每一个数据字段都做了标注说明。壹伴图文数据导出软件导出的数据格式如图 6-38 所示。

图 6-38 壹伴图文数据导出软件导出的数据格式

有了这些图文数据，可以说是已经打败了 60% 的公众号运营。但是，如果想要真正做到用数据驱动公众号运营，还需要学会搭建图文数据分析的各种分析模型。

下面再来推荐另外一款非常不错的数据分析神器——BDP。它提供了 26 种数据分析方式的模板，有了它以后，我们就可以随意拖动一些图文阅读数据指标，得到很多让人意想不到的结果。

2. 如何评估内容的运营状况

前面提到，公众号自带的图文数据分析工具更多的是对单篇文章的深入分析，如果想全面了解公众号图文运营情况，可以按如下思路对图文运营情况进行整体评估。

（1）词云分析。想知道过去一段时间发布的图文，是否按照制定的内容规划的方向进行，可以用 BDP 提供的词云分析工具，对过去一段时间推送的图文标题进行分析。

词云上关键词的字号大小是和它在标题里出现的频率呈正例关系的,当某个关键词在过去一段时间的标题里出现的次数越多时,关键词的字号就越大。以运营研究社为例,当看到"运营"这个词的字号最大时,说明我们的文章内容方向是没有问题的。运营研究社图文关键词词云如图6-39所示。

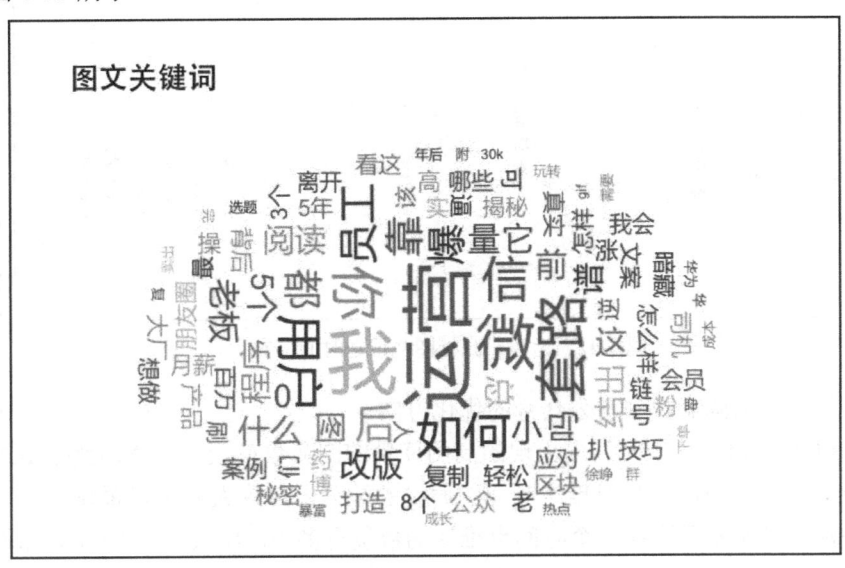

图6-39　运营研究社图文关键词词云

(2) 整体图文阅读情况。如果想知道过去一段时间的整体图文的阅读情况,那么需要关注4个数据:打开率、最高阅读量、平均分享率和平均阅读量。

以运营研究社来说,在过去90天,我们的整体图文打开率5.0%、最高阅读量37 023次、最高打开率13.0%、平均分享率5.4%、平均阅读量9 725次,如图6-40所示。

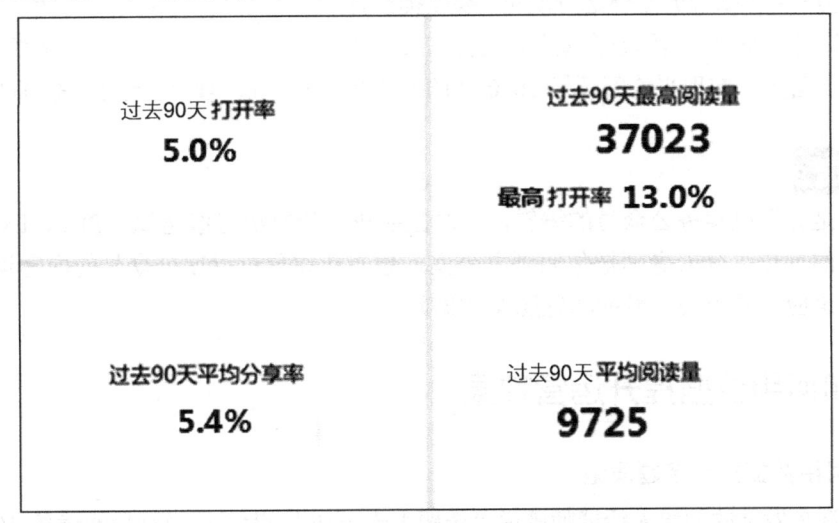

图6-40　运营研究社图文阅读情况

(3) 最佳推送时间。在运营过程中,运营研究社在图文推送时间上一直不太稳定,到底什么时候推送比较合适呢?于是,我们通过对推送时间、阅读量、标题3个数据字段构建散点图,去分析运营研究社的推送时间是否集中,以及哪个时间段推送阅读量效果最佳。运营研究社图文推送时间分布图如图6-41所示。

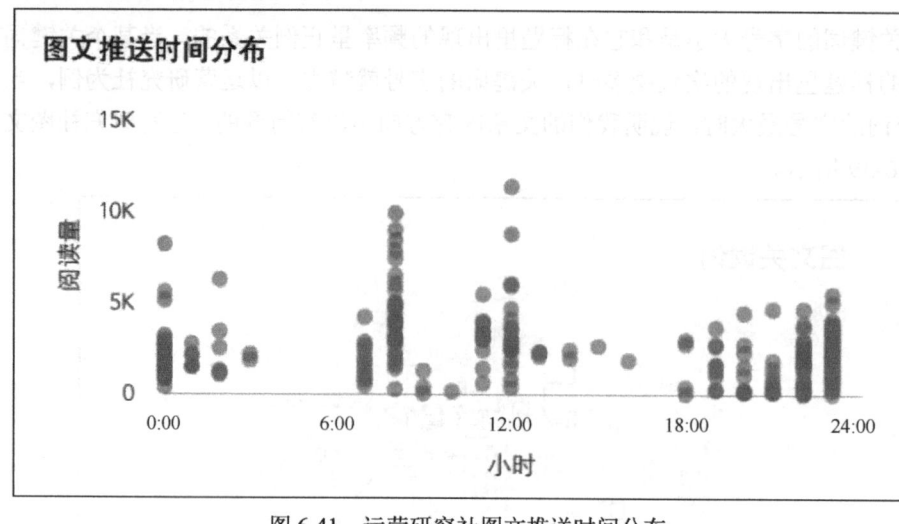

图 6-41　运营研究社图文推送时间分布

通过分析，我们确实找到了公众号的优化方向：

① 在 8:00、12:00 这个时间段出现的高阅读量的图文数量最多，我们就把推送时间集中在这两个时间点。另外，作为对推送时间的假设的验证，建议大家可以跟我们一样，看看目前自己所关注的订阅号里面在这个时间点推送的数量有多少。如果少于 10 个，那就初步证明这是合理的。

② 在过去 90 天，我们并没有达到平均阅读量 10 000 的目标，因此，编辑部的人员仍需多努力，生产出更多优质的内容。

根据阅读量的来源分布，我们发现如果想要实现平均阅读量达到 10 000 的目标，取得更好的运营效果，有以下几种方法：要么提升整体选题质量，要么提升打开率，要么提升分享率。具体怎么提升，同样需要用数据分析来找到答案。实现平均阅读量 10 000 的方法如图 6-42 所示。

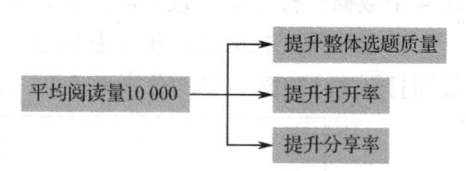

图 6-42　实现平均阅读量 10 000 的方法

◆ 课堂讨论 6.8

如果你是计算机实务公众号的编辑，平时主要进行计算机等级考试、PPT、Excel、Word 等相关内容的创作。今天老师把你叫到办公室，想要让你分析近期公众号的内容运营状况，请分小组讨论应该导出公众号的哪些图文数据？

6.4.3　如何用数据提升运营效果

1. 如何用数据提升选题质量

公众号深夜发媸的创始人徐老师曾说"选题大于一切"，为了达成平均阅读量 10 000 的目标，我们需要去找到那些适合我们的选题。于是，我们用图文标题、图文阅读量两项数据，在 BDP 上快速生成一个阅读折线图并对它进行分析。在过去一段时间里，哪些图文的阅读量是高于平均值的，这些文章在选题上是否有着某项共性是值得去总结的。运营研究社文章阅读量折线图如图 6-43 所示。

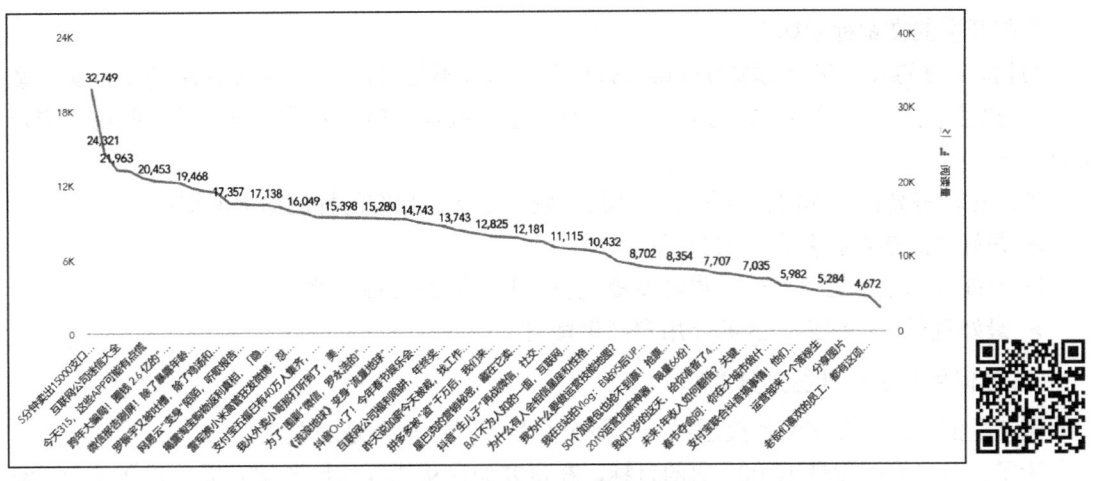

图 6-43 运营研究社文章阅读量折线图

从分析的结果中我们发现，超长干货类的文章并不受用户欢迎，反而大众熟知的热点、商业、职场类选题才是用户热衷的。运营研究社受欢迎的部分选题如表 6-22 所示。

表 6-22 运营研究社受欢迎的选题

标　题	阅读量	理　由
5 分钟卖出 15 000 支口红，"口红一哥"李佳琦有何带货秘密？	32 749	热点+干货
停更"双微一抖"？疯了吗！	24 321	热点+解决方案
今天"3·15"，这些 App 可能有点慌	20 874	热点

2. 如何用数据提升公众号的标题质量

标题质量往往影响图文的打开率。用户只有看到能够吸引人的标题，才会点击一篇文章进行阅读。因此，它是与公众号图文阅读量相关的另一个重要因素。标题命名也是目前很多公众号运营最迫切需要提升的能力。

我们把一段时间里的图文打开率的从低至高进行排序，分析那些被用户认可的标题都有哪些特征。标题质量与图文打开率的关系如图 6-44 所示。

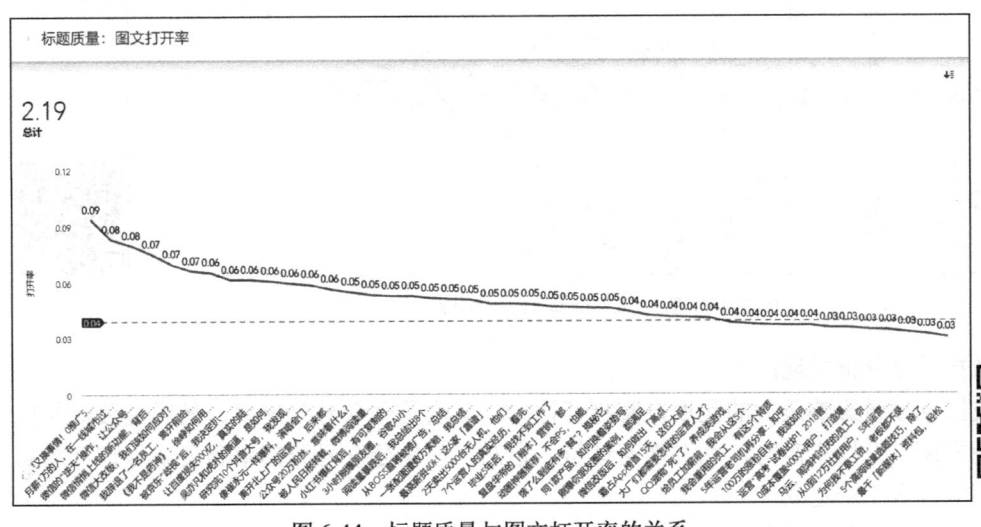

图 6-44 标题质量与图文打开率的关系

高打开率的文章标题如下。

"月薪 1 万的人,在一线城市过得怎么样?""《我不是药神》:徐峥如何用 QQ 群卖药暴富?""微信大改版,我们该如何应对?""被京东'歧视'后,我决定扒一扒它的用户增长套路"等。

通过对这些高打开率的文章标题的分析,我们定下了我们的标题命名原则:
➢ 最好要蹭热点和名人、大公司;
➢ 不能太局限于运营人群,最好要覆盖整个互联网的目标人群;
➢ 最好直戳用户痛点,能够让用户产生疑问。

3. 如何用数据提升图文分享率

阅读量的来源主要靠两个渠道:一个是公众号会话;一个是朋友圈。

为了完成平均阅读量 10 000 次的目标,在研究如何从选题和标题切入提升公众号会话阅读量的同时,我们也需要让来自朋友圈的潜在用户的阅读量得到提升。

来自朋友圈的阅读量=分享量×朋友圈打开比率。其中,分享量又同文章质量和公众号会话阅读量有关,朋友圈打开率又与标题质量有关。

因此,我们可以初步判断,如果想提升来自朋友圈的阅读量,那么就需要提升公众号的打开率、公众号的分享率、朋友圈打开比率。

那么,紧接着又有两个问题:这 3 个因素哪个对朋友圈阅读量影响最大?朋友圈打开比率是否直接受标题影响,如果是的话,是否与公众号的打开率呈正比例关系?

为了找到答案,首先,我们做了两组数据的趋势对比。把朋友圈阅读量、公众号的分享率、公众号的打开率、朋友圈打开比率 4 个数据放在一起做趋势对比,如图 6-45 所示。图中折线代表影响朋友圈阅读量的 3 个因素,柱状图代表朋友圈阅读量。

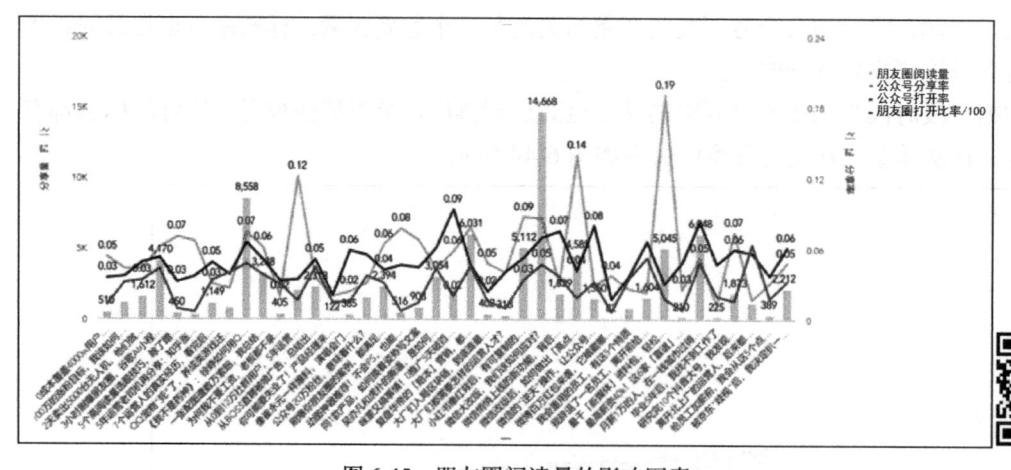

图 6-45 朋友圈阅读量的影响因素

通过数据量化分析发现:

对朋友圈阅读量影响最大的是朋友圈打开比率,其次是公众号分享率,最后是公众号打开率。当朋友圈打开比率高时,朋友圈阅读量一定高,但是公众号分享率和公众号打开率高时,朋友圈阅读量不一定高。

原因其实也很简单:公众号打开率高,只能说明我们公众号的很多用户对这篇文章的选题感兴趣，但并不意味着他们看完内容后会分享出去，因此公众号打开率高时，朋友圈阅读量不一定高；公众号分享率高，只能说明有很多用户把文章分享出去，但不意味着分享触达的潜在用户会打开文章阅读，因此公众号分享率高时，朋友圈阅读量不一定高。

例如，《离开北上广的运营人，后来都怎么样了？》一文，公众号分享率并不高，但朋友圈阅读量在公众号分享率数值相近的文章中是最高的，说明这个选题，或者说标题能够戳中潜在用户的痛点，具体的数据对比如图 6-46 所示。

图 6-46　公众号文章具体的数据对比

我们再来看一下朋友圈打开比率与公众号打开率是否呈正比例关系？朋友圈打开比率与公众号打开率的关系比较复杂。朋友圈打开比率与公众号打开率的关系如图 6-47 所示。

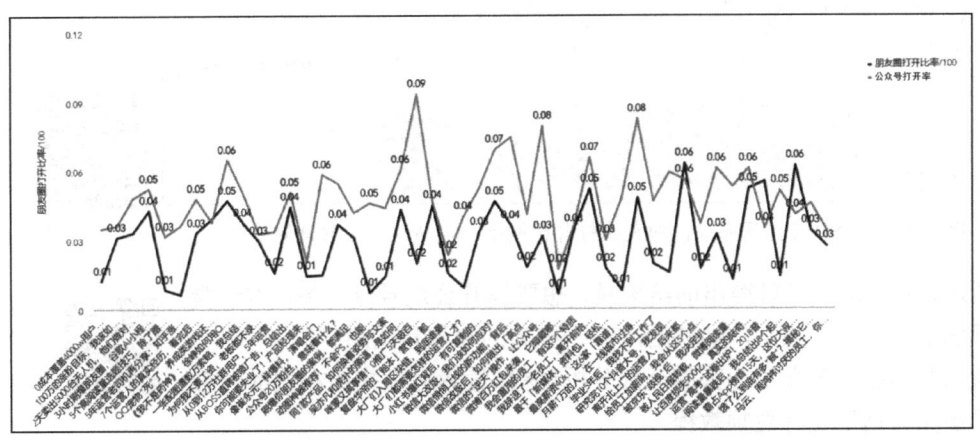

图 6-47　朋友圈打开比率与公众号打开率的关系

一方面，朋友圈打开比率高的文章，公众号打开率通常也比较高。这也跟前面提到的一样，标题可以往更广泛的人群需求上靠，借热点、蹭名人、直戳用户痛点等，比如，《月薪 1 万的人，在一线城市过得怎么样？》《让百度损失 900 亿，真实的陆奇是怎样的？》等，文章具体数据如图 6-48 所示。

另一方面，有趣的是，公众号打开率高的文章，朋友圈打开比率却不一定高，比如，《阅读量暴跌后，我总结出 8 个起标题雷区》等，文章具体数据如图 6-49 所示。从这一点也可以得出结论，现在写"怎么起标题""怎么想选题"的文章太多了，这种基础的干货文章已经不能引起太多用户的注意。如果想要提升朋友圈阅读量，在选题和标题上需要体现一些新的亮点。

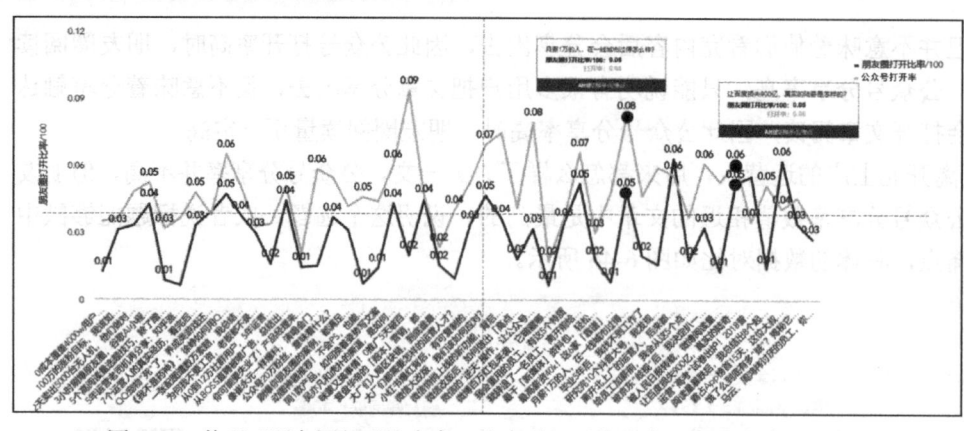

图 6-48 体现"朋友圈打开比率高，公众号打开率也高"的文章具体数据

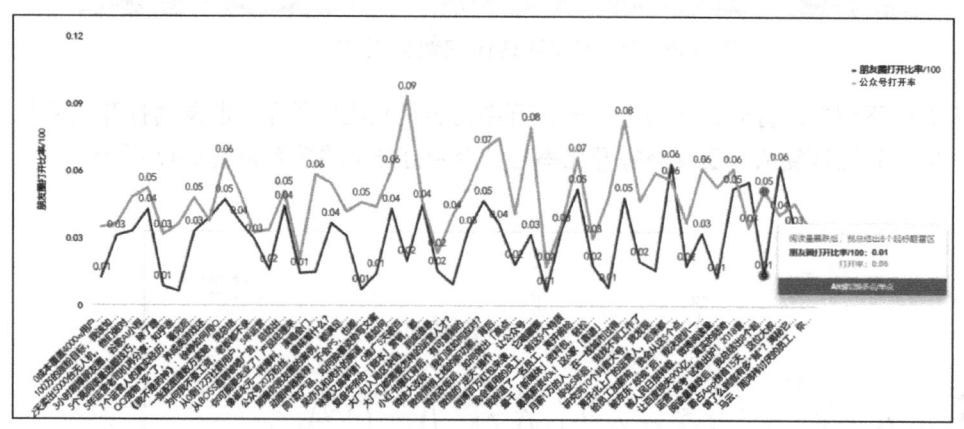

图 6-49 体现"公众号打开率高，朋友圈打开比例不一定高"的文章具体数据

综上所述，我们最后可以得出的结论是，想要提升公众号分享率，首先要在选题和标题上戳中用户痛点，能够给用户一些新的知识和认知。

以上就是数据驱动公众号运营的全部分析过程。读者可以扫描右边的二维码，回复"图文数据"观看视频教程。

任务实训

实训 6.4 基本的公众号数据分析

1. 任务描述及任务要求

计算机应用实务公众号团队，最近为了让同学们有更好的学习氛围，在计算机等级考试前期，进行了一期考证打卡活动。扫描右边的二维码，可以查看活动详情。

为了让更多的同学关注该公众号，以及更多的人参与下期的计算机等级考试打卡活动中，需要你对此次活动进行数据分析，任务描述及任务要求如表 6-23 所示。

表 6-23　任务描述及任务要求

序号	任 务 描 述	任 务 要 求
1	根据给出的公众号后台数据，找出数据指标并对数据进行分析	初步了解公众号的数据指标
2	根据数据分析的结果，提出能提升公众号的运营效果的建议	能进行初步的公众号数据分析，要求做到有理有据

2. 实训内容

（1）计算机应用实务公众号"抱紧这佛腿，包你过"一文的后台数据截图如图 6-50 至图 6-54 所示。根据图中所示的数据，请将对应的数据指标值填写在表 6-24 中。

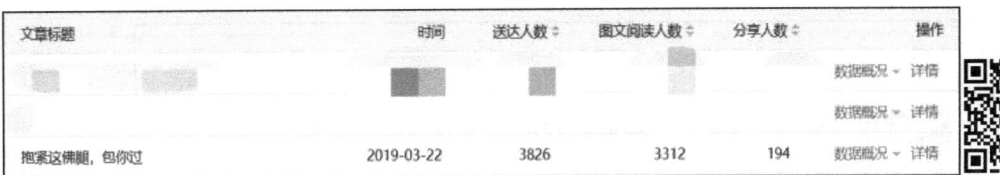

图 6-50　文章基本阅读数据

时间	图文总阅读		公众号会话阅读		朋友圈阅读		分享转发		微信收藏人数	
	人数	次数	人数	次数	人数	次数	人数	次数	人数	次数
2019-03-28	24	28	6	6	3	3	1	1	0	0
2019-03-27	79	91	34	36	17	19	3	3	0	0
2019-03-26	47	49	17	18	3	3	0	0	0	0
2019-03-25	59	67	10	13	11	12	2	2	0	0
2019-03-24	356	401	10	12	224	233	19	25	1	1
2019-03-23	442	510	22	25	237	258	14	18	3	3
2019-03-22	2503	3055	222	251	1608	1841	156	209	8	8

图 6-51　文章整体阅读数据

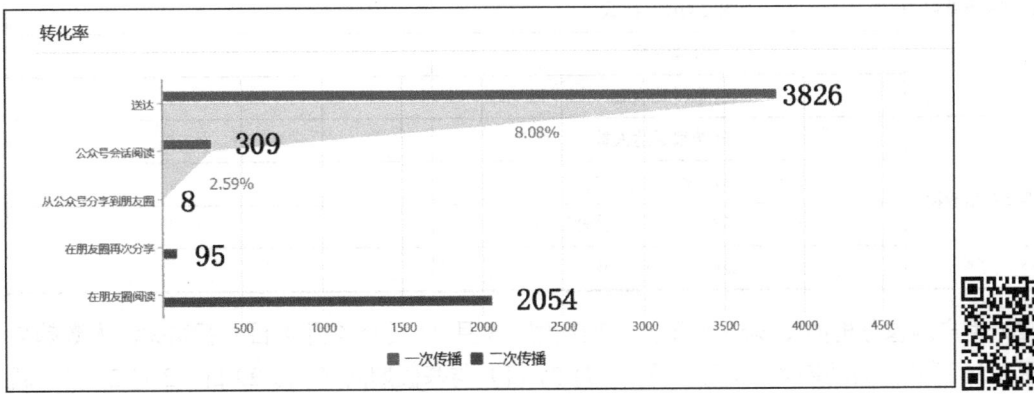

图 6-52　转化率数据

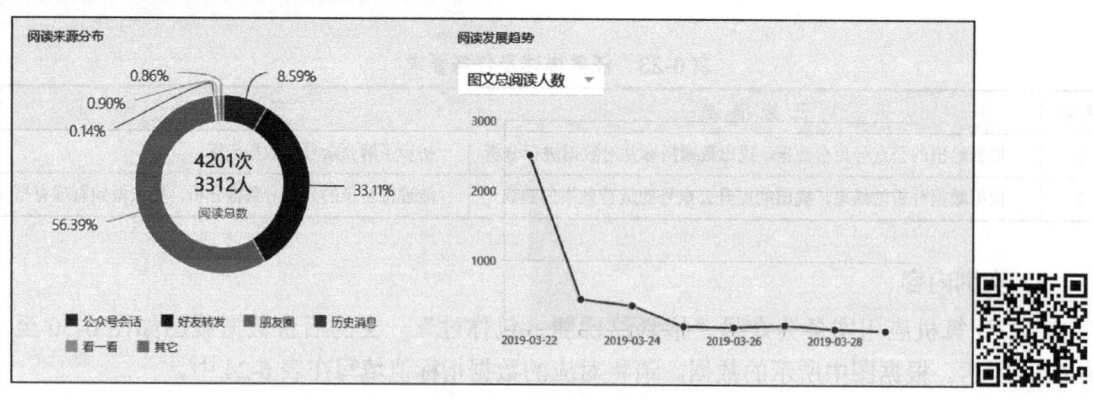

图 6-53 阅读来源分布数据

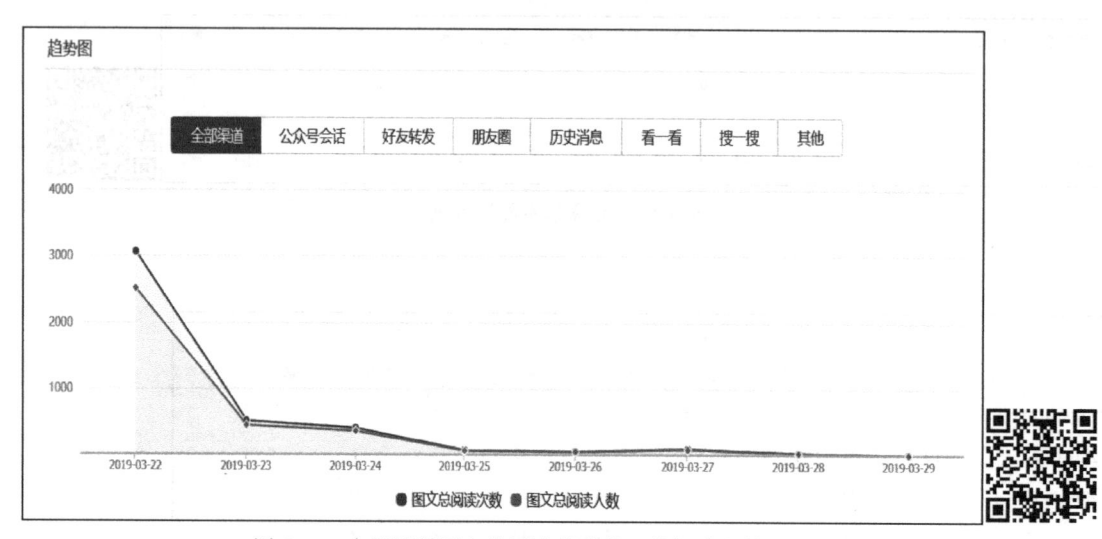

图 6-54 全部渠道图文总阅读总次数及总阅读人数对比趋势图

表 6-24 单篇图文数据指标分析

类　　型	数 据 指 标	数　　据
单篇图文阅读数据	送达人数	
	图文阅读人数	
	图文阅读总次数	
	分享人数	
	分享转发次数	
单篇图文传播数据	一次传播送达人数	
	公众号会话阅读转化率（打开率）	
	公众号会话分享率（图文转发率）	
	二次传播送达人数	

（2）用户画像分析如图 6-55 所示，活动期间（3 月 22 日至 4 月 4 日）新增关注人数趋势图如图 6-56 所示，活动期间（3 月 1 日—3 月 31 日）与寒假期间（1 月 29 日—2 月 28 日）新增人数对比趋势图如图 6-57 所示。请综合分析各项数据指标，以小组为单位讨论优化建议。优化的目标是让更多的同学关注该公众号，以及有更多的人参与计算机应用实务公众号打卡活动。

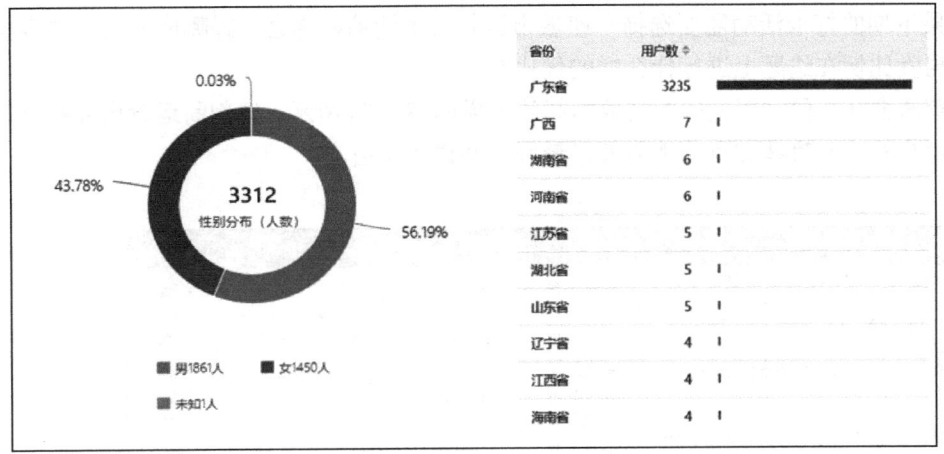

图 6-55　用户画像分析

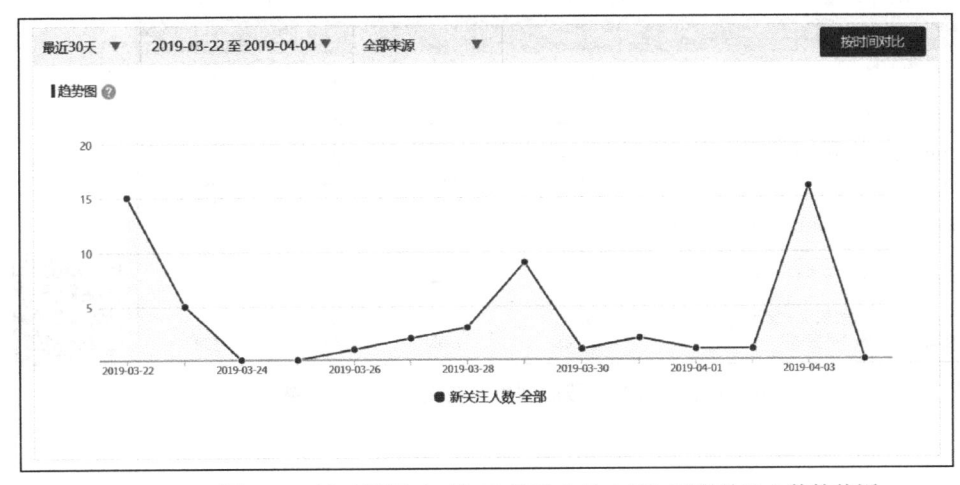

图 6-56　活动期间（3 月 22 日至 4 月 4 日）新增关注人数趋势图

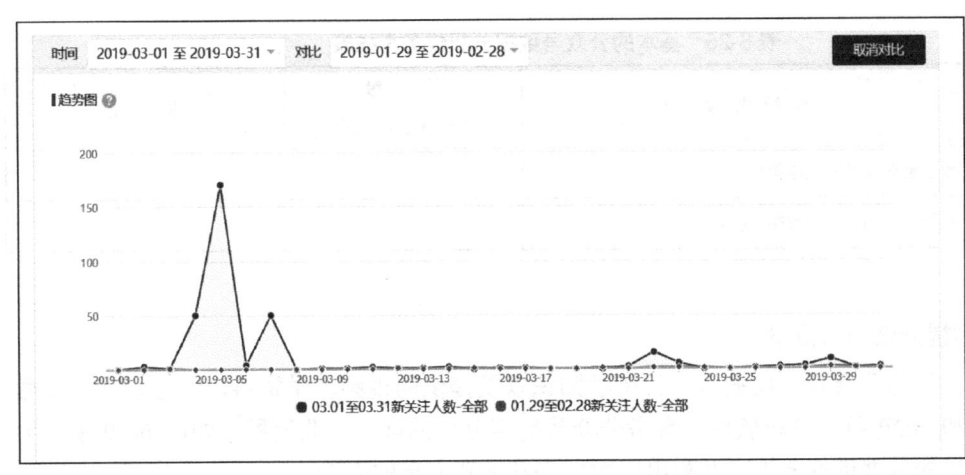

图 6-57　活动期间（3 月 1 日—3 月 31 日）与寒假期间（1 月 29 日—2 月 28 日）新增人数对比趋势图

（3）如果下期的打卡活动需要选择一座城市进行线下活动，你会选择哪座城市？内容推送应该根据男女比例在选题上进行什么样的优化？

（4）运营研究社一段时间里的图文数据统计结果如图6-58所示。请判断运营研究社哪些选题是最受用户欢迎？哪些文章的涨粉效果最好？并说明理由。

标题	图文类型	阅读量	分享量	打开率	分享率
千万爆文之后，又提微博2亿热搜，「有趣青年」是如何频出爆款的？	运营干货	49105	2504	8.1%	5.0%
90%的人没喝过星巴克，00后存款是90后的两倍……一文颠覆你的58个认知	深度分析	42238	3034	5.1%	7.2%
微信封杀朋友圈打卡，没了裂变我们还能怎么玩？	热点文章	36242	2320	5.5%	6.4%
企业千万别做抖音	深度分析	35796	2056	5.7%	5.9%
互联网运营20年	深度分析	24036	1713	2.1%	7.6%
靠收会员费赚15亿的云集，拼到上市都用了哪些"手段"？	运营干货	18943	1428	3.4%	7.8%
淘宝的新掌门和拼多多的黄峥打起来了，美团的王兴在起哄	大佬故事	17970	662	3.2%	4.0%
互联网公司被吸血！7个细思极恐的黑产案例	内幕猎奇	17495	801	3.0%	4.8%
职场黑话大全，互联网公司的"潜规则"	职场文章	16380	1280	2.5%	7.6%

标题	朋友圈阅读比例	点赞率	当日涨粉量	当日掉粉量
千万爆文之后，又提微博2亿热搜，「有趣青年」是如何频出爆款的？	10.2%	0.6%	700	105
90%的人没喝过星巴克，00后存款是90后的两倍……一文颠覆你的58个认知	10.6%	1.2%	962	132
微信封杀朋友圈打卡，没了裂变我们还能怎么玩？	14.4%	0.7%	1114	124
企业千万别做抖音	10.7%	0.9%	1299	108
互联网运营20年	8.8%	1.8%	554	137
靠收会员费赚15亿的云集，拼到上市都用了哪些"手段"？	11.6%	0.4%	771	139
淘宝的新掌门和拼多多的黄峥打起来了，美团的王兴在起哄	3.4%	0.9%	402	87
互联网公司被吸血！7个细思极恐的黑产案例	6.5%	1.0%	231	101
职场黑话大全，互联网公司的"潜规则"	11.4%	1.0%	352	128

图6-58 运营研究社一段时间里的图文数据统计结果

3．任务考核

基本的公众号数据分析任务考核表如表6-25所示。

表6-25 基本的公众号数据分析任务考核表

序 号	考核内容	评级（A、B、C、D）	说 明
1	初步了解公众号的数据指标		
2	能进行初步的公众号数据分析，能做到有理有据		

4．能力提升任务（选做）

请结合自己的公众号，根据本项目所学知识以及提供的视频教学资料，通过壹伴图文数据导出软件和BDP数据分析软件，参考公众号数据分析的标准作业流程（如图6-59所示）对自己公众号的数据进行分析，并列出用数据提升运营效果的方法。

项目 6 数据分析

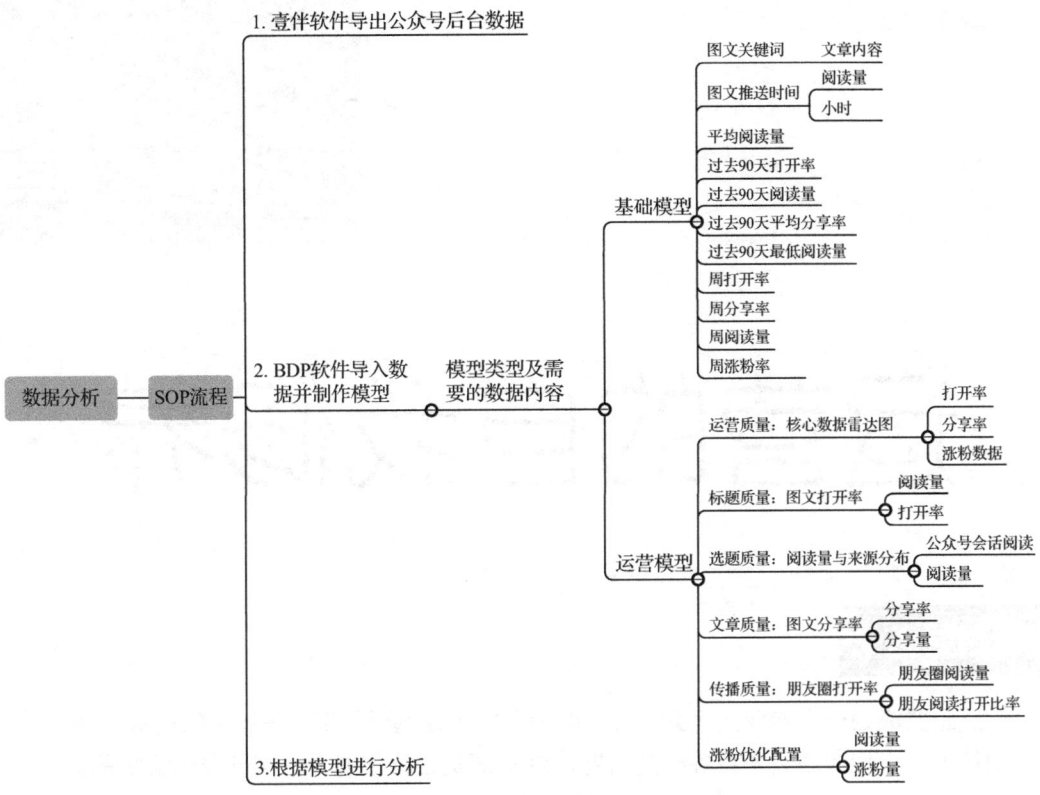

```
数据分析 ── SOP流程 ┬─ 1. 壹伴软件导出公众号后台数据
                    │
                    ├─ 2. BDP软件导入数据并制作模型 ── 模型类型及需要的数据内容 ┬─ 基础模型 ┬─ 图文关键词 ── 文章内容
                    │                                                          │          ├─ 图文推送时间 ┬─ 阅读量
                    │                                                          │          │               └─ 小时
                    │                                                          │          ├─ 平均阅读量
                    │                                                          │          ├─ 过去90天打开率
                    │                                                          │          ├─ 过去90天阅读量
                    │                                                          │          ├─ 过去90天平均分享率
                    │                                                          │          ├─ 过去90天最低阅读量
                    │                                                          │          ├─ 周打开率
                    │                                                          │          ├─ 周分享率
                    │                                                          │          ├─ 周阅读量
                    │                                                          │          └─ 周涨粉率
                    │                                                          │
                    │                                                          └─ 运营模型 ┬─ 运营质量：核心数据雷达图 ┬─ 打开率
                    │                                                                     │                          ├─ 分享率
                    │                                                                     │                          └─ 涨粉数据
                    │                                                                     ├─ 标题质量：图文打开率 ┬─ 阅读量
                    │                                                                     │                      └─ 打开率
                    │                                                                     ├─ 选题质量：阅读量与来源分布 ┬─ 公众号会话阅读
                    │                                                                     │                            └─ 阅读量
                    │                                                                     ├─ 文章质量：图文分享率 ┬─ 分享率
                    │                                                                     │                      └─ 分享量
                    │                                                                     ├─ 传播质量：朋友圈打开率 ┬─ 朋友圈阅读量
                    │                                                                     │                        └─ 朋友阅读打开比率
                    │                                                                     └─ 涨粉优化配置 ┬─ 阅读量
                    │                                                                                    └─ 涨粉量
                    └─ 3. 根据模型进行分析
```

图 6-59 公众号数据分析的标准作业流程

项目小结

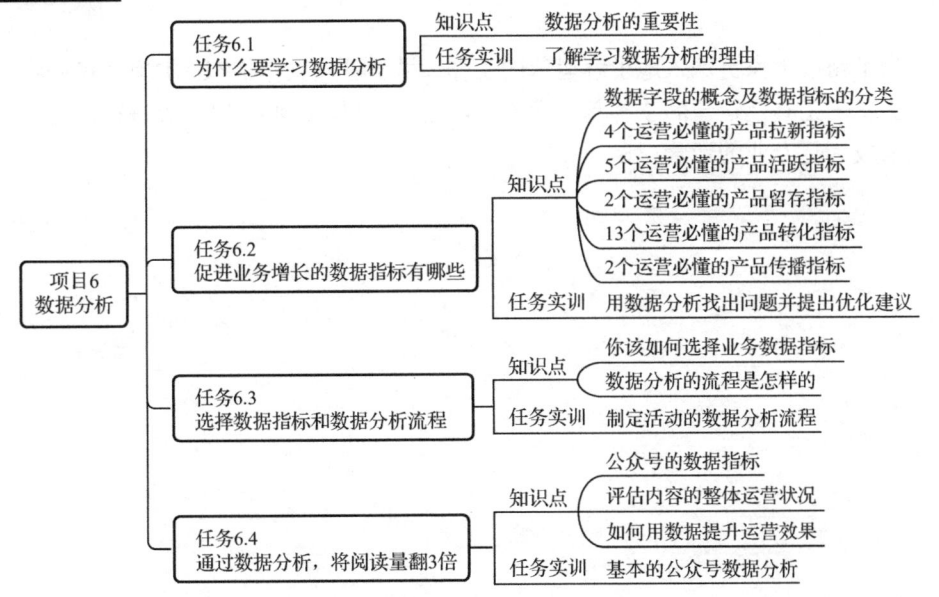

```
项目6 ┬─ 任务6.1 ┬─ 知识点：数据分析的重要性
数据分析│  为什么要学习数据分析 └─ 任务实训：了解学习数据分析的理由
      │
      ├─ 任务6.2 ┬─ 知识点 ┬─ 数据字段的概念及数据指标的分类
      │  促进业务增长的数据指标有哪些│        ├─ 4个运营必懂的产品拉新指标
      │          │        ├─ 5个运营必懂的产品活跃指标
      │          │        ├─ 2个运营必懂的产品留存指标
      │          │        ├─ 13个运营必懂的产品转化指标
      │          │        └─ 2个运营必懂的产品传播指标
      │          └─ 任务实训：用数据分析找出问题并提出优化建议
      │
      ├─ 任务6.3 ┬─ 知识点 ┬─ 你该如何选择业务数据指标
      │  选择数据指标和数据分析流程│        └─ 数据分析的流程是怎样的
      │          └─ 任务实训：制定活动的数据分析流程
      │
      └─ 任务6.4 ┬─ 知识点 ┬─ 公众号的数据指标
         通过数据分析，将阅读量翻3倍│        ├─ 评估内容的整体运营状况
                 │        └─ 如何用数据提升运营效果
                 └─ 任务实训：基本的公众号数据分析
```

项目 7

运营的自我修养

项目导入

想要成为一个专业的运营,只掌握运营能力还远远不够。在日常的运营工作和职场中,我们会遇到各种各样的问题,这些都是运营技能无法帮助我们解决的。

比如,写作没有灵感,应该去哪里获取?跨部门策划营销活动,应该如何同其他部门进行沟通?被领导批评了,应该怎么做?等等。

为了帮助大家更深入地了解运营的工作,尽早进入工作状态,本项目我们将对运营必备的工具及运营的 3 种基本素养(沟通、忍耐、细心)等内容进行讲解,帮助大家成为更专业的运营。

任务 7.1　整理：运营必备的工具推荐

任务目标

知识目标	了解运营必备的 8 个免费图片网站、4 个技术工具、6 个数据分析工具
技能目标	掌握获取创意和灵感的 5 种方法

任务导图

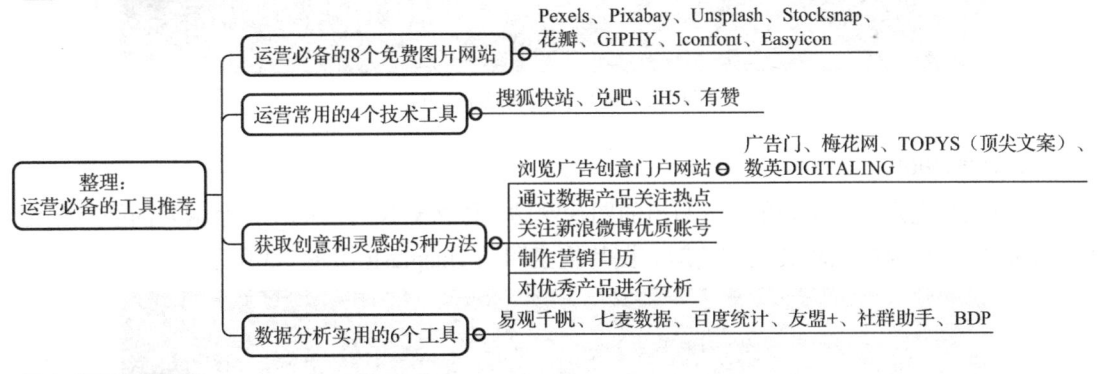

- 整理：运营必备的工具推荐
  - 运营必备的8个免费图片网站 —— Pexels、Pixabay、Unsplash、Stocksnap、花瓣、GIPHY、Iconfont、Easyicon
  - 运营常用的4个技术工具 —— 搜狐快站、兔吧、iH5、有赞
  - 获取创意和灵感的5种方法
    - 浏览广告创意门户网站 —— 广告门、梅花网、TOPYS（顶尖文案）、数英DIGITALING
    - 通过数据产品关注热点
    - 关注新浪微博优质账号
    - 制作营销日历
    - 对优秀产品进行分析
  - 数据分析实用的6个工具 —— 易观千帆、七麦数据、百度统计、友盟+、社群助手、BDP

任务实施

7.1.1　运营必备的 8 个免费图片网站

对于从事内容运营或新媒体运营工作的人员来说，除了写文章，还有一个非常重要的工作就是找图片。运营新手想找一张高清、质量好的图片，没有 5～10 分钟是不可能做到的，甚至有些人可能都不知道要去哪里找。

本节我们将从运营的角度，向大家推荐 8 个高清的图片网站。这些网站的图片质量比较高，大部分为高分辨率的图片，最重要的是它们都提供免费下载。

1. Pexels

Pexels 是一个免费的、高品质的无版权图片网站，图片可以免费商用。该网站搜索精准，只要输入关键词，就可以找到合适的图片，并且提供不同尺寸的图片供用户下载。同时，搜索关键词时会有相关推荐，方便用户找到相同类型的图片。不过，该网站是英文网站，所以需要用英文进行搜索。图片搜索网站 Pexels 如图 7-1 所示。

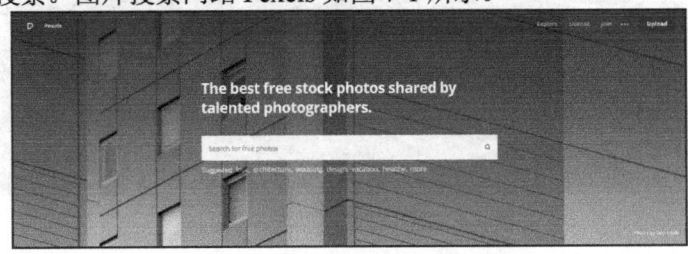

图 7-1　图片搜索网站 Pexels

2. Pixabay

与 Pexels 一样，Pixabay 也是一个提供无版权图片素材的高清图片网站，支持不同尺寸的图片下载。不过，Pixabay 的图片资源比较杂，搜索不如 Pexels 精准。比如，搜索"Television"，找到的图片居然还有手办图。图片搜索网站 Pixabay 如图 7-2 所示。

图 7-2 图片搜索网站 Pixabay

3. Unsplash

Unsplash 也是一个免费的、可商用的图片网站。与 Pexels、Pixabay 两个网站的图片相比，Unsplash 的图片风格比较文艺、清新。图片搜索网站 Unsplash 如图 7-3 所示。

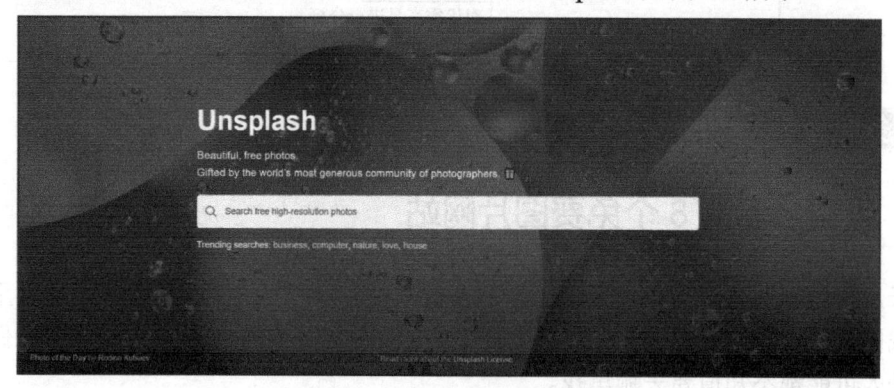

图 7-3 图片搜索网站 Unsplash

4. StockSnap

StockSnap 也是一个主打文艺、清新、免费可商用的图片网站，图片质量高，绝对能够满足日常运营的需求。图片搜索网站 StockSnap 如图 7-4 所示。

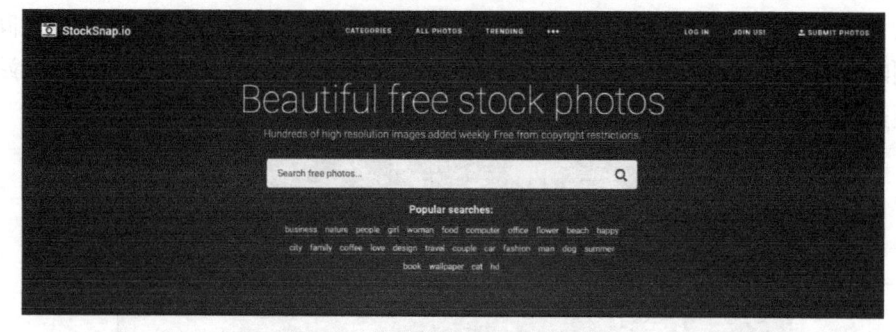

图 7-4 图片搜索网站 StockSnap

项目 7　运营的自我修养

5．花瓣

花瓣是国内知名的设计网站，许多设计师都会到花瓣网站上找灵感。对于运营来说，一方面，可以在上面找到一些好看的摄影图或插画；另一方面，可以在网站上找到活动海报、封面等设计灵感。图片搜索网站花瓣如图 7-5 所示。

图 7-5　图片搜索网站花瓣

6．GIPHY

GIPHY 是一个动态 GIF 图片搜索引擎网站，通过英文词汇可以快速搜索互联网中的 GIF 图片。该网站的 GIF 图片总体风格比较有趣，例如，情人节写文章想要找虐"单身狗"的 GIF 图，在搜索框里输入"dog"，就可以看到各种类别的、好玩的狗狗 GIF 图。动图搜索网站 GIPHY 如图 7-6 所示。

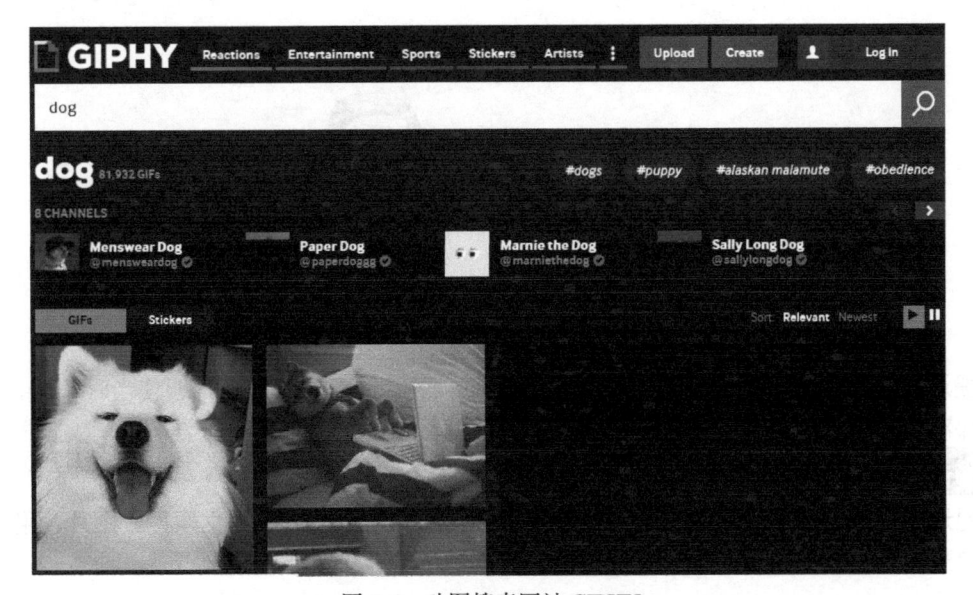

图 7-6　动图搜索网站 GIPHY

7．Iconfont

Iconfont 是阿里巴巴旗下的优质矢量图标搜索网站。Iconfont 网站的图标种类较多，只要在搜索框输入关键词，就可以出现各种各样的相关图标，线性的、填充的、彩色的、单色的等。除此之外，还可以根据单色或多色对图标进行筛选。图标有.png、.svg 和.ai 等格式，可以对图标的颜色进行修改。图标搜索网站 Iconfont 如图 7-7 所示。

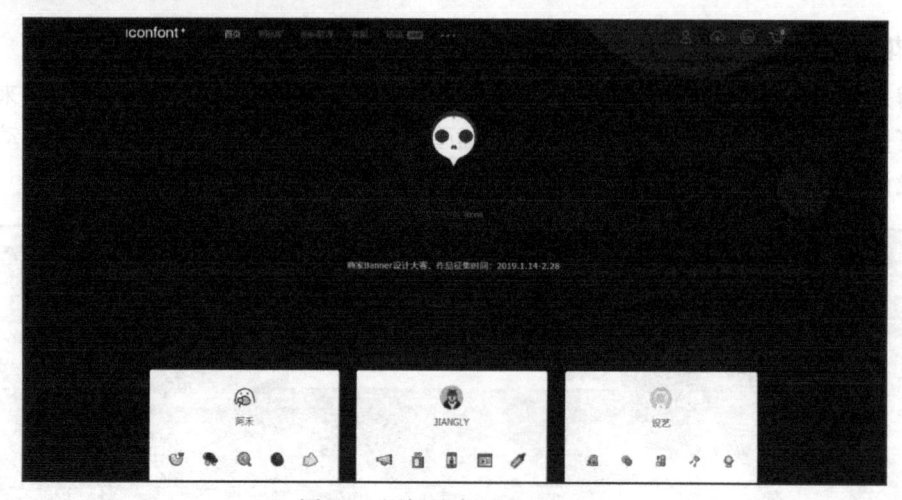

图 7-7 图标搜索网站 Iconfont

8. Easyicon

与 Iconfont 图标搜索网站相比，Easyicon 的图标数量较少，图标类型更偏向彩色图标。它支持中文搜索，搜索结果可以按照热度、尺寸和颜色进行筛选。图标搜索网站 Easyicon 如图 7-8 所示。

图 7-8 图标搜索网站 Easyicon

提示：各位读者可以先把这些网站收藏起来，平常看到好的图片，即使当时不用，也要及时保存至文件夹并进行分类，这样到需要用的时候就会方便很多。

◆ 课堂讨论 7.1

通过网络体验本节 8 个免费图片网站的功能，以乡村生态旅游为主题搜索图片，用 Word 文档记录搜索结果，并以小组为单位讨论这些网站的特色。

7.1.2 运营常用的 4 个技术工具

1. 搜狐快站

搜狐快站是搜狐推出的一款可视化快速建站的工具。利用该工具，运营可通过在线的可视化页面编辑器简单生成自己的移动端站点。它拥有完善的移动电商、移动社区、文章管理、微信营销、公众号模板推送、制作 H5 海报、一键生成 App 等功能。对于自媒体或没有互联网产品的企业，可以用搜狐快站来做网页。搜狐快站站点建设页面如图 7-9 所示。

图 7-9　搜狐快站站点建设页面

2. 兑吧

一个出色的积分体系和商城，对于提升用户的活跃度至关重要。虽然不建议在产品刚起步时做积分体系和商城，但在产品功能稳定后还是可以做一套的。

做积分体系和商城是一个耗费开发资源的工作，如果不是涉及非常隐私的用户信息，运营可以申请对接第三方积分服务平台，如兑吧。兑吧的互动营销工具如图 7-10 所示。

图 7-10　兑吧的互动营销工具

兑吧提供了稳定的积分商城管理工具和实物奖品的采购、仓储、物流、客服等配套服务，拥有多款首页皮肤、多种布局方案、多种积分活动工具。移动开发者（目前仅支持 App）能够通过兑吧以非常低的开发成本搭建积分体系和商城，实现提升用户活跃度及留存率的目的。

3. iH5

iH5 是一款 H5 在线制作工具，它与制作 PPT 的方法类似。作为基于云端的网页交互设计工具，运营能在无需编写代码的前提下，通过对多媒体元素的拖拉、排放、设置等可视化的操作，实现在线编辑功能。iH5还提供海量免费的H5模板和体系化的H5制作视频教程，非常适合H5制作新人从零开始学习。iH5免费视频课程页面如图7-11所示。

图7-11　iH5免费视频课程页面

目前市面上制作H5的免费工具非常多，但iH5是比较好用的，因为它的元素触发条件设置和逻辑判断能力是其他H5制作工具所欠缺的。

4．有赞

以前做电商是件麻烦的事情，因为要考虑商城开发、支付通道、物流管理、客户沟通等多个环节，对技术的要求也非常高。现在做电商方便很多，各种服务机构都在做电商模板，微信公众号也有自带的电商商城。

在这些电商模板服务机构中，目前做得相对较好的应该是有赞和微店，它们为尝试电商方向的企业提供自建商城、客户粉丝经营、在线互动营销、商品销售、线上线下打通、开放数据等体系化的服务。有赞营销工具列表如图7-12所示。

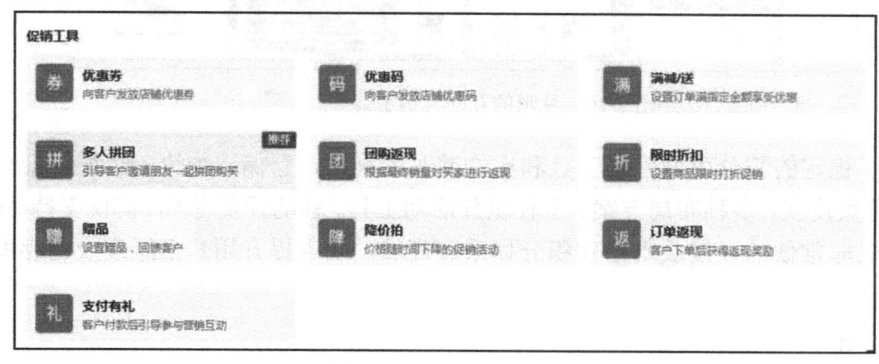

图7-12　有赞营销工具列表

运营想在互动中进行用户销售转化，如果通过电商模板服务机构实现，只需要知道自己卖什么和做好发货、客服就行。例如，深圳一位做早教培训的运营，在没有开发人员的支持下，2个月内就做到了最高200单的商城单日交易量。

运营想通过搜狐快站、兑吧、iH5、有赞这4款工具替代技术开发工具来彻底实现自己的运营方案，需要有足够的执行能力和变通能力。毕竟这些工具不是定制化的，难免有一些服务不能按照方案规划中的来。例如，如果不能用"砸金蛋"进行抽奖互动活动，但可以变通一下，尝试用工具中其他类似的方式来实现。

◆课堂讨论 7.2

分别打开搜狐快站、兑吧、iH5、有赞商城工具网站，熟悉它们的界面。参照 iH5 工具的示例，总结其他工具的功能特点。

（1）iH5。

功能：支持各种移动端设备和主流浏览器，能够设计并制作 PPT、数字贺卡、相册、简历、邀请函、广告视频等多种类型的交互内容。

特点：以前如果要实现一些 H5 的效果需要用到代码，多数人无从下手。使用 iH5，制作素材后就能完成一份满意的 H5 作品，对于不会代码却又想创作好 H5 的人来说，是个不错的选择。

（2）搜狐快站。

功能：_____

特点：_____

（3）兑吧。

功能：_____

特点：_____

（4）有赞商城。

功能：_____

特点：_____

7.1.3 获取创意和灵感的 5 种方法

运营和品牌市场的设计人员一样，对创意有较高的要求。作为直接对接用户的运营，不仅需要将枯燥的产品和难懂的内容包装得有趣、简单，而且面对每个月一次的活动策划，在明确了目标和营销工具、促销场景之后，运营还需要思考如何将活动包装出不一样的精彩形式。

包装的灵感和想法往往是在不经意之间出现的，而当我们最需要的时候却无踪迹可循。创意性思维需要复杂的认知，它与常规的思维过程完全不同。创意最突出的特点是其自身的矛盾性（小众和反常理）。拥有丰富的人生阅历和眼界，以及性格足够矛盾的人往往更容易产生创意，这对运营来说需要足够的时间和沉淀。虽然没有"典型"的创新模式，但我们可以推荐一些工具（网站）和方法，帮助运营在缺乏灵感时寻找创意。

1. 浏览广告创意门户网站

广告创意门户网站作为品牌市场营销领域的专业内容网站，提供了国内外较新、较有趣的营销资讯、文案、案例解析等内容。目前做得比较好的广告创意门户网站有广告门、梅花网、TOPYS（顶尖文案）、数英网 DIGITALING、网络广告人社区、创意功夫网、麦迪逊邦、金投网、One Show 等，下面对其中几种进行简单的介绍。

（1）广告门。它是中国广告传播行业领先的在线媒体及产业互动资讯的服务平台，很多互联网企业做完营销活动后都会优先考虑到上面发表自己的营销案例。广告门网站如图 7-13 所示。

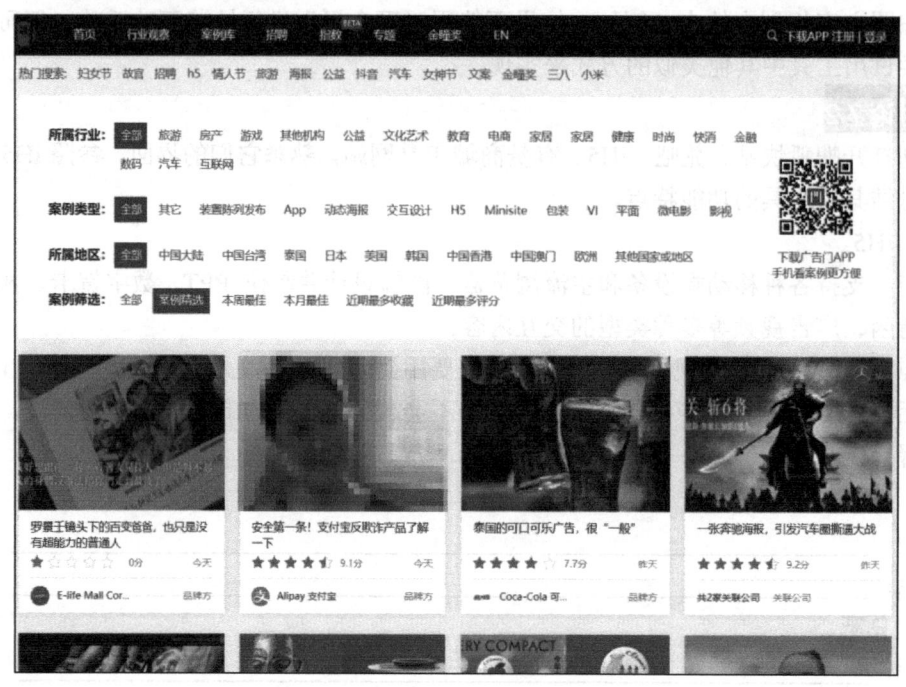

图 7-13 广告门网站

（2）梅花网。该网站成立于 2002 年，是国内比较早做营销方向的信息门户网站。除了有较新的市场营销案例，梅花网还为广告公关和市场研究部门提供各类数据情报服务。梅花网网站如图 7-14 所示。

图 7-14 梅花网网站

（3）TOPYS（顶尖文案），该网站是文案、广告、创意及设计、建筑、艺术等方面的案例分享网站。网站的设计和配图质量很高,国外营销案例也比其他网站丰富。TOPYS(顶尖文案)网站如图 7-15 所示。

图 7-15 TOPYS(顶尖文案)网站

(4)数英 DIGITALING。该网站在定位和内容方向上和其他创意网站相似,网站的主要内容模式采用的是 UGC 与 PGC 相结合的模式,内容多为创意研究者基于案例的思考进行二次加工的文章。数英 DIGITALING 网站如图 7-16 所示。

图 7-16 数英 DIGITALING 网站

推荐这些网站,主要是因为我们可以在这些平台上浏览一些营销案例,然后将好的创意收集起来。活动开始前,在确定目标的情况下也会到这些网站寻找灵感。例如,情人节在广告门搜"情人节"这个关键词,就可以看到各个行业有趣的情人节文案的包装方式。情人节文案创意案例如图 7-17 所示。

2. 通过数据产品关注热点

流量大的网站会发布一些展示全网热点的数据产品,比如百度风云榜、新浪微博发现、百度指数、微指数、淘宝指数、爱奇艺指数、视频指数、贴吧热搜等,通过它们可以发现最新的社会热点和用户感兴趣的电影、话题。

当然,在类似新浪、网易、时光网等门户网站的首页上,有不少热议的话题和明星的娱乐八卦,也是非常不错的热点灵感来源。百度搜索风云榜如图 7-18 所示。

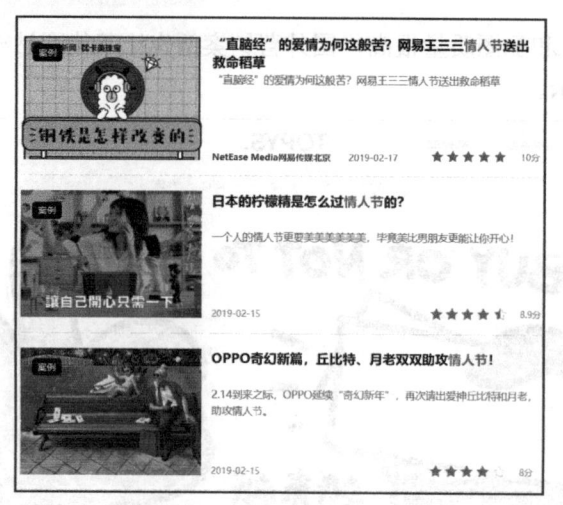

图 7-17 情人节文案创意案例

图 7-18 百度搜索风云榜

3. 关注新浪微博优质账号

现在,新浪微博上活跃度最高的应该是明星号、营销号、自媒体号这 3 类账号。像英国报姐、微博搞笑排行榜等优质的营销账号,可以多关注,积累一些有趣的创意,以及与用户互动的玩法。新浪微博的优质账号示例如图 7-19 所示。

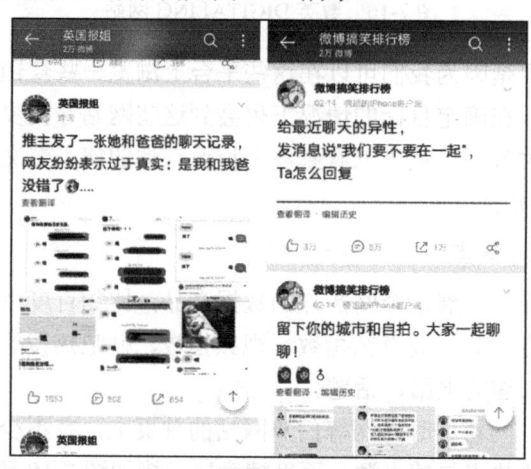

图 7-19 新浪微博的优质账号示例

4. 制作营销日历

当我们在网络上看到不错的营销包装案例时，可以根据他们的时间点进行整理，形成自己的营销时间地图，这样就方便在相应的时间节点上能够快速找到可以参考的包装灵感。运营研究社制作了一本运营人专属的热点台历，我们根据节日收集了很多热点案例，在公众号设置了案例相关的关键词，把关键词和公众号二维码放在台历本上。运营人员需要做节日营销的时候，就可以扫码回复关键词，看到相关的参考案例。运营研究社的热点台历如图 7-20 所示。

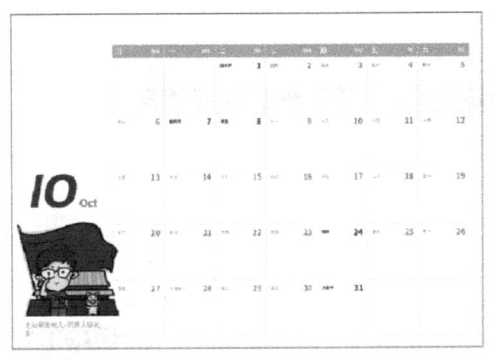

台历正面　　　　　　　　　　　台历背面

图 7-20　运营研究社的热点台历

5. 对优秀产品进行分析

创意广告门户网站能够一站式地浏览互联网行业每天都在发生的有趣事情，不过它们都属于加工过的成果展示，对优秀产品进行分析则可以看到它们的深层次策划和原生玩法。这里优秀产品，既包括同行竞品，也包括头部产品（经典案例）。

著名营销专家小马宋曾经说过，他在刚刚进入广告媒体行业时，曾经花了 3 个月的时间收集、拆解国外大量优秀广告。他发现，很多广告背后的逻辑其实是相似的，只是换了个形式而已。

对于运营来说，我们可以拆解公众号"GQ 实验室"的创意文章的底层逻辑，提炼出可以自用的创意选题；可以拆解"支付宝锦鲤抽奖"等爆款活动的活动形式，提炼出可以自用的活动策划方法。

创意是一个长期积累的过程，在日常工作中要多看、多观察，及时留心身边的好创意并随时收藏。等到积累多了，在缺乏灵感时还是可以帮助我们想到一个相对可靠的方案的。如果能够加上好的执行方案，相信会做出一个效果不错的运营案例。

◆ 课堂讨论 7.3

请结合乡村生态旅游这一主题，根据本节介绍的获取创意和灵感的方法，通过网络收集相关案例，丰富自己的素材库。

7.1.4　数据分析实用的 6 个工具

1. 易观千帆

易观千帆是一款产品评估和对标（对比标杆找差距）分析的工具网站。它覆盖了 300 多个行业、4万多种产品。我们可以在易观千帆看到App阅读排行榜，了解行业龙头或竞品的月度活跃人数；还可以对App的月度活跃人数、启动次数和使用时长等数据进行对比。

通过易观千帆对行业数据进行了解，可以帮助我们了解行业水平及自己的产品在行业中的位置。在制订业务数据指标计划时，这些数据也具有一定的参考意义。数据分析工具易观千帆网站如图7-21所示。

图 7-21　数据分析工具易观千帆网站

同类型的网站还有艾瑞指数和Trustdate，读者可以登录它们的网站了解其功能。

2．七麦数据

七麦数据是一个移动应用数据分析的工具网站，覆盖App Store和Google Play双平台，提供iOS和Android应用市场多维度数据。作为专业的数据分析网站，七麦数据提供准确且详尽的App排名变化。七麦数据App排行榜如图7-22所示。

图 7-22　七麦数据App排行榜

此外，它还提供 ASO（App Store Optimization，应用商店优化）分析与数据查询工具，帮助我们更好地挖掘 App Store 里具有获取客户潜力的关键词推荐。ASO 关键词拓展助手页面如图 7-23 所示。

图 7-23　ASO 关键词拓展助手

基于七麦数据能够记录产品在较长时间里的排名情况，运营可以通过它清楚地了解产品在市场、行业同类竞品的推广情况。ASO 榜单竞争趋势如图 7-24 所示。

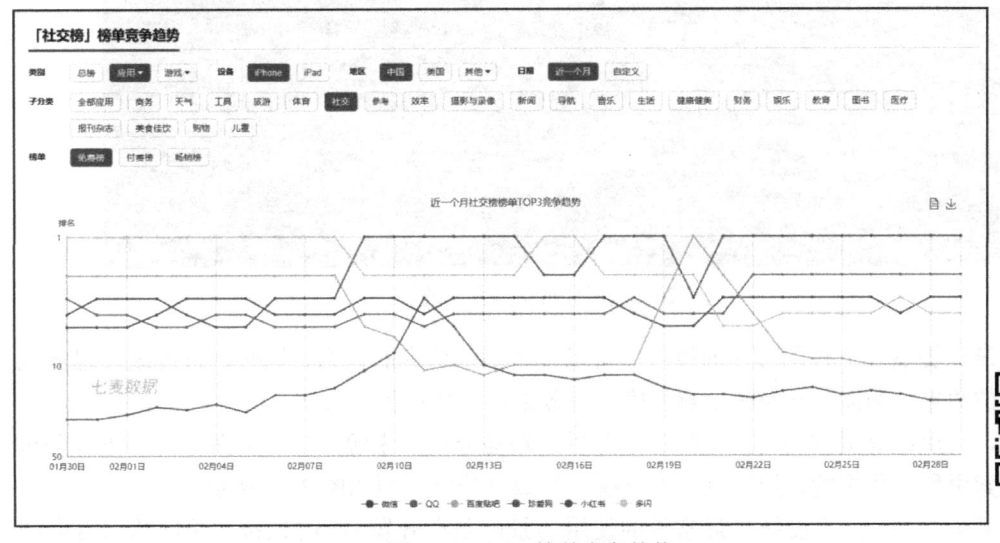

图 7-24　ASO 榜单竞争趋势

例如，2019 年春节期间，互联网 App 红包阵容十分强大，除了每年都会发五福红包的支付宝，百度、抖音、小红书等 App 也都参与进来。而发了 10 亿元红包的百度 App，在春晚流量持续增加的情况下，下载量猛增，甚至拿下 App 下载排行榜的第一名。

百度 App 从 2019 年 1 月 23 日就开始在微博大造声势，进行预热活动。春节期间热门 App 下载趋势如图 7-25 所示。从图中可以看出，百度 App 在春晚红包预热开始前，下载量远远低于支付宝、抖音和小红书。在预热开始后，百度 App 的下载量逐渐上升，在 1 月 29 日已经超过其他 3 个 App。

除夕当晚,百度 App 在央视春晚直播期间不间断进行广告,许多非年轻用户也下载其 App 抢红包,百度 App 的下载量远远超过其他 3 个 App。在 2 月 5 日至 2 月 8 日(农历正月初一至初四)这几天,百度 App 登顶 App 排行榜。

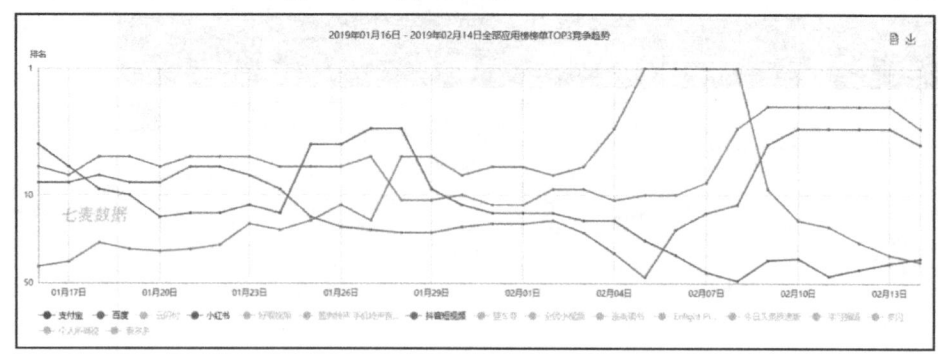

图 7-25　春节期间热门 App 下载趋势

3. 百度统计

百度统计是百度推出的一款网站和移动端应用流量分析的工具,它能够告诉运营用户是如何找到并浏览网站的,以及访客在网站上都做些什么。通过这些信息,可以帮助我们改善用户的使用体验,不断提升产品的投资回报率。数据分析工具百度统计如图 7-26 所示。

图 7-26　数据分析工具百度统计

百度统计提供几十种图形化的报告,可以全程跟踪访客的行为。同时,百度统计也集成百度推广的数据,帮助用户及时了解百度推广效果,并优化推广方案。

目前,百度统计提供的功能包括订单分析、趋势分析、来源分析、页面分析、访客分析和一些搜索引擎优化中的常用工具。百度统计的数据分析页面如图 7-27 所示。

对运营人员来说,百度统计最常见的使用场景就是在开发 H5 时让技术帮助植入百度统计的代码,这样就可以从百度统计上清晰地掌握 H5 页面的 UV 和流量来源,以及在线时长、互动点击情况。

4. 友盟+

友盟+作为全球领先的第三方大数据服务提供商,一方面提供数据产品,包括 App 开发工具、基础统计工具、广告效果监测工具等;另一方面提供数据输出及专业的数据分析和咨询服务,包括 DMP、垂直领域数据化解决方案、数据运营分析报告等。

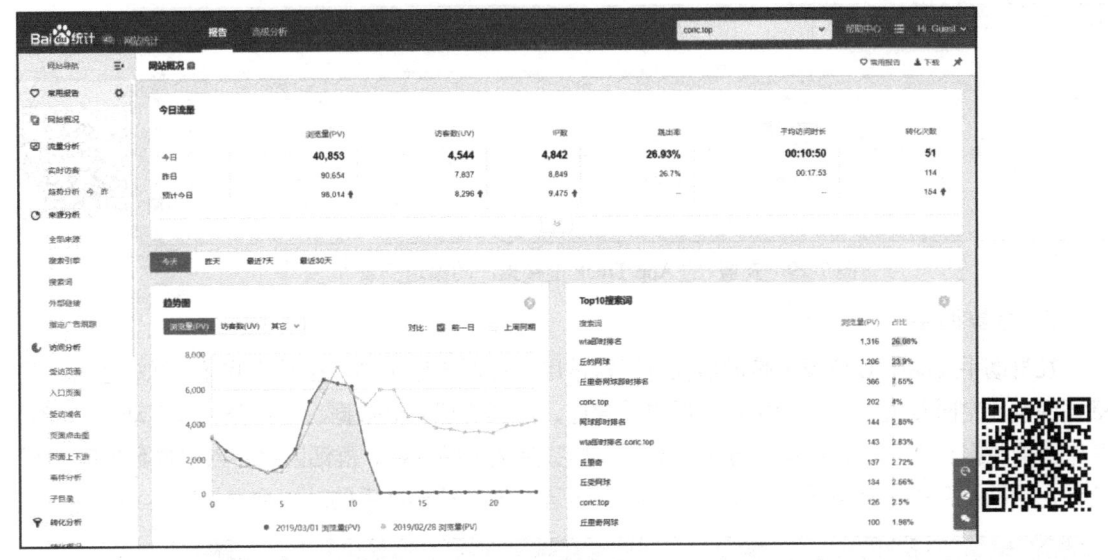

图 7-27 百度统计的数据分析页面

在国内，获取用户的渠道非常多，如微博、微信、移动运营商商店、操作系统商店、应用商店、手机厂商预装、CPA 广告（每次行动成本广告）、限时免费等，运营可以通过友盟+评估渠道推广效果和用户质量，为后续的广告投放制定正确的推广策略和优化方向。友盟+数据分析服务如图 7-28 所示。

图 7-28 友盟+数据分析服务

当你在豆瓣等论坛上发帖为专题页作推广时，你是否非常想知道在豆瓣上有多少人点击了专题链接？这时候就可以用友盟+的 App Track 功能生成一个具有统计作用的友盟短链接，该短链接可以实现每一个链接点击情况的跟踪。友盟+的 App Track 链接推广的渠道列表如图 7-29 所示。

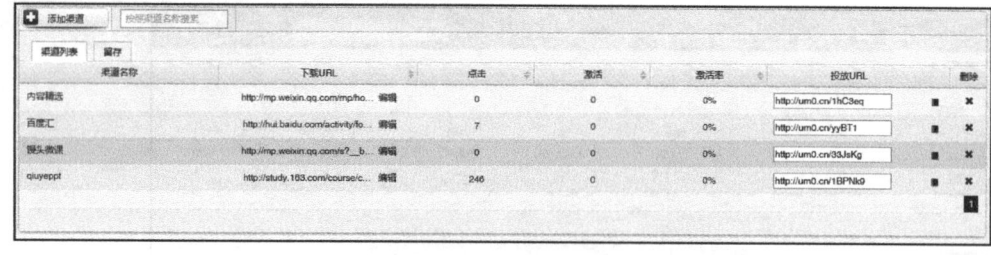

图 7-29 友盟+的 App Track 链接推广的渠道列表

5. 社群助手

社群助手（原小 U 管家）是微信社群运营常用的社群管理工具。社群助手有入群欢迎语、关键词回复、定时提醒、群精华保存、群成员管理、多群管理、群数据、群积分、群互动等功能。其中，群数据功能可以帮助运营分析群数据，如签到数、发言数、群活跃度、入退群数据等排行统计，帮助运营提高社群管理效率，优化社群运营方案。社群助手的功能列表如图 7-30 所示。

图 7-30 社群助手的功能列表

运营研究社就是用社群助手进行社群管理的，平时用它来收集群精华信息和进行群签到。运营研究社社群助手如图 7-31 所示。除了社群管理外，社群助手还能协助运营完成社群裂变。不过，微信正在严厉打击通过第三方工具做裂变的行为，不建议大家使用这一功能。

6. BDP

BDP 是一款公众号数据分析工具，只要提前在网站上接入账号、设置好数据指标，每天一键同步，就可以实时更新数据。

BDP 还有几十种实用的可视化图表，只需拖拽维度和数值即可实时生成，帮助运营清晰地看到账号的数据情况。对于运营来说，一方面可以提升工作效率；另一方面也能够更清晰地提交数据报告。公众号数据分析工具 BDP 如图 7-32 所示。

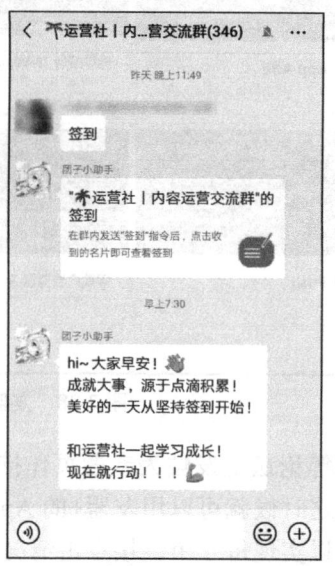

图 7-31 运营研究社社群助手

图 7-32　公众号数据分析工具 BDP

例如，运营研究社用 BDP 对推送时间和阅读量两个数据字段构建散点图，分析得出我们在 8:00 和 12:00 出现的阅读量点数最多，所以，我们就把推送时间就集中在这两个时间点了。运营研究社图文推送时间散点图如图 7-33 所示。

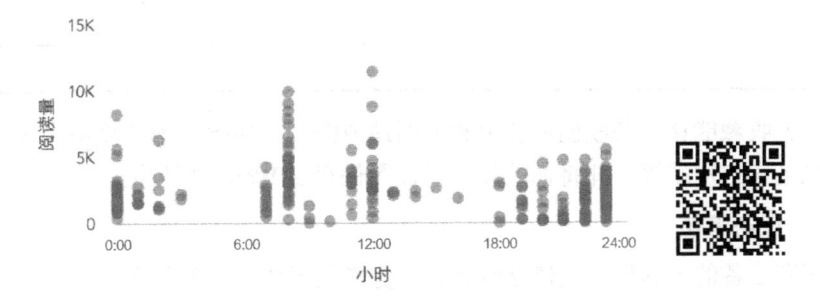

图 7-33　运营研究社图文推送时间散点图

任务实训

实训 7.1　运营必备的工具整理及建立收藏夹

1. 任务描述及任务要求

结合本任务所学的知识，了解 8 个免费图片网站、4 个技术工具网站、6 个数据分析实用工具的特点，掌握获取创意和灵感的 5 种方法。任务描述及任务要求如表 7-1 所示。

表 7-1　任务描述及任务要求

序　号	任　务　描　述	任　务　要　求
1	收藏运营必备的免费图片网站并了解其图片的特点	能在图片网站熟练地找到目标图片
2	收藏运营必备的技术工具网站	能判断实现不同的功能要使用哪种工具
3	收藏能让你获取创意和灵感的网站或账号，如对微博、知乎上感兴趣的大 V 号	了解获取创意和灵感的方法
4	收藏实用的数据分析工具网站，并了解它们分析的数据指标有哪些	了解不同数据分析工具的特色，用收藏夹整理分类

2. 实训内容

（1）在自己常用的浏览器中注册账号（比如谷歌浏览器、360 浏览器），并在浏览器的收藏夹中新建 4 种类型的文件夹：免费图片、技术工具、创意与灵感、数据分析，将运营过程中可能需要的网站收藏至对应的文件夹。收藏的网站既可以是本任务介绍的网站，也可以是老师推荐的网站，还可以是自己觉得实用的网站，将浏览器收藏夹截图，并保存到 Word 文档中提交。

（2）分析运营必备的工具网站的功能和特点，将分析结果填写在表 7-2 中。

表 7-2　运营必备的工具网站的功能和特点

网 站 名 称	功能和特点	工 具 分 类
花瓣	找到一些好看的摄影图或插画，获得设计灵感	图片

（3）收藏能让你获取创意和灵感的网站或账号，如感兴趣的微博大 V 或知乎大 V、感兴趣领域的官方网站等，并将你的收藏夹截图保存在 Word 文档中提交。

3. 任务考核

运营必备的工具整理及建立收藏夹任务考核表如表 7-3 所示。

表 7-3　运营必备的工具整理及建立收藏夹任务考核表

序　号	考核内容	评级（A、B、C、D）	说　明
1	能在图片网站上熟练地找到目标图片		
2	能判断实现不同的功能要使用哪种工具		
3	了解获取创意和灵感的方法，能找到相关领域的大 V 号		
4	收藏夹整理分类清晰，能找到适合自己的运营工具网站		

任务 7.2　沟通：让项目顺利进行的秘诀

📓 任务目标

知识目标	了解与产品经理、UI 设计师、技术人员进行沟通的方法
技能目标	学会用邮件进行沟通

📓 任务导图

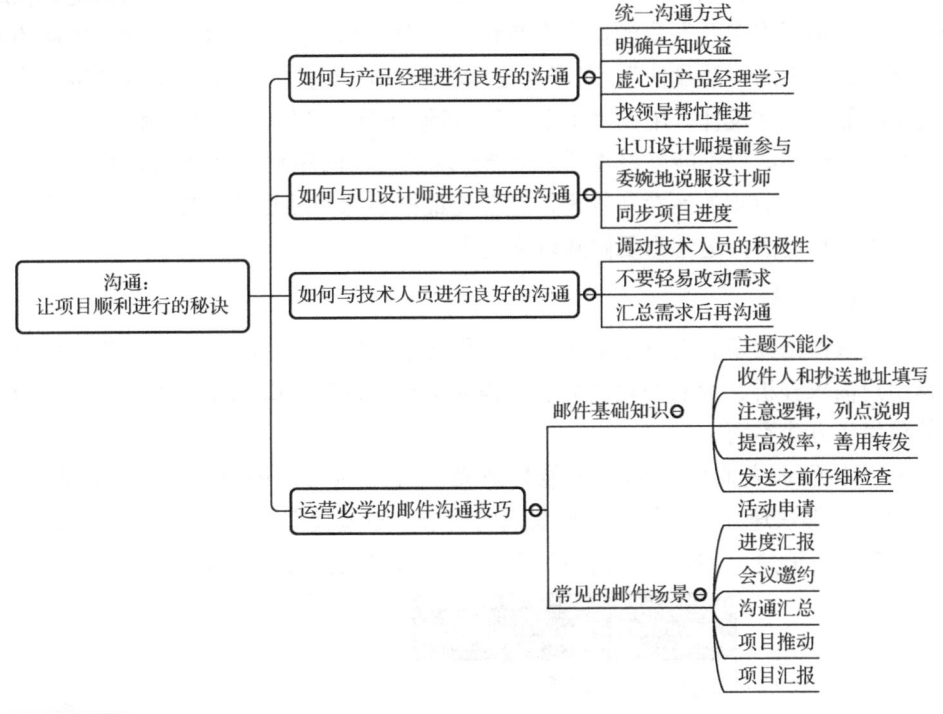

```
沟通：           ├─ 如何与产品经理进行良好的沟通 ─┬─ 统一沟通方式
让项目顺利         │                              ├─ 明确告知收益
进行的秘诀         │                              ├─ 虚心向产品经理学习
                 │                              └─ 找领导帮忙推进
                 │
                 ├─ 如何与UI设计师进行良好的沟通 ─┬─ 让UI设计师提前参与
                 │                              ├─ 委婉地说服设计师
                 │                              └─ 同步项目进度
                 │
                 ├─ 如何与技术人员进行良好的沟通 ─┬─ 调动技术人员的积极性
                 │                              ├─ 不要轻易改动需求
                 │                              └─ 汇总需求后再沟通
                 │
                 └─ 运营必学的邮件沟通技巧 ─┬─ 邮件基础知识 ─┬─ 主题不能少
                                           │                ├─ 收件人和抄送地址填写
                                           │                ├─ 注意逻辑，列点说明
                                           │                ├─ 提高效率，善用转发
                                           │                └─ 发送之前仔细检查
                                           │
                                           └─ 常见的邮件场景 ─┬─ 活动申请
                                                              ├─ 进度汇报
                                                              ├─ 会议邀约
                                                              ├─ 沟通汇总
                                                              ├─ 项目推动
                                                              └─ 项目汇报
```

📓 任务实施

一个产品项目团队通常包括产品、设计、研发、测试、运维、运营、市场、商务、渠道等岗位人员，不同时期、不同产品的人员配置会有所增减。在产品开发初期，产品和研发人员作为主导，让产品从无到有，并且确保产品按需完成；产品上线后的日常管理和数据指标就由运营人员来完成；产品的用户体量能有多大，就看运营、市场、商务、渠道等后续工作人员的执行能力了。

在为产品攻城略地的运营过程中，我们会收到大量来自用户的功能和需求的反馈；有时候为了进一步提升产品数据，也会为自己的运营项目提产品迭代需求。这时我们就需要向产品人员提功能需求、向技术人员提进度需求，向 UI 设计师提交互需求等，而等待着我们的就是一场漫长而又不得不做的沟通工作。

美国著名学府普林斯顿大学对一万份人事档案进行分析，发现智商、专业技术和经验只占成功因素的 25%，其余的 75% 是由良好的人际沟通能力决定的。

另外，哈佛大学就业指导小组调查结果显示，在 500 名被解聘的职员中，因人际沟通不良而导致工作不称职者占 82%。运营为了让自己不被解雇，不把自己变成像漫画里的为了推动项目不得不"上天台求理解"的运营，与团队其他成员是否能够进行良好的沟通就显得尤为关键。

对运营来说，在公司里需要经常去沟通的人有 3 种，分别是产品人员、技术人员和 UI 设计师，少部分运营还要跟商务人员、渠道人员沟通。下面将对具体的沟通方法进行一一说明，希望对读者日后的项目沟通及推动有所帮助。

7.2.1 如何与产品经理进行良好的沟通

运营和产品经理的关系向来是微妙的，容易产生相互"瞧不起"对方的情况。在运营看来，产品经理占用了许多开发资源，大多数情况下做出的产品又不尽如人意，每次还得帮他们进行优化，做他们的"接盘侠"；在产品经理看来，运营除了小打小闹、发奖品、做活动，带来一批对产品发展并没什么用的"羊毛党"，其他好像也没什么大的作用。

运营和产品经理如果不能好好沟通，可能出现的一个问题是，运营的项目推动排不上期，产品的功能没有进行后续的运营和管理，甚至连最核心的产品日活跃数据也会下降。想要在沟通层面打破这种局面，运营需要做到以下几点。

1. 统一沟通方式

运营每天做得比较多的工作是策划内容、写策划书和制作 PPT，产品经理则做得比较多的工作是用户需求分析、竞品的功能分析、需求文档的撰写、画原型图等。工作不同，决定了沟通的载体和方式不同。

运营和产品经理之间的沟通，不能只是靠一份策划书，还需要写一份产品需求文档（MRD），这样能够快速让产品经理了解我们的需求，知道我们需要做什么。初次沟通时，细节并不一定都要写清楚，但核心功能点的交互需求必须写明白。群组沟通方式如图 7-34 所示。

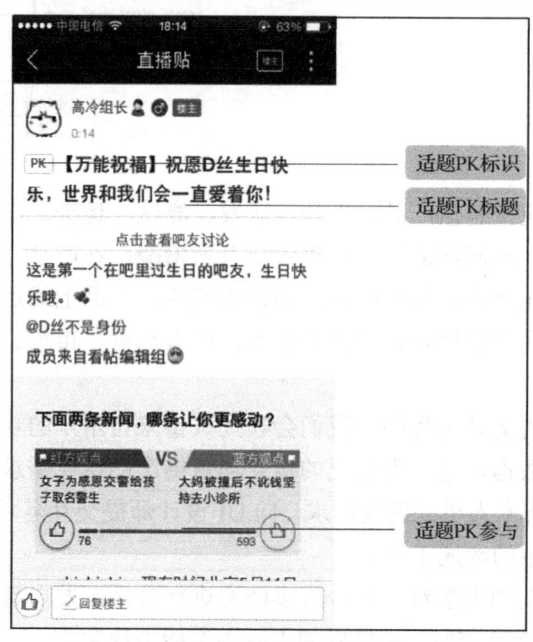

图 7-34 群组沟通方式

2. 明确告知收益

运营从细节优化方面出发，产品经理则是做产品层面比较大的迭代。运营和产品经理的本质目标都是为了最大化产品的价值，只是手段和思考方式不一样。

作为运营，在与产品经理沟通项目的功能需求时，可以明确告知该项目对他现在所负责的产品的收益。产品经理关心的收益不外乎两点：一是自己做的产品有更多人在使用；二是证明自己做的那些功能对产品的核心目标数据有促进作用。例如，我们的项目直接复用产品团队的某项功能，在立项时就可以直接点名感谢某产品经理的功能支持，这样沟通起来就会顺畅些。

3. 虚心向产品经理学习

心理学者们发现，当人们发现领袖出现一点个人主义的苗头，就会变得冷漠，甚至出现敌对的情绪。相反，藏身幕后、不怎么抛头露面的领导更会受到普遍的尊重。《纽约世界报》的创始人和出版人普利策就曾对他的编辑们说，"如果在一个紧急时期他所发出的命令违背了该报的政策，编辑们可以不予理睬。"学会谦让，绝对是有益于人际沟通的。

运营可以想到各种各样有趣的创意和点子；产品经理具备较强的逻辑能力，对产品的所有数据和接口比较了解。对于小的项目，运营的确可以独立完成产品需求文档的写作，但是大的产品迭代需求，最好是虚心向产品经理学习。如果能跟他们一起商量合作，估计能够起到更好的效果，至少在进行技术沟通的时候能把所有产品细节想得更清楚。

4. 找领导帮忙推进

为了避免冲突，如果遇到实在没办法解决的难题，运营可以发邮件抄送部门领导，然后让领导帮助推进项目。

为了在项目推进时借力领导，运营需要提前与领导进行沟通，让他们来指导你在邮件沟通时要写哪些内容。在与领导进行沟通时，运营需要告诉领导项目背景、项目收益、项目现状、目前遇到的需求问题，然后将需求按照优先级排序，并写明希望得到领导怎样的支持。

7.2.2 如何与 UI 设计师进行良好的沟通

在优化或开发产品的某项功能时，当运营和产品经理将功能的原型完成之后，就需要 UI 设计师针对原型上的文字和互动模块进行视觉设计。美观性会影响用户是否会使用这项功能。所以，对运营来说，功能的视觉效果直接影响了项目数据。因此，运营与 UI 设计师之间的沟通直接决定了功能的质量和项目数据的好坏。

原则上来说，运营只要把原型图画好，然后给 UI 设计师，就可以等着出图了。但真实的情况是，在与 UI 设计师的合作过程中会经常出现以下状况：

① UI 设计师不在意功能的逻辑，只关注产品的美观程度；
② UI 设计师的页面设计效果差强人意，没有达到运营的预期效果，得返工修改；
③ 为了让功能更有趣，运营和产品经理经常能够沟通出新的交互方式，但 UI 设计师不愿意修改，觉得没有必要；
④ 产品经理、运营、UI 设计师都对页面的视觉很满意，但领导觉得不行，需要 UI 设计师继续修改；
⑤ 功能模块的视觉效果做好了，但功能迟迟不能上线，UI 设计师总是催进度。

良好的合作是建立在尊重与交流的基础之上的，我们要相信 UI 设计师的专业水平。UI 设计师最怕什么？最怕自己设计出来的页面最后没有上线，等于自己这段工作的价值没有得到体现，作品只能成为"躺"在磁盘里的文件。

本质上，UI 设计师也希望自己的作品能够被更多用户看到，但是他们需要运营给予更多持续修改的动力。所以，遇到需要修改的情况时，运营可以尝试用下面这些方式进行沟通。

1．让 UI 设计师提前参与

运营在功能设计的初期就可以让 UI 设计师参与进来，在画产品原型图时就可以咨询他们的建议。通常情况下，专业 UI 设计师看过的交互方式和页面更多，在功能呈现上可能会有更好的建议。当然，最重要的是，UI 设计师的提前参与能够保证在后续的页面设计过程中减少沟通成本。运营不需要花太多时间去重复解释原型图和每个按钮的位置，UI 设计师也能从运营层面理解每个按钮的功能。

2．委婉地说服设计师

每一个设计师背后都有一群"指点江山的神"，"你这样做不好看，把左上角的字放大，把颜色调深，整个风格扁平化不够。"

没有人喜欢被否定。如果运营在产品视觉设计上有自己的看法，最好的沟通方式是："如果把这个按钮填充成蓝色，把页面色系进行统一是不是会看着更舒服，当然这只是我的想法，毕竟我没有你专业，你可能会有更好的修改方案。"

积极的员工都是在为一个好的结果努力，建立了良好的沟通，一切都是可以商量的。当然，前提是不能因为自己的原型失误导致频繁修改。如果运营自己有更好的交互完善修改需求，在提自己的修改需求前，可以先对 UI 设计师的作品给予肯定，例如，你可以这样说："现在这版式设计得很好，我和产品经理沟通后觉得，这个按钮变成跳动的球可能会更符合整个页面的风格，不知道你是否也这么认为？"

3．同步项目进度

作为功能发起人，运营要确保技术人员、产品经理、UI 设计师各方信息互通，千万别成为一个"传话筒"而疲于奔命。运营的精力，更应该放在思考如何完成数据目标的工作上。

群组沟通就是建立一个项目讨论组，让各部门直接在群组进行工作对接。例如，让 UI 设计师跟技术人员对接页面图层分布和切图逻辑，让 UI 设计师来及时响应技术提出的颜色 RGB 数据。

当然，各部门也可以第一时间在群里同步进度。例如，技术可以第一时间在群组里同步开发进度，这样，就不至于让 UI 设计师认为是运营把页面设计作品搁置了。

7.2.3　如何与技术人员进行良好的沟通

当 UI 设计师把页面制作出来以后，运营需要拿着它和完善的产品需求文档，交给技术人员进行设计。为了避免天天询问进度、担心某个需求无法实现、无休止地测试提交 Bug 等，也为了让项目顺利上线，运营在与技术人员进行沟通时，需要注意以下问题。

1．调动技术人员的积极性

技术人员跟运营不是一个部门，双方没有领导、被领导的关系，只有合作关系。运营千万不要单方面地把需求传达下去，强硬地告诉技术人员自己要什么东西，而且必须在指定时间点完成。

技术人员对业务也有自己的理解和想法，有时还能从专业的技术角度给出更好的解决方案，前提是要让他们充分了解需求的来龙去脉。技术人员不仅要知道我们想做什么事，更重要的是知道我们为什么要做这件事。例如，我们可以这样跟他们沟通："现在的产品需求是运营经过调研分析确定的，我的解释是否能让你足够清楚明白？然后从研发的角度，请你看看是不是有其他的隐藏问题？你有没有更好的解决方案，我们一起再探讨？"

2. 不要轻易改动需求

运营的工作面广泛又琐碎，很多时候要求"多线程任务并行"，经常要和各种用户打交道。因此，运营的思维是比较发散的，所以需要具备一定的灵活性。这是运营工作的一大特点，也是沟通中最大的问题。在功能设计阶段添加和修改新的需求时，可能还可以沟通；如果在开发阶段还对需求有所改动，沟通难度就非常大。

所以，运营在最开始的时候要明确需求，确定好了就别轻易改动，给技术人员的开发文档和页面最好是最终版的。如果是锦上添花的需求，可以等下一版来完善。因为，改动越大，自己的项目被其他项目排期挤压掉的可能性就越大。

3. 汇总需求后再沟通

技术人员和数据代码打交道，基本是单进程工作。为了提高写代码的效率，他们需要"沉浸式工作"，不能轻易被打扰。如果运营隔几分钟就去打扰一下，技术人员的思路就会中断，从而影响工作，也会破坏对运营的好感。所以，运营和技术人员沟通必须利用工具来管理需求，把所有产生的需求说明和建议统一放到项目管理工具中。例如，JIRA就是一种很常用的项目与事务的跟踪工具。在大公司，基本上也有根据自己需求开发的沟通工具。运营可以汇总一批需求定期再和技术人员沟通，确定优先级和排期。

如果是紧急的需求，或者重大的Bug出现（比如用户无法登录了），这种问题可以随时找他们处理，但是尽量不要零敲碎打地报需求，尤其是不要用即时沟通的方式，比如微信、电话，因为这样容易遗漏，不好统计和反馈，而且也会造成打扰。

沟通的本质是让双方明白彼此的需求。在团队中，每个人都需要在自己工作的前提下主动跟团队其他成员沟通，了解他们的工作内容，这样能够在合作中降低沟通成本，做到相互理解，减少不必要的误会。

最好的沟通合作方式，不是单纯的部门之间工作配合或者帮忙，而是让参与的人有共同的利益，要懂得分享。时间长了，靠谱的人会愿意持续跟你配合，你的口碑和职场信誉也就建立起来了。

7.2.4 运营必学的邮件沟通技巧

如今的企业办公软件领域，涌现出许多办公沟通工具，有明道、钉钉、Teams、石墨文档等，甚至很多公司也开发了自己的即时沟通工具。它们作为办公沟通工具，集成了沟通和项目管理的功能，在OA功能方面也实现了在手机上进行公告、考勤、请假、报销的办公需求。

即使在当前沟通工具花样百出的情况下，也不能忽略电子邮件这种沟通方式对运营工作的重要性，为什么这么说呢？

① 在运营的工作中，跟合作伙伴通过口头或电话沟通的信息，很容易被遗忘或发生记忆错误以致引起误解，而电子邮件则以文字的方式储存，方便归纳与整理思路，可以通过转发的形式让相关人员看到；

② 当出现冲突时，电子邮件中的信息还可以作为解决问题的证据；

③ 如果你是一个有整理习惯的运营，写的电子邮件还可以作为工作记录和档案。

一般而言，在创业公司工作的人都在一个办公室办公，沟通上可能会简单许多，转个身就能够实现面对面交流。但在一线互联网企业，虽是倡导要打破"部门篱笆"，实现沟通无阻碍，但毕竟那堵墙或者那条街是现实存在的，需要我们用电子邮件来跨越，从而实现沟通。

对于刚参加工作的人而言，对很多职场基础知识并不了解，在写邮件这件小事上可能多多少少出现一些问题。为了帮助大家少"踩坑"，我们把运营需要掌握的基础知识和邮件场景罗列出来，供大家参考。

1. 邮件基础知识

"不积跬步，无以至千里"，在这里，先了解一下每一位职场人必须掌握的邮件沟通的小知识点。只有打好基础，后面才能处理好运营工作中的邮件沟通场景。

（1）主题不能少。邮件的主题要概括出邮件的核心内容，同时可以用"审批""查收""知晓""转发"等动词明确告知对方需要做什么。例如，主题"审批：五一节用户满减活动方案"。

（2）收件人和抄送地址填写。"收件人"填写的地址是与本封邮件所提事情直接相关的人，"抄送"填写的则是需要知晓该事情的人。另外，最好按照职级顺序在"收件人"和"抄送"栏填写邮箱地址。建议在需要推动项目时可以抄送领导的邮箱，这样能够提升大家对这件事的重视程度。

（3）注意逻辑，列点说明。用归纳的方式把事情分点阐明，对重点内容加粗，这样能够帮助收件人快速找到关键信息。注意逻辑，列点说明的邮件示例如图 7-35 所示。

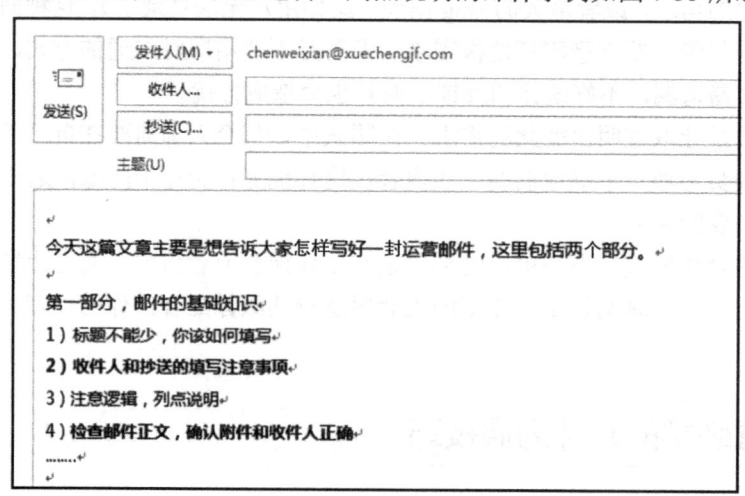

图 7-35 注意逻辑，列点说明的邮件示例

（4）提高效率，善用转发。在项目需要添加新人员时，经常会选择用"转发"将之前的项目相关邮件转给他，要注意在转发邮件的正文说明整个项目的来龙去脉和进度。遇到需要转发多封邮件时，可以采用"附加项目"的添加形式，在正文说明每一个附件的大致内容，

同时注意给添加的附加项目命名，如图 7-36 所示。

图 7-36　添加 Outlook 邮件项目，把之前的邮件添加在附件中

（5）发送之前仔细检查。检查邮件正文，确认附件和收件人是否正确，切勿出现错别字、附件遗漏、收件人错误等严重问题。附件建议数量不超过 4 个，文件大小注意控制在 10MB 以内。

以上是值得注意的 5 点邮件基础知识，至于字体、字号和签名这些内容，按照公司习惯进行设置即可。

2. 常见的邮件场景

（1）活动申请。活动策划是运营经常做并且必须会做的事情。活动策划的第一步，就是要知道为什么做这个活动？你的策略或者说活动创意在哪里？预计要达到什么样的数据目标？想清楚这些问题之后，就要写邮件给领导对方案进行审批。

活动申请类邮件，正文的开头需要把整个活动介绍清楚，开头的一句话就要让领导抓住重点，让他判断这个活动方向对不对，值不值得做。这里可以提供参考的框架是活动目的+活动时间+活动形式+预期目标。以运营研究社 3 周年庆的课程促销活动为例，该活动的申请邮件可以这样写：

为了提升课程订单量，3 月 20 日至 4 月 14 日，我们将以定金膨胀、答题送优惠券、拼团折扣、满减优惠作为活动促销形式，预计课程订单量增加 1 000 单。

运营研究社 3 周年课程促销活动福利日历如图 7-37 所示。

写完开头这句汇聚了活动精华的话以后，如果是涉及费用的活动，可以把活动预算紧跟在这句话的后面，毕竟领导优先关心的是活动性价比。接下来，才到由主题、时间、形式介绍、推广计划、执行规划、活动客服等组成的活动主体部分内容。

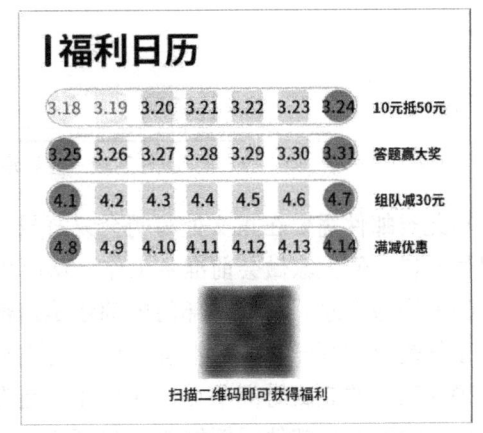

图 7-37　运营研究社 3 周年课程促销活动福利日历

（2）进度汇报。从活动审批通过到活动上线，会经过一段较长的筹备时间。在这期间，运营需要做的是给领导（或者同事）同步你的活动进度，告知遇到的问题和调整后的方案，以便大家能够及时为你的活动提供支持。

进度汇报类邮件，可以将整体活动按照 PC 端活动页、移动端活动页、推广、品牌传播等主要部分进行拆解，每个部分的进度汇报格式可以是：进度说明+下周计划，其中进度说明为本周的工作成果展示。例如，本周在 PC 端活动页上完成的是页面设计，可以把设计图放在本周进度汇报邮件中，下周的工作应该是完善页面交互并提交 IT 部门进行开发工期审核。本周进度——完成天猫活动页面设计图如图 7-38 所示。

图 7-38 本周进度——完成天猫活动页面设计图

（3）会议邀约。运营想要成功地策划一场活动，和产品技术人员的开发成本评估会议、活动进度汇报会议以及大大小小的资源沟通会议是少不了的。所以运营得学会 Microsoft Outlook 的会议邀约功能，该功能可以及时回执收件人接受会议邀请的情况，同时在活动开始前邮件系统会自动给接受邀请的收件人弹窗会议即将开始的消息。会议邀约的弹窗提示功能如图 7-39 所示。

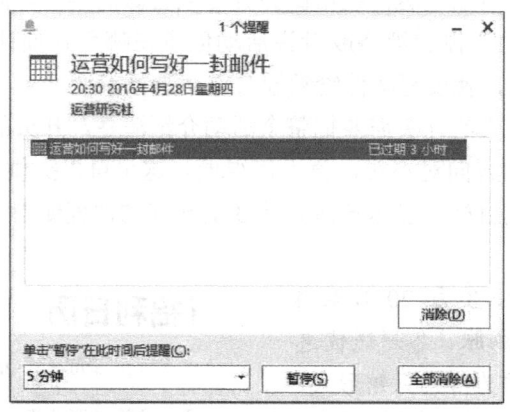

图 7-39 会议邀约的弹窗提示功能

写此类邮件需要在正文处写明会议背景，阐明需要通过会议解决的主要问题，添加必要的附件材料方便大家做会前准备工作，从而提高会议的效率。

（4）沟通汇总。不管是部门内部还是跨部门，只要跟活动有关的沟通内容，在会后需要做的工作是及时写一封沟通汇总邮件，将沟通中的关键工作和对应的负责人记录在邮件中，并明确该工作的完成时间节点，这样才算是有效的会议沟通，同时方便大家跟进自己所分配的工作。沟通汇总邮件示例如图 7-40 所示。

沟通汇总类邮件，在正文开头处写明本次沟通会议的会议主题、会议时间、会议成员及会议结果，然后按任务的分工写对应的人和完成时间，抄送领导告知会议的沟通结果。

（5）项目推动。在活动页面的设计和开发的过程中，难免会出现自己的项目被其他项目插队导致延期的问题。运营需要根据具体项目采取不同的策略，如果其他项目是时效性很强而且是领导亲自指示的需求，那只能等；如果只是被同等优先级的项目插了排期，可先口头沟通解决，如排期僵持不下，这个时候就可以考虑写一份项目推动邮件。

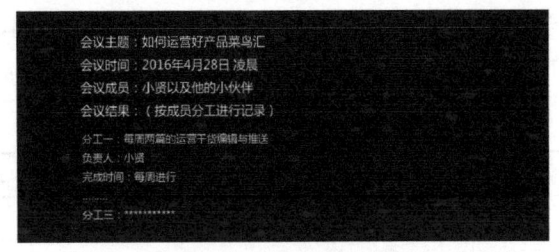

图 7-40 沟通汇总邮件示例

项目推动邮件需事先跟领导商量对策，在邮件正文处告知活动的收益和上线时间，阐明该需求的开发对整个活动的必要性，然后，抄送领导点击发送即可。

（6）项目汇报。活动做完之后，运营需要第一时间对整场活动进行复盘，从活动策划到执行过程遇到的问题，上线之后的突发事件及采取的应急方案都可以进行总结。如果是效果好的活动还可以把总结写成项目汇报邮件，抄送全组或者整个部门（公司）。

一般情况下，汇报类邮件也会发送给未参与项目的同事，所以在写项目汇报邮件时，开头需要对活动进行概述，让大家知道你做了一个什么样的活动。

介绍完之后，就可以开始写项目数据了。基础数据包含整体的活动页面 UV、页面 PV、参与人数、停留时长、分享量等；延伸数据为提升的指标，如绑卡人数、付费人数、付费总额、付费次数等。

写完数据后可以从工具、包装、互动这 3 个活动要素总结这次活动的经验。给以后的活动策划提供一些可以复用的小建议。例如，这次在活动的互动设计中，你让技术开发了红包彩蛋功能，就可以在邮件告知大家，下次在策划时效性活动时，可以找你要互动权限，在降低开发成本的同时，还能提升活动的互动性。

最后，如果在活动中出现精彩的用户评论、某网红对活动的转发或媒体对活动的报道等，都可以将相关截图放在活动汇报邮件中，用口碑体现活动效果。

沟通方式只有适合的没有绝对正确的，每个公司写邮件的习惯都不一样。在实际工作中，需要结合写邮件的场景灵活发挥。

任务实训

实训 7.2　与各部门沟通诀窍及活动申请实战

1. 任务描述及任务要求

（1）通过本任务的学习，我们了解了运营与产品经理、UI 设计师、技术人员沟通的技巧和方法，以及如何通过邮件进行沟通。本任务的任务描述及任务要求如表 7-4 所示。

表 7-4　任务描述及任务要求

序号	任务描述	任务要求
1	写出和产品经理、UI 设计师、技术人员沟通的关键词	能够提炼沟通技巧中的关键词
2	总结与产品经理、UI 设计师、技术人员沟通的技巧和方法	掌握与不同人员进行沟通的技巧和方法
3	根据活动策划报告撰写活动申请邮件	掌握邮件撰写的技巧和方法

2. 实训内容

（1）根据本任务所学的知识，找出与不同人员进行沟通的关键词，并总结沟通技巧与方法，完成如表 7-5 所示的内容。

表 7-5 沟通的关键词、技巧与方法

沟通对象	沟通的关键词（不少于 8 个）	沟通技巧与方法
产品经理		
UI 设计师		
技术人员		

（2）假设你是岭南运营研究社的运营人员，近期想举办一次以新媒体运营为主题的专家讲座活动，请你写一份活动申请的邮件，邮件的正文至少包括活动目的、活动时间和地点、活动形式、预期目标等内容。该活动的审批人为院办负责人张主任（邮箱 zhangxj@163.com），学生会主席李××（邮箱 1234@qq.com）、班主任王老师（邮箱：1245@qq.com）、学院金院长（邮箱 3466@qq.com）对此活动有知情权。QQ 邮箱写信格式如图 7-41 所示。

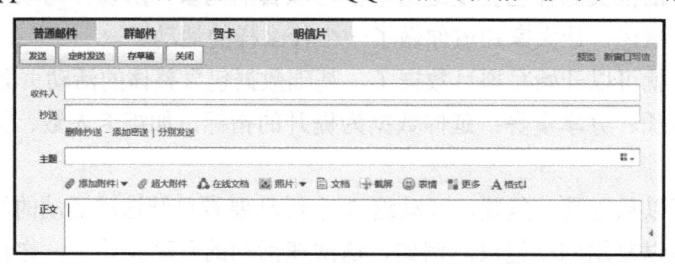

图 7-41　QQ 邮箱写信格式

请结合本任务所学知识填写以下内容（注意职位顺序）：

收件人：_____；
抄　送：_____；
主　题：_____；
正　文：_____
_____；
_____；
_____；
_____。

3. 任务考核

与各部门沟通诀窍及活动申请实战任务考核表如表 7-6 所示。

表 7-6　与各部门沟通诀窍及活动申请实战任务考核表

序号	考核内容	评级（A、B、C、D）	说明
1	能够提炼沟通技巧中的关键词		
2	掌握与不同人员进行沟通的技巧和方法		
3	掌握邮件撰写的技巧和方法		

任务 7.3　忍耐：高情商运营的性格特征

任务目标

知识目标	了解高情商运营的性格特征
技能目标	提升自己的情商

任务导图

（略）

任务实施

"运营是业内出了名的全能王"，对于运营新人来说，想做好这份工作，除了要在业务能力和沟通水平上有所积累，还要具备一定的情商。

拥有高情商的性格特征，在现实工作中往往表现为：尊重所有人的人权和人格尊严；有同理心，不将自己的价值观强加于人；对目标有清醒的认识，能承受压力；人际关系良好，和朋友或同事能友好相处；能够认真对待每一件事情；等等。

如果运营把这些高情商的表现汇集于一身，我们可以用一个词来描述高情商的运营应该具备的性格特征——忍耐。作为运营，如果你不具备足够的能力，就得学会忍耐。

7.3.1　被领导批评，要忍耐

这里用网上很火的文章《百度员工离职总结：如何做个好员工？》中写到的一个小故事作为案例：

有一天加班，凌晨 2 点钟到家，收到老板的一封邮件，批评我工作不到位。我收到邮件后就很崩溃，也很委屈。于是当即奋笔疾书回邮件，解释我是如何工作的，我做的如何有道理，我做的如何有效果……写了 2 000 多字的文章。

写完了，我好像冷静了一些，就开始琢磨一件事：如果我是老板，对一个员工工作不满意，于是给他写了封邮件批评他，想看到的是他洋洋洒洒的解释和辩解吗？显然不是。然后我就突然明白了，于是把那 2 000 多字都删了，简单回复了一句话，大意是：我会反思工作的问题，然后尽快整改。

两个月后我晋升了。在我的晋升仪式上，我对老板说起这件事。他对我说，我知道你很委屈，我就是想看看你在面对委屈和压力时，会有怎样的反应，这体现了一个人的成熟程度。

在电视剧《欢乐颂》里，有这样一个情节：勤劳热情的关关有一次帮助同事准备资料时，因为对方准备的那部分资料存在数据错误，导致自己挨了经理批评。在职场大咖安迪的建议下，她选择了忍。理由是材料既然签了你的名字，你就必须对这件事的整个过程负责。

运营成长的过程中，被领导批评是在所难免的。被领导批评，可能是犯错了，可能是真的被误会，但不管怎样，运营被领导批评，忍跟反思是最好的解决方案。因为从领导的角度，他们最想看到的只是工作结果。你可以在后续的工作中，做出好的成绩让领导刮目相看，如果有必要，再找合适的机会跟领导解释，这也是抗压能力的体现。

7.3.2 想到好创意，要忍耐

"平时多流汗，战时才能少流血"，把这句话用在运营这份工作上，就是"平时多思考，汇报时才能少挨批"。对于运营来说，做活动方案、想创意是必不可少的。

编者刚到百度贴吧工作时，有一次为了撑起"万能贴吧"这个概念，穷尽脑汁想到了做"贴吧热气球众筹"的创意。万能贴吧创意里的众筹不是金钱众筹，而是发动吧友做知识的众筹。这个创意在当时是非常好的，原因有以下两点。

第一，当时热气球正是社会热点。2014年11月，有一篇名为《少年不可欺》的文章刷爆微信朋友圈，起因是作者 NIKO EDWARDS 团队使用气球拍摄地球的创意制作，被优酷土豆和陌陌拿这个创意拍了一个《追气球的熊孩子》品牌视频，在网上掀起了一番对优酷土豆和陌陌的舆论申讨。视频"追气球的熊孩子"截图如图 7-42 所示。

第二，众筹这个概念还是比较新的。2014年还没有知识共享经济的说法，那时候的创意核心内容是：发动贴吧里面跟"做热气球"相

图 7-42 视频"追气球的熊孩子"截图

关的吧，众筹这些吧里的用户智慧来完成热气球的制作。比如，热气球吧的用户可以主导项目，手绘吧可以贡献热气球的图案设计，手工吧可以制作热气球的零部件，热力学吧可以做理论分析，摄影吧可以做视频拍摄……如果用户执行不给力，最差的情况是我们官方制作好热气球，然后把这些吧的用户包装进去，邀请吧友代表一起来见证贴吧热气球升空。

这个对万能贴吧的概念包装创意，有热点和新闻点，看起来还是比较不错的。可是，当兴奋地把这个创意汇报给领导时，只收到一句"做不了"。

虽然当时没有具体说是什么原因不能做，但个人认为应该是政策问题。就现实情况来看，想要私人制作和驾驶热气球，根本不可能。一是法律方面的问题，是否有驾驶热气球的执照和运营的资质；二是审批权的问题，如果要飞行，审批的手续比较烦琐，申报之后审批结果可能遥遥无期，影响活动执行。

热气球的创意只考虑可执行层面，没有考虑到政策风险，当时感觉创意很棒，没经过深思熟虑就去做汇报了。

后来，在做贴吧新活动项目时，想到了类似的创意：利用贴吧新上线的互动工具，组织吧友在互动中参与贴吧专属T恤的文案、设计、选款、打样、发布、预购的所有环节，然后用这件T恤的发布来贯彻新活动的品牌包装。最终，直属领导通过了方案。

通过上面的案例想告诉大家的是：好创意要忍。不成熟的运营，想到创意就会直接跟领导沟通；成熟一点的运营会先研究创意的可行性，大到你的创意是否需要政府部门审批，小到你的创意执行起来成本是否过高。

另一方面，在跨部门合作的时候也要忍，当你的创意核心工作流程已经完成得差不多时，再去和其他部门沟通你的创意。这样做有两个好处，一是能够让对方更愿意参与你这个有意思的项目，至少在可行性方面能加分；二是创意被"借鉴"的风险小一些。

7.3.3 做推广，要忍耐

做运营项目就像长跑，想到好的创意，只是站上了正确的跑道。相比有经验的运营，新人对好的运营作品概念模糊，虽然在寻找创意阶段很努力，但在执行过程中容易出现这样的情况：工作急躁，失去方案迭代的耐心，恨不得能够立刻上线结束工作。高阶运营的工作状态如图7-43所示。

2015年底，微信的红包照片火爆刷屏。这个微信红包活动上线的二天，他们团队发了一篇文章《十问微信团队，关于红包照片你想知道的一切》。

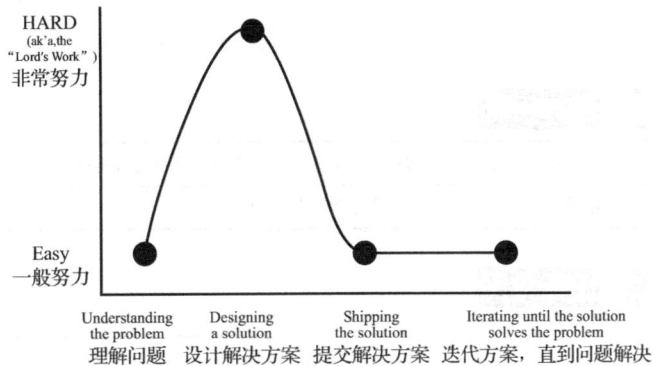

图7-43 高阶运营的工作状态

这篇文章中，有一段文字令人记忆深刻："从构思到开发三个多月，中间经历过多个玩法的尝试和推翻，但目标一直都很清晰。"《十问微信团队，关于红包照片你想知道的一切》的核心观点如图7-44所示。

图7-44 《十问微信团队，关于红包照片你想知道的一切》的核心观点

这个案例说明：做推广，一定要忍耐，需要不断打磨作品。市面上那些口碑好，传播广的互联网运营作品，它们背后基本上都是经历了2个月以上的准备与开发时期，其项目需要走的流程包含但不限于以下几点。

- ➢ 项目构思：探索项目对产品的价值。
- ➢ 功能规划：实现价值的功能策划。
- ➢ 功能尝试：小流量的测试与用户调研。
- ➢ 功能优化：迭代实现价值的功能策划。
- ➢ 功能立项：确认功能的开发投入产出与优先级。
- ➢ 功能开发：协调设计、前端、后端的需求。
- ➢ 功能测试：功能黑盒子与白盒子测试。
- ➢ 功能上线：准备市场推广资源。

忍耐，并不是忍气吞声，而是高情商的体现。不是运营天生喜欢忍耐，只是发现它能够帮助自己更好地做事。

任务实训

（略）

任务 7.4　细心：每个运营人都要有的初心

📒 任务目标

知识目标	通过了解运营在工作过程中应该具备的心理素质
技能目标	学会运营工作中的工作细节

📒 任务导图

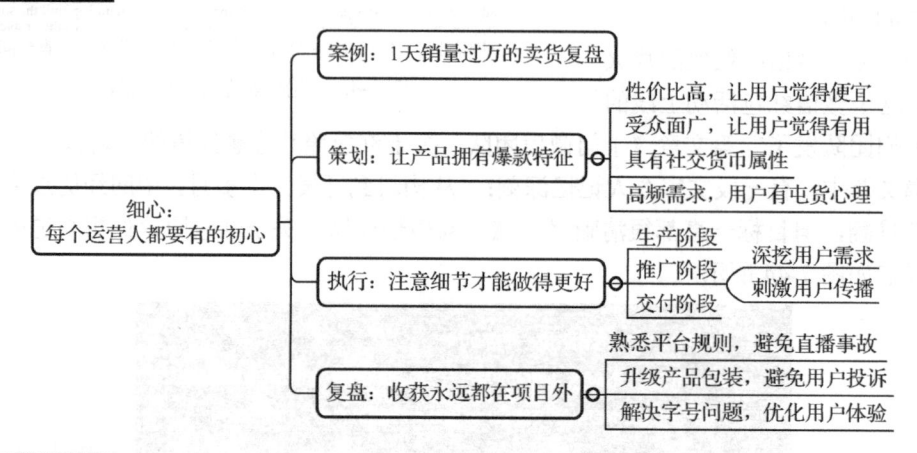

```
                    ┌─ 案例：1天销量过万的卖货复盘
                    │
                    │                              ┌─ 性价比高，让用户觉得便宜
                    │                              ├─ 受众面广，让用户觉得有用
                    ├─ 策划：让产品拥有爆款特征 ──┤
细心：              │                              ├─ 具有社交货币属性
每个运营人都要有的初心│                              └─ 高频需求，用户有屯货心理
                    │                              ┌─ 生产阶段
                    │                              │                ┌─ 深挖用户需求
                    ├─ 执行：注意细节才能做得更好 ─┤  推广阶段 ─────┤
                    │                              │                └─ 刺激用户传播
                    │                              └─ 交付阶段
                    │                              ┌─ 熟悉平台规则，避免直播事故
                    └─ 复盘：收获永远都在项目外 ──┤  升级产品包装，避免用户投诉
                                                   └─ 解决字号问题，优化用户体验
```

📒 任务实施

7.4.1　案例：1天销量过万的卖货复盘

2019 年 2 月初，运营研究社推出了一款"运营技能地图"的产品，内容涵盖了社群运营、活动运营、新媒体运营、转化文案、用户运营、数据分析、用户增长和内容运营 8 个岗位的技能要求。

这份技能地图推出仅 28 个小时，销量就过万份。两周时间，这份地图卖了 3.6 万份，取得了不错的销售业绩。有些同行在看到我们的技能地图刷屏后，把它当作一个热点案例写了复盘文章。运营同行拆解"运营技能地图"案例如图 7-45 所示。甚至还有人借鉴我们的思路，开发了"新媒体技能地图""餐饮店长门店管理知识地图"等。由此可以看出，"运营技能地图"已经是运营圈的爆款产品了。打造出这样一个爆款产品，其实并不容易，可以说每一步都有陷阱。因此，每个环节都需要非常谨慎，非常细心。

一个合格的运营不一定要马上掌握运营方法论，但是必须对细节有着高要求的初心。本任务将结合这个案例，详细讲解"细心"对于运营的重要性。

图 7-45 运营同行拆解"运营技能地图"案例

7.4.2 策划:让产品拥有爆款特征

在产品策划的开始阶段,我们就很期待把它打造成一个爆款产品。但是,设计爆款产品绝对不是简单地去模仿市场上的爆款,也不是天马行空去创造我们理想的爆款。在产品设计时,首先需要明确的问题是爆款产品有哪些特征。经过一番思考,我们得出了以下几个结论。

1. 性价比高,让用户觉得便宜

在目前的市场环境下,要想做爆款产品,性价比是优先需要考虑的,也是最容易突破的点。我们将"运营技能地图"定价为49.9元,一张覆盖了8大运营技能核心方法论,可以随时随地帮助用户梳理工作思路的地图,而且这些方法论是得到BAT等互联网大公司认可的。按照这个价格来卖,其实性价比比很多书籍都要高。

另外,为什么要设置49.9元而不是50元呢?这里有个细节。《天价:洞悉大众心理玩转价格游戏》这本书中提到"心动价格"的威力,相对于整数价格,那些故意以 9、99、98 或者 95 结尾的价格对消费者来说更具吸引力。

2. 受众面广,让用户觉得有用

打造爆款产品在某种程度上是需要放弃定制个性化内容的。因为爆款产品的目标是尽可能地满足绝大部分人的需求。同时,标准化的产品有助于用户之间的传播。

所以,在设计"运营技能地图"的时候,我们设置了8个技能方向,覆盖社群运营、活动运营、新媒体运营、转化文案、数据分析、用户增长、用户运营和内容运营8类运营岗位。基本上,只要是运营从业者,都可以从这份地图上学到自己想要的东西。

3. 具有社交货币属性

什么是社交货币属性？我们常常会因为人们的行为作为评价对方的重要因素，这就是社交货币。所以，想要让用户帮助我们转发传播，就必须让产品具有社交货币属性。

大家可以想一想，用户通常会在什么情况下发朋友圈呢？通常来说，用户愿意自发传播的内容都具备这些特点：愤怒、表达、实操、热点、自豪、虚荣心、利他。所以，我们对"运营技能地图"的内容实用性和视觉设计都非常重视。

在内容实用性上，我们的内容都是运营人工作中常用的知识点，实操性强。这种内容丰富、实操性强的干货，对于用户来说，自用可以显得自己非常专业，拿来送人也很有面子。在视觉设计方面，我们从配色和风格设计上，让地图看起来专业而有质感。这样的产品，天然具备社交货币的属性。"运营技能地图"的社交货币属性如表7-7所示。

表7-7 "运营技能地图"的社交货币属性

具备社交货币属性的内容特点	"运营技能地图"的特点
实操	干货内容多，实操性强
热点	运营行业的热点
表达	能够体现自己的专业性
利他	能够拿来帮助他人

4. 高频需求，用户有屯货心理

爆款产品应该针对用户的高频需求。像体检、旅游等产品，虽然受众面广，但即使性价比高，也很难做成爆款。对于运营从业者来说，学习运营技能是他们工作中的高频需求，所以，"运营技能地图"是肯定有市场的。

不过说实话，一张地图可以用很久，用户没必要给自己囤货。但是，我们在干货性和视觉设计上下足了功夫，让它具备社交货币属性，所以用户会当作礼物送给下属、同事或朋友。

7.4.3 执行：注意细节才能做得更好

产品规划出来了，接下来就是执行了。执行一定是最重要的环节，在产品策划中不可能详细到生产、推广和交付阶段的所有细节，更多的是靠执行者的用心程度。运营需要在执行过程中主动思考，要细心发现问题和可优化点。

1. 生产阶段

这份"运营技能地图"，在2017年底出过1.0版本。1.0版本是单面的，只有5个技能方向，如图7-46所示。在2.0版本中，我们增加了3个技能方向。按照惯性思维，只需要在版式中把3个方向的知识点罗列上去就好了。

但是，在运营工作中不能有惯性思维，一定要不断去思考细节上有没有可优化的地方。因此，在2.0版本中，我们做出了如下改变：

- ➢ 去掉了1.0版本左边那一栏，把这一栏的信息移到背面，让这一面有更多的空间承载知识点。
- ➢ 优化背面的设计，制作了封面，目的是提升"运营技能地图"的"颜值"。高"颜值"的产品是具备社交货币特性的。

➢ 在封面上加入"运营成长路径图",如图 7-47 所示。这个"运营成长路径图"既可以让用户了解自己目前所处的阶段,也可以给后续的学习提供一个框架。

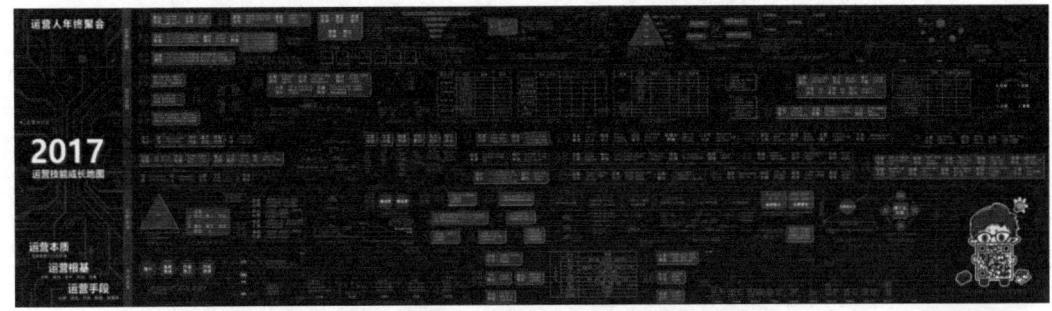

图 7-46 "运营技能地图"1.0 版本

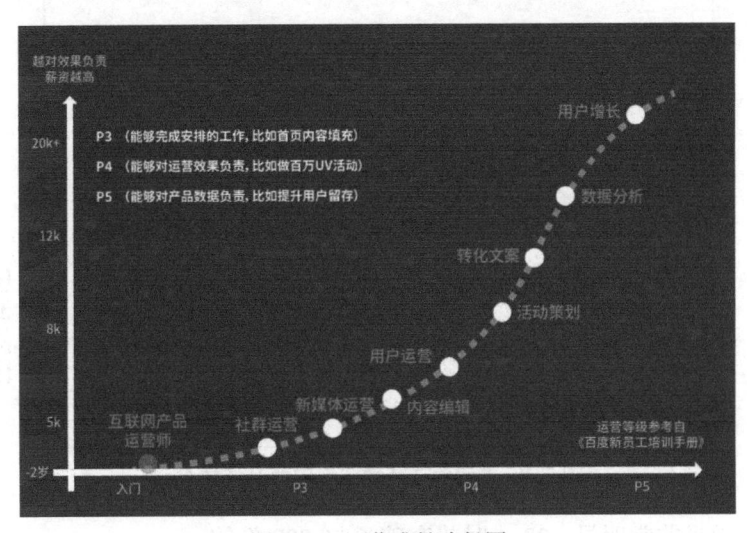

图 7-47 运营成长路径图

2. 推广阶段

(1)深挖用户需求。产品的推广物料离不开好的设计和文案。好的设计和文案,要求我们挖掘活动受众的共性特征和情感诉求,结合产品的内涵进行表达。

"运营技能地图"之所以能成为爆款产品,除了产品本身硬核之外,产品包装文案也发挥了重要的作用。

在制作 1.0 版本的商品详情页时,我们花费了大量篇幅包装产品内测期间的用户见证,以此突出地图的硬核和稀缺。事实证明,不仅导致设计累赘,投放效果也不好。

经过分析我们发现,在 1.0 版本的设计中忽视了用户的核心需求。对于用户来说,这份地图最重要的点是什么呢?是运营干货。

虽然说商品详情页不难设计,依样画葫芦也能做出来。但是效果好不好,其实全看细节之处。就像我们的商品详情页,如果没有注意到用户的核心需求,商品的转化就可能受到很大的影响。

于是,我们对商品详情页进行大幅度调整,以运营干货为重点,突出它的广度和深度,提炼出"8 大技能方向、63 个理论模块、614 个实操点",并摘出一些干货点进行展示。"运营技能地图"的商品详情页如图 7-48 所示。

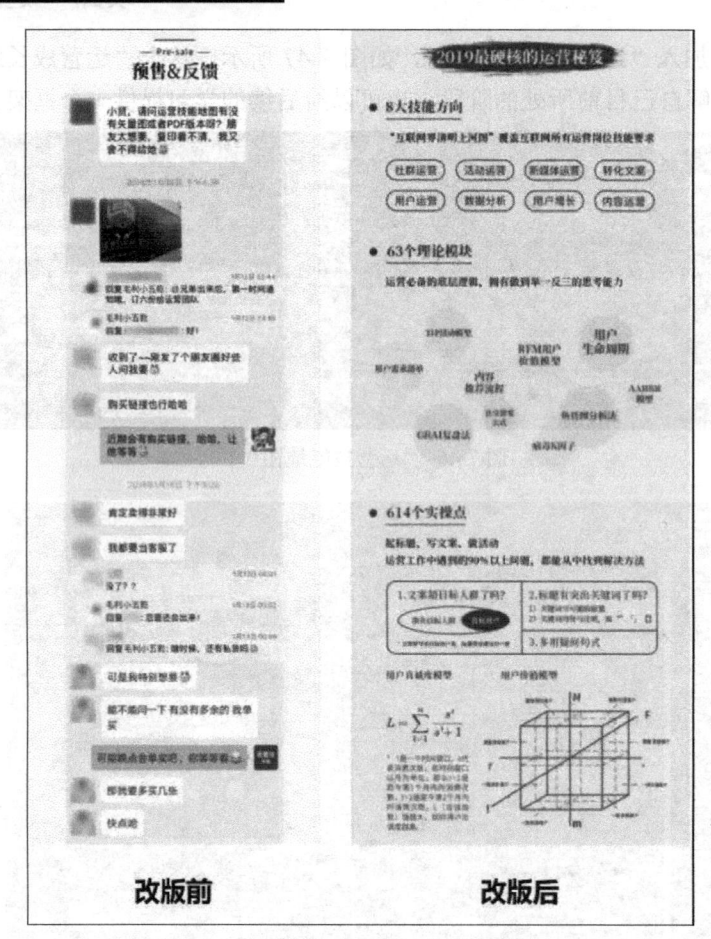

图 7-48 "运营技能地图"的商品详情页

改版之后的效果非常明显，28 小时就突破了 10 000 份的销量。甚至，有小伙伴借鉴我们的商品详情页框架，为自己的产品做了商品详情页，转化率提升了 80%。

（2）刺激用户传播。在售卖"运营技能地图"时，我们尝试了分销的方式，让用户参与产品传播，这对我们的销量确实起到了非常重要的作用。

我们的"运营技能地图"项目，最终有 6 978 人成为分销者，最关键的是，这些人都是自愿参与的。那么，我们是怎样让更多的用户主动参与产品传播的呢？

常见的做法是设置明显的分销引导，激励用户成为分销员，然后让他生产一个带有自己头像的海报。常见的分销海报如图 7-49 所示。

这种方式确实能够促使用户成为分销员，但这种套路太常见，用户已经麻木了。长此以往，甚至会出现负面影响——用户看到"销"字就会很反感，更别提下单购买了。

图 7-49 常见的分销海报

那么，这里要注意的细节就是，怎样做分销才不会让用户太反感。我们在这次产品传播中是这样做的：一方面，我们找了一些 KOL 转发到朋友圈推荐，让用户觉得"大咖们都分享了，那我也分享吧"，要注意的是，在组织分销的时候，千万别只找那些喜欢做分销的人，而是要找平时不轻易做分销的 KOL 来发朋友圈；另一方面，我们在分销海报的设计上也下了功夫，简化了常规分销海报的信息，只展示产品图和二维码，弱化它的分销属性，如图 7-50 所示。很多用户在朋友圈看到这个海报时，不会察觉到这是分销海报，自然就能减少抵触心理。

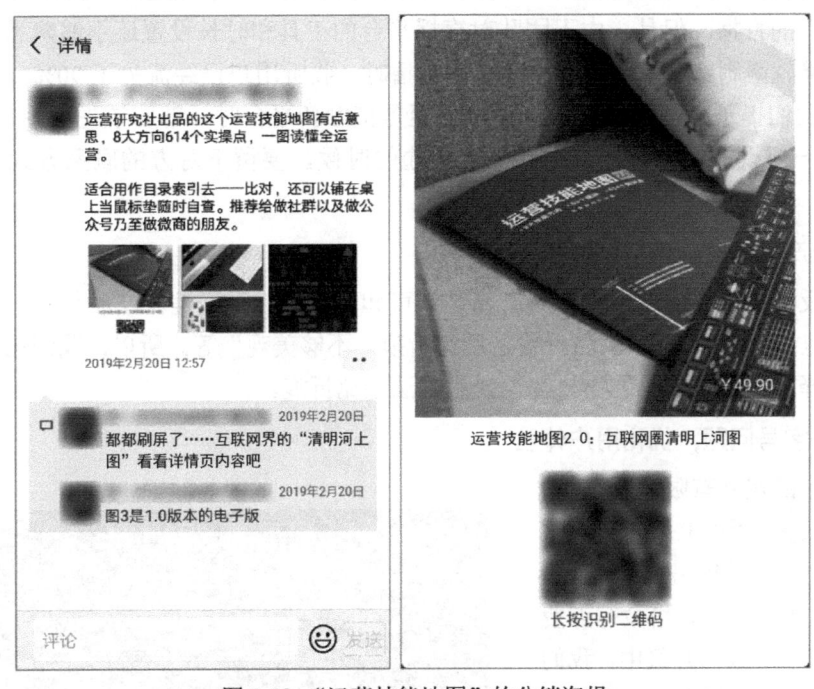

图 7-50 "运营技能地图"的分销海报

而且，对于分销员来说，既能减轻转发分销海报到朋友圈的负担感（因为有些人可能不愿意让朋友知道自己在做分销），也能降低扫码障碍，实现更好的分销收益。

3．交付阶段

与刷屏和巨大成交量相伴而来的，是用户消息的剧增。在"运营技能地图"发售的当天，客服要处理的信息有 2 000 条左右。如果没有提前做好应对措施，这 2 000 条信息肯定很难处理好。

在交付阶段，如果没有做好售后工作，及时为用户答疑，很可能引起用户的不满，导致弃购或投诉。所以，我们在"运营技能地图"发售之前，做了两件事：

- 在商品详情页中加入常见问题，减少咨询量；
- 提前制作客服 Q&A，将常见的问题和答复罗列出来，并在客服后台设置好自动回复，提升客服的工作效率。

当然，在后期的执行中，肯定会遇到事前没有想到的问题。所以，我们也会及时更新常见问题和自动回复的内容。

7.4.4 复盘：收获永远都在项目外

一个项目，不是说把任务完成就结束了。对于运营来说，一个项目带来的最大收获，其实是它背后那些可复用的经验。所以,在每次项目结束,或者说进行了一个阶段时,都应该及时进行项目复盘。在项目中期时,我们也进行了一次复盘,确实发现了一些可优化的地方,之后的"运营技能地图"3.0 版,我们也会针对这些点进行优化。

1. 熟悉平台规则,避免直播事故

在"运营技能地图"销量达到 3 万份的时候,我们做了一个主题为"2019 年如何打造刷屏爆款产品"的直播。但是,由于团队对直播平台的工具和时长设置还不够熟悉,导致内容还没讲完直播就强制结束了,等到重新开始直播时,收听用户已经流失了 90%。

这也给我们提了个醒,下次做直播,甚至是接触新平台时,都应该先弄清楚它的规则,并认真检查一切设置。同时,在跟新平台沟通的时候,要留下对方的联系方式,方便紧急联系。

2. 升级产品包装,避免用户投诉

在售后反馈中,我们发现大家对产品是认可和满意的。反而是在产品包装上,大家反馈说"产品的包装不够结实""产品折叠之后有折痕,不够美观"等。所以,我们在之后的产品升级中会选择更加耐用的包装物料,也会想办法避免折痕。

3. 解决字号问题,优化用户体验

由于地图的尺寸有限,要承载的知识点又比较多,所以上面的文字字号相对较小。在产品售出之后,有一些用户反馈,文字看起来稍微有点费劲。因此,在下一版的升级中,我们也会解决这个问题。而且,在收到用户的反馈后,我们在商品详情页添加了购买须知,从源头上减少用户的不良反馈,如图 7-51 所示。

细节决定成败。为什么在实际的运营工作中,明明方法大家都懂,但是执行效果却相差甚远呢?看了本任务的内容,我相信读者心里已经有答案了。希望大家在从事运营工作时,都能做一个细心的运营。

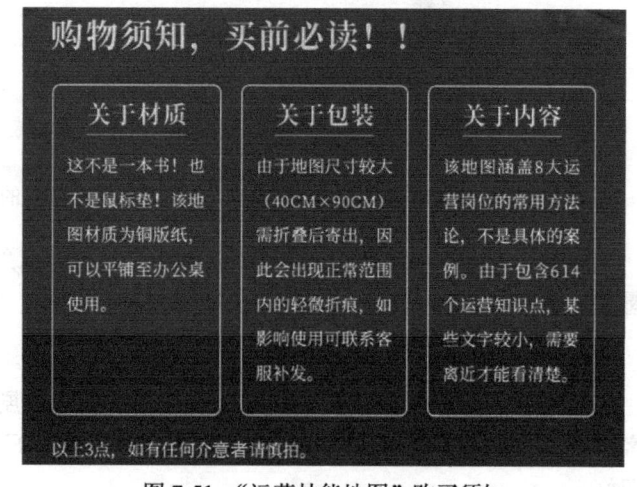

图 7-51 "运营技能地图"购买须知

任务实训

实训7.3 从策划、执行、复盘这 3 个角度,讲述一个案例证明自己的细心

1. 任务描述及任务要求

通过本任务的学习,我们对运营日常工作中要了解的细节有了更深入的了解。本次任务描述与任务要求如表 7-8 所示。

表 7-8 任务描述及任务要求

序 号	任 务 描 述	任 务 要 求
1	整理本案例中能体现运营细心的点	用思维导图软件进行梳理即可
2	讲述一个能体现自己细心的案例	从策划、执行、复盘这 3 个角度进行分析

2．实训内容

（1）在本任务讲述的案例的 3 个环节（策划、执行、复盘）中，分别有哪些地方体现了运营的细心的点？用思维导图软件整理出来。

（2）假设你在面试一个运营岗位，面试官想考察你是否细心，你有哪些能体现自己很关注细节的案例？请从策划、执行和复盘这 3 个角度，向面试官证明你的细心。

（3）完成本实训参考使用工具及网站：百度脑图 http://naotu.baidu.com/。

3．任务考核

从策划、执行、复盘这 3 个角度，讲述一个案例证明自己的细心任务考核表如表 7-9 所示。

表 7-9 从策划、执行、复盘这 3 个角度，讲述一个案例证明自己的细心任务考核表

序 号	考 核 内 容	评 级 （A、B、C、D）	说 明
1	能整理本案例中体现运营细心的点		
2	能从策划、执行、复盘这 3 个角度出发，讲述一个体现自己细心的案例		

项目小结

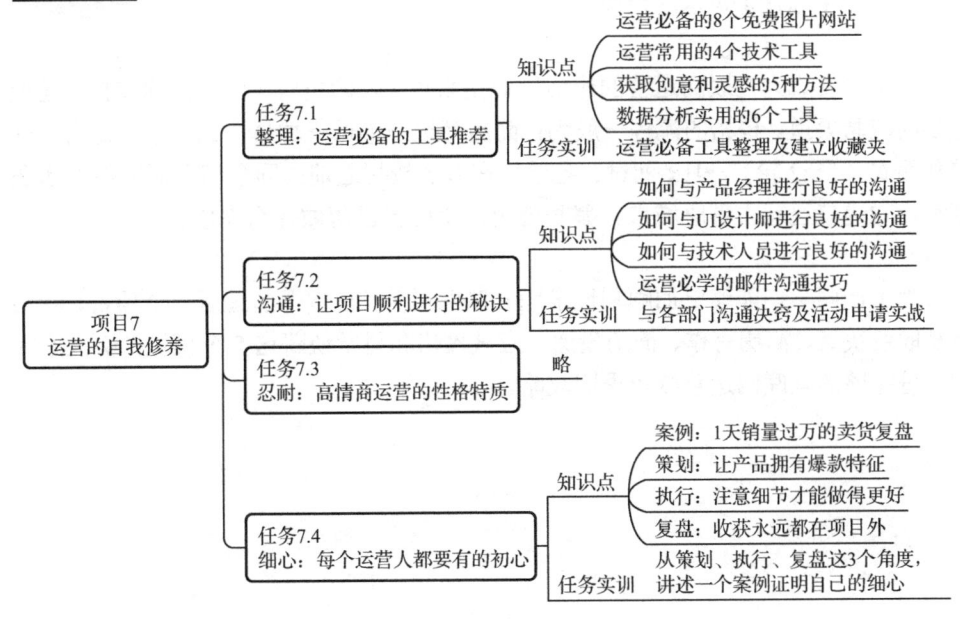

项目7 运营的自我修养
- 任务7.1 整理：运营必备的工具推荐
  - 知识点
    - 运营必备的8个免费图片网站
    - 运营常用的4个技术工具
    - 获取创意和灵感的5种方法
    - 数据分析实用的6个工具
  - 任务实训：运营必备工具整理及建立收藏夹
- 任务7.2 沟通：让项目顺利进行的秘诀
  - 知识点
    - 如何与产品经理进行良好的沟通
    - 如何与UI设计师进行良好的沟通
    - 如何与技术人员进行良好的沟通
    - 运营必学的邮件沟通技巧
  - 任务实训：与各部门沟通决窍及活动申请实战
- 任务7.3 忍耐：高情商运营的性格特质 — 略
- 任务7.4 细心：每个运营人都要有的初心
  - 知识点
    - 案例：1天销量过万的卖货复盘
    - 策划：让产品拥有爆款特征
    - 执行：注意细节才能做得更好
    - 复盘：收获永远都在项目外
  - 任务实训：从策划、执行、复盘这3个角度，讲述一个案例证明自己的细心

项目 8

互联网运营校招求职攻略

项目导入

互联网是近几年来发展最为迅猛的行业之一,从多个招聘网站的求职报告来看,互联网行业一直是求职热门的行业,甚至是首选。在如今互联网行业获客越来越难、竞争越来越激烈的状况下,运营成为一个极具发展前景的岗位。

运营研究社 2018 年底发布的《2018 年运营行业生存报告白皮书》显示,相较于 2017 年,95 后的运营人员占总人数比例提升了近 10 个百分点,可见越来越多的应届毕业生选择了运营这个岗位。

对于想要成为互联网运营的应届毕业生来说,校园招聘(以下简称校招)是最主要的应聘渠道。校招的流程一般为:简历筛选→笔试→群体面试(不一定有)→单独面式(1~2 轮)→HR 面试。当然,在参加校招之前,同学们还需要做好求职规划,知道自己想去哪座城市、哪些公司,明确自己想做什么岗位。

为了让同学们能够更加顺利地求职互联网运营,在本书的最后一个项目,我们将从职业决策、简历写作、简历投递、应试攻略和科学谈薪这 5 个模块,给大家提供一份完整的互联网运营校招求职攻略。

任务 8.1　职业决策：就业城市与就业公司的选择

任务目标

知识目标	了解大城市与小城市、大公司与小公司的不同特点
技能目标	掌握从 4 个角度选出可靠的公司的方法
	掌握了解企业信息的方法

任务导图

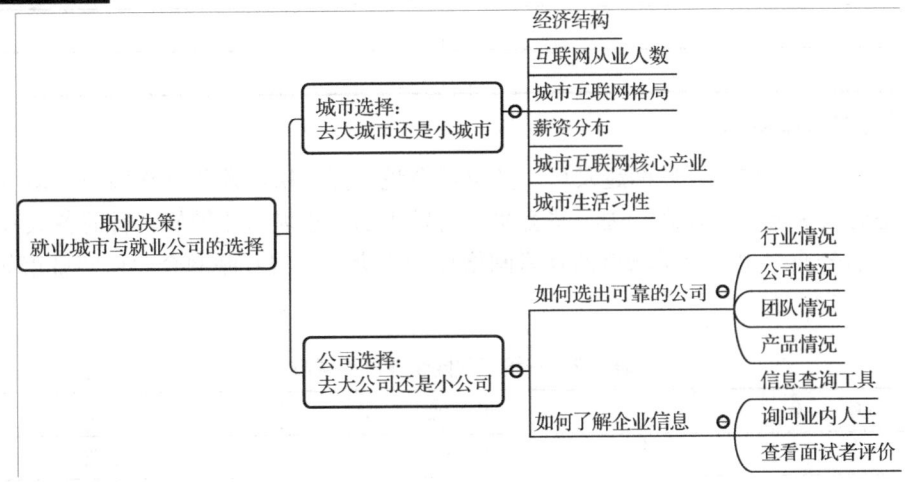

职业决策：就业城市与就业公司的选择
- 城市选择：去大城市还是小城市
  - 经济结构
  - 互联网从业人数
  - 城市互联网格局
  - 薪资分布
  - 城市互联网核心产业
  - 城市生活习性
- 公司选择：去大公司还是小公司
  - 如何选出可靠的公司
    - 行业情况
    - 公司情况
    - 团队情况
    - 产品情况
  - 如何了解企业信息
    - 信息查询工具
    - 询问业内人士
    - 查看面试者评价

任务实施

8.1.1　城市选择：去大城市还是小城市

对于新人来说，如果有优质的运营岗位，就不用去挑选城市了。如果你在校招中拿到了多个岗位，则有必要将城市作为自己工作选择的评估因素。

选择一个对的城市，对于工作来说是氛围，对于生活来说是情趣。所以选择城市时，可以从城市的经济结构、互联网从业人数、互联网格局、薪资分布、城市核心产业、城市生活习性 6 个角度考虑。

1. 经济结构

每个城市都有自己的经济结构，它决定了这座城市对各类人才的吸纳能力，而且每个城市的经济结构不会轻易改变。比如杭州的旅游业在经济结构中历来处于重心地位，所以对旅游专业人才的需求量相对比较大，这类人才在这里的发展机会就比较多。当然，作为阿里巴巴集团的总部，杭州也是从事电商运营工作的好去处。

2. 互联网从业人数

如果想选择运营岗位多的城市，则建议选择互联网从业者分布第一梯队的城市。运营研究社《2018年运营行业生存报告白皮书》数据显示，北京、深圳、上海、广州、杭州是中国互联网从业者的五大集中地，占全国从业者比例的一半以上，说明互联网的就业机会高度集中在北上广三大经济圈。2018年城市互联网从业者分布比例如表8-1所示。

表8-1　2018年城市互联网从业者分布比例

城　市	比　例
北京	18.52%
深圳	16.48%
上海	11.67%
广州	11.03%
杭州	10.33%
成都	4.67%
合肥	3.32%
其他	23.18%

3．城市互联网格局

一般来说，一个城市互联网越发达，竞争就会越激烈，所以那些喜欢挑战、适应能力强的人比较适合去大城市。反之，去一些竞争压力较小的中小城市比较好。目前各大互联网公司在各城市的分布，也决定了城市的互联网格局和机会。一线互联网企业总部城市如表8-2所示。

表8-2　一线互联网企业总部城市

序　号	企　业	总部城市
1	阿里巴巴	杭州
2	腾讯	深圳
3	百度	北京
4	京东	北京
5	拼多多	上海
6	网易	广州
7	360	北京
8	携程网	上海
9	爱奇艺	北京
10	苏宁易购	南京

4．薪资分布

选择工作的城市，薪资也是一个重要的考虑维度。从Boss直聘2019年4月份发布的《2019年一季度人才吸引力报告》可以看出，北京是平均薪资最高的城市，而上海、广州、深圳及新一线城市杭州、南京、苏州的平均薪资均排名前列。2019年一季度人才需求量最大的50个城市白领平均招聘月薪如图8-1所示（数据仅供参考）。

5．城市互联网核心产业

运营似乎门槛很低，什么专业都能做？去哪里感觉都一样！然而，如果更多了解自己专业和城市产业优势,将其统一协调,就能更加凸显自己的优势。以一线城市为例,看看各城市的互联网产业布局特色。

序号	城市	平均薪资(千元)	序号	城市	平均薪资(千元)
1	北京	12.59	26	天津	6.82
2	上海	11.26	27	大连	6.81
3	深圳	10.45	28	合肥	6.78
4	杭州	10.17	29	长沙	6.78
5	南京	8.23	30	郑州	6.75
6	广州	7.97	31	南通	6.75
7	苏州	7.64	32	哈尔滨	6.74
8	嘉兴	7.43	33	惠州	6.69
9	厦门	7.39	34	南宁	6.67
10	珠海	7.39	35	常州	6.67
11	中山	7.32	36	长春	6.63
12	武汉	7.31	37	张家口	6.62
13	成都	7.31	38	西安	6.61
14	东莞	7.28	39	洛阳	6.59
15	宁波	7.20	40	徐州	6.49
16	贵阳	7.18	41	潍坊	6.43
17	温州	7.15	42	保定	6.43
18	无锡	7.09	43	南昌	6.38
19	青岛	7.04	44	海口	6.31
20	重庆	7.02	45	乌鲁木齐	6.31
21	福州	7.00	46	烟台	6.29
22	佛山	6.97	47	兰州	6.27
23	昆明	6.93	48	石家庄	6.27
24	济南	6.89	49	沈阳	6.11
25	金华	6.87	50	泉州	5.98

图 8-1 2019 年一季度人才需求量最大的 50 个城市白领平均招聘月薪

(1)北京——文娱传媒公司为主。北京拥有最多的互联网公司,如百度、奇虎、新浪、搜狐、优酷、爱奇艺、京东、当当、人人网、搜房、汽车之家、易车、58 同城、穷游、蚂蜂窝、完美世界、智联招聘、豆瓣、知乎、美团等。不过,北京 90%以上的互联网企业,其商业模式都是建立在广告之上的,统称新媒体企业,适合对文娱传媒感兴趣的同学。

(2)上海——美食旅游公司为主。上海的互联网企业比较零散。由于上海整体氛围偏小资,美食购物和旅游产业较为发达,有携程、同程艺龙、Enjoy、大众点评、美团、饿了么、1 号店、小红书、拼多多、返利网、堆糖等企业;在线教育的有沪江、英语流利说等;房地产的有链家、悟空找房、巴乐兔、青客等。

(3)深圳——以科技类公司为主。深圳是中国的科技产业中心,是中国的硅谷,有腾讯、华为、中兴、比亚迪、芒果网、Klook 客路旅行等企业,时尚娱乐产业自媒体有同道大叔、深夜发媸等。

(4)杭州——以电商公司为主。杭州的互联网企业首选是阿里巴巴和网易,其余的有有赞商城、51 信用卡管家、闪电购、蚂蚁金服、百草味、挖财等。

除此之外,如今武汉和成都的互联网氛围也已逐渐上升,不少互联网企业都瞄准了这两个城市。例如武汉有做动画、弹幕分享的 AcFun,运营人都在用的石墨文档,比较红火的直播平台斗鱼;成都则有熟知的 Camera360、Tower,主打象形单词记忆的百词斩、鲁大师等。

总之,每个城市都有自己特色。你可以根据自己感兴趣的领域进行选择。

6.城市生活习性

选择城市时,还需考虑生活成本、地理位置和南北生活习性差异等。有的城市像北京、上海、深圳虽然薪资高,但是生活成本也高,1 000~2 000 元的房租,每顿 25 元左右的餐费,都会增加你的生活成本。还有就是文化上的差异,南方的同学估计难以接受北方的干燥天气;北方的同学也很难适应南方夏季的闷热与冬季的湿冷,还有完全不同的饮食口味。

◆**课堂讨论 8.1**

参照本节所学知识,通过网络搜索资料,列出你的目标求职城市中互联网企业的产业布局及该城市的生活习性,示例如下。

广州

首选的互联网企业：网易游戏、唯品会和 21CN……

生活习性：_____

8.1.2　公司选择：去大公司还是小公司

关于选择去大公司还是去小公司的选择问题，在求职市场上从未停歇。毋庸置疑，进 BAT 等大公司是大家共同的选择。因为大公司意味着有更成熟的运营机制、更有力的职业背书和更好的学习机会。不过，它们招聘的人数毕竟有限。小公司，其实也有小公司的好处。小公司的灵活性更强、效率更高，给每个员工的锻炼机会也更多。

所以，在做工作选择时，其实不能一味地以"大公司"和"小公司"作为判断标准。那么，我们该如何选择一家可靠的企业，作为自己的第一份工作呢？

1．如何选出可靠的公司

评估一个企业是否可靠，建议从行业、公司、团队、产品这 4 个维度进行衡量。

（1）行业情况。在行业考察这一部分，同学们可以从以下 5 个角度来判断行业的竞争力和企业在市场中的位置。

- 该行业的市场容量有多大；
- 行业目前处于生命周期的哪个阶段；
- 公司在行业所属的细分领域；
- 公司所属细分领域有哪些竞品；
- 公司拥有的核心竞争力和潜在风险。

想要对行业和企业有所了解，一定不能单听企业方的一面之词，因为在他们眼里，自己公司所处的行业和现状都是最好的。

每一个发展比较好的行业都会有上市公司，我们可以去找行业龙头企业的年报，看看他们对这个行业未来发展的解读和他们目前所布局的方向。企业一般是把它放在官网中投资者关系栏目。腾讯官网"投资者关系"页面如图 8-2 所示。

图 8-2　腾讯官网"投资者关系"页面

例如，腾讯在 2018 年中的业绩报告中显示：会加大对手机游戏的投入，加强现有主要游戏的参与度，商业化热门战术竞技类游戏，推出更多高 ARPU 类游戏。

这里需要重点提示的是，有的行业虽然发展潜力大，但是受限于政策与国家管控，短期内爆发的可能性会比较小，这对于希望短期得到快速成长的运营来说并不是很合适。比如市场规模在几千亿元的口腔行业，就属于需要你能够耐得住性子的行业，需要慢慢等待市场的成熟，等待用户口腔意识的觉醒。

（2）公司情况。对公司情况的了解，主要了解以下几个部分：
- 公司成立时间；
- 公司办公环境；
- 公司融资情况及投资机构；
- 公司业务模式；
- 公司盈利模式；
- 公司股权结构。

一般来说，业务模式不合理的公司"活"下来的可能性不大；其次是公司成立 2 年还没有盈利的，完全靠资本运营的公司，也非常容易因为资金链断裂而倒闭。

这里推荐大家去已经拿到知名投资机构现金入股的公司，因为这对你来说意味着有专业的团队已经帮你做了一轮筛选。一线 VC（风险投资）投的公司优先，如红杉、经纬、IDG、软银、真格、GG 等。大的 VC 资金多、资源多、旗下投资的公司多了，相互之间可以进行资源互补和互通，存活和成功的概率相对较大。

通常来说，融资轮次越靠后的企业越可靠，它意味着业务模式越成熟，风险越小，离上市也越近。对于互联网公司来说，A、B、C 轮融资的核心任务不同，A 轮一般是跑通产品闭环，建立基本模式的逻辑；B 轮则要在闭环建立的基础上，快速增加用户数、订单数、交易额、下载量、日活量、UGC 量等核心指标；C 轮通常就要进行流量变现了。

（3）团队情况。在这一部分，我们主要了解的是运营团队的架构、成长空间和福利待遇。同学门可以从以下几个角度入手：
- 创始人背景与管理层是谁；
- 团队人数与架构；
- 运营团队情况；
- 团队离职率；
- 员工福利待遇与培训机制；
- 五险一金是否买全。

创始人对一家公司氛围和制度的影响最大、最直接。在评估创始人是否可靠时，不能只看他个人介绍上的过往经历，可以多在网上搜索他的个人信息和项目，以及业内对他的报道和曝光的信息。

有许多背景资历很深、"含着金钥匙"出来创业的企业高管，他们过惯了有预算的日子，一开始都会大手大脚地花钱，创业结果通常不是很理想。

在面试的时候，需要咨询人力资源公司的组织结构，对于那些业务还没开展起来就大规模招人的公司要留心，这种公司在后期容易出现管理混乱，当业务还不清不楚时，扩张得快，日后裁员也快。相反的，如果说团队正在组建，运营部门加上你 3 个人都不到，那就需要慎重考虑。因为基本上可以判断，这是个不重视运营的公司。例如，编者曾经见过规划中要做内容创业的公司，结果只安排了 1 个新媒体编辑。

（4）产品情况。好的产品能让运营事半功倍。因此，公司产品的情况，也是必须了解的。同学们可以从以下 3 个层面对产品进行了解：

> 产品体验；
> 产品口碑；
> 产品用户量。

同学们还可以通过以下 3 种途径对产品进行了解。

第一，可以提前关注产品的微信公众号，通过阅读量、评论互动和以往活动参与情况了解一些他们的运营情况以及上面提到的团队能力；有 App 的，可以看看 App Store 上发布的版本信息和评论情况。

第二，亲身体验这家公司的产品，观察其稳定性、UI、交互、核心功能等，社区产品还能通过看用户产出的内容来判断用户的质与量。

第三，可以通过搜索网上的信息，了解产品在互联网上的评价。

◆ **课堂讨论 8.2**

根据本节介绍的 4 个不同的维度（行业、公司、团队、产品），以小组为单位通过网络搜集相关资料，筛选你们所在城市或目标求职城市中比较可靠的包含运营岗位的公司。

2．如何了解企业信息

知道了如何判断公司是否可靠以后，那么，如何了解企业的信息呢？

（1）信息查询工具。下面给大家介绍几个能够快速查到公司基本信息和财务状况的网站和工具。

① 启信宝。启信宝查询企业的信息包括企业的工商信息、法院判决信息、关联企业信息、失信信息、司法拍卖信息、招聘信息和企业评价信息等。也就是说，只要是一家规范的企业，我们都可以在该网站上找到它的以下信息：基本信息（法定代表人、注册资本、注册时间、行业、企业类型等）、商标信息、关系图谱信息（与其他公司之间的关系、高管信息、股东信息）、对外投资信息、法律诉讼信息和法院公告信息等。启信宝官网如图 8-3 所示。

图 8-3　启信宝官网

② 企查查。除了 PC 端的网页版以外，企查查还有 App 和小程序，功能非常强大。在主页上输入需要查询的公司名称，单击"查一下"按钮，页面会显示你需要搜索的公司信息，包括工商、投资人、对外投资、企业年报、诉讼等，并且可以根据需要生成相应的报告。企查查官网如图 8-4 所示。

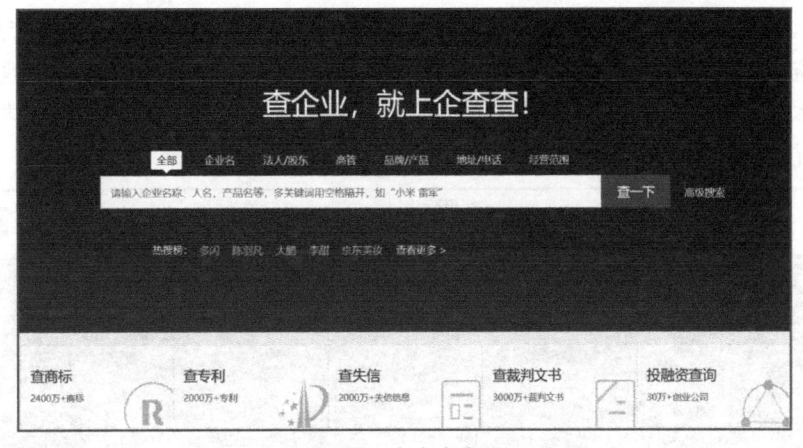

图 8-4　企查查官网

③ 天眼查。它是一个专注服务个人与企业信息查询的工具，功能和企查查相似。天眼查官网如图 8-5 所示。

图 8-5　天眼查官网

④ 看准网。前面提及的几个网站，主要是了解企业的基本信息。而看准网，可以进一步了解公司的薪资水平、面试情况和员工评价等。看准网官网如图 8-6 所示。

图 8-6　看准网官网

⑤ 酷传。酷传是国内较大的 App 的发布与监控平台，它不仅可以让你了解产品的下载量，而且其应用监控中的版本记录功能模块，能够帮你快速查看一款 App 从上线到现在的各个渠道的更新版本、更新时间、更新说明。有助于你了解一家公司核心产品的迭代内容。酷传官网如图 8-7 所示。

图 8-7 酷传官网

（2）询问业内人士。信息查工具只是辅助工具，而最有效和最真实的办法肯定是直接询问圈内人士，或者是询问该公司的老员工。因为，这些人提供的信息更有时效性、也更加真实。如果有朋友介绍最好，没有则可以去知乎或者脉脉上请教相关的大咖。

（3）查看面试者评价。基本上像拉勾网、智联招聘、前程无忧这些招聘网站的公司主页，都会有以往面试者的评论，能够获得不少关于主管、团队、公司环境等的真实反馈信息。

任务实训

实训 8.1 运营工具辅助就业抉择

1. 任务描述及任务要求

（1）今年学校的招聘会马上就要开始了，作为选择运营岗位的你面对选择时，到底是进网易游戏（广州网易大厦）这家大公司，还是进已获得 1 千万元融资的上海箩筐信息科技有限公司（运营研究社）这家初创型公司呢？请利用了解企业信息的几种工具或者其他了解企业信息的方法，对上述两家公司进行分析，并结合自己的实际情况做出选择。

（2）请从"课堂讨论 8.2"得出的可靠的公司中任选一家，利用信息查询工具了解企业信息并结合自身情况，从 4 个维度（行业、公司、团队、产品）做出分析，思考如果自己要去这家公司，需要在正式参加工作前掌握什么技能？

任务描述及任务要求如表 8-3 所示。

表 8-3 任务描述及任务要求

序号	任务描述	任务要求
1	分析大城市与小城市、大公司与小公司的优劣势	了解小城市与小城市、大公司与小公司的特点
2	对指定的两家公司进行 4 个维度的分析	能从行业情况、公司情况、团队情况、产品情况对公司进行分析
3	用 5 种不同的工具对自己选定的公司进行信息查询	熟练掌握 5 种信息查询工具的使用方法，并对自己要掌握的技能有初步认知。

2. 实训内容

（1）根据任务描述及任务要求，对网易游戏和上海箩筐信息科技有限公司（运营研究社）这两家公司进行分析，如果是你，你愿意选择哪家公司，为什么？请将分析结果及选择理由以 Word 文档的格式提交。

（2）从"课堂讨论 8.2"得出的可靠的公司名称：＿＿＿＿＿＿＿＿＿＿＿＿＿＿＿＿，请将你对该公司的分析结果填写在下面空格中。

行业情况：＿＿＿＿＿＿＿＿＿＿＿＿＿＿＿＿＿＿＿＿＿＿＿＿＿＿＿＿＿＿＿＿；

公司情况：＿＿＿＿＿＿＿＿＿＿＿＿＿＿＿＿＿＿＿＿＿＿＿＿＿＿＿＿＿＿＿＿；

团队情况：＿＿＿＿＿＿＿＿＿＿＿＿＿＿＿＿＿＿＿＿＿＿＿＿＿＿＿＿＿＿＿＿；

产品情况：＿＿＿＿＿＿＿＿＿＿＿＿＿＿＿＿＿＿＿＿＿＿＿＿＿＿＿＿＿＿＿＿；

你需要掌握的技能：＿＿＿＿＿＿＿＿＿＿＿＿＿＿＿＿＿＿＿＿＿＿＿＿＿＿＿。

（3）完成本实训参考使用工具及网站。

① 信息查询网站/App：启信宝 https://www.qixin.com/；企查查 https://www.qichacha.com/；天眼查 https://www.tianyancha.com/；看准网 https://www.kanzhun.com/；知乎 App；脉脉 App。

② 公司网站/公众号：网易游戏 http://game.163.com/；公众号@运营研究社（ID：U_quan）。

2. 任务考核

运营工具辅助就业抉择任务考核表如表 8-4 所示。

表 8-4 运营工具辅助就业抉择任务考核表

序号	考核内容	评级 (A、B、C、D)	说明
1	能够分析出大城市与小城市、大公司与小公司的特色		
2	能从四个维度分析一家公司是否可靠		
3	能熟练掌握快速了解企业信息的查询工具		

任务 8.2　简历制作：打造高通过率的简历

任务目标

知识目标	了解简历的 5 个信息模块
	了解写简历常见的问题
	了解写简历时扬长避短的方法
技能目标	掌握简历的排版技巧
	掌握描述实习经历的方法

任务导图

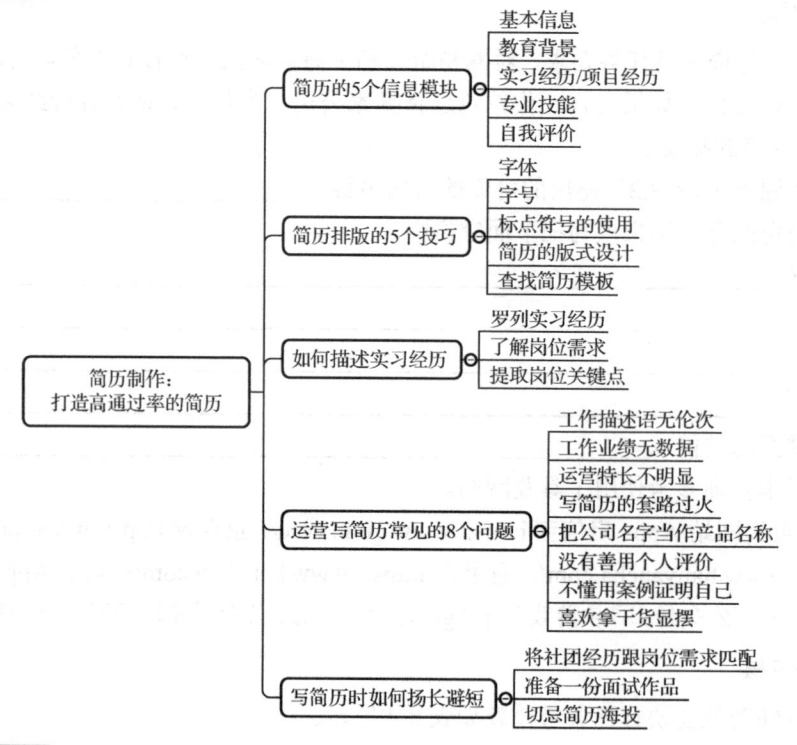

简历制作：打造高通过率的简历
- 简历的5个信息模块
  - 基本信息
  - 教育背景
  - 实习经历/项目经历
  - 专业技能
  - 自我评价
- 简历排版的5个技巧
  - 字体
  - 字号
  - 标点符号的使用
  - 简历的版式设计
  - 查找简历模板
- 如何描述实习经历
  - 罗列实习经历
  - 了解岗位需求
  - 提取岗位关键点
- 运营写简历常见的8个问题
  - 工作描述语无伦次
  - 工作业绩无数据
  - 运营特长不明显
  - 写简历的套路过火
  - 把公司名字当作产品名称
  - 没有善用个人评价
  - 不懂用案例证明自己
  - 喜欢拿干货显摆
- 写简历时如何扬长避短
  - 将社团经历跟岗位需求匹配
  - 准备一份面试作品
  - 切忌简历海投

任务实施

简历制作，是应聘的第一步，也是十分关键的一步。简历的篇幅毕竟有限，如果这一关都不能通过，应聘公司的人力资源（HR）就没机会更加全面地了解你。

一般来说，HR 看一份简历的时间不会超过 30 秒钟。他们通常是先快速浏览一遍，如果觉得跟目标岗位有匹配之处，才会仔细查看，进入下一步。在这么短的时间内，如何让 HR 注意到你，认为你是合适的人选呢？

这一任务，我们将从简历的信息模块、排版技巧、经历描述、常见问题和写简历时如何扬长避短 5 个模块，教大家打造高通过率的简历。

8.2.1 简历的 5 个信息模块

通常，一份较完整的简历包括以下 5 个模块：基本信息、教育背景、实习经历/项目经历、专业技能和自我评价。其中，自我评价可以根据应聘需要进行增减，该信息可放可不放。

1. 基本信息

（1）姓名、性别、年龄、联系方式、联系地址和毕业院校，这些基本信息都是必须具备的。千万别小看这些基本信息，一旦漏掉或写错，即使你再优秀，HR 也爱莫能助。应聘者可能因此白白错过了适合的工作机会，所以填写时候一定要仔细。

可能有同学会问，该不该在简历上留 QQ 邮箱。原则上来说，任何邮箱都可以，只要是留自己常用的即可。不过要注意两点：一是如果你应聘的是网易、新浪或腾讯等有自己邮箱产品的公司，建议留它们的邮箱；二是邮箱的名字千万不要出现一大串的数字字母组合或者非主流文字，可以用英文名或手机号。

（2）工作年限、户籍、婚姻状况、政治面貌、身高等，不必每一条都列出来。

（3）求职意向岗位。写清楚内容运营、活动策划、用户运营、新媒体运营等求职意向岗位，更容易让 HR 一目了然。

（4）期望薪资。同学们一定要了解自己所应聘岗位的薪资水平，然后根据个人经历、能力、素质等实际情况来确定一个合理的薪资期望范围。具体内容，我们会在接下来的任务中详细说明。

（5）照片：制作简历，证件照是必不可少的。照片最好是蓝底或白底，不要过分修图，只要看起来干净、精神即可。

2. 教育背景

教育背景通常从最高学历开始，只写到大学即可。格式基本上都差不多，入学时间、毕业时间、学校、专业、学历。教育背景参考格式如图 8-8 所示。

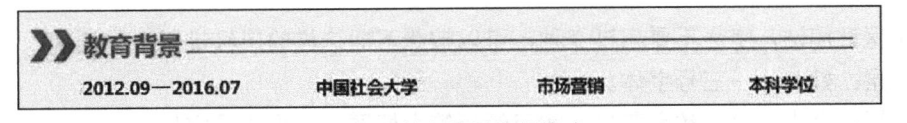

>> 教育背景
2012.09—2016.07　　　　中国社会大学　　　　市场营销　　　　本科学位

图 8-8　教育背景参考格式

3. 实习经历/项目经历

不论是刚准备找工作的学生还是准备跳槽的职场人士，这部分都是最重要的。撰写实习经历和项目经历比较完整的表述是：起止时间+公司名称或者项目名称+职位+工作描述，如果有具体的数据会更有说服力。工作经历参考格式如图 8-9 所示。

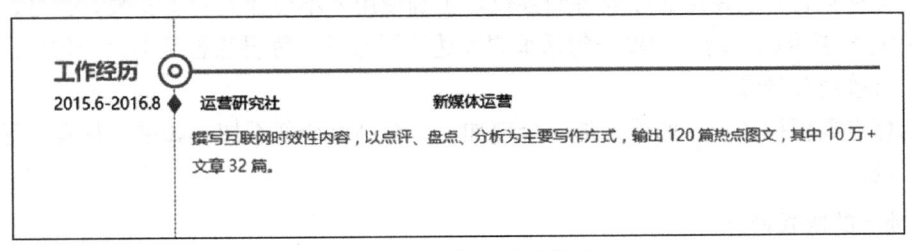

工作经历
2015.6-2016.8　　运营研究社　　　新媒体运营
撰写互联网时效性内容，以点评、盘点、分析为主要写作方式，输出 120 篇热点图文，其中 10 万+文章 32 篇。

图 8-9　工作经历参考格式

4．专业技能

专业技能通常指你要应聘岗位所需要的技能，与应聘职位无关的技能可以不写，这对应聘岗位并没有什么帮助。另外，专业技能表述一定要写出你是怎么用的！比如，熟练使用PPT工具软件制作运营方案，熟练使用Excel工具软件进行相关数据的统计并制作数据透视表等。

5．自我评价

自我评价是结合岗位要求和个人经历进行概括性的总结，可放可不放。写自我评价时记住，尽量不要写纯主观的内容，比如"我性格活泼开朗，沟通表达能力良好，有团队精神"。

如果你真的要写，用最凝练的话概括自己，比较完整的表述方式为：性格（1句话）+工作经验（1句话）+工作成果（2~3句话）。比如"拥有3年新媒体运营经验，擅长策划、数据收集和文案写作，策划过多篇10万+爆款文章，策划过3个微博热门话题"。

◆ **课堂讨论 8.3**

根据本节内容，在招聘网站上选择一个心仪的岗位，根据自己的实际情况写出自己的应聘简历（要求包括本节介绍的5个模块的内容）。

8.2.2 简历排版的5个技巧

在一份合格的简历中，信息的层次感是非常重要的。你的简历文字再多，面试官也可以轻松找到关键信息。要达到这一目的，你需要通过字体、字号、版式等多种排版因素来实现。

1．字体

当一份简历中出现3种以上的字体时，视觉上会显得非常杂乱，看起来很不舒服。一份简历，最好不超过两种字体，屏幕显示用微软雅黑看起来是最舒服的，打印版标题建议选择黑体或者加粗宋体，正文用宋体，英文则选Times New Roman字体。

2．字号

为了保证简洁，字号不要超过3种，可以按照下面这样的层级进行字体设置。

第一层：姓名——三号字体。

第二层：个人信息、教育背景、实习经历等大标题——小四号字体。

第三层：学校、公司、经历等具体内容——11号字体。

字号没有固定的样式，可适当调整大小。值得注意的是，中文简历尽量不要用斜体和下画线。正文可以对重点信息进行加粗处理，但加粗信息尽量不要太多、太长。

3．标点符号的使用

中英文标点符号的使用必须要各归各位，正确使用才不会让人看了扎眼。顿号、逗号、分号3种符号要准确运用。如果一句话里想表达两层意思，每层意思又不止一句话，就别全用逗号，直接用分号隔开。

句末标点要保持统一，如果想加就全部加上，否则就全部不加。如果一行有一行没有，会很不协调。

4．简历的版式设计

（1）简历最好不要超过2页。所有文字要尽量使用短语或短句，用一张A4纸表达即可，不然会显得啰唆冗长。

（2）简历不需要封面。有些同学为了让简历看起来更加漂亮，通常会增加一页带有背景图片的封面，而封面上只有四个字"个人简历"。但对于 HR 来说，这基本上是多此一举。

5．查找简历模板

以上 4 点属于简历排版的基本注意点，如果用上简历的模板来做版式参考，那么制作的简历就基本没有什么问题了。

简历模板有很多种版式，常见的有时间型、功能型和混合型。按照时间顺序写简历最为简便，也有助于 HR 清楚知道你什么时候在哪里做过什么工作。时间型简历如图 8-10 所示。

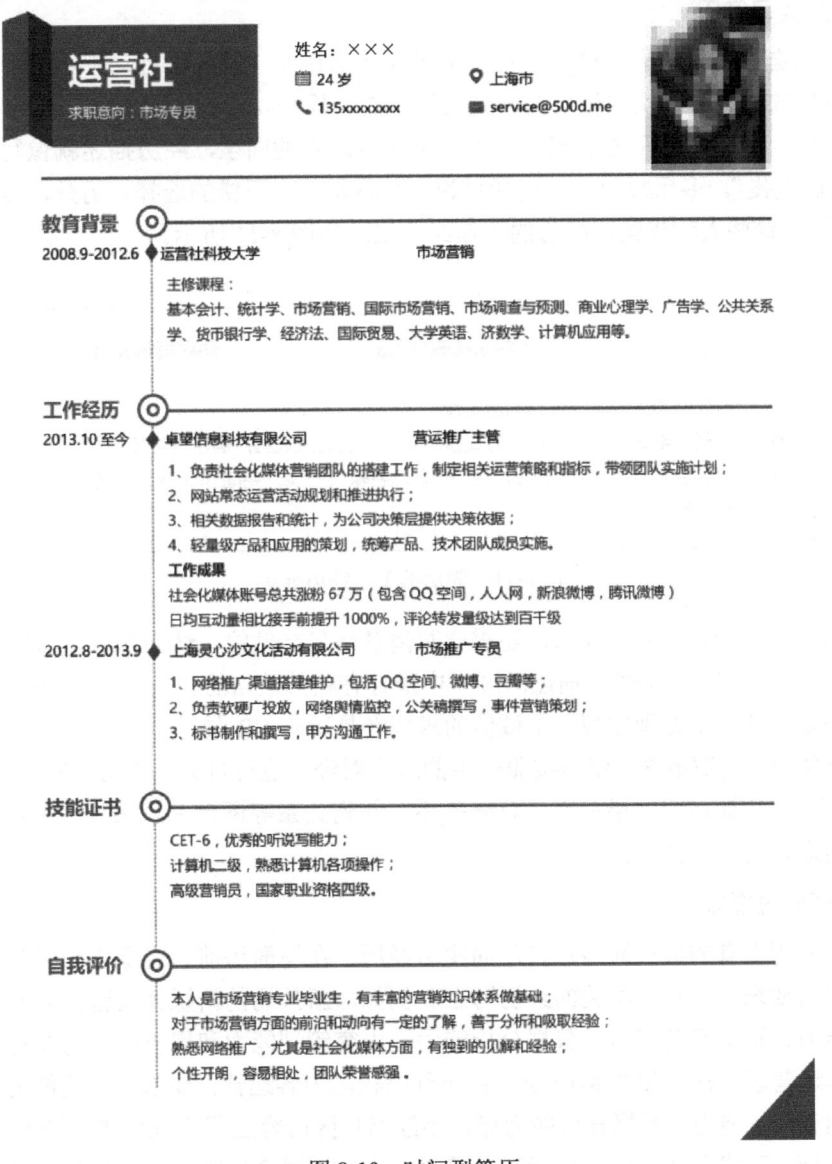

图 8-10　时间型简历

很多同学制作简历时，为了吸引 HR 的注意，可能会选择一些花里胡哨的模板。如果你应聘的职位跟设计、美术相关，这么做也许会给你加分不少；但对运营来说，并不需要那么有设计感的简历，一份清晰明了的简历才是 HR 最想看到的。

◆ 课堂讨论 8.4

扫描二维码，回复关键词"模板"获取简历模板，根据本节介绍的简历排版的 5 个技巧，对"课堂讨论 8.3"的简历进行排版优化。

8.2.3 如何描述实习经历

描述实习经历，并不是一味地把自己做过的事情写上去就好。这一部分，关键在于把实习经历与岗位需求如何进行匹配，可以分为以下 4 个步骤。

1. 罗列实习经历

作为一次自我成长的大梳理，把自己的过往经历按照"目的＋行动＋结果"经历描述格式全部罗列出来。另外，实习经历的罗列有以下 3 个原则。

（1）简洁。只写自己负责的相关内容，不啰唆。有的同学，经历描述就像写作文，只能让 HR "望而生畏"。多用短句，一句话只说一件事是一个不错的选择。另外，尽量不要出现"你、我、他"这些人称代词。简历的工作经历描述如图 8-11 所示。

```
2016.07至今          上海精锐教育集团              课程销售顾问

● 负责公司相关教育课程的销售工作；
● 通过陌拜电话、上门拜访等方式接触客户，及时发现客户需求并达成销售；
● 2个月共打出陌拜电话2 000次，邀请53名家长面谈，完成10单课程销售，销售
  金额达5万元。
```

图 8-11 简历的工作经历描述

（2）具体。不能只写做了什么，还需要写清楚是怎么做的，结果如何。这样 HR 才能完整地看到一个人的能力。另外，描述的过程中最好有相关数据的补充，以增加描述的可信度。需要注意的是，数据千万别做假，不诚信的求职者是所有 HR 最讨厌的。

（3）有条理。所谓条理，就是按照一定的顺序对经历进行排列。常用的写作顺序有两种：一是逻辑顺序，比如按照因果关系、总分关系、并列关系等逻辑关系来写；二是时间顺序，这个就不用进行过多解释了。

2. 了解岗位需求

为了在简历上有的放矢地展示自己的实习经历，在写简历前一定要先知道你所面试的岗位具体的能力要求，将与之相关的经历写上。例如，新片场的新媒体运营，要求具备的能力包括文案能力、活动运营能力、数据分析能力、内容策划能力和用户新增与留存能力，新片场的新媒体运营职位描述如图 8-12 所示；小红书社区内容运营，要求具备的能力包括内容编辑能力、创意策划能力、数据分析能力等，小红书社区内容运营职位描述如图 8-13 所示；京东的活动策划，要求具备的能力包括活动策划能力、沟通合作能力和数据分析能力等，京东的活动策划职位描述如图 8-14 所示。

项目 8　互联网运营校招求职攻略

职位描述

1. 负责新片场学院的日常运营，包含页面文案设计、网店推广及维护。
2. 负责新片场学院的活动运营，做好活动的策划、排期等。
3. 负责新片场学院的新媒体运营以及数据跟踪。
4. 基于目前的内容，开发新的内容形式，做好目标用户的新增及留存。

图 8-12　新片场的新媒体运营职位描述

职位描述

负责小红书社区生活品类的内容规划：
1. 把控用户需求和时事热点，规划内容选题；
2. 撬动站内达人用视频发布内容，带动社区生活品类氛围；
3. 监控品类数据，通过分析不断迭代内容策略和方向；

图 8-13　小红书社区内容运营职位描述

职位描述

1. 负责京东全平台、全品类各种大型营销活动策划，"如6.18"、"双11"、年货及节日相关活动。包含前期的策划、中期推动、后期复盘，并对活动效果负责；
2. 跨部门、跨团队（如产品、研发、UED）等部门合作沟通，快速推动活动落地；
3. 负责活动上线后的反馈，整理和分析活动运营数据，并对其进行分析总结。

图 8-14　京东的活动策划职位描述

了解岗位需求主要是帮助大家明确自己是否真的适合这个岗位，以及有哪些经历是应该被写进简历的。要记住，只有与岗位相关的经历才能够引起面试官的兴趣。

3. 提取岗位关键点

HR 在选简历时是通过关键词做筛选的，为了提高简历的命中率，我们需要提取岗位关键词并放置在自己的经历描述中。

以小红书的社区内容运营岗位为例（如图 8-13 所示），如果你想申请该岗位，在描述中最好包含如下关键词：社区运营、内容规划、选题策划、热点策划、用户运营、数据分析等。

总之，同学们在写实习经历时，最简单的做法是参考岗位要求一条条对应着去写，然后用细节和数据证明你确实做过即可。

◆ **课堂讨论 8.5**

1. 根据本节内容，优化"课堂讨论 8.4"中简历实习经历的描述部分；
2. 转化文案、社群运营岗位职责描述如图 8-15 所示，结合本节所学的知识，以小组为单位进行讨论，分别指出它们要求具备的职业技能的关键词。

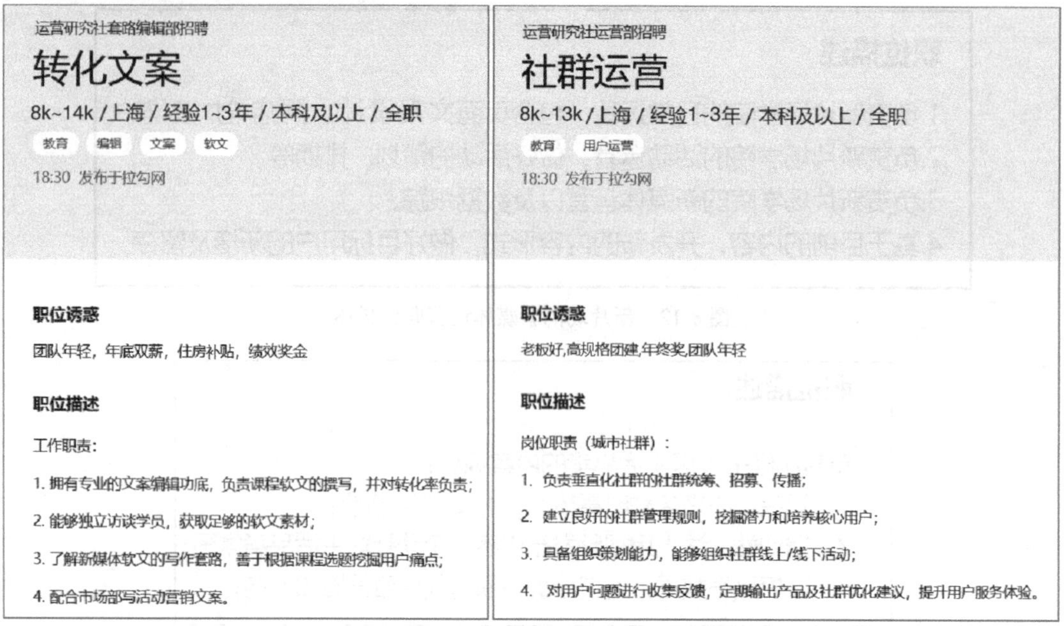

图 8-15 转化文案、社群运营岗位职责描述

8.2.4 运营写简历常见的 8 个问题

2017 年初，编者帮助近 100 位运营从业者修改简历，在修改过程中发现了不少简历的通病，其中以下 8 点最为常见。

1．工作描述语无伦次

一个好的运营，都要掌握一定的写作能力。如果你的工作描述语无伦次，一定程度上反映了你的写作能力不够好，可能会让面试官对你的业务能力产生怀疑。主要表现在以下几个方面。

（1）语句不通顺，多字少字，乱用词汇，如图 8-16 所示。

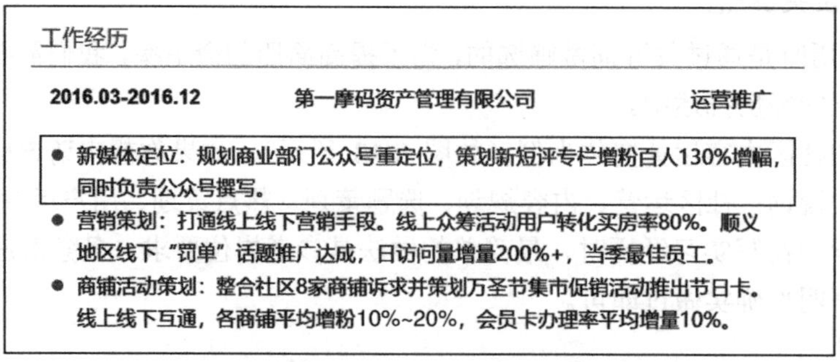

图 8-16 语句不通顺，多字少字，乱用词汇的工作描述示例

这段经历描述的主题是新媒体定位，但他讲述的内容覆盖了定位、策划和写作。而且，新增粉丝数量并不是专栏策划的核心指标，它的核心指标应该是阅读量。

其实，直接把媒体定位写成新媒体运营即可。具体工作描述，可以写成"负责公众号的定位与图文编辑，成功策划阅读量过××万的新短评专栏"。修改后的工作描述如图 8-17 所示。

```
工作经历

2016.03-2016.12        第一摩码资产管理有限公司              运营推广

● 新媒体运营：负责公众号的定位与图文编辑，成功策划阅读量过××万的新短评
  专栏。
● 营销策划：打通线上线下营销手段。线上众筹活动用户转化买房率80%。顺义
  地区线下"罚单"话题推广达成，日访问量增量200%+，当季最佳员工。
● 商铺活动策划：整合社区8家商铺诉求并策划万圣节集市促销活动，推出节日卡。
  线上线下互通，各商铺平均增粉10%~20%，会员卡办理率平均增量10%。
```

图 8-17　修改后的工作描述

（2）前后逻辑矛盾。比如，标题写热爱内容运营，具体描述却写用户运营的工作内容，如图 8-18 所示。

```
热爱内容运营

笃信"唯有爱与用户不可辜负"的座右铭，喜欢和各种用户交流，也总是能和用户
打成一片，能够通过用户访谈来获取用户需求，并且回归到真实具体的用户使用场
景来发现问题。关于用户问题，不管我会得到什么回报，我会先把事情做到我能做
到的极致。
```

图 8-18　前后逻辑矛盾的工作描述

2．工作业绩无数据

出现工作业绩无数据的原因有两种：一种确实是没有意识到需要把自己的运营经历进行数据化；另一种就像很多小伙伴都在反馈的，是因为自己上一份工作没有好看的业绩可以写。工作业绩无数据的工作描述如图 8-19 所示。

```
2016.03-2016.12              哈馆网                    运营推广

□ 话题策划：提纯社区活跃，增强UGC质量，以及提升合作商家成交额，策划"世界
  末日"系列活动，帖子总PV10万+。
□ 商家对接：负责洽谈对接商家团购活动，洽谈商铺合作等。
```

图 8-19　工作业绩无数据的工作描述

不管哪一种原因，核心本质都是没弄清每一类运营工作对应的关键数据是什么。不同的运营岗位，关键数据有所不同。5 类运营岗位的关键数据如表 8-5 所示。

表 8-5　5 类运营岗位的关键数据

岗　　位	关　键　数　据			
新媒体运营	粉丝数据	阅读数据	业务数据	栏目策划
活动策划	活动浏览量	参与人数	转化率	交易规模
内容运营	图文更新数量	图文阅读量	专题策划	内容分发
用户运营	核心用户数量	核心用户交易额	用户活跃度	用户留存率
渠道运营	广告点击数据	渠道转化率	用户留存率	用户获取成本

不管数据（绝对值/相对值）好不好看，强烈建议同学们要把每一项运营经历的核心业绩

都数据化出来,这样至少可以通过简历证明你是一位目标很明确的运营。

3. 运营特长不明显

这种问题容易出现在从事运营工作有些年头的小伙伴身上。但是,对于大学生来说,由于对岗位需求和自身运营能力不够了解,也会出现类似的情况。这种时候,如果你把所有工作经历都写上,给人感觉是除了技术似乎什么都会了,但又不知道你做得精不精,具体擅长什么。

想要解决这个问题,还是建议同学们针对不同运营岗位写简历,这样更能够体现自己的特长。

4. 写简历的套路过火

某公司新媒体运营岗位招聘信息的职位职责描述如图 8-20 所示,某位应聘者的简历如图 8-21 所示。

> 职位职责:
> 1. 根据业务特点,负责新媒体活动的策划;
> 2. 细化活动方案的执行,推动站内、外资源整合,保证活动目标达成;
> 3. 负责活动数据跟踪分析,对活动效果负责,并优化完善活动体系。

图 8-20 某公司新媒体运营岗位招聘信息

> ****有限科技公司
> 1. 根据业务特点,完成新媒体活动的策划;
> 2. 细化活动方案的执行,推动账号与外部资源的整合,保证活动目标达成;
> 3. 分析活动数据,对活动效果负责,优化和完善活动体系。

图 8-21 某位应聘者的简历

虽然推荐大家参考想应聘岗位职责的文案来包装自己的经历,但是不能把岗位职责全部照搬到简历上去。这样虽然看上去能力匹配了,但也丝毫看不到证明可以胜任这个岗位的经历,描述看起来很空泛、没有说服力。

5. 把公司名字当作产品名称

有人在写运营经历时,会拿公司名称来做产品(项目)命名,其实这是不合理的,因为很多互联网公司的名称和产品名是分开的。如果你曾经做过的产品(项目)比你的公司名称名气更大,记得用它来命名。

如图 8-22 所示的"上海西示网络科技有限公司",如果求职者不写具体的产品名称,根本不会知道她是在"周末去哪儿"工作。相对来说,这会导致简历被忽视的可能性更大。

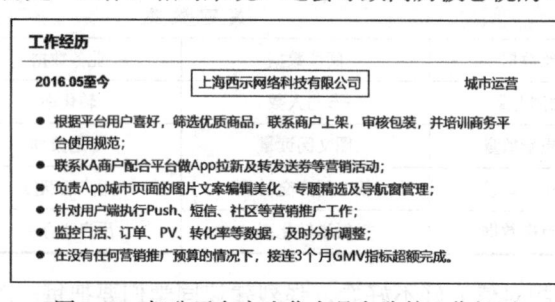

> 工作经历
> 2016.05至今　　　上海西示网络科技有限公司　　　城市运营
> ● 根据平台用户喜好,筛选优质商品,联系商户上架,审核包装,并培训商务平台使用规范;
> ● 联系KA商户配合平台做App拉新及转发送券等营销活动;
> ● 负责App城市页面的图片文案编辑美化、专题精选及导航窗管理;
> ● 针对用户端执行Push、短信、社区等营销推广工作;
> ● 监控日活、订单、PV、转化率等数据,及时分析调整;
> ● 在没有任何营销推广预算的情况下,接连3个月GMV指标超额完成。

图 8-22 把公司名字当作产品名称的工作经历

6. 没有善用个人评价

在写简历的时候如果有一个对自己概括性的描述，能够方便面试官快速地捕捉你的亮点，可大部分人写自我评价十分假大空。例如：

本人性格热情开朗，待人友好，为人诚实谦虚。工作勤奋、认真负责，能吃苦耐劳、尽职尽责，有耐心。具有亲和力，平易近人，善于与人沟通……

为了让自我评价发挥该有的价值，建议结合岗位要求来写自我评价，同时最好要有实际的工作来证明它。如果是面试垂直产品的运营，还可以把自己与之相关的兴趣爱好写上。例如，面试快看漫画的编辑岗位时，就可以这样写自我评价：

二次元文化重度用户，目前已经集齐海贼王全套公仔。有两年的编辑工作经验，擅长主题策划，擅长文字资料整理和编辑。有一年多的互联网公司内容开发和运营工作经验，培养了项目管理思维，具备对结果数据进行复盘的能力。

7. 不懂用案例证明自己

字写得再多，都不如分享一个自己曾经运营过的案例来得具体。如果面试的是内容编辑工作，就在附件中加上你的图文案例；如果面试的是活动策划工作，就把过往的活动策划书和活动页面一并同简历发出。简历中的作品展示示例如图8-23所示。

> ■ 作品展示
> 《××××××活动》http://t.cn/RJk6mPA
> 朋友圈吸粉20人/天
> 分享朋友圈132次，阅读量1 691次

图8-23　简历中的作品展示示例

另外，不一定数据好才能够作为案例。数据的好坏不是运营一个人能够决定的，所以只要你的案例有亮点就可以了。

8. 喜欢拿干货显摆

喜欢学习是件好事，但是我们不能把它当作工作经历来看待，不要罗列一堆课程和干货文章。类似的表述有：

- 学过×××××课程；
- 读过《从零开始做运营》和《跟小贤学运营》等书籍；
- 经常阅读网上的干货文章

……

建议同学们可以把学习后的改变和实践效果写出来，这样更能体现你的学习能力和实践能力。

写简历是一个非常好的自我剖析和整理的过程，对于没有工作经验的学生，建议在投递简历时最好能够附上一封走心的求职信或运营分析报告，这样简历通过率又会提升不少。

◆ **课堂讨论8.6**

1. 请根据本节内容，检查"课堂讨论8.3"中的自己写作的个人简历是否出现以上8个问题，如果有，请优化。

2. 某位同学的应聘简历如图 8-24 所示。结合本节所学知识，分小组进行讨论，指出该简历存在的问题并对简历进行优化。

图 8-24　某位同学的应聘简历

8.2.5　写简历时如何扬长避短

很多人在写简历时，最有可能遇到以下 3 种情况：
➢ 没有相关经验，感觉简历上没有什么可写；
➢ 只是堆砌经历，所有职位都投递同一份简历；
➢ 花心思写了，却不能传达有效信息。

对于学生来说，缺乏工作经验是大家的通病。那么，在写简历时应该如何扬长避短呢？

1. 将社团经历跟岗位需求匹配

通过前面的学习，我们明确了公司想要拥有什么样能力的人，以及这个职位的能力关键词,接下来就可以重点写体现这些能力的社团经历,然后用能力关键词去做经历包装。例如,你在大学中策划过学生社团活动,就可以写当时的方案设计、活动宣传、活动效果等内容,表现出你有一定的策划与推广经验;你在一家网络服务公司做过客户市场方面的实习,就可以写在实习中做的项目是负责用户需求分析、功能定位等前期工作,展示你懂得如何与用户沟通、了解用户需求以及如何与用户互动的能力。

2. 准备一份面试作品

如果你在大学时候没有什么社团经历,或者实在想不出和关键词有关的事情,那么你可以准备一份面试作品。例如,面试新媒体运营岗位,你可以自己开通一个微信公众号,通过运营公众号,了解公众号的基本操作、图文排版等活动策划的内容;面试内容运营,你可以写一篇优质的图文,证明自己的编辑能力,同时表态自己后续还将根据阅读数据的反馈来优化内容。

面试可以"临时抱佛脚",狂补学习。但是一定要用心,做出像样的成绩来。如果你想在校招进 BAT 这样的公司,没有作品是很难进去的。

3. 切忌简历海投

海投是很多同学都容易犯的错误,你不能渴望用一把钥匙开所有锁,同样也不能用一份简历投所有公司。每个公司都有不同的岗位,不同的岗位又有不同的岗位要求,具体问题需要进行具体分析。

所以,建议最好选出 10 家以内的意向公司,一个公司准备一份简历。也可以为一类公司或一类职位准备一份简历。同学们千万不要怕麻烦,要站在招聘者的角度,用心做一份与众不同的简历。

任务实训

实训 8.2 打造互联网行业高通过率的简历

1. 任务描述及任务要求

请在下列两个招聘职位中选择一个,根据你的个人经历,结合本任务所学知识,设计一份高通过率的个人简历。

(1) 上海运营研究社——新媒体编辑。

岗位职责:
- 负责运营研究社官方公众号的原创文案写作;
- 能够独立进行选题挖掘、筛选、策划和执行;
- 及时追踪互联网热点,并进行内容策划和编辑;
- 跟踪文章推送效果,整理分析数据并进行优化。

岗位要求:
- 对热点敏感,能对热点进行深度挖掘和提出想法;
- 对运营方法论有研究;
- 喜欢阅读经管类、消费心理学类书籍,有较好的文字功底;
- 认真细致,有责任心,具备较强的职业素养及团队精神。

(2)上海运营研究社——社群运营。

岗位职责（城市社群）：
- 负责垂直化社群的社群统筹、招募、传播；
- 建立良好的社群管理规则，挖掘潜力用户和培养核心用户；
- 具备组织策划能力，能够组织社群线上/线下活动；
- 对用户问题进行收集反馈，定期输出产品及社群优化建议，提升用户服务体验。

岗位要求：
- 热爱互联网行业，精通社交媒体，有管理过学习型社群经验的优先；
- 熟悉微信群的各项功能并具备制定社群规则玩法的能力；
- 具备组织策划能力，能够组织社群线上/线下活动；
- 乐于接受新鲜事物，头脑灵活，性格开朗，极有耐心，具备较强的语言组织能力和沟通能力，"秒回党"优先。

任务描述及任务要求如表8-6所示。

表8-6 任务描述及任务要求

序 号	任 务 描 述	任 务 要 求
1	写出包含5个信息模块的个人简历	能够完整地写出包含5个信息模块的个人简历
2	根据简历排版的5个技巧进行简历排版	能套用简历模板，熟练使用简历排版的5个技巧
3	把个人经历跟岗位需求进行匹配	避免在简历中出现常见的8个问题，并掌握扬长避短写简历的方法

2．实训内容

根据任务描述及任务要求，选择两个招聘职位中的一个设计一份简历，以Word文档的格式提交。扫描二维码，回复关键词"模板"，可以获取简历模板，对照模板对简历进行排版优化。

3．任务考核

打造互联网行业高通过率的简历任务考核表如表8-7所示。

表8-7 打造互联网行业高通过率的简历任务考核表

序 号	考 核 内 容	评 级 （A、B、C、D）	说 明
1	能够完整地写出包含5个信息模块的个人简历		
2	能套用简历模板，熟练使用简历排版的5个技巧		
3	简历中避免了常见的8个问题，并掌握扬长避短写简历的方法		

任务 8.3　简历投递：别让你的简历石沉大海

任务目标

知识目标	了解简历的投递渠道
	了解 HR 筛选简历的流程
	了解常见的投递问题
技能目标	掌握规范的简历投递邮件的格式
	掌握简历投递的技巧

任务导图

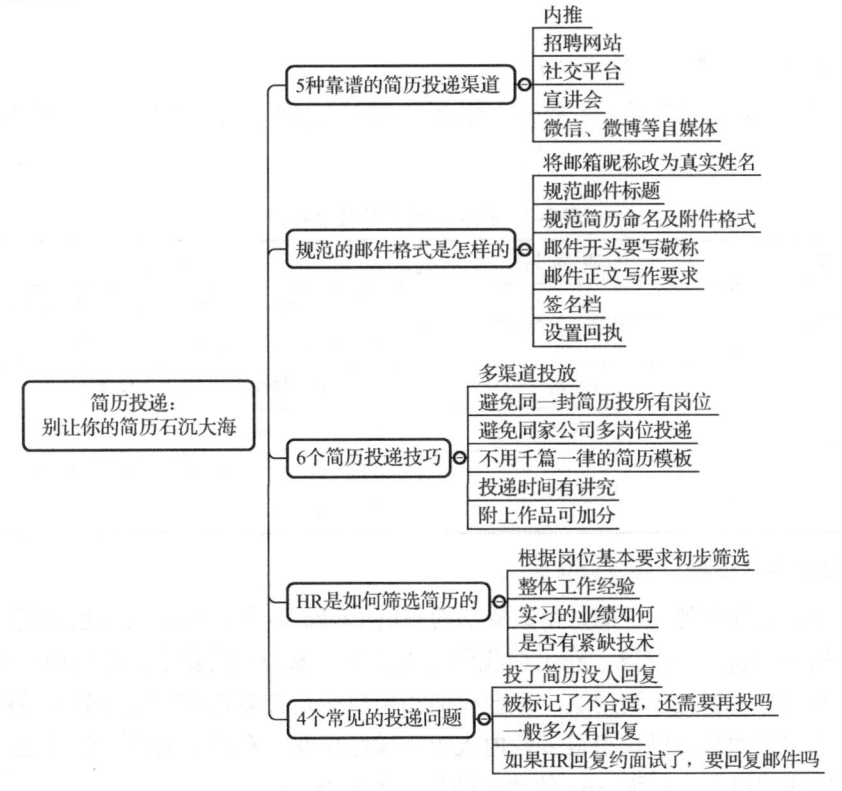

简历投递：别让你的简历石沉大海
- 5种靠谱的简历投递渠道
  - 内推
  - 招聘网站
  - 社交平台
  - 宣讲会
  - 微信、微博等自媒体
- 规范的邮件格式是怎样的
  - 将邮箱昵称改为真实姓名
  - 规范邮件标题
  - 规范简历命名及附件格式
  - 邮件开头要写敬称
  - 邮件正文写作要求
  - 签名档
  - 设置回执
- 6个简历投递技巧
  - 多渠道投放
  - 避免同一封简历投所有岗位
  - 避免同家公司多岗位投递
  - 不用千篇一律的简历模板
  - 投递时间有讲究
  - 附上作品可加分
- HR是如何筛选简历的
  - 根据岗位基本要求初步筛选
  - 整体工作经验
  - 实习的业绩如何
  - 是否有紧缺技术
- 4个常见的投递问题
  - 投了简历没人回复
  - 被标记了不合适，还需要再投吗
  - 一般多久有回复
  - 如果HR回复约面试了，要回复邮件吗

任务实施

制作简历是找工作过程中的重要环节。同样，简历投递也是非常重要的环节。如果在简历投递环节出现问题，如邮件格式不规范、一封简历"走天下"等，那么就算你是名校毕业、有大厂经历、运营技能超群，HR 也不会打开你的简历。

如何避免简历石沉大海呢？本任务将从投递渠道、邮件格式、投递技巧、筛选规则和投递常见的问题 5 个方面给你答案。

8.3.1 5种靠谱的简历投递渠道

简历有的是 HR 亲自看的，有的可能直接对接到主管，有的可能要一周后才能得到回复，有的次日就会得到面试邀请。投简历的渠道很多，但是差别非常大。下面我会仔细说明各个渠道的区别，并综合它们的安全性和回复速度进行星级推荐。

1. 内推（推荐：☆☆☆☆☆）

有的互联网公司求贤若渴，人力资源会建立一个内推机制，即由公司内部员工推荐。如果推荐成功，推荐人可获得奖励。对于被推荐人来说，则跳过了在茫茫人海中投简历苦等通知的时间，而且推荐人能帮你说更多的好话，提升第一印象。像这种渠道往往都是最快得到回复的，而且安全可靠，可以及时跟进。

每年的 7—8 月份是互联网企业的校招时间。腾讯、阿里巴巴、百度等互联网企业，在每年正式校招开始前，都会先启动校招内推，同学们可以留意一下他们的招聘官网或招聘公众号。

2. 招聘网站（推荐：☆☆☆☆）

网上的招聘网站形形色色，主要分为综合类招聘网站和垂直类招聘网站两大类，如表 8-8 所示。

表 8-8 招聘网站的分类及特点

分 类	代 表 网 站	特 点
综合类招聘网站	智联招聘、前程无忧	覆盖公司全面，除了互联网还有其他行业的公司，但是 HR 反馈信息慢，公司信息太杂，不利于筛选
垂直类招聘网站	大街网	可以直接跳转到公司官方校招渠道
垂直类招聘网站	拉勾网	专注互联网招聘，创业公司人才流动大、回复率高
垂直类招聘网站	Boss 直聘	直接对接主管或公司 CEO，能更直接了解公司情况，但是校招岗位比较少

3. 社交平台（推荐：☆☆☆☆）

用社交平台进行招聘，早期做得最成功的当属 Linkedin 了，这种模式也被复制出了一个国内版职业社交 App——脉脉。在上面我们可以了解各家公司的薪资、最新岗位等信息，以及相关岗位的领导。因此，利用这个平台投简历可以少走许多弯路，既有效又节约时间，还比较可靠，更重要的是可以认识很多业内人士。脉脉现在还有求职板块，你甚至可以在求职板块得到一些应聘机会。脉脉 App 的动态消息如图 8-25 所示。

4. 宣讲会（推荐：☆☆☆）

对于应届生来说，运营求职还多一条渠道，那就是校园宣讲会。宣讲会时投递的简历也许不是很快就能得到反馈，但是企业是被学校筛选过的，在企业可靠性的维度上，应该会比网上寻找更有保障。

项目8 互联网运营校招求职攻略

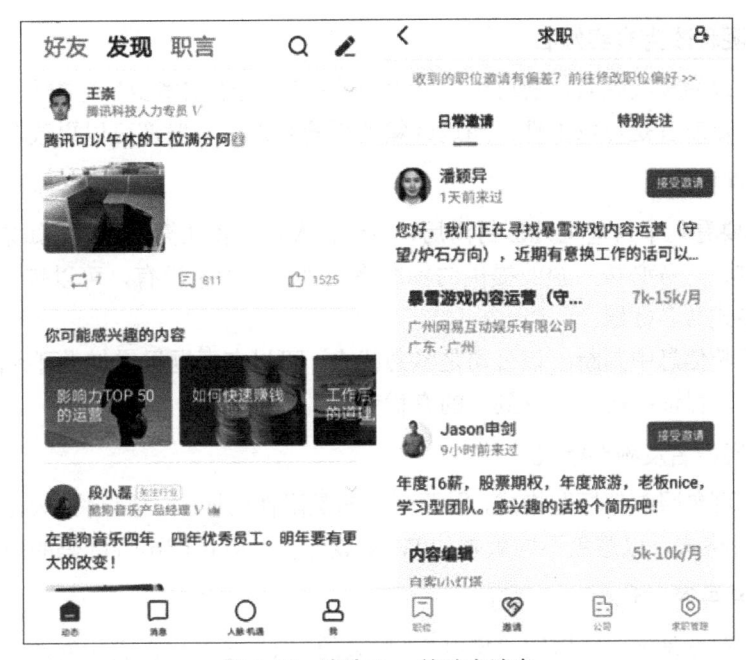

图 8-25 脉脉 App 的动态消息

5. 微信、微博等自媒体（推荐：☆☆☆）

有些小公司会将自己的招聘信息发布在自己的微信、微博上，尤其是以内容为主业务的公司。这种操作，一般都是公司急切需要招人或者长期有招人需求的。这类公司，本身拥有一批公众号用户，传播相当快。对于公司来说，能快速找到合适的人。而对于找工作的人，投递的简历更是会被第一时间看到。不过，切记网上求职风险高，不要随便在网上透露过多的个人信息，小心上当受骗。公众号人物的简历投递渠道如图 8-26 所示。

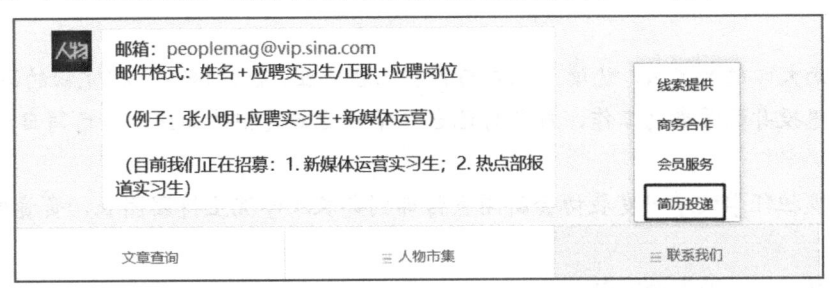

图 8-26 公众号人物的简历投递渠道

◆ **课堂讨论 8.7**

根据上一个实训任务完成的个人简历，尝试找到目标投递公司的简历投递渠道，收录在 Word 文档中，并选择你最想去的公司进行投递。

8.3.2 规范的邮件格式是怎样的

通过邮件发送简历时，规范的求职邮件更容易获得 HR 的青睐。如何让自己的求职邮件能让 HR 多看几眼，至少要做到以下几点。

1. 将邮箱昵称改为真实姓名

将邮箱昵称改为真实姓名，别再用"风中一朵花""花落知多少"这类非主流昵称，很容易认为是邮箱中毒或者是垃圾邮件。通过邮箱的设置功能，一般都可以更改账户昵称。

2. 规范邮件标题

HR每天都要看几十封甚至几百封简历，不会有人帮你备注简历名称。如果企业有给出邮件标题的命名方式，务必按照企业提供的标准格式进行。如果没有，可以按"学校—姓名—应聘岗位"的格式命名标题。

如果能从招聘信息中判断出该公司是紧急找人，可以在标题里增加"可到岗时间"。如果你写3日内到岗，保证会比一个月到岗的有优势。

3. 规范简历命名及附件格式

附件的命名可参照邮件标题格式，需要强调的是附件的格式。建议将Word格式的文件转换成PDF或图片格式，以避免不同版本的Word软件打开时可能出现乱码的现象。

4. 邮件开头要写敬称

如果不确定对方是谁，可以写"您好""尊敬的HR"之类，以表示对对方的尊重。

5. 邮件正文写作要求

邮件正文是HR点开后第一眼看到的，至关重要。邮件正文的写作要求如下。

（1）字数最好控制在50~200个，不要长篇大论，很少HR会认真看完一大段文字。

（2）把你的姓名、学校、个人优势（比如经验、实习工作经历、对该岗位的认识和知识储备）以及求职意愿等基本信息写清楚即可。

（3）很多人习惯把简历放到附件就不管了，建议大家把简历的内容也复制粘贴到邮件正文。例如：

您好！

我是江南大学的×××，就读于化学与材料工程专业，想应聘运营研究社的运营实习生。

我非常想投身运营类的工作，目前自己也在学习运营类相关知识，自己写日记也有7年时间。

目前在校担任学校学习发展协会新闻宣传部副部长及学院主持团团长，负责学院的主持工作。

关于实习时间，暑期都可以。

希望得到您的认可。

6. 签名档

邮件结尾处记得写上名字和联系方式作为签名档，切忌成为有头无尾的邮件。

7. 设置回执

在邮箱中设置"已读回执"，则能知道对方是否有收到自己的简历并点开阅读，这样有助于自己跟进简历投递的进度。如果大部分都未被点开，则需要反思自己的求职邮件并进行优化。

◆ 课堂讨论 8.8

根据本节内容及你的个人简历，找出你的目标投递公司和岗位，写一封规范的求职邮件。以小组的形式进行互评，并讨论如何进行优化和修改。

8.3.3　6个简历投递技巧

除了选对投放渠道、写好一封求职简历以外，投递简历还需要一些小技巧。

1．多渠道投放

单一渠道往往容易被遗漏，如果想要投一家公司，可以多找几个渠道网站集中投递。投递时需要按不同时间段投递，从而增加简历被看到的机会。但也不能过度投放，只要投核心的几个渠道网站即可，不然效果会适得其反。

投递时，需要记清楚在什么时间投递的、哪个渠道投递的、投递了哪几家公司、分别是什么岗位。最好用表格的形式记下来。

2．避免同一封简历投所有岗位

这是简历投递的大忌。不同行业、不同岗位对于求职者有不同的要求，用同一封简历是绝对行不通的。建议同学们先确定心仪的运营岗位，然后根据选择的行业将公司归类，结合行业特点、个人经历和岗位需求调整简历，分别进行投递。

3．避免同家公司多岗位投递

这会导致 HR 认为你对自己的目标不明确，根本不清楚自己要做什么。这样的求职者并不被公司待见，而且 HR 更喜欢招聘某一领域上的专业化人才，而不是看起来什么都会的人。

4．不用千篇一律的简历模板

中规中矩的模板固然没有大问题。但是，试想一下，看 100 份版式一样的简历，必然会视觉疲劳。如果此时有一封创意简历，或者出其不意的排版，那一定会被多看几眼。前提是不要注重了简历的外表而忽略了里面的内容，重点信息一定要突出。

建议大家在简历中加入企业的元素，如颜色、Logo，甚至是他们的标志性产品的 UI。例如，阿里的简历可以用橙色、小红书的简历可以用红色。编者当年应聘百度时，就用了百度百科的样式做了一份简历，如图 8-27 所示。

5．投递时间有讲究

HR 或者主管一般都是集中一段时间统一看简历的，而且是根据收到的时间按顺序查看。因此，选对投递时间显得很重要。经验证明，16:00～17:00 是下班前夕，这时候发邮件，阅读率非常低。发邮件的最佳时机是 7:00～8:00、14:00～15:00，可以比上下班时间提前一段时间。

6．附上作品可加分

投递简历时，如果你有作品，如策划案、写作文案等，可以作为附件上传。作品附件尽量不要用压缩包和网盘提取的方式，原则是尽可能减少 HR 的操作。而且有的大公司内网受限制而无法跳转至外网，致使附件打不开。

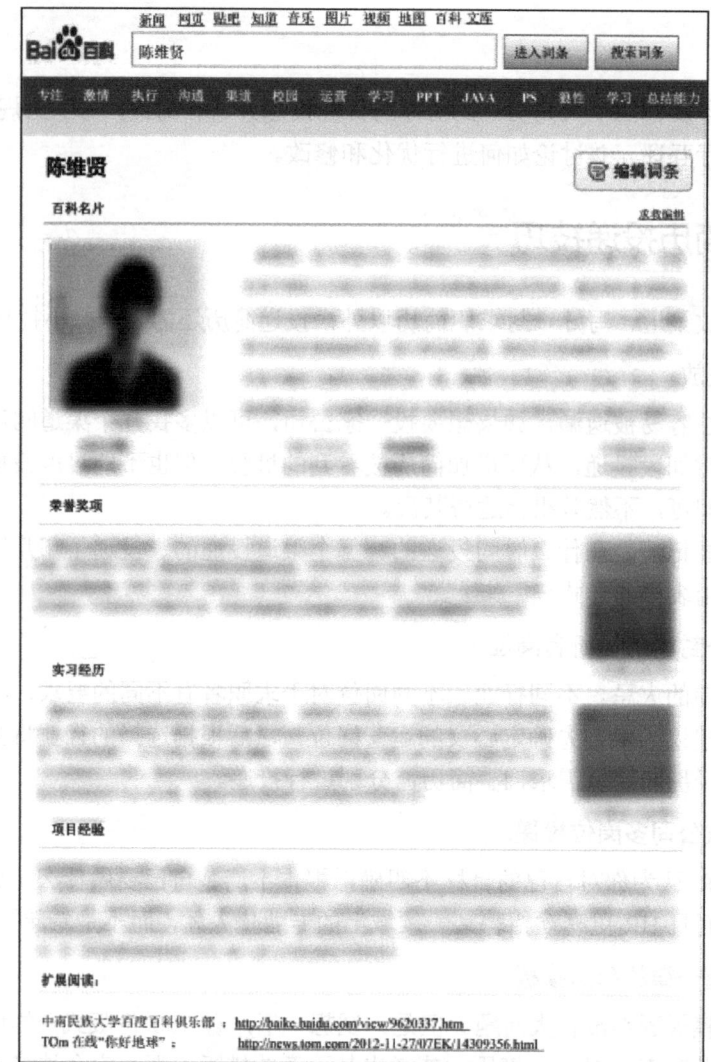

图 8-27　百度百科样式的简历

8.3.4　HR 是如何筛选简历的

俗话说"知己知彼，百战不殆"。前面讲的大多数求职者该如何投简历。但如果我们知道了 HR 是如何筛选简历的，就能离成功更近一步。对于应届生来说，HR 在看简历时，最关注的内容有以下 4 点。

1．根据岗位基本要求初步筛选

每个岗位都会有一些硬性指标，如学校、学历、地域等。HR 首先会根据岗位的基本要求，按这些字段初步筛选一部分简历出来。

2．整体工作经验

当对简历有好感以后，接下来会注意看过往的实习集中在哪些行业、和目标岗位是否匹配，这一点用人单位也很在意。

3. 实习的业绩如何

前面选出的是与目标岗位相符的，到这个环节就是择优了。不仅要有经验，还要有出色的业绩。从哪里看出业绩？当然是数据。因此，简历上的工作经验不是重新描述一遍自己的JD（岗位描述），更不是重复一遍目标岗位的 JD，而是总结梳理自己以往的工作和成绩。例如，如图 8-28 所示为空洞的经历描述，如图 8-29 所示为有数据的经历描述。

```
2016.07至今        上海心德信息科技有限公司        项目/运营专员

工作内容
1. 新媒体运营：公众号文案编辑，图文排版编辑、配图；
2. PPT制作：公司宣传、推广、年会PPT；
3. 会员招募：心理咨询师招募（发文、推广），资料审核分类归档及沟通；
4. 项目策划：心理测评和培训课程方案设计，现场布置，项目跟踪，效果评估等。
```

图 8-28　空洞的经历描述

```
2016.11至今        上海瓜牛餐饮有限公司        用户运营、活动运营

● 负责组织梳理客服及用户运营体系，以及日常客户交流中的话术组织、异常处
  理；在职期间所有门店评分均保持在4.8分以上（满分5分）；
● 负责客户"拉新"，加入会员及刺激购买等一系列的活动策划及实施；在职期间已
  成功通过活动为公司带来近5万人的目标会员客户；
● 协助平台运营分析日常数据并策划销售活动；2017年3月销售额已突破230万元，
  4月突破250万元。
```

图 8-29　有数据的经历描述

4. 是否有紧缺技术

例如，你在应聘活动运营岗位时，附加自己会用 Photoshop 软件处理图片，擅长摄影，还会剪辑视频，这样会加分很多。因为这样的多面手从来都是抢手的。

总之，要想进入 HR 的初选，你的求职信及正文中的简历就必须达到和目标岗位匹配度80%以上的内容，这样才有后续的面试机会。

8.3.5　4 个常见的投递问题

简历投递，并不是把简历投出去就完事了。简历发送出去后，可能还会有一些后续的问题。本节列举 4 个常见的投递问题，教大家如何处理。

1. 投了简历没人回复

求职期间，企业网站上都会有官方的邮箱。如果投了招聘网站没有回复，不如试试投官方邮箱或者 Boss 直聘等。另外，也可以试试带着简历直接上门。不过，这种方法不适合大公司，但适合那些小型公司或初创公司。

2. 被标记了不合适，还需要再投吗

如果是同样的简历，就不要再投了。建议找出简历问题所在，下次投相似岗位时避免出现问题。如果你非常想进这家公司，那就对简历进行修改调整，再试一次。

3. 一般多久有回复

这取决于公司大小及用人的紧急程度。如果是创业公司且紧急招人，一般当天就会回复。如果非紧急招人，一般 1~2 天会给回复。如果是大公司，短则 1 周，长则 1 个月。

4. 如果 HR 回复约面试了，要回复邮件吗

出于礼貌可以回复，内容可以为和 HR 确认面试时间，这样显得更加专业。

任务实训

实训 8.3　简历投递实战演练

1. 任务描述及任务要求

请为自己修改好的个人简历找到合适的简历投递渠道，并按照邮件的规范格式发一封投递简历的邮件。以小组为单位，小组之间进行简历和邮件格式互评，并模拟 HR 从中挑选一份最佳简历。任务描述及任务要求如表 8-9 所示。

表 8-9　任务描述及任务要求

序　号	任　务　描　述	任　务　要　求
1	找到合适的简历投递渠道	了解简历投递渠道
2	发一封规范的投递简历的邮件	掌握规范的邮件格式
3	模拟 HR，小组之间互相筛选简历	能选出高通过率的简历

2. 实训内容

（1）根据任务描述及任务要求，将你寻找的投递渠道的名称、投递简历的邮件格式截图保存 Word 文档中提交。

（2）以小组为单位，小组之间进行简历和邮件格式互评，并模拟 HR 从中挑选一份最佳简历，小组派代表展示。

3. 任务考核

简历投递实战演练任务考核表如表 8-10 所示。

表 8-10　简历投递实战演练任务考核表

序　号	考核内容	评级 (A、B、C、D)	说　　明
1	了解简历投递渠道		
2	掌握规范的邮件格式		
3	了解 HR 是如何筛选简历的		

任务 8.4　应试攻略：笔试和面试技巧

任务目标

知识目标	了解笔试前应该先做的 4 件事
	了解面试前的准备工作，以及各级面试会提出的问题
技能目标	掌握笔试和面试的技巧

任务导图

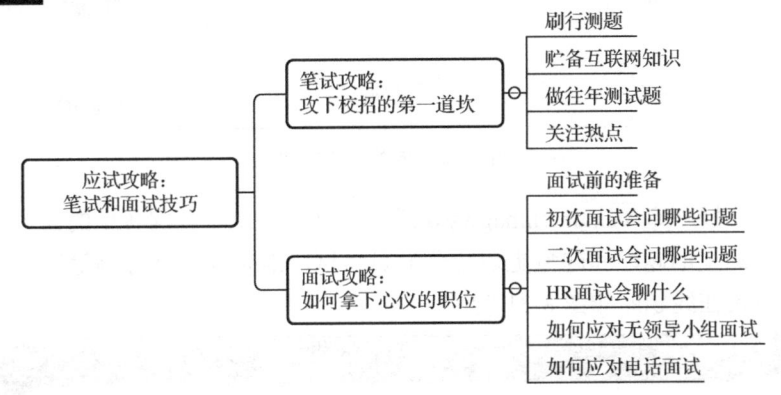

```
                            ┌── 刷行测题
              ┌─ 笔试攻略：   ├── 贮备互联网知识
              │  攻下校招的第一道坎 ├── 做往年测试题
              │              └── 关注热点
应试攻略：    │
笔试和面试技巧 │              ┌── 面试前的准备
              │              ├── 初次面试会问哪些问题
              └─ 面试攻略：   ├── 二次面试会问哪些问题
                 如何拿下心仪的职位 ├── HR面试会聊什么
                                ├── 如何应对无领导小组面试
                                └── 如何应对电话面试
```

任务实施

8.4.1　笔试攻略：攻下校招的第一道坎

笔试是校招的第一道坎。很多大公司会在笔试阶段大规模淘汰应聘者。那么，我们应该如何准备互联网行业的笔试呢？

建议在进行笔试前先做这 4 件事：刷行测题、贮备互联网知识、做往年测试题和关注热点。

1. 刷行测题

很多同学们说行测题是针对公务员考试的。但对企业而言，行测题考查的是随机应变、逻辑思考、分析、记忆等能力。这种方式能以最低成本筛选出逻辑性强、反应快、思维敏捷的应聘者。

在这里，推荐两个刷行测题的网站，可以快速帮你掌握考点。

（1）华图在线题库（tiku.huatu.com）。该题库的优势在于，把每个考点都拆分得比较细，同学们可以根据具体情况专攻薄弱项。例如，数量关系里分了图形推理、类比推理和定义判断；图形推理里又分了数量类、位置类、样式类等 10 个小类。

当你想模拟练习时，可以选择智能推送 20 道题，方便短时间内多次进行测试，也可以选择公务员考试的题量进行组题。华图在线题库如图 8-30 所示。

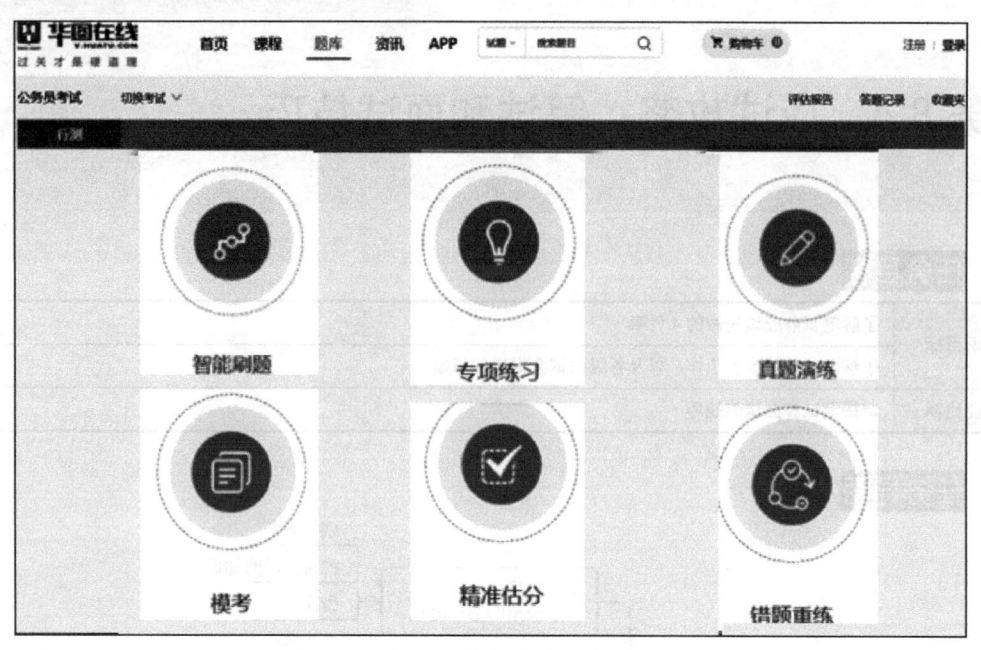

图 8-30 华图在线题库

（2）公务员在线题库（exam.chinagwy.org）。该网站收录了全国各地的公务员行测真题试卷，题库较全。这里的题库和题量更适合公务员考试，准备互联网行测笔试的同学可以当作题库练习。公务员在线题库如图 8-31 所示。

图 8-31 公务员在线题库

2. 贮备互联网知识

互联网行业中的巨头都有哪些公司？除了淘宝网、京东以外，你所熟知的 O2O 电商平台还有哪些？你对竞争对手的产品怎么看？产品哪些地方有待改进？你最常用的 App 有哪些，它们好在哪里？

以上问题都是笔试中较为常见的，考察同学们对互联网行业的了解程度。对于互联网行业不了解的同学，需要多下点功夫。

准备的方法有很多，例如，多看相关资讯、行业新闻；多思考，了解你所投递企业的热门产品及它们的竞品。这样到了考核的时候，才能做到言之有物。

了解互联网行业的途径有很多，这里给大家列举以下几种。

- 相关经验分享：简书、知乎、PMCAFF、人人都是产品经理等。
- 互联网行业动态：36氪、虎嗅、钛媒体、极客公园等。
- 数据统计报告：艾瑞网、易观智库、百度指数等。
- 微信公众号：运营研究社、新榜、顶尖文案等。
- 运营书籍：《跟小贤学运营》《影响力》《文案训练手册》《乌合之众》《怪诞行为学》等。

3. 做往年测试题

这种方法最重要的作用就是熟悉出题风格、方式，训练自己的思考模式。目前市面上还没有看到专门有互联网非技术岗位笔试题的资源整合网站。一般都是上论坛，从别人面试的经验分享里提取笔试题，如应届生论坛（http://bbs.yingjiesheng.com/）。不过，需要提醒大家的是，这些题目毕竟是凭借记忆留下的，所以题目有可能不全或不够准确。应届生论坛如图 8-32 所示。

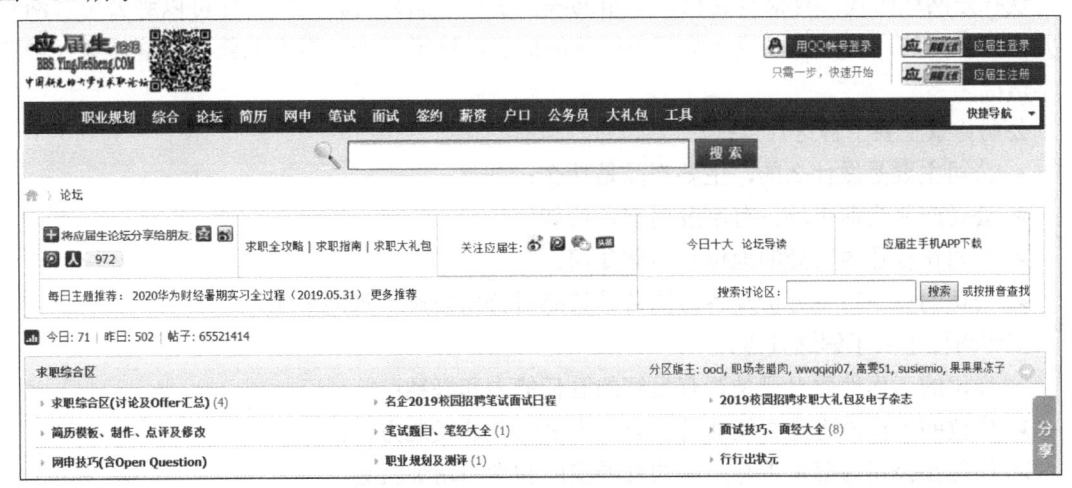

图 8-32 应届生论坛

4. 关注热点

互联网是个迭代速度非常快的行业，所以你对于新知识的了解程度也要跟上。比如"网红经济"的出现，腾讯产品策划笔试中就出现过：

请你运用互联网思维，为"papi 酱"设计一款面向粉丝的互联网产品，详细描述产品的主要功能和盈利方式。

如何关注行业热点呢，其实第二点提到的资讯网站和公众号都是了解的途径。此外，还有微博热搜、知乎热搜、百度风云榜等热搜网站。

◆课堂讨论 8.9

选择本节笔试前先做的 4 件事中的一件事进行尝试。

8.4.2 面试攻略：如何拿下心仪的职位

通过笔试之后，下一步就是面试环节了。面试一般分为无领导小组讨论、初次面试、二次面试和 HR 面试。其中，无领导小组讨论不一定所有的公司都会进行。一般来说，应聘人数较多的大公司会用这种方式对应聘者进行初步筛选，例如腾讯、阿里巴巴等。而有些企业，在简历筛选通过之后，会进行电话面试，对应聘者的基本情况进行了解。

这一节我们来了解一下这些面试环节通常是怎样进行的，应该如何攻克并拿下心仪的职位？

1．面试前的准备

"机会总是留给有准备的人的"，如果在面试之前做了充足的准备，很多面试问题其实都可以迎刃而解。想要面试成功，同学们可以提前做好以下准备工作。

（1）了解公司岗位和职位需求。面试官在面试时经常会问：你来之前有没有了解过我们公司？有没有看过这个岗位的介绍？

"我不是很了解"，这对于面试官来说不是一个好答案，因为你去一家公司面试，最基本的就是要了解这家公司。

现在是网络时代，有很多途径可以帮助我们了解一家公司。例如，你可以到公司官网查看并研究公司的产品，可以搜一些相关行业的信息。这样一来，基本上就能了解这家公司的基本情况。

公司背景主要了解这几点：
➢ 公司主要是做什么的，主要产品是什么；
➢ 公司产品当前市场占有率及用户评价如何；
➢ 公司在行业内所处的地位和口碑如何；
➢ 公司的竞争对手分析及各自的营销策略对公司发展走势的影响。

工作岗位主要了解这几点：
➢ 岗位的工作性质自己是否有足够的胜任能力和兴趣；
➢ 岗位的工作内容是否能够符合自己未来的职业发展方向；
➢ 岗位在公司内部是否有足够的发展空间和学习培训机会。

只有在面试之前做好了充分的准备，才不会在面试的时候头脑空白，回答不了面试官提出的问题。

（2）提前准备自我介绍。在自我介绍环节，最忌讳的就是重复简历上已有的内容。一份正确的自我介绍应该是由基本信息＋个人优势构成的。建议大家最多用 20 秒的时间介绍自己的姓名、学校、专业，然后话锋一转，引出自己的优势或强项。自我介绍的原则是：一定要在最短时间内激发面试官对你的兴趣，甚至是好感。给大家一个参考模板：

我叫×××，英文名字×××，××省××市人，今年 6 月将从×××学校×××专业本科（专科）毕业。除了简历上您看到的介绍，我愿意特别说一下我在×××方面的特长，我最大的特点是……（给出事例）。正是基于对自己这方面的自信，使我有勇气来应聘贵公司的×××这一职位。

（3）准备可能会问的问题。除了面试的常规问题，面试官也许还会想了解你简历之外的经历。比如：

> 自己曾经最成功的一件事情是什么？你为什么觉得它是成功的？然后你是怎么做到的？你认为比较遗憾的一件事情是什么？
> 你觉得自己最大的优点是什么？你觉得自己最大的缺点是什么？
> 你为什么来面试这份工作？你对这份工作的兴趣点在哪里？
> 你对薪资有什么要求？有没有与该职位相关的实习经历？

……

建议大家准备这些问题时，尽量准备一些实际的案例证明你的答案。比如，当问到你觉得自己最大的优点是什么的时候，大多数同学会说自己学习能力强、沟通执行力强。但是面试官可能会觉得，你只是很刻板地回答了这个问题，并没有说服力。如果你能找到一些事例，证明自己确实在这方面比较擅长，可信度会更高。

应该如何准备问题？我们将在后面的小节中重点回答。

（4）遵守时间，按时赴约。一般正规的招聘流程，HR 会电话和应聘者沟通好面试时间后，再发送面试邀约邮件，这封邮件也表示应聘者与公司达成了一项契约，应聘者会准时赴约，公司也会在这个时间段安排好面试官。

如果真的投递简历且沟通过面试时间，请认真对待。如果出于某些原因不能如期赴约，或者放弃面试，一定要提前告知 HR。

关于时间问题，如何把控面试到达时间比较重要。一般认为，最佳到达时间是提前 10~15 分钟。以前可能会普遍有这样一种心理，觉得越早到达面试地点，越能显示对该面试的重视程度。但实际上 HR 更喜欢提前 10 分钟左右到达的应聘者，因为他们既能按时参加面试，又能对时间有很强的掌控力和执行力，给人一种很有规划力的感觉。

最后一点比较重要的事情是千万别迟到。在面试中，迟到是大忌，这一点无需多言。所以，若去面试，宁可早到也别迟到！

◆ **课堂讨论 8.10**

根据你的目标岗位，写一段完整、规范的自我介绍，然后以小组为单位进行互评。

2．初次面试会问哪些问题

一般来说，大中型公司的面试流程分为三步：初次面试→二次面试→HR 面试，这几步可能会合并成一次面试，或者在同一天进行，或者分几次进行。

初次面试问的都是一些比较基础的问题，目的是考核应聘者的素质是否符合岗位的要求。这里列举一些初次面试时常见的问题和回答技巧。

（1）你认为什么是运营。

回答模板：运营最核心的工作是把产品推出去，让更多人使用，让更多人付费。手段和工具都只是套路，很快就可以掌握。对于运营来说，最重要的是不断问自己用户是谁，他们都有哪些故事；我们做一件事的目的是什么，理想状态下这件事会被做成什么样。例如，做一场提升用户忠诚度的线下活动，理想状态下现场的画面应该是大家一起玩游戏，给产品写祝福语，现场气氛应该十分活跃，他们都愿意把活动照片分享到朋友圈。

回答要点：运营目的性强；深入了解用户；面试时候表现出自己对运营的热情。

（2）你认为自己最擅长的是什么。

回答模板：我觉得我最擅长的是文章写作。我写了200多篇文章。账号的平均阅读量是8 000次，而我写过80篇阅读量过万的文章，对写作也形成了自己的方法论。幸运的是，这刚好也是贵公司目前在招岗位最需要的能力。除此之外，我比较擅长的还有活动策划。我做过一场200人的线下活动，做过单场同时1万多人在线的直播。所以，不管线上还是线下活动，基本都能够完成。

回答要点：擅长的技能要与对方的需求匹配；要用实际案例证明。

（3）你做过哪些不错的案例。

回答模板：我做过的运营活动有很多，基本上保持每个月有一次大的运营活动。线上做了××××××，线下做了××××××。其中与贵公司岗位最相关的案例就是××××××了，参与人数×××人，全网覆盖人数×××人。作为整个项目的负责人，目标、人群、主题、场地、推广节奏的确定基本是由我来完成的，其他关于物料设计和活动页面的开发都是与相应的同事配合进行的。

回答要点：对案例进行分类；主要负责的项目，参考范例的逻辑进行详细讲解。

（4）能介绍下你的这份实习经历吗（简历上的某一份）？

回答模板：这份实习经历属于××××行业，产品叫×××，属于××××类产品。在这家公司的××个月的时间里，我主要负责的是新媒体和活动策划方向的相关运营工作，与贵公司岗位能力要求最相符的是我在文案写作和公众号增长粉丝活动的策划工作。

回答要点：有逻辑地介绍公司信息；找到与岗位要求相匹配的工作模块。

（5）目前社会上有哪些热门事件？

回答模板：我平时比较喜欢到知乎、新浪微博、百度热搜这些平台了解大家在关心什么。如果是互联网行业发生什么事件就会关注36氪、小道消息、微果酱这样的一些平台。社会上的热门事件对于运营来说，最大的价值是蹭关注度，这个时候无论是文章还是活动，它们的阅读量和传播量都会比较好。最近，与贵公司最相关的社会热点应该是×××，里面的很多点都可以用到我们的文章中，比如×××。

回答要点：你的热点捕捉渠道；与产品最相关的社会热点。

3．二次面试会问哪些问题

如果你顺利通过初次面试环节，接下来就将进入二次面试。二次面试涉及的问题会更加宽泛，面试官的层级也更高，例如部门经理或总监之类的。这个环节更考验一个人的积累、随机应变能力和思维创造能力。面试环节中，面试官也有可能持续给我们施加压力，要做好心理准备。

下面看看二次面试时常见的问题和回答技巧。

（1）你对行业有什么看法。

回答模板：目前这个行业在我看来还是属于朝阳期，所以我来应聘了。整体商务模式有这几类，To B的基础技术和营销服务，To C的资讯媒体和贵公司所在的×××。通过我在TalkingData数据平台的了解，目前用户量比较大的是×××，我们排在×××。相比于他们，我们的优势在于产品体验，内容运营……

回答要点：对行业进行赞美；对产品进行赞美。

（2）你认为我们产品有哪些问题。

回答模板：不知道您是否方便和我介绍贵公司产品的整体规划？（听完面试官的介绍后）从规划来说，我觉得产品目前处于×××阶段。就运营层面来说，我建议公司在活动策划层面可以设置针对新用户的活动，可以设置"老拉新"的活动；在内容层面，建议在图片风格上统一，内容分类更加情景化；排版上层次再分明一些。这样的话，留存和增长方面的数据应该会提升。另外，我在百度上搜过贵公司的产品，发现基本没有任何与定位相关的媒体报道，如果可以加强品牌的运营就锦上添花了。

回答要点：了解产品规划；指出问题并给出建议，最好是有细节的建议。

（3）你计划如何增长公司公众号的粉丝。

回答模板：这个主要看团队"基因"，如果是内容强，我会倾向于用内容，这样用户精准度高，能写爆款的内容的就写爆款内容，不能写的就多做内容分发；如果是商务能力强，就多做互推和资源置换，我就见过有人互推推出几十万个粉丝的，前提是内容质量高；如果营销能力强，就多用套路和技巧，不过粉丝精准度不太高。贵公司目前粉丝不多，短期建议是用营销套路去吸引粉丝，长期我还是会用内容来做用户的增长和忠诚度的。

回答要点：告知行业涨粉模式；结合实际情况给出短期做法；长期回归内容是必须的。

（4）如果这个项目让你做，你会怎么做？

回答模板：这个项目对我来说还是有挑战的，不过我会尽量去完成。首先，我会明确和树立管理层对这个项目的预期，然后带着这样的预期去找同行业的案例，或者全网进行案例搜集和分析；其次，我会给出一份项目计划书，设置不同的时间节点事件和目标，以及对应所需要的预算和人力资源。总之，如果公司愿意在这个项目进行投入，我会全力以赴去做好。

回答要点：项目整体操作流程；项目立项书核心要点；表达决心。

（5）你经常上哪些网站和App。

回答模板：就个人兴趣来说，我会上一些类似Bilibili这样的二次元网站，他们的社区氛围和互动做得很好。学习上就经常逛知乎、好奇心日报、36氪，有时候为了提升自己的审美，还会上花瓣和Pinterest，为了提升创意会上广告门和数英网。与贵公司业务相关的App，就是×××××。

回答要点：结合岗位能力要求来说网站；附带说说与公司业务相关的网站；

（6）说一说你未来的职业规划。

回答模板：感谢你提出这么深刻的问题。我的兴趣是×××，优势是×××，因此我选择了×××行业/职业，这是一个可以将我的兴趣和工作结合起来的行业，是我非常喜欢的，所以我会很用心对待×××岗位。

回答要点：对于应届毕业生来说，工作经验不多，社会阅历尚浅，对自己认知不足，很多想法不成熟，让他们说清楚自己的职业规划，其实是一件很有难度的事情。大多数面试官主要是希望通过你的回答，了解你对自我的认知，对该行业的看法，对应聘岗位的认知。

4．HR面试会聊什么

当你能够顺利通过初次面试和二次面试，恭喜你，离职位只有一步之遥了。这时候，HR

一般会和你聊聊专业知识以外的问题。

（1）你对加班的看法。

回答模板：基本上，如果上班工作有效率，工作量合理，应该不太需要加班。不过，我也知道有时候很难避免加班，加上现在工作都采用责任制，所以我会调配自己的时间，全力配合。

回答要点：面试官问这个问题，并不证明一定要加班，只是想测试你是否愿意为公司奉献。虽然不会有人心甘情愿去加班，但依旧要表现出高度配合的诚意。

（2）你期望的薪资是多少。

对大家的建议是，在谈薪资的时候可以先了解一下行情。可以去各个招聘网站上看看你所在城市类似的岗位的薪资范围，也可以找周围的小伙伴，或者在一些运营社群里了解大家大概都在什么样的薪资水平。如果是应届生，可能在谈薪资方面没有太多的议价能力，可以表达出 "我尊重公司的规定，可以按公司要求获得合理薪水就好"。

关于应聘者如何谈薪资将会在下一个任务中重点讲解。

（3）你还有什么要问我的吗？

出于礼貌，HR 有时会问你，是否有问题要问他。想要提出一个好问题，其实并不容易。这里给大家展示几种答案。

① 错误示范。

"我想问一下，运营和产品具体指哪些工作？"这样的提问，说明你对公司没有基本的了解。这样，HR 会对你的专业度和诚意产生怀疑，从而降低对你的好感度。

② 普通回答。

➢ "我想问一下，我们和其他几家竞争对手相比，最大的优势和劣势是什么？"有些同学可能想要用这个问题来展示自己的专业性。但是，其实这样的问题太宏观了，很难在面试环节讲清楚。

➢ "我想知道，您作为一个专业人士，对我的印象如何？您觉得我还应该在哪些方面可以改进？"让面试官当场点评自己的表现，是不合逻辑的做法，会显得提问者有些幼稚。一方面，HR 没有义务对你的表现进行评价；另一方面，HR 的判断与你能否最终拿到职位也有关系，HR 一般不会在这个时候对面试者进行评价。

③ 回答示范。

➢ "您是总经理，肯定特别忙，我就不提问了吧。其实在前几轮的面试里，前面面试官×××已经回答了我不少问题。"面对日理万机的总经理，这样谦虚的态度还是非常得体的。而且，提起前几轮面试官的名字，也令总经理感到很亲切。当然，总经理一定会鼓励你提问的，所以还是要提前准备好高质量的问题。

➢ "我刚才在等面试的时候读了我们的月报，上面说很多数据统计工具都是友盟和 GrowingIO 的，这些工具我从来没有接触过。我想知道公司会对我们先进行系统培训吗？还是需要我们边工作边学习？"针对未来的工作内容进行提问，说明你事先了解过工作内容，且对未来的工作有思考和规划。这样的问题比较容易赢得 HR 的好感，也能让 HR 感受到你的专业度。

5. 如何应对无领导小组面试

很多大公司对应届生面试时候都倾向使用无领导小组面试的方式。但是很多同学对无领导小组面试缺乏了解，面对这种开放式面试不知该从何着手，在面试时没有发挥自己应有的水平，从而错失展现才华的机会。接下来我们了解如何应对无领导小组面试。

（1）无领导小组面试是什么？无领导小组面试也叫群体面试，常见于非技术类职位的面试，通常时长半个小时左右，6~12人为一组。在这个过程中，面试官考验的是你各方面的能力和素质，包括问题分析、逻辑思维、沟通表达、团队合作、情绪控制及团队领导等能力。

简单来说，就是给面试者们一个话题，小组讨论并得出一致的结果。在这个过程中，HR会考察你临场表现出来的能力。具体有哪些能力，同学们可以看看如表8-11所示的这张评分表格。

表8-11 无领导小组讨论评分表

能力	评分要点
分析决策能力	信息的筛选、组织、归纳、识别
	鉴定因果关系
	解决问题的思路
沟通能力、说服力、影响力	观点表达的清晰性
	让别人理解自己的观点
	理解、适应他人的观点
	被别人接受
计划与组织能力	组织引导讨论
	讨论中与人情相关的因素
	个人结论的条理性
学习能力	有建设性的独到见解
	改变看问题的角度
	对他人观点的理解
	讨论中的灵活性
	总结归纳小组意见
团队合作能力	与人共事
	在一致意见下解决问题
	面对冲突
主动性	发表不同观点
	做出结论
	积极参与讨论

* 评分制度：5分制

（2）无领导小组面试流程。无领导小组面试一般分为多个小组，流程一般是：个人陈述→自由讨论→总结陈述→考生退场→计分审核，无领导小组讨论流程图如图8-33所示。

无领导小组讨论的实施流程一般分为3个阶段。

① 开始阶段。主考官宣读讨论题目和注意事项；应聘者阅读题目，独立思考，准备个人发言。准备时间一般为 3～5 分钟。

② 个人发言阶段。应聘者轮流发言，阐述自己的观点。主考官控制每人的发言时间不超过 3 分钟。

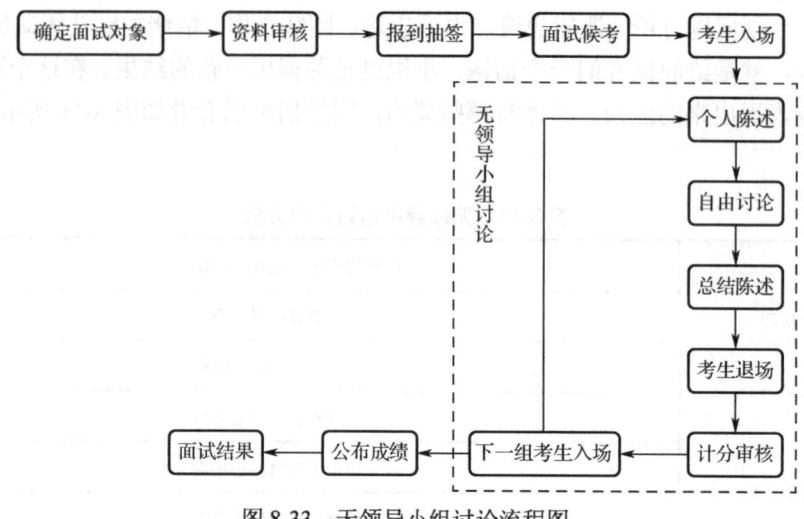

图 8-33 无领导小组讨论流程图

③ 自由讨论阶段。个人发言后，小组进入自由讨论阶段。应聘者不但要继续阐明自己观点，而且要对别人的观点提出意见，最后达成一致。自由讨论的时间一般为 30～40 分钟，此阶段主考官不进行任何干预。

④ 总结阶段。讨论结束后，所有考官都要撰写评定报告，内容包括此次讨论的整体情况、所问的问题内容以及此问题的优缺点，主要说明每个应试者的具体表现、自己的建议，以及最终录用意见等。

（3）无领导小组讨论的 4 类问题。

① 开放式问题。开放式问题的答案范围很广泛，没有确切的参考答案，主要考察考生思考问题是否全面、是否有针对性，思路是否清晰。例如：

你认为什么样的领导才是好领导？中国如何才能成为世界强国？

② 操作性问题。操作性问题一般是提供材料、工具或道具，让考生利用这些材料制造出一个指定的物品。主要考察考生的创造性、合作性，以及在一项工作中的实操能力。例如：

给每个小组一个鸡蛋，一些吸管和胶带，请小组在 20 分钟内想出一个办法，利用这些道具，让鸡蛋从 2 米的高空中掉下来而不碎。最后选出一个人做演示和总结，并请每一个人对自己的表现做总结。

③ 两难性问题。两难性问题让考生在两种有利有弊的答案中选择其中一种，无论你选择哪种答案都不会错，关键是要有理有据。这类题目主要考察考生的思维敏捷性、分析能力、语言表达能力及说服力。例如：

你认为公司给你良好的发展机会有吸引力，还是比较客观的薪水更有吸引力？如果给你吃葡萄，你会选择先吃有点变坏的葡萄还是选择先吃好的葡萄，为什么？

④ 多选性与排序性问题。这类问题是让考生在多种备选答案中选择其中有效的几种，或者对备选答案的重要性进行排序。这种问题主要考查考生分析问题、抓住问题本质等方面的

能力。考官从考生选择的排序和理由中，判断考生的性格特点、心理特点和职位匹配性等多方面信息，如公司裁员、海上逃生等问题。

（4）无领导小组的角色分布。

① 领导者。主动跳出来做领导者的应聘者，无疑会在面试开局的时候获得一定的印象分。但是，如果讨论搞砸了，你的责任反而会更大。所以，同学们要客观评估自己的实际能力，谨慎选择。并不是选领导者就能一定能取得好结果。

想要当领导者的同学，需要具备较强的沟通表达能力和组织协调能力。在面试过程中，通常需要做到以下 3 点：

- 合理分工、有序组织讨论；
- 认真倾听，理性判断成员意见；
- 不要陷入细节问题，把握讨论节奏。

② 计时者。计时者的工作，不仅仅是看表，更重要的是把控节奏，把控问题讨论是否在正确的轨道上。同时，计时并不意味着你不需要认真参与讨论。

计时者很容易犯的错误有两个：一是死盯着手表，不参与讨论；二是讨论得忘乎所以，忘记计时。无论是哪一种行为，都是非常减分的。想要做好计时者的工作，就要做到以下两点：

- 合理规划时间；
- 及时提醒，避免组员阐述的问题过分发散。

③ 记录者。记录者的工作看起来好像很简单，只是记录大家的观点。实际上，这对面试者的条理性、逻辑性和归纳总结能力要求很高，决不允许出现缺漏或者条理不清晰的状况。想要做好记录者的工作，就要做到以下两点：

- 集中注意力，避免丢失关键信息；
- 用思维导图或表格的形式呈现，保持条理清晰。

④ 总结者。总结者一般是最后总结小组观点的人。作为总结者，表达观点时要简洁、准确。既要注重最终讨论结果，也要清晰地表达讨论的进行过程。讲述的逻辑可以是这样的：对于整个讨论，你们是怎么安排的，最终达到了什么样的讨论结果。

在总结时，只要注意以下两点就可以了：

- 言简意赅，条理清晰；
- 控制总结发言的时长。

到了真正的面试环境中，大家不需要刻意去给自己选择角色。最关键的，还是按照自己的工作风格来，在讨论过程中，注意展示自己的个人优势即可。

（5）无领导小组面试的 4 个注意事项。

① 群体面试过程中，一定要拿出笔和纸进行记录。在讨论过程中，及时记录其他组员陈述的内容，能帮助你更有针对性地发言，避免重复发言，提高小组讨论的效率。

② 别人在发言时不能抢话打断。不要为了发言而发言，因为讲一些可有可无的话反而会降低你的评分。发言的关键，在于有理有据或有创新思维。同学们要珍惜每一次发言机会，尤其是在讨论人数较多时。因为这时候，每个组员的发言机会都不多。

③ 遇到不擅长的话题时，不要紧张，可以先倾听其他人的想法，可能会得到一些灵感。遇到擅长的话题时，也要注意倾听其他人的想法，可以更好地总结发言。

④ 团队氛围非常重要。群体面试过程中，千万不要出现争执互掐的情况。一般争执的人会影响整个团队的走势，比如无法在规定时间内完成讨论，甚至被直接淘汰。在无领导小组

讨论中，团队的胜利最重要。因为表现好的团队，通过名额也会比较多。

6．如何应对电话面试

"您好，请问你是×××吗？我是A公司的HR，想和你进行电话面试，请问现在方便吗？"很多公司在收到面试者的简历后，会先对面试者进行电话面试，了解面试者的基本情况。在接到面试官的电话后，应该如何应对呢？

（1）主动选择通话时间、地点。在企业突然来电时，你有可能在街道、商场、饭店等嘈杂的地方，或者还没做好准备。这时你可以主动要求另约时间再联系。相关的话术推荐如下。

主动选择时间。"对不起，我现在外面，目前环境比较吵，能否给我5～10分钟换个环境，给你回电话？"

对方同意后，确认联系方式。"请问怎样称呼您？我一会儿回拨这个电话可以吗？"或者HR会说到时候他打给你。

最后确认关键信息。"好的，××（HR的称呼），那我十分钟后回拨给您，我们再进行电话面试。"电话挂断后，你需要寻找一个安静的地方，最好能够准备纸笔对面试的要点进行记录。

（2）拿上你的简历。电话面试时，只能凭借声音对对方进行判断，所以在回答问题时要冷静干脆。最好拿上你的简历，这样进行自我介绍时，既有条理，也不会遗漏要点。

（3）多用STAR法则。"你在某段实习/工作中学习了什么""谈一谈你在工作中解决过的某个问题"，诸如此类的经历描述问题，可以把你取得的成就列举出来，多用数据说话。按照STAR法则进行描述，能够让你的条理更加清晰。

> S（情景）：项目的时间和背景。
> T（任务）：你的工作任务是什么。
> A（行动）：你是怎么完成任务的。
> R（结果）：任务的完成情况如何。

（4）接听电话时要注意语速。在回答问题时，语速不必太快，发音吐字要清晰，表述要简洁、直截了当、充满热情，使谈话有趣而易于进行。

如果问题没听清楚，要有礼貌地请HR重述一次，不要不懂装懂。如有必要，甚至还可以要求HR改用其他方式重述他的问题。回答时，尽可能表现得诚恳，不要答非所问。

（5）询问HR问题。初次面试，最保险的就是问比较空泛的问题。你可以询问HR下一步的招聘流程，公司对这个职位的期望，等等。不要问深入的细节问题，比如上下班时间、餐贴补助、年假制度等，因为这些都是在谈薪环节才问的问题。

（6）电话面试结束做好总结。你可以建立一个Excel表格，把面试问题、不足表现等信息记录在表上，方便下一次提升面试的表现，这样才能在一次次的面试中积累经验。电话面试信息记录格式如表8-12所示。

表8-12 电话面试信息记录格式

面试时间	公司名称	岗 位	HR姓名	联系方式	面试提问	不足表现	备 注

任务实训

实训 8.4　运营岗位面试情景模拟

1. 任务描述及任务要求

以小组为单位，两个小组之间进行运营岗位面试的情景模拟。一组扮演面试官、部门负责人及 HR，另一组扮演运营求职人员，分别模拟以下情景：电话面试、无领导小组面试、初次面试（求职人员和面试官）、二次面试（求职人员和部门负责人面谈），HR 面试（求职人员和 HR 谈薪资等具体内容）。扮演面试官、部门负责人及 HR 的同学需要提前准备面试的题目。任务描述及任务要求如表 8-13 所示。

表 8-13　任务描述及任务要求

序号	任务描述	任务要求
1	电话面试情景模拟	掌握电话面试的技巧
2	无领导小组面试情景模拟	掌握无领导小组面试技巧
3	初次面试情景模拟	能够应对初次面试的各种问题
4	二次面试情景模拟	能够应对二次面试的各种问题
5	HR 面试情景模拟	了解和 HR 面谈的主要内容

2. 实训内容

参照任务描述及任务要求的内容，说明你在本次任务不同的情景中充当的角色，提出或回答了哪些问题，最后写一段在本次情景模拟中的心得体会，以 Word 文档的格式提交。

3. 任务考核

运营岗位面试情景模拟任务考核表如表 8-14 所示。

表 8-14　运营岗位面试情景模拟任务考核表

序号	考核内容	评级 （A、B、C、D）	说明
1	掌握电话面试的技巧		
2	掌握无领导小组面试技巧		
3	能够应对初次面试的各种问题		
4	能够应对二次面试的各种问题		
5	了解和 HR 面谈的主要内容		

任务 8.5　科学谈薪：怎样谈到合适的薪资

任务目标

知识目标	了解调查行业/岗位薪资水平的方法
技能目标	学习说服 HR 满足你薪资需求的技巧

任务导图

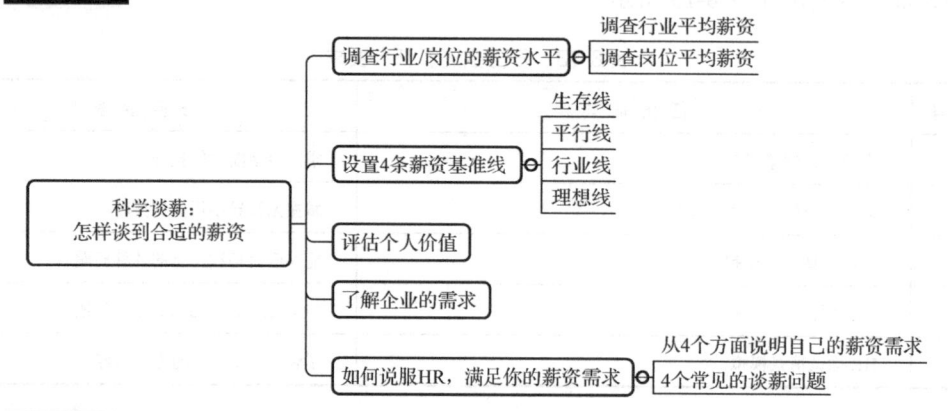

```
                          ┌─ 调查行业/岗位的薪资水平 ─┬─ 调查行业平均薪资
                          │                          └─ 调查岗位平均薪资
                          │                          ┌─ 生存线
                          │                          ├─ 平行线
                          ├─ 设置4条薪资基准线 ──────┤
   科学谈薪：             │                          ├─ 行业线
   怎样谈到合适的薪资 ────┤                          └─ 理想线
                          ├─ 评估个人价值
                          ├─ 了解企业的需求
                          │                                ┌─ 从4个方面说明自己的薪资需求
                          └─ 如何说服HR，满足你的薪资需求 ─┤
                                                           └─ 4个常见的谈薪问题
```

任务实施

薪资构成主要包括两个方面：一是基本薪资；二是员工福利。应届毕业生的平均薪资水平跟地域、公司地位、岗位重要性及个人能力等息息相关。除了基本薪资之外，常见的员工福利包括五险一金、各种补贴（交通补贴、住房补贴、加班费、餐补、话费补贴等）、假期（带薪年假、节假日福利等）、奖金（年终奖、"13 薪"、绩效奖金等）、培训机会……

如何在第一份工作中得到一份合适的薪资，这一任务将给大家介绍几个谈薪技巧。

8.5.1　调查行业/岗位的薪资水平

尽管同为运营人员，不同行业薪资水平差距很大。HR 是很清楚行业平均薪资的，他们工作的主要内容就是控制用人成本。所以，在谈薪资之前需要调查应聘的行业和职业的平均薪资，不然 HR 问你要多少薪资的时候就会很懵懂，不知道薪资标准。

1. 调查行业平均薪资

建议同学们可以从公司所处行业地位、公司所在城市这两个维度去调查行业的平均薪资。

（1）公司所处行业地位。首先对应聘的公司进行定位，了解其影响力在行业内的位置，然后分别了解同它排名靠前、平行、靠后的公司对应职位的薪资水平。比如，你应聘的是百度产品运营，你的薪资就应该和腾讯、阿里、京东、网易、携程这样的公司比。

（2）公司所在城市。同样的学历，同样的岗位，在北京工作和在武汉工作，其薪资水平是完全不同的。同样的行业，在一线、二线、三线城市薪资水平也是有很大的差距的。BOSS

直聘统计的 2018 城市平均薪资如表 8-15 所示，（数据仅供参考）。

表 8-15　BOSS 直聘统计的 2018 城市平均薪资

城　市	薪　资	城　市	薪　资	城　市	薪　资
北京	11 614 元	重庆	6 721 元	合肥	6 299 元
上海	10 287 元	福州	6 625 元	兰州	6 296 元
杭州	9 572 元	昆明	6 542 元	郑州	6 279 元
南京	7 532 元	济南	6 530 元	南宁	6 252 元
广州	7 514 元	西宁	6 480 元	哈尔滨	6 246 元
拉萨	7 280 元	银川	6 442 元	长春	6 228 元
武汉	6 920 元	海口	6 437 元	西安	6 108 元
成都	6 900 元	长沙	6 385 元	南昌	6 040 元
乌鲁木齐	6 867 元	天津	6 371 元	沈阳	5 912 元
贵阳	6 854 元	呼和浩特	6 362 元	石家庄	5 766 元

2．调查岗位平均薪资

如果你已经确定了去应聘哪一家互联网企业，或者说已经拿到了对方的职位，在谈薪资时可以通过下面 3 个渠道调查岗位具体的薪资情况。

（1）招聘网站。到应聘企业的招聘官网上查看薪资，可以得到一个比较官方的答案。不过招聘网站上的薪资水平需要理智看待。例如，薪资范围是 6 000～7 000 元，90%最终得到的薪资是 6 000 元，9%最终得到的薪资是 6 500 元，只有 1%最终得到的薪资是 7 000 元。

为了全面了解这个行业在某个城市的运营薪资整体水平，建议同学们到一些招聘网站上看看其他企业的运营薪资的水平，这样就比较清晰了。

（2）薪资爆料网站。有不少企业员工，会在知乎、脉脉或看准网爆料自己的实际薪资，甚至还会附上自己的工作情况，比如岗位、年限、城市等信息。大家可以到这些平台上搜索企业关键词，了解内部信息。

（3）询问同行。如果能找到公司的员工询问是最好的，因为他们提供的信息是最真实的。不过，这涉及隐私问题，不一定都能问到结果。你也可以尝试询问离职的员工，或者在其他公司做相同岗位的业内人士。

8.5.2　设置 4 条薪资基准线

很多大学生面试的时候，在被问到要多少薪资的时候都会非常冲动地说"你看着给吧，我只想要一个学习的机会"。在用人单位看来，往好的方面想，会认为你是一个意愿度非常强的人；如果往坏的方面想，就会认为你是一个缺失基础思考的人。

所以，在跟人力资源谈薪资之前，除了要了解行业和岗位的薪资，我们自己要给自己设置 4 条薪资基准线，并且对每一条线的具体数据做理性的评估。尽量做到有理有据，面试官会觉得你是逻辑性很强的运营。4 条薪资基准线如图 8-34 所示。

（1）生存线。生存线即处于马斯洛需求层次理论的温饱阶段，满足衣食住行等基本生存需求，此外还有学习、通信、社交等成本也需要考虑。比如，你在上海工作，住房租金 2 000 元，伙食费 1 000 元，交通费 300 元，通信费 100 元，社交费用 400 元，最少到手一个月要有 4 000 元才能够勉强维持生存。对于应届生来说，这条线是最优先算的。如果你可以按照这条基础线的逻辑来谈薪，或许你可以更好地获得领导认可，拿到更高的薪资。

（2）平行线。如果你拿到了多个职位，在最终谈薪时，可以以其他公司给你的薪资作为依据。也可以跟你曾经实习过的公司前辈请教，如果你在他们公司上班，能拿到多少薪资。

（3）行业线。即了解行业、城市的平均薪资水平，可以至相关网站查询。

（4）理想线。如果对自己的能力比较有把握，可以向面试官提出比行业平均值高出 20%~30%的薪资。

8.5.3 评估个人价值

经过前面两步的薪资评估，我们差不多知道自己想要的薪资了。接下来要做的就是对自己能力价值进行评估，这样在谈薪资的时候不至于处于被动状态。如果评估下来你的能力价值大于你提出的薪资，还能占据主动位置，就能让自己的谈薪过程更加自信。

对应届生来说，在企业招聘官网填写简历的几个维度，就是企业招人对基础能力评估的维度。应届生能力评估维度如图 8-35 所示。

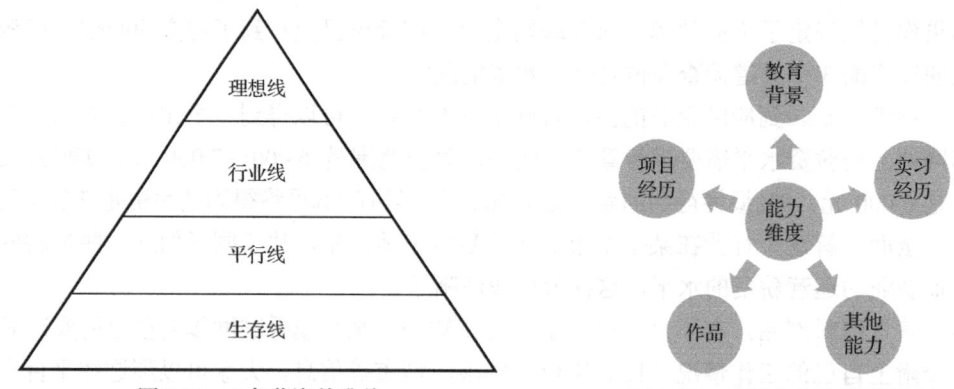

图 8-34　4 条薪资基准线　　　　图 8-35　应届生能力评估维度

（1）教育背景。大多数企业都喜欢招聘"985/211"的学生，起薪也相对较高一些，这样可以降低人才筛选成本。如果你恰好都不是这两种院校的毕业生，也没有关系，可以通过下面几个维度进行弥补。

（2）实习经历。如果你有与岗位相关的实习经历，既可以帮助用人单位降低培养成本和时间，也可以提升你的能力估值。如果有名企实习经历，那就更好了。

（3）项目经历。有过项目经历，说明你是有实操能力的。如果你是项目负责人，能力估值会更高。

（4）其他能力。例如，对于应聘内容编辑岗位的同学来说，除了写作以外，如果还能设计出精美的图片，剪辑视频、音频，会摄影，那也会有额外加分。

（5）作品。作品是能力最好的证明。如果有作品，也是一个不错的筹码。

8.5.4 了解企业的需求

做到前面的 3 步，谈薪准备工作就基本完成了。这时候，还可以去感知企业对这个岗位的需求，从它发出的一切信号进行判断，比如下面这些信号对你的谈薪帮助就非常大。

（1）岗位发布信息。如果在非求职季，企业发布求职信息，说明短期内非常迫切想招到人。如果类似是在校招季，而且招聘时间比较长、岗位人数多，那么企业招聘需求其实并不是非常强烈。

（2）简历投递后响应时间。投递简历后，三天内便能安排相应面试，说明企业希望能快点招到人。

（3）每轮面试间隔时间。如果间隔时间较短，说明企业比较急于招到人才。

（4）面试后的答复时间。如果面试后 HR 能很快给你答复，那么你就有谈判的机会。

（5）企业业务方向。你可以从公司的动态和公共信息去判断这家公司对该岗位是否真的急需人才。比如小红书现在的战略是电商社区化，如果你是内容领域的人才，那就是他们迫切需要的。

8.5.5 如何说服 HR，满足你的薪资需求

1. 从 4 个方面说明自己的薪资需求

在调查岗位薪资、评估自己的价值、了解企业需求之后，接下来要做的就是在面试官面前有理有据的证明自己的需求是正确的。同学们可以从以下 4 个方面着手说明自己的薪资需求。

➢ 岗位平均薪资水平；
➢ 生活花费预算；
➢ 个人能力；
➢ 其他职位薪资情况。

例如：

据我了解，咱们这个岗位的平均薪资水平在×××××。我选择来公司面试，是因为相信公司能够为我提供有前景的职业发展平台，让我的第一份工作收获颇丰。但是，考虑在××城市的租房、吃饭、交通等开销都比较大，加上平时买书、培训、参展等学习上的费用，所以我希望可以拿到××××。最后，我相信以我现在的作品及能力可以给公司带来相应的回报。

但是，如果这家公司的发展平台真的不错，也没必要过于纠结薪资。一方面，好的公司可以给你的资源和身份背书。就像现在有许多创业公司的人会选择跳槽到大公司一样，尽管他们的薪资可能不升反降。另一方面，只要你有足够的能力，好公司迟早会给你应有的薪资。例如，编者刚毕业的时候，薪资只有 3 000 元，而次年 6 月，薪资就翻了近 6 倍。

2. 4 个常见的谈薪问题

（1）HR 开出的薪资比预期低怎么办？

① 思考为何不能满足自己的心理预期。你应该思考，在前面的分析维度中，是哪一步出现了问题：面试表现没有达到相应的薪资水平；前期对个人能力估价过高；找工作的时机、整体行情不佳；这家公司预算、薪酬体系本身就不能达到你的要求。还有一种可能，那就是面试官故意压价。

② 多争取其他福利。在基本薪资暂时没有谈判余地的时候，可以尝试多争取一些其他福利。比如能否取消试用期薪资 8 折的规定，是否可以减少试用期时间，或者给自己争取一次半年调薪及绩效浮动薪资的机会。

③ 寻求最终面试官的帮助，说出你的预期。如果你对自己的能力有信心，觉得业务能力能满足面试官的要求，那么可以寻求最终面试官的帮助。毕竟对于企业来说，合适的薪资能够激发员工工作的动力。

如果面试官非常欣赏你，你就能够有理有据地解释，为何你值得更高的薪资。这个时候，面试官往往会尽可能帮助你去说服 HR，满足你的薪资要求。

④ 学习机会是否足够多。这里判断的标准是：学习机会是否多于预期与现实的薪资差价。如果你预估在这家公司未来 1~2 年里，学习机会及个人发展规划是大于薪资差价的，那么这份工作就是值得去做的。

（2）HR 开出的薪资比面试官说的低了。企业内部出现这种低级分歧，说明他们的管理还不是很成熟。如果你遇到这种情况，建议开始的时候可以坚持要面试官给的薪资，因为面试官既然给了相对较高的薪资，说明他是认可你的能力的。如果 HR 坚决不同意，而你又非常想去这家公司，就只能接受 HR 给你开出的薪资。

（3）五险一金等隐藏福利，没有给出明确回复。这是人力资源会在签劳动合同的时候跟你聊的话题。一般情况下，公积金是按照税前薪资的 5%~12% 缴纳，而有些创业公司为了降低用人成本，会拿税后薪资的 5%~12% 进行缴纳，还有些公司会直接按照最低标准缴纳。

五险一金具体交多少，主要看个人意愿。如果你想买房，或者想申请北京、上海这样一线城市的户口，那就需要尽可能高地交。这样一来，你的个人信用和其他工作积分会比较高，更容易申请户口和购房贷款。具体的政策每个城市都不一样，需要咨询当地的相关部门。

（4）"13 薪"指的是什么。如果 HR 承诺你的岗位是"13 薪"，就意味着在年底发最后一个月的薪资时，会给你两个月的薪资。当然，前提是你在公司工作满一年。如果你的工作时间只有几个月，那么多领的薪资金额就是（工作月数÷12）×薪资基数。

任务实训

实训 8.5　科学谈薪：实现自我认知

1. 任务描述及任务要求

假设你要去面试一家做 K12（学前教育至高中教育）在线教育平台的运营岗位（内容运营/社群运营/活动策划），请写出你的期待薪资水平及理由。可以从行业薪资水平、薪资基准线、个人价值、企业需求 4 个方面展开详细描述。任务描述及任务要求如表 8-16 所示。

表 8-16　任务描述及任务要求

序　号	任 务 描 述	任 务 要 求
1	从行业薪资水平、薪资基准线描述期待薪资的理由	行业薪资水平有数据来源
2	从个人价值和企业需求两个方面来描述你期待薪资的理由	描述理由有理有据，有具体的案例支撑
3	两个小组之间进行说服 HR 满足你的薪资需求的情景模拟	能用具体的案例说服 HR 满足你的薪资需求

2. 实训内容

（1）根据任务描述及任务要求，你选择的运营岗位是＿＿＿＿＿＿＿＿＿＿＿＿，你期望的薪资是＿＿＿＿＿＿＿＿＿＿＿＿。请从不同的角度进行分析，说明你的理由，将结果记录在表 8-17 中。同时，以小组为单位进行谈薪的情景模拟。

项目 8 互联网运营校招求职攻略

表 8-17 期待的薪资水平的理由

分析角度	具体理由
行业薪资水平	
薪资基准线	
个人价值	
企业需求	

（2）延伸阅读。扫描右边的二维码并阅读文章，看看在职场上遇到的这些问题，我们应该怎样处理？希望这本书能为你的互联网职业生涯打开一扇新的大门，这是一个全新的开始而不是结束。

3．任务考核

科学谈薪，实现自我认识任务考核表如表 8-17 所示。

表 8-18 科学谈薪，实现自我认识任务考核表

序号	考核内容	评级（A、B、C、D）	说明
1	行业薪资水平数据来源清晰		
2	能从个人价值和企业需求两个方面用具体的案例描述期待薪资的理由		
3	能用具体的案例说服 HR 满足你的薪资需求		

项目小结

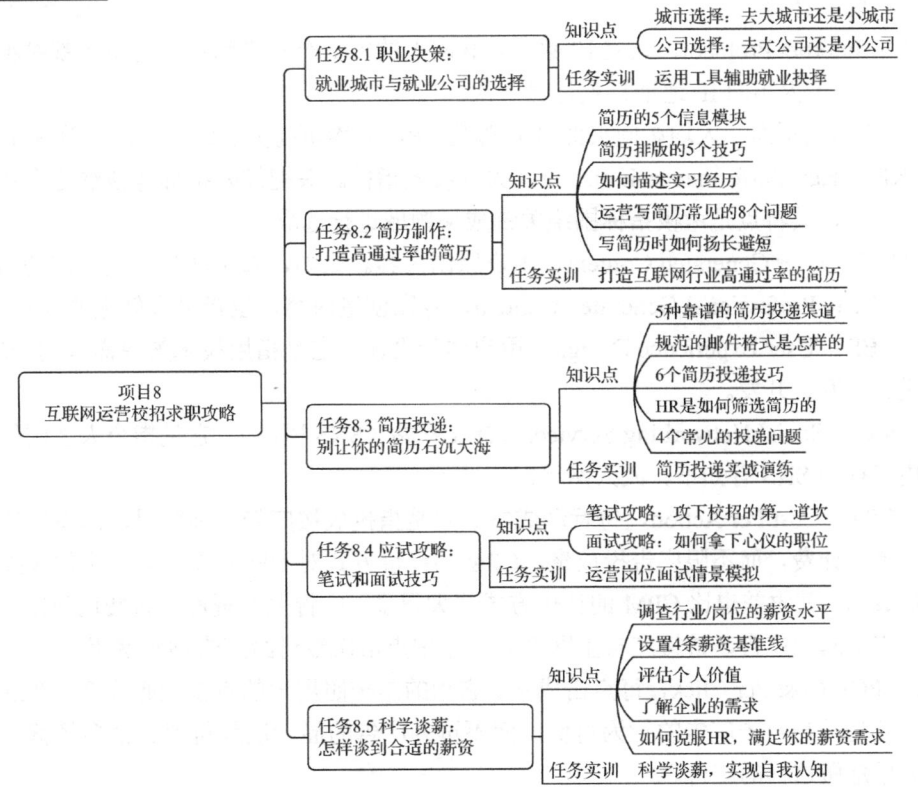

项目8 互联网运营校招求职攻略
- 任务8.1 职业决策：就业城市与就业公司的选择
  - 知识点
    - 城市选择：去大城市还是小城市
    - 公司选择：去大公司还是小公司
  - 任务实训 运用工具辅助就业抉择
- 任务8.2 简历制作：打造高通过率的简历
  - 知识点
    - 简历的5个信息模块
    - 简历排版的5个技巧
    - 如何描述实习经历
    - 运营写简历常见的8个问题
    - 写简历时如何扬长避短
  - 任务实训 打造互联网行业高通过率的简历
- 任务8.3 简历投递：别让你的简历石沉大海
  - 知识点
    - 5种靠谱的简历投递渠道
    - 规范的邮件格式是怎样的
    - 6个简历投递技巧
    - HR是如何筛选简历的
    - 4个常见的投递问题
  - 任务实训 简历投递实战演练
- 任务8.4 应试攻略：笔试和面试技巧
  - 知识点
    - 笔试攻略：攻下校招的第一道坎
    - 面试攻略：如何拿下心仪的职位
  - 任务实训 运营岗位面试情景模拟
- 任务8.5 科学谈薪：怎样谈到合适的薪资
  - 知识点
    - 调查行业/岗位的薪资水平
    - 设置4条薪资基准线
    - 评估个人价值
    - 了解企业的需求
    - 如何说服HR，满足你的薪资需求
  - 任务实训 科学谈薪，实现自我认知

附录 A

28 个常用的运营术语

1. DAU：Daily Active User，日活跃用户数量。
2. MAU：Monthly Active Users，月活跃用户量。
3. ROI：Return on Investment，投资收益率。投资收益率=净利润÷投资额×100%。比如，花费 100 元投放广告，收入为 120 元，净利润 20 元，则 ROI 就是 20%。
4. PV：Page View，页面浏览量或点击量。它通常是衡量一个网络新闻频道、网站或者一条网络新闻的主要指标。
5. UV：Unique Visitor，独立访客。它是指访问某个站点或点击某条新闻的不同 IP 地址的人数。在同一天内，UV 只记录第一次进入网站的具有独立 IP 的访问者，在同一天内再次访问该网站则不计数。
6. IP：Internet Protocol，独立 IP 数。互联网上的每一个网络和每一台主机都是独立的一个 IP 地址，一天内相同 IP 地址只被计算一次。
7. 人均访问页面：人均访问页面=PV 总数÷IP。人均访问页面≥10 个，才算优质页面。
8. KPI：Key Performance Indicator，关键绩效指标。关键绩效指标考核法是企业绩效考核的方法之一，其特点是考核指标围绕关键成果领域进行选取。
9. UGC：User Generated Content，用户原创内容。比如，知乎就是用户生产的内容。
10. PGC：Professional Generated Content，专家创造内容，也指名人创造的内容。
11. UED：User Experience Design，用户体验设计。它是指用技术解决需求的一项工作，包括视觉、交互、开发。
12. SNS：Social Networking Services，社交网站（SNS 网站）。它是指个人之间的关系网络。国内流行的 SNS 有知乎、人人网等。
13. CPA：Cost Per Action，每行动成本。它是指投放按广告实际效果，即按回应的有效问卷或订单来计费，而不限广告投放量。CPA 的计价方式对于网站而言有一定的风险，但若广告投放成功，其收益也比 CPM 的计价方式要大得多。广告主为规避广告费用风险，只有当网络用户点击旗帜广告，链接广告主网页后，才按点击次数付给广告站点费用。
14. CPC：Cost Per Click，每点击成本。它指的是按照用户的点击次数收费，在这种模式下广告主仅为用户点击广告的行为付费，而不再为广告的显示次数付费。很多经营广告的媒介都不太乐意做这样的广告。

15. CPM：Cost Per Mille，每千人成本。在广告投放过程中，指的是某一媒介或媒介广告所送达 1 000 人所需的成本。在这种模式下，只要广告送达用户，广告主就要付费，不管他们有没有点开看。

16. CPP：Cost Per Purchase，每购买成本。广告主为了规避广告费用风险，只有在网络用户点击旗帜广告并进行在线交易后，才按销售笔数付给广告站点费用。无论是 CPA 还是 CPP，广告主都要求消费者产生点击的行为，甚至进一步形成购买才会付费；CPM 则只要求发生"目击"（或称"展露""印象"），就产生广告付费。

17. IP：Intellectual Property，即知识产权，指的是个人或组织对其智力劳动所创作的成果享有的权利。

18. ACG：Animation Comic Game，动画、漫画、游戏的总称。ACG 文化的发源地是日本，以网络及其他方式进行传播。

19. KOL：Key Opinion Leader，关键意见领袖。对指对某些群体的购买行为有较大影响力的人。这些人在一些行业可能是专业的，或者是非常有经验的，所以他们的话通常都能够让粉丝信服。

20. SEM：Search Engine Marketing，搜索引擎营销。最常见的就是百度、谷歌的竞价排名。

21. SEO：Search Engine Optimization，搜索引擎优化。它是专门利用搜索引擎的搜索规则来提高目前网站在有关搜索引擎内的自然排名的方式。

22. Banner：网站或 APP 首页的横幅广告。

23. PR 推广：以品牌宣传为目的的软文推广。

24. SPAM：搜索引擎垃圾技术。它是指互联网上到处散布垃圾广告消息的现象。搜索引擎营销中所说的 SPAM 是专门针对那些欺骗搜索引擎的信息。

25. 马太效应：Matthew Effect，指强者愈强、弱者愈弱，好的愈好，坏的愈坏，多的愈多，少的愈少的现象，广泛应用于社会心理学、教育、金融以及科学等众多领域。

26. 羊群效应：指人们经常受到多数人影响，从而跟从大众的思想或行为，也被称为"从众效应"。人们会追随大众所认同的，并将自己的意见默认为否定，且不会主观上思考事件的意义。

27. 病毒式营销：常用于进行网站推广、品牌推广等。利用的是用户口碑传播的原理。在互联网上，这种"口碑传播"更为方便，可以像病毒一样迅速蔓延。因此，病毒性营销成为一种高效的信息传播方式，而且，由于这种传播是用户之间自发进行的，几乎是不需要成本的网络营销手段。

28. 长尾理论：网络时代兴起的一种新理论。由于成本和效率的因素，当商品储存流通展示的场地和渠道足够宽广时，商品生产成本急剧下降以至个人都可以进行生产，并且商品的销售成本急剧降低时，几乎任何以前看似需求极低的产品，只要有人卖，都会有人买。这些需求和销量不高的产品所占据的共同市场份额，可以和主流产品的市场份额相比，甚至更大。

反侵权盗版声明

电子工业出版社依法对本作品享有专有出版权。任何未经权利人书面许可，复制、销售或通过信息网络传播本作品的行为，歪曲、篡改、剽窃本作品的行为，均违反《中华人民共和国著作权法》，其行为人应承担相应的民事责任和行政责任，构成犯罪的，将被依法追究刑事责任。

为了维护市场秩序，保护权利人的合法权益，我社将依法查处和打击侵权盗版的单位和个人。欢迎社会各界人士积极举报侵权盗版行为，本社将奖励举报有功人员，并保证举报人的信息不被泄露。

举报电话：（010）88254396；（010）88258888
传　　真：（010）88254397
E-mail：dbqq@phei.com.cn
通信地址：北京市海淀区万寿路173信箱
　　　　　电子工业出版社总编办公室
邮　　编：100036